SPSS 아카데미 시리즈

SPSS 15를 이용한 생존자료의 분석

송 경 일 · 최 종 수 공저

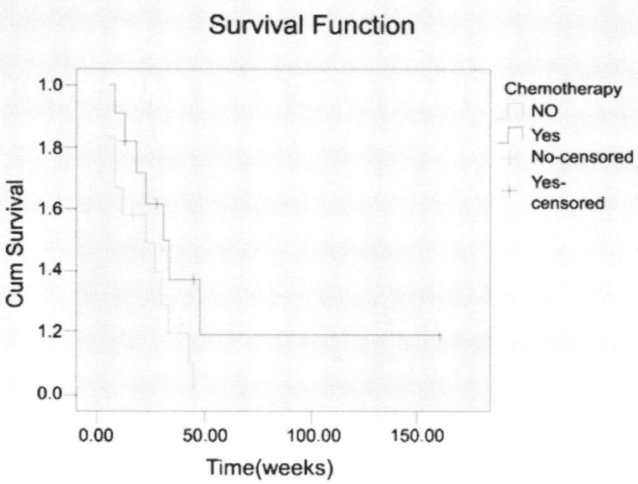

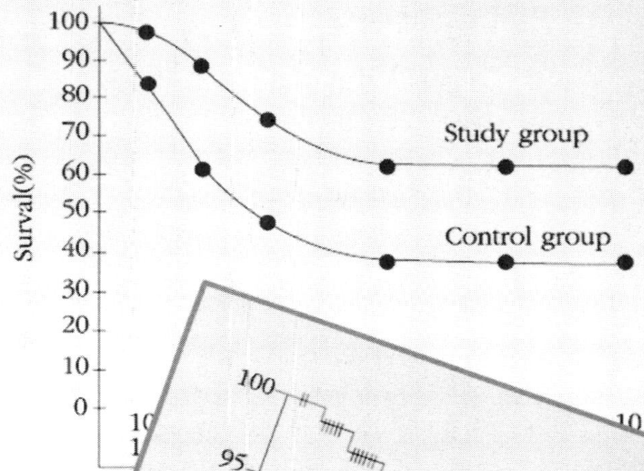

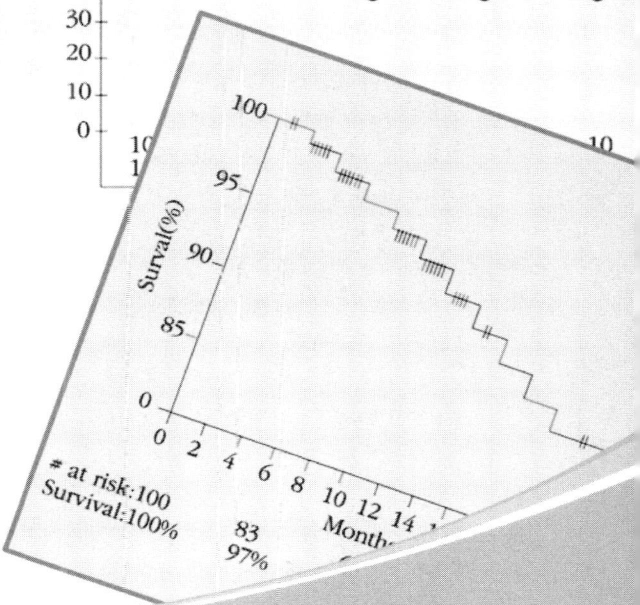

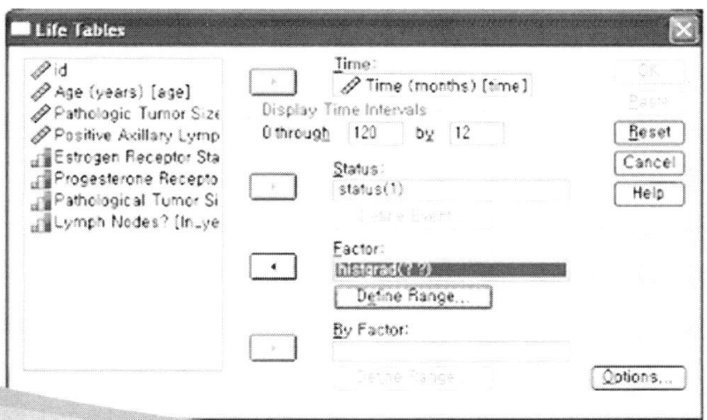

DATA 내려받기
www.hannarae.net
(자료실)

한나래

SPSS 15를 이용한
생존자료의 분석

지은이 | 송경일 · 최종수
펴낸이 | 한기철

2008년 2월 10일 1판 1쇄 펴냄
2013년 8월 20일 1판 3쇄 펴냄

펴낸곳 | 한나래출판사
등록 | 1991. 2. 25 제22-80호
주소 | 서울시 마포구 월드컵로3길 39(합정동 388-28) 합정빌딩 2층
전화 | 02-738-5637 · 팩스 | 02-363-5637 · e-mail | hannarae91@naver.com
www.hannarae.net

Published by Hannarae Publishing Co.
Printed in Seoul

ISBN 978-89-5566-073-9 93310
ISBN 978-89-5566-051-7(세트)

* 이 도서의 국립중앙도서관 출판시도서목록(CIP)은 e-CIP 홈페이지 (http://www.nl.go.kr/ecip)에서 이용하실 수 있습니다. (CIP제어번호: CIP2008000296)

머리말

1999년 8월 SPSS 아카데미에서 『생존분석』이라는 이름으로 책이 출판된지 7년 만에 두 번째 판을 세상에 내놓게 되었다. 그동안 초판에 대해 개정판을 내놓을 필요성을 충분히 느꼈으나, 환자진료와 다른 일 때문에 실행할 시간이 없었다. 그러던 중에 울산대학교 의과대학과 강릉아산병원의 도움으로 2006년 8월부터 2007년 8월까지 미네소타 대학부속 Chronic Disease Research Group(CDRG)에서 미국의 신장병 환자의 database인 USRDS(United States Renal Data System)에 대해서 공부할 기회가 있었다.

CDRG는 USRDS를 총괄하는 곳으로 의사 4명, biostatistics 전공자 16명, 프로그래머 10명, IT종사자 10명과 그 외 많은 생정통계학 fellow과정에 있는 사람들이 있는 곳이다. 이곳의 주요 임무는 USRD를 관리하고, 자료를 매년 분석하며 다른 만성병의 역학에 대해서 주로 연구하는 곳이다. 필자도 이곳에서 USRD 자료의 역학에 대해서 공부를 하게 되었고 자연히 생존자료의 분석에 대해 좀더 깊게 공부할 기회가 생겨 새롭게 『생존자료의 분석』이라는 책을 집필하게 되었다.

새로운 『생존자료의 분석』은 처음의 『생존분석』과는 많이 다르다. 거의 전체적인 부분을 새롭게 집필하였고 내용도 전에 비해 매우 자세하고 내용도 깊다. SPSS package도 가장 최근 버전인 SPSS 15 for Windows를 이용해서 실제로 자료분석을 하였고 SPSS에서 지원이 되지 않은 parametric survival analysis는 NCSS 2007을 이용하였고 non-proportional hazards 모형 중에서도 SPSS에서 지원이 되지 않은 부분은 SAS와 S-Plus, 그리고 NCSS를 이용하였다.

책의 제1장과 제2장에서는 생존자료를 분석하는 데 필요한 간단한 통계적인 내용과 생존자료의 분석에 대한 전체적인 개념을 다루었고, 제3장은 nonparametric survival analysis 방법인 생명표법과 SPSS를 이용한 분석방법을, 제4장에서는 Kaplan-Meier 방법과 SPSS를 이용한 분석방법에 대해 설명하고 있다. 제5장에서는 Cox proportional hazards 모형과 SPSS를 이용한 분석방법을, 제6장에서는 Cox의 비례가정에 위배되는 경우 적용할 수 있는 time dependent

모형, stratified proportional hazards 모형, competing risk 모형, recurrent event 모형(PWP 모형과 Anderson and Gill 모형 그리고 WLW 모형), 그리고 related observation에 대한 frailty 모형에 대해 설명하고 있다. 제7장에서는 모수적인 생존분석 방법을, 제8장에서는 생존자료의 분석에 이용되는 multiple logistic regression, polychotomous logistic regression, conditional logistic regression에 대해 설명하고 있다. 또한 제9장에서는 generalized linear 모형을 이용하여 생존자료가 count나 rate로 주어진 경우에 생존분석 방법 그리고 interval censoring이 있을 때와 gamma distribution을 이용하여 생존자료를 분석하는 방법에 대해 설명하고 있다. 제10장에서는 correlated 자료 및 repeated measurement를 다루는 방법에 대해 설명하고 있으며 여기에는 최신의 통계적 방법인 generalized estimating equation과 mixed effect 모형을 포함하고 있다. 그리고 이 책의 마지막 제11장에서는 생존분석시에 접하게 되는 표본수 계산에 대해 다루고 있다.

본인은 통계학을 전공하지 않은 임상 의사이다. 그러므로 본 『생존자료의 분석』도 통계학 전공자의 입장이 아닌, 임상적인 생존자료를 실제로 다루는 임상 의사의 입장에서 접근을 하였다. 그러므로 본서는 전문적인 통계학 이론책이 아님을 미리 밝혀둔다. 이 책에는 어려운 수학적인 식이나 어려운 통계이론은 거의 없다. 그러나 본 책을 이용하는 독자는 통계를 전문으로 하지 않은 사람이 많을 것으로 생각되어 개념적인 접근을 하려고 노력하였으며, 실제 생존자료를 분석할 때 부딪히는 문제에 대해서 실제적인 문제 해결방법을 제공하고자 노력하였다. 수학적이고 이론적인 설명이 아니고, 개념적이고 책을 읽으면서 통계학적 개념을 이해할 수 있도록 하고자 하였다. 또한 본서와 같이 출판되는 『임상자료의 분석』(송경일 · 최종수 공저, 한나래출판사, 2008) 책을 같이 보면 임상자료의 분석에 이용되는 거의 모든 통계에 대해 개념적인 설명과 그리고 SPSS를 이용하여 실제적인 분석을 할 수 있게 설명을 하였으므로 임상자료의 분석에 많은 도움이 될 것이라고 생각한다.

이 책이 세상에 나올 때까지 많은 도움과 격려 그리고 가르침을 주신 부모님, 순천향대학병원 이희발 선생님, 황승덕 선생님, 한동철 선생님, Baxter의 박민선 선생님, 울산대학교 총장님, 강릉아산병원 문형남 원장님 그리고 미국에서 같이 고생한 아내, 글도 잘 모르고 말도 잘 못하면서 미국에서 학교에 다니느라 고생한 지훈, 상훈이에게 고마움을 전한다.

끝으로 SPSS 통계 package에서 parametric survival analysis를 이용할 수 있을 때 본 책의 개정을 기대하면서.

2007년 9월
송 경 일

차 례

01장

기초적 통계의 개념 _ 15

02장
생존자료의 분석(Survival Data Analysis) _ 39

03 장

04장

Kaplan-Meier method(=Product limit method) _ 123

05장

Cox Proportional Hazard 모형 _ 159

09장

10장

Correlated Observations _ 357

11장

생존분석에서 표본수의 계산(Statistical Power Analysis) _ 373

기초적 통계의 개념

1장

1.1 서 론

SPSS(Statistical Package for Social Science)는 SAS 그리고 Stata와 더불어 현재 전세계적으로 가장 많이 사용되고 있는 통계 package이다. 2007년 9월 현재 SPSS는 영문판은 15.0.1 그리고 한글판은 14.0까지 나와 있다. 통계 package를 선택할 때는 자기가 사용해 보고 손에 익은 것, 그리고 주위에 통계 package에 대하여 아는 사람이 많은 것을 선택하는 것이 좋다. 그래야 사용법을 모르면 물어볼 수 있다. SPSS 15는 생존자료의 분석에는 조금 부족한 점이 있다. Parametric survival analysis는 지원하지 않는다. 또한 non-proportional hazard 모형의 사용도 time dependent covariate만 지원하므로 부족한 점이 있다. SAS, Stata, 그리고 S-Plus 등은 SPSS보다 생존자료의 분석에는 더 강력하다고 할 수 있다.

분석된 결과를 발표할 때 통계 package의 결과를 그대로 이용하기에는 한계가 있다. 본 책에서 대부분의 통계분석은 SPSS 15로 하지만, 모수적 생존자료의 분석에는 NCSS라는 통계 package를, 표본 수(sample power analysis) 계산에는 SPSS회사에서 나온 Sample Power라는 package를 이용하였다. 그리고 어떤 생존분석 방법은 SPSS에서 지원이 되지 않아서 SAS, S-Plus를 이용하기도 하였다. 그리고 좀더 smart한 생존곡선을 그리기 위해 Graphpad Prism이라는 software를 이용하였다.

이 책의 목적은 우리나라에서 통계를 전공으로 하지 않은 의료인이 생존분석을 할 때 도움을 주고자 하는 것이 목적이다. 이 책에서 통계분석에 사용된 program은 영문판 trial version SPSS 15로 14일만 사용할 수 있는 제한이 있는 것 외는 상용판과 거의 기능상의 차이가 없으며, http://www.spss.com에서 회원 등록한 후 download 받을 수 있다(그림 1.1). SPSS 15에서는 generalized linear 모형과 generalized estimating equation 모형을 새롭게 제공하고 있다. 그러므로 본 생존분석의 책을 실습하려면 SPSS 15가 꼭 필요하다. Life table, Kaplan-Meier method 그리고 Cox proportional 모형만을 이용한다면 SPSS 15 이전 version을 이용해도 차이는 없다.

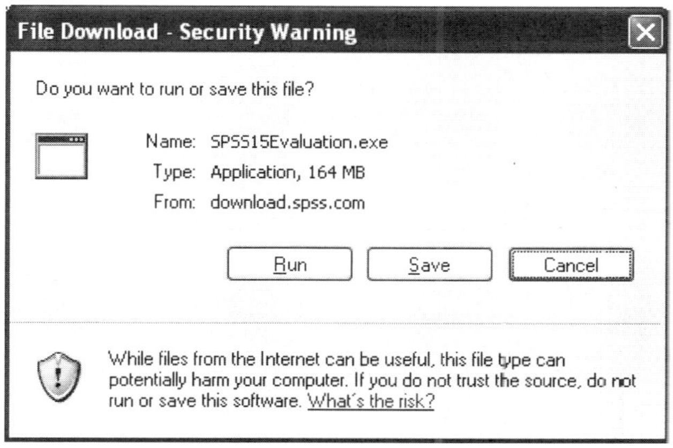

〈그림 1.1〉 SPSS의 download

모든 통계 package는 본인 스스로 통계방법이나 조건을 지정해 주어야 한다. Package를 다루는 사람에 따라 분석결과는 달라질 수 있다. 그러므로 정확한 결과를 얻기 위해서는 통계의 기본적인 분석방법에 대한 개념을 알고 있어야 한다. 다변수분석도 기본적인 통계분석 방법을 확장한 것이므로, 기초적인 통계 지식이 없으면 다변수분석을 이해할 수 없다.

1.2 통계학이란

통계학(statistics)은 관심이 있는 대상에서 관련된 자료(data)를 수집하고 그 자료를 요약 정리하여 이로부터 관심이 있는 대상의 불확실한 사실에 대한 결론이나 일반적인 규칙성을 추구하는 학문으로 기술통계와 추론통계가 있다.

1.2.1 기술통계(Descriptive Statistics)

자료를 요약하고 정리하여 자료의 특징을 파악하고 설명하는 통계분야로 계산된 값으로 대표값을 표시하고 도수분포표, 산포도표 등으로 결과를 기술한다. 생존분석에서도 대상자의 인구학적인 특성, median survival rate, survival curve 등이 기술통계에 해당된다.

1.2.2 추측 또는 추론통계(Inferential Statistics)

전체 대상인 모집단(population)에서 일부분인 표본(sample)을 추출한 후, 표본을 분석하여 표본의 통계량(statistic)인 $\bar{x}$ (x bar: 표본의 평균, sample mean), s (표본의 표준편차, sample standard deviation) 등을 구해 모집단의 모수(parameter)인 σ (sigma: 모집단의 표준편차), μ (모집단의 평균)을 추정(estimation)하여 모집단을 추측(inference)하고 일반화시키는 통계분야로 흔히 통계적인 검정을 의미한다.

표본에서 측정된 값으로 계산한 평균값이나 표준편차를 통계량(statistic)이라고 하며 모집단의 모수를 parameter라고 한다(그림 1.2). 통계량의 복수도 statistics이며 통계학의 statistics와 같다.

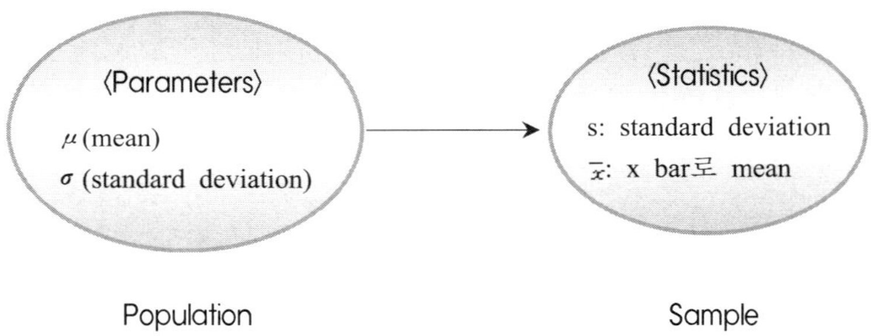

〈그림 1.2〉 모집단의 모수와 표본의 통계량

1.3 자료의 분류

어떠한 결론을 내리는 데 있어서 근거가 될 수 있는 모든 사실을 자료(data)라고 하며 통계에서는 숫자(number)를 사용한다. 자료의 분류는 중요하므로 꼭 이해해야 한다(그림 1.3). 분석하고자 하는 자료의 형태가 무엇인지, 어떤 것이 독립변수이고 어떤 것이 종속변수인지, 그리고 독립변수와 종속변수의 개수에 따라 어떤 통계기법을 적용하여야 하는지 결정된다.

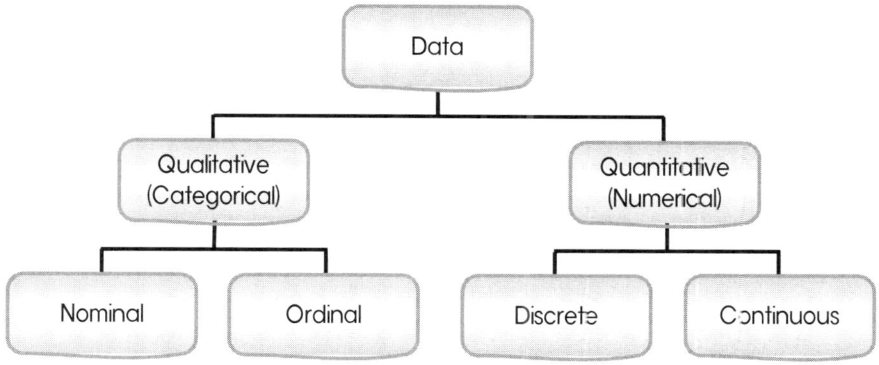

〈그림 1.3〉 자료의 분류

1.3.1 명목 혹은 명명자료(Nominal Data)

측정대상을 특성에 따라 수치를 부여한 것으로 예를 들면 성별의 분류를 위해 '남자'에게는 '0', '여자'에게는 '1'이라는 수치를 부여하는 것이다. 숫자들은 단지 그 집단의 명칭을 대신할 뿐, 숫자 의미로 '1'과 '2'를 뜻하지 않는다. 따라서 명목자료는 가감승제의 수학적 계산이 불가능하며, 숫자의 값을 서로 바꾸어도 무방하다.

1.3.2 서열자료(Ordinal Data)

측정대상을 특성의 '많고' '적음'의 서열에 따라 수치를 부여한 자료로 Glasgow coma scale, Apgar score, 그리고 뉴욕심장학회에서 정한 심장의 기능적인 분류 등이 있다. 심장의 기능적인 분류에서 정한 등급은 4단계로 각 단계가 증가할 때마다 정도가 심한 것을 의미하지만, I등급과 II등급의 차이와 III등급과 IV등급의 차이가 숫자의 양적인 차이와 같은 것은 아니다.

1.3.3 양적인 자료(Quantitative Data 혹은 수적인 자료, Numerical Data)

수량적으로 측정된 자료이다. 그러므로 자료에 할당된 수치는 수치에 대해

서열도 가지고 있고 거리도 가지게 된다. 그러므로 일반적인 사칙연산의 계산이 가능하다. 이산자료(discrete data)는 '자녀의 수' 같이 count를 해서 측정하며 항상 정수의 값을 갖는 자료를 말한다. 자녀의 수가 1.5일 수는 없다.

1.3.4 연속자료(Continuous Data)

어떤 범위 안에서 어떤 수치도 가질 수 있는 자료이다. 절대적 원점(absolute zero)이 존재하지 않는 등간자료(interval data)와 절대적 원점이 존재하는 비율자료(ratio data)로 나눌 수 있다. 생존자료는 위의 네 가지 형태를 모두 가지고 있다.

1.4 자료의 표현(Presentation of Data)

이산자료는 표(table), bar chart, pictogram, pie chart, graph 그리고 dot plot을 이용한다. 연속형 자료는 빈도분포, histogram, stem and leaf diagram, box and whisker plot, Lorenz curve, frequency polygon, Ogive or cumulative frequency curve 그리고 Picket fence plot을 이용하고 paired 자료는 scatter plot을 이용한다. 생존자료의 표현에 가장 많이 사용되는 방법은 생존곡선을 이용해서 hazards function과 survival function을 관찰시간에 따라 제시한다.

1.5 Measurement of central tendency and dispersion

1.5.1 대표값(Representative Value)

자료가 얼마나 한 곳에 모여 있느냐, 즉 중심위치의 측정을 말하며 평균(mean), 중앙값(=중위수, median), 최빈값(mode)이 대표값이다. 다른 말로 measurement of central tendency라고도 하고 자료의 형태에 따라 대표값으로 사용할 수 있는 것이 달라진다(표 1.1).

〈표 1.1〉 Choice of summary statistics

Scales	Summary statistics
Nominal	Central tendency : mode There are no measures of spread
Ordinal	Central tendency : mode, median Spread : range, inter-quartile range
Interval/Ratio	Central tendency : mode, median(skewed data), mean(symmetrical data), geometric mean(logarithmic data) Spread : range, inter-quartile range, standard deviation

일반적으로 자료가 정규분포를 하고 있다면 mean, median, mode가 모두 같다. 하지만 "대부분의 값은 대체로 흔한 값을 가지고 있는데 몇 개의 경우에서 매우 크거나 매우 작은 값을 갖는 경우" 예를 들면 생존자료에서 어떤 대상자는 생존기간이 아주 짧고 어떤 대상자는 생존기간이 매우 긴 경우가 흔히 있다. 이런 경우에 자료의 도수분포가 skewed되어 있다고 한다. 즉 생존시간에 대한 자료의 도수분포는 정규분포를 하지 않는다. 그러므로 생존분석에서는 mean survival time(더 정확하게 표현하면 mean time to event occurrence)을 제시하지 않고 median survival time(median time to event occurrence)을 제시하게 된다(그림 1.4).

Median은 자료를 작은 것부터 큰 순서로 배열하여 가장 가운데 위치한 값이다. 예를 들어 (6, 3, 5, 11, 9, 7) 대한 median을 구하려면, 크기 순서대로 다시 나열하여, (3, 5, 6, 7, 9, 11)에서 가장 가운데 위치한 값인 6.5(6과 7의 평균)가 median이다. Median은 극단값이나 이상치(outlier)의 영향을 적게 받아 생존분석에서 흔히 사용되는 대표값이다.

평균에는 산술평균(arithmetic mean), 기하평균(geometric mean), 그리고 가중평균(weighted mean)이 있다. 산술평균은 모든 자료를 전부 반영하고 있고 이상치에 대해 민감하게 작용한다. 가중평균은 측정치에 가중을 주어 계산한 평균이다.

Mode는 가장 빈번히 발생하는 값이다. 주로 질적인 자료에 대한 대표값으로 사용된다. 예를 들어 승용차의 색상 중에서 대표값은 가장 흔한 색을 선택한 mode로 얻어진다. Mode는 계산이 필요하지 않고 여러 개 존재할 수도 혹은 하나도 존재하지 않을 수도 있다.

1.5.2 산포도(Dispersion)

자료가 평균값을 중심으로 얼마나 퍼져있는지를 나타내는 것으로 범위(range), 사분위편차(quartile deviation), 분산(variance), 표준편차(standard deviation)가 있다.

범위란 자료들이 퍼져있는 구간의 크기로 생존기간이 3개월에서 24개월 사이에 분포되어 있다면 24 − 3 = 21개월 범위에 자료들이 퍼져있다고 표현한다. 최대값과 최소값의 사이가 범위가 된다.

사분위편차(quartile deviation)란 25%의 값으로 구분한 것으로 제1사분위수는 자료를 작은 것부터 배열하여 25%에 위치한 값을, 제2사분위수는 50%에 위치한 값을, 제3사분위수는 75%에 위치한 값을 말한다. 위에서 작은 값 25%, 큰 값 25%를 제외한 가운데 50% 자료들의 범위를 2로 나눈 값이 사분위편차이다. 즉, 사분위편차란 자료들이 얼마나 중간부분에 집중되어 있는가를 나타내주는 퍼짐의 정도이다.

분산(variance) 또는 표준편차(standard deviation, SD): 분산과 표준편차는 퍼짐의 정도를 나타내는 중요한 척도이다. 분산은 각 표본의 값에서 표본의 평균인 $\bar{x}$ 을 빼준 값을 제곱하여 평균한 것이고, SD는 분산의 제곱근이다. 즉 분산에 root($\surd$)를 씌운 값이다. 표본의 값에서 표본의 평균값을 뺀 것을 편차(deviation)라고 부르는데, 편차들의 평균은 항상 0이 된다. 그러므로 분산이란 0이 안되게 편차들을 제곱하여 평균을 한 결과로써 퍼짐의 정도를 나타내고자 하는 것이다. 다시 말하면 분산이나 SD 모두 퍼짐의 정도를 나타내는 척도인데 그 단위만 다르다고 할 수 있다. 이를테면 SD가 30원이면 분산은 900(즉 30^2)이다.

표준오차(standard error of mean, SEM)는 표본추출을 여러 번 했을 때 표본의 평균값이 모집단의 평균과 얼마나 차이가 나는가에 관한 것이다. 즉 표본과 모집단과의 관계이다. SD로는 자료의 퍼짐 정도를 알 수 있고, SEM으로는 표본의 평균이 얼마나 정확한가를 알 수 있다. SEM이 작을수록 표본의 평균이 정확한 것이고 대표성이 높다고 할 수 있다. 즉 모집단과의 차이가 적다고 할 수 있다.

자신의 자료를 표현할 때 측정된 값을 mean ± SEM로 쓰는 것은 옳은 방법이 아니다. 목적이, 평균이나 median값의 추정치가 얼마나 정확한가를 알리는 것이나 혹은 자신의 자료의 평균이 정규분포를 한다는 것을 표현하는 것이 목적이거나 또는 저널의 편집자가 요구하는 사항이 측정된 값을 mean ± SEM 이라고 표현하라고 하기 전에는 자료는 mean ± SD로 표시한다.

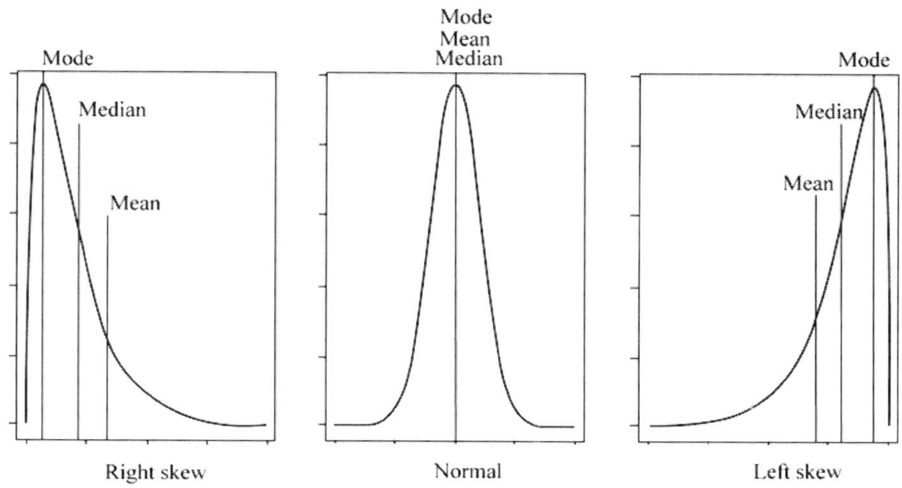

〈그림 1.4〉 Skewness

왜도(Skewness)는 자료의 분포가 대칭인지 아닌지를 측정해 주는 값으로 자료들이 좌우 대칭일 경우에는 값이 0이고, 오른쪽으로 치우쳐 있는(우리가 보는 방향에선 왼쪽) 경우에는 + 값, 왼쪽으로 치우쳐 있는(우리가 보는 방향에선 오른쪽) 경우는 −(음) 값을 갖는다(그림 1.4).

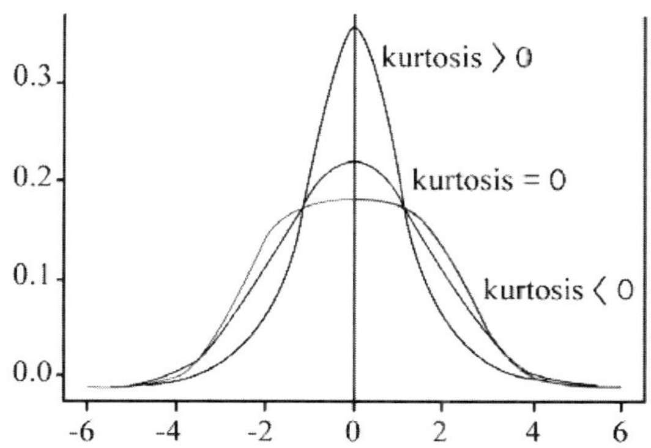

〈그림 1.5〉 Kurtosis

첨도(Kurtosis)는 자료들의 분포가 어느 정도 뾰족한지를 나타내는 척도이다. 자료들의 분포가 정규분포보다 뾰족한 경우에는 kurtosis의 값이 양(+)의 값으로 나타나고 그렇지 않을 경우에는 음(−)의 값으로 나타난다. 많은 자료들이 정규분포의 형태를 갖는 분포를 하기 때문에 kurtosis도 정규분포를 기준으로 뾰족한지 아닌지를 판단하게 된다(그림 1.5).

1.6 변수(Variable)

1.6.1 독립변수와 종속변수

두 개의 변수가 있을 때 한 변수는 다른 변수의 원인이라고 생각될 때 원인, 영향을 나타내는 변수를 독립변수(independent variable), 설명변수(exploratory variable), 예측변수(predictor variable), 위험인자 혹은 위험요인(risk factor)이라고 한다. 일반적으로 연속적인 값으로 측정된 나이나 혈압 같은 독립변수를 공변량(covariate)이라고 하고 성별이나 종족(ethnicity)과 같이 범주형 형태의 독립변수를 factor라고 한다. SPSS의 survival analysis 항목에서도 factor나 covariate를 지정하는 곳에 이와 같은 변수의 형태를 지정해 주면 된다. 그리고 독립변수의 값에 의해 결정되는 변수를 종속변수(dependent variable), 반응변수(response variable), 결과변수(outcome variable), 혹은 표적변수(target variable)라고 한다.

1.6.2 가변수(Dummy Variable)

양(quantity)적인 성격이 없는 명목자료를 존재 유무에 따라 0과 1같이 양적인 성격을 갖는 등간자료나 이분형 자료로 변환시키는 것을 명목자료의 가변수화라고 말한다. 나이 같으면 10세 간격으로 cut-off 하면 3개 이상으로 만들 수 있고 이렇게 만든 가변수는 간격이 같은 등간의 성격을 가지게 된다. 이러한 가변수는 양적인 의미를 가지고 있으므로 독립변수 혹은 종속변수로 이용될 수 있다.

통계분석에는 각각의 분석방법마다 기본적인 가정이라는 것이 있다. 다중선형 회귀분석은 독립변수와 종속변수가 모두 연속변수일 때 사용 가능한 분석이다. 그런데 모형을 만들어 보니 독립변수가 연속변수가 아닌 경우에 가변수로 만들어 이용하면 다변수분석에 독립변수로 이용될 수 있다. 독립변수로서 가변수를 살펴보면 가변수의 개수는 명목변수의 범주 수에서 1을 빼준 것과 같다. 즉 명목변수의 범주수가 2개인 경우는 가변수를 만드는 것은 의미가 없고 3개 이상일 경우에 3 − 1 = 2개의 가변수를 만들어야 한다. SPSS는 선형회귀분석 시에는 연구자가 가변수를 직접 만들어야 하며 Cox proportional hazards분석이나 linear logistic regression 분석에서는 범주형으로 coding된 자료는 분석 시 option에서 가변수를 만들 수 있다.

1.7 Likelihood

Cox proportional hazards 모형이나 logistic regression 모형에서 가설 검정 시에 사용하는 방법으로 likelihood ratio(LR)라는 것이 있다. LR test는 한 개의 가정하에 자료의 probability or likelihood를 다른 가정 하의 자료의 likelihood or probability를 비교한다. 그럼 likelihood가 의미하는 것은 무엇일까?

다음과 같이 특정한 질병이 있는 n명의 대상자가 있는 표본에서 치료에 대한 반응확률을 추정한다고 가정하자. 또한 이 때 모집단의 치료에 대한 반응확률을 π라고 하자. 그럼 각 대상자가 π의 확률로 치료에 반응을 할 수 있고 치료에 반응하지 않을 확률은 $1 - \pi$가 된다. 여기서 $0 < \pi < 1$이다.

만약 n명 중 r명의 대상자가 치료에 반응했다면 치료에 반응하지 않은 대상자의 수는 $n - r$이 된다. 그러므로 치료에 반응할, 즉 결과가 발생할 확률은 다음과 같은 식에 비례한다.

$$l = \pi^r (1 - \pi)^{(n-r)} \qquad \text{식 1.1}$$

여기서 왼쪽의 l(숫자 1이 아니고 alphabet l이다)을 likelihood라고 한다. 식 1.1의 양변에 log를 취하면 다음과 같다.

$$\text{Log } l = r \log \pi + (n - r) \log(1 - \pi)$$

여기서 log l을 L로 대치하면 다음과 같다.

$$L = \log 1 = r \log \pi + (n - r) \log(1 - \pi) \qquad \text{식 } 1.2$$

치료에 반응할 확률 $p = r / n$으로 모집단에서의 π, 즉 치료에 반응할 확률의 참값인 π를 추정하는 것은 위의 식 1.1에서 likelihood인 l(alphabet l)을 최대로 하는 π의 값에 해당된다. 혹은 식 1.2에서 L의 maximum possible value와 같다. 그러므로 여기서 $p = r / n$을 π의 maximum likelihood estimate(MLE)라고 한다. 간단하게 이해하기 위해서는 표본들의 결합밀도함수를 likelihood function이라고 하고, 이것을 최대로 하는 값을 찾는 것이 maximum likelihood estimate이다. 즉 실제의 표본이 추출될 가능성을 가장 높게 하는 모집단 수치이다.

LR(likelihood ratio) 검정은 두 개의 다른 가설아래에서 likelihood를 계산해서 비교를 한다. 설명을 쉽게 하기 위해 영가설에서의 likelihood를 l_O 대체가설에서의 likelihood를 L_A라고 하면 likelihood ratio는 다음과 같다.

$$LR = -2\log (l_O/l_A) = -2(L_O - L_A) \qquad \text{식 } 1.3$$

LR의 값이 크면 치료반응의 효과가 같지 않다는 것을 의미한다. 귀무가설이 사실이라면, 즉 치료반응의 효과가 같다(차이가 없다)면 LR의 값은 작게 된다. 식 1.3에서 자유도가 적당하다면 LR은 Chi-square 변수와 비슷하게 된다.

예제 귀무가설이 odds ratio = 1 혹은 $\pi_p = \pi_T = \pi_O$이고 모수가 π_O 하나일 때, 표본의 크기 61명 중 20명에서($r / n = 20 / 61$) A라는 약물에 반응하였다. 이 때

$$L_O = r \log \pi_O + (n - r) \log(1 - \pi_O)$$
$$= 20\log(20/61) + 41\log(41/61) = -38.5922$$ 가 된다.

반면 대립가설에서 두 가지 치료가 다르다면 두 개의 모수 π_p와 π_T을 추정해야 한다. 한 집단에서는 $r / n = 7 / 30$이고 다른 집단에서는 $13 / 31$이라고 하면 대립가설에서의 L_A는 $L_p + L_T$가 된다. 즉

$$L_A = 7\log(7/30) + 23\log(23/30) + 13\log(13/31) + 18\log(18/31)$$
$$= -37.3807$$ 이 된다.

L_O와 L_A를 식 3에 적용하여 보면
LR = −2 (−38.592 + 37.3807) = 2.4230이 된다.

이 값과 Chi-square표에서 자유도 1인 경우에 p 〉 0.1이 된다. LR test의 장점은 두 집단 이상의 비교에도 확장시킬 수 있다는 것이다.

Likelihood ratio(LR ratio)는 validity를 검사하는 데도 흔히 이용된다. 즉 대상자의 증상이나 징후를 관찰하거나 실험실적 검사를 하였을 때, 그 결과의 특정 수준(예를 들면 검사에서 양성을 보이는 경우)에서 해당 질병을 가지고 있는 환자들에서 그러한 수준(양성)을 보일 proportional과 해당 질병을 가지고 있지 않는 환자에서 그러한 수준(양성)을 보일 proportion의 ratio를 말한다.
다음의 표는 심근경색(MI)의 진단에 이용되는 혈청 CK level에 따라서 여러 방법으로 나중에 확진 후 심근경색이 있는지 없는지를 나타낸 대상자의 숫자이다(표 1.2).

〈표 1.2〉 CK값에 따른 MI의 존재 유무

CK value	MI(+)	MI(−)
≥ 280 IU	95	2
40 ~ 279 IU	125	47
< 39	1	84
Total	221	133

심근경색 환자 전체 221명 중 CK ≥ 280인 경우는 95명으로 95/221 = 0.43이고 심근경색이 아닌 전체 환자 133명 중 CK 〉 = 280인 경우는 2명으로 2/133 = 0.015이었다. 그러므로 CK ≥ 280인 경우에 심근경색이 있을 likelihood ratio = 0.43/0.015 = 28.6이 된다.

1.8 자유도(Degree of Freedom = df)

자유도는 자유롭게 크기가 변화될 수 있는 변수의 수이다. 예를 들면 4개의 수의 평균값이 결정되어 있을 때 3개의 수는 자유롭게 변해도 되지만 평균치가 4가 되기 위해서는 나머지 한 변수는 일정한 값을 가져야 하며 여기서 자유롭게 변화될 수 없는 value는 1개이며 나머지 3개의 value는 자유롭게 변화될 수 있으므로 df = 4 − 1 = 3이 된다.

또한 $y = a + b_1X_1 + b_2X_2$와 같은 회귀방정식의 회귀계수를 구할 때 10개의 N(관찰치)으로 회귀계수를 구할 때는 3개의 모수(a, b_1, b_2)를 구해야 하므로 자유도 df = 10 − 3 = 7로 계산이 된다.

1.9 Risk의 산정

Risk는 특정 기간이 경과함에 따라 어떤 상태가 발생할 가능성을 측정하는 것이다. 그러므로 risk는 어떤 상태가 발생한 대상자의 수를 그 기간의 초기에 어떤 상태가 발생할 수 있었던 전체 candidate의 수로 나누어 주면 구할 수 있다. 예를 들면 10년간 1,000명의 담배를 피운 대상자와, 1,000명의 담배를 피우지 않은 대상자를 추적 관찰시, 10년 후 담배를 피운 집단에서는 50명, 피우지 않은 집단에서는 10명에서 폐암이 발생했다고 했을 때, 폐암이 발생할 수 있는 10년 risk는 $\frac{50}{1,000+1,000}=0.025$ 로 계산된다.

이렇게 계산한 risk는 전체 대상자에 대한 risk는 추정할 수 있어도, 담배를 피운 집단과 피우지 않은 집단 사이에는 어떤 관계가 있는지는 알 수가 없다. 의학에서의 주된 관심은 위험인자를 가지고 있는 집단과 가지고 있지 않은 집단 사이의 연관성에 있다. 그럼 위험인자의 유무에 따른 두 집단 사이의 연관성을 알아보는 방법으로는 무엇이 있을까? 대표적인 것으로 relative risk와 odds ratio가 있다. 먼저 연구의 종류에 따라 적용하는 방법이 다르니 연구의 예를 먼저 살펴보자.

Cohort 연구는 위험인자를 가진 집단과 그렇지 않은 집단을 일정기간 동안 추적검사 후에 결과가 발생한 숫자를 비교하는 연구이고, cross-sectional study는 어느 한 시점에서 임의로 표본을 추출한 후 위험인자의 유무에 따라 얼마나 많은 결과가 발생했는지를 보는 연구이다. Case control study는 관심 있는 사건이 발생한 집단과 발생하지 않은 집단을 조사한 후 위험인자가 있었는지 없었는지를 조사하는 연구이다.

다음의 예를 가지고 각 연구방법에 따른 상대위험도와 odds ratio를 계산하는 방법 및 개념에 대해 알아보자.

1.9.1 Relative risk(비교 위험도) = risk ratio = rate ratio

다음은 1,000명의 피임약을 복용하고 있는 젊은 여성과 복용하고 있지 않은 여성 1,000명을 대상으로 10년간 추적 관찰하여 혈전증(thrombophlebitis)의 발생과의 연관성을 알아보는 cohort 연구로 피임약 복용집단에서는 30명, 복용하지 않은 집단에서는 3명에서 혈전증이 발생하였다(표 1.3).

〈표 1.3〉 Cohort 연구결과

	Thrombophlebitis	No thrombophlebitis	Total
Oral pill	A = 30	B = 970	A−B = 1,000
No oral pill	C = 3	D = 997	C+D = 1,000
Total	A+C = 36	B+D = 1967	A+B+C+D= 2,000

위의 표에서 피임약(oral pill) 복용집단에서 10년간 혈전증이 발생할 risk는 $\frac{A}{A+B} = 30/1,000 = 0.03$ 이고 피임약을 복용하지 않은 집단에서는 $\frac{C}{C+D} = 3/1,000 = 0.003$ 이다. 그러므로 피임약을 복용한 집단에 비해(분모)서 복용하지 않은 집단(분자)에서 혈전증이 발생할 relative risk는 $\frac{A/A+B}{C/C+D} = 0.03/0.003 = 10$ 이 된다. 즉 relative risk(R.R) $= \frac{\text{Probability of the outcome if the risk factor is present}}{\text{Probability of the outcome if the risk factor is absent}}$ 이다.

R.R 〉 1이면 위험인자를 가지고 있는 군에서 결과가 발생할 risk가 높다는 의미이고, R.R 〈 1이면 위험인자를 가지고 있는 군에서 결과가 발생할 risk가 낮다는 의미이고, R.R = 1이면 위험인자와 결과 발생의 risk와는 상관이 없다는 의미이다. 위의 예제에서는 R.R = 10이므로 피임약을 복용한 집단은 복용하지 않은 집단보다 10년 동안에 혈전증이 생길 가능성이 10배가 높다는 의미이다. 즉 위와 같이 cohort 연구에서 risk는 relative risk로 표시한다.

1.9.2 Odds ratio

Cohort 연구에서 risk의 계산은 relative risk를 계산하지만 case-control 연구에서는 10년간 추적 조사를 해서 결과를 얻은 것이 아니다. 연구자가 임의로 정한 특정 시점에서 10년 동안 피임약을 복용한 젊은 여성 1,000명과, 피임약을 복용하지 않은 젊은 여성 1,000명을 대상으로 혈전증이 발생한 숫자를 조사한 결과가 표 1.4와 같다고 하자.

〈표 1.4〉 Case-control 연구

	Thrombophlebitis	No thrombophlebitis	Total
Oral pill	A = 90	B = 45	A + B = 135
No oral pill	C = 10	D = 55	C + D = 65
Total	A + C = 100	B + D = 100	A + B + C + D = 200

여기서 중요한 것은 case-control 연구에서는 cohort 연구하고는 다르게 연구자가 혈전증이 발생한 숫자와 발생하지 않은 숫자를 임의로 바꿀 수 있다는 것이다. 즉 혈전증이 피임약의 복용과 관계가 있게 하려고 마음만 먹으면 혈전증이 발생했거나, 발생하지 않은 대상자의 수를 임의로 조절할 수 있다는 것이다. 즉 표 1.4의 2 × 2 표의 column의 전체 수(A + C 혹은 B + D)를 연구자가 임의로 조절할 수 있으므로 각 cell인 A, B, C, D는 natural frequency를 반영할 수 없게 된다. 그러므로 case-control study에서 수평축을 더하는 것(A + B 나 C + D)은 의미가 없다. 그래서 다음과 같은 표만 의미가 있다.

〈표 1.5〉 Case-control 연구

	Thrombophlebitis	No thrombophlebitis
Oral pill	A = 90	B = 45
No oral pill	C = 10	D = 55
Total	A + C = 100	B + D = 100

표 1.5를 가지고는 cohort 연구에서와 같이 relative risk를 계산할 수 없으며

대신 odds ratio를 계산한다. 그럼 먼저 odds는 무엇일까? Odds는 어떤 사건이 발생할 probability를 p라고 할 때 $odds = \frac{p}{1-P}$가 된다. 즉 사건이 발생할 확률(p)을 발생하지 않을 확률(1 − p)로 나눈 값이다. Risk를 계산할 때 분자에는 사건의 number of time이 포함되어 있는 probability이다. 또한 분모에도 사건의 number of time이 포함되어 있다. Cohort 연구에서 relative risk를 구하는 $\frac{A}{A+B}$나 $\frac{C}{C+D}$을 보면 분모-분자에 공통으로 A나 C가 들어간다는 의미이다. Odds는 probability와 달리 $odds = \frac{p}{1-P}$에서 알 수 있듯이 분자에는 사건이 발생할 확률(p)이, 분모에는 사건이 발생하지 않을 확률만 포함된다. 그러므로 odds와 확률은 약간 다른 것이다. 그러나 사건의 발성이 드문 경우라면(즉 〈 10 ~ 15%) odds ratio와 risk or probability는 근사적으로 같아진다.

다음의 예로 odds와 probability를 구분할 수 있을 것이다. 카드 52장에서 1장을 꺼낼 때 ace card가 나올 확률은 4/52 = 0.077이다. Odds는 ace card가 나올 수 있는 4가지 경우를(4/52), 4가지가 나올 수 없는 확률(48/52)로 나누어 준 값인 4/48 = 0.08이 된다. 아니면 $\frac{p}{1-P}$에 의해 4/52 ÷ [1 − 4/52] 해도 된다.

Odds ratio는 위험인자를 가지고 있는 군의 odds와 가지고 있지 않은 집단의 odds의 비(ratio)이다.

$$\text{Odds ratio} = \frac{\text{Odds of being on the risk factor if outcome is present}}{\text{Odds of being on the risk factor if outcome is absent}}$$

그러므로 위의 표에서 피임약을 복용한 집단에서 혈전증이 발생할 odds는 $\frac{90/(90+45)}{1-90/(90+45)} = 2$이고, 피임약을 복용하지 않은 집단에서 혈전증이 발생할 odds는 $\frac{10/(10+55)}{1-10/(10+55)} = \frac{2}{11}$이다. 그러므로 odds ratio = 2 ÷ 2/11 = 11이 된다. 그러나 더 간편하게 혈전증이 있는 경우 피임약을 복용할 odds는 a/c = 90/10= 9이 되고, 혈전증이 없는 경우 피임약을 복용할 odds는 b/d = 45/55 = 0.82가 된다. 그러므로 odds ratio는 $\frac{a/c}{b/d} = \frac{ad}{bc} = \frac{9}{0.82} = 10.9$가 된다.

Odds ratio = 1이면 피임약 복용과 혈전증이 발생할 risk와는 상관이 없는 것이고, odds ratio 〉 1이면 피임약 복용을 하면 혈전증이 발생할 risk가 증가하는 것이고, odds ratio 〈 1이면 감소하는 것이다.

Odds ratio는 case-control study에서 두 변수의 관계를 측정하는 가장 기본적인 도구이다. Odds ratio는 그 자체로 유용하며 변수 사이의 관계를 표현하는 데도 타당한 척도이다.

Odds ratio를 cohort 연구에서와 같은 방법으로 보려면, 분모-분자를 바꾸면 된다. 즉 $\text{Odds ratio} = \frac{\text{Odds of developing thrombophlebitis if pill is used}}{\text{Odds of developing thrombophlebitis if pill is not used}} = \frac{a/b}{c/d} = \frac{ad}{bc} = 11$ 로 위의 식과 같다. 이런 편리성 때문에 cohort study나 randomized clinical trial에서도 relative risk를 계산하는 대신에 odds ratio를 계산하기도 한다.

결론적으로 relative risk는 cohort 연구나 cross sectional study에서만 계산할 수 있는 반면 odds ratio는 cohort study, cross sectional study 그리고 case-control study 모두에서 계산할 수 있다. 그리고 결과의 발생이 드문(즉 〈 15~20%) 경우에는, odds ratio의 값은 relative risk의 값과 거의 같아져서 odds ratio와 hazards ratio는 relative hazards를 reasonable estimation 한다고 할 수 있으나, 결과의 발생이 흔하면 odds ratio는 risk를 측정하는 데 아직도 유효한 지표이지만 relative risk의 값과는 차이가 많이 나서 더 이상 유효하게 지표로 사용될 수 없다.

그리고 odds ratio나 relative hazards는 regression analysis에서 추정된 $e^{\text{coefficient}}$로 계산이 되고 coefficient의 값은 예측변수를 측정한 단위에 따라 크게 차이가 나기 때문에 연속형으로 측정된 예측변수인 경우에는 잘못 해석될 수 있다. 예를 들면 LDL cholesterol 수치가 coronary calcification에 미치는 odds ratio 1.01(CI 1.0 to 1.02)라고 하면 거의 risk가 없어 보인다. 왜냐하면 LDL cholesterol 1mg/dl 증가할 때마다 odds ratio가 1.01(1%) 증가하기 때문이다. LDL이 40mg/dl 증가하면 odds ratio = $(1.01)^{40} = 1.49$가 되기 때문에 40 증가하면 risk는 거의 50%가 증가하게 된다.

1.9.3 Pairing이 있을 경우의 odds ratio

Confounder를 보정하기 위한 연구계획 방법으로 흔히 사용되는 방법이 짝짓기(matching)이다. 짝짓기의 결과로 다음과 같이 2 by 2표의 결과를 얻었을 때는 odds ratio를 계산하는 방법이 약간 다르다. 다음의 예를 가지고 알아보자. 수술 후 피임약 사용과 혈전증의 발생과의 관계를 알아보기 위해 혈전증이 있었던 100명(case)과 혈전증이 없는 100명(control), 즉 100쌍에 대한 환자 대조군 연구결과를 다음의 2 ×2 표에 도시하였다. Paired 되었기 때문에 나이도 비슷하고 출산경력도 비슷하다.

	Control using pill	Controls not using pill
Case using pill	30	50
Case not using pill	5	15

Paired case control study에서의 odds ratio는 pairs만 가지고 계산한다. Paired 된 환자군과 대조군 사이에서 위험인자에 노출된 정도가 다르기 때문이다. 혈전증이 발생한 대상자의 pairs와 발생하지 않았던 대조군의 pairs는 피임약 사용에 있어서 다른 것이다. 이런 경우를 discordant pairs라고 한다. 이 discordant pairs를 이용하여 odds ratio를 계산하면

$$\frac{\text{No of pairs with cases using oral pill and controls not using oral pill}}{\text{No of pairs with controls using oral pill and case not using oral pill}} = 50/5 = 10$$

이 된다. 결과는 unpaired study에서 계산된 수치와 똑같이 해석하면 된다.

Cox proportional hazards 모형에서 추정된 회귀계수로는 hazards ratio (hazards ratio와 relative hazards는 같은 뜻이지만 엄밀하게는 relative hazards의 ratio가 hazards ratio이다)를 구할 것이고 logistic regression에서 추정된 회귀계수의 값으로는 odds ratio를 구한다. Logistic regression 모형에서의 odds ratio는 독립변수가 한 단위 변할 때마다, 결과변수의 likelihood가 얼마나 변하는지를 알려주는 수치이다. Cox proportional hazards 모형에서의 relative hazards는 독립변수가 한 단위 변할 때마다, 결과변수의 time to outcome이 얼마나 변하는지를 알려주는 수치이다. 어떤 책에서는 Cox proportional hazards 모형으로 구한 회귀계수인 β의 값으로 계산한 exp값이 relative risk라고 설명된 책도 있으나 엄밀하게는 relative hazards는 relative risk와는 다르다. 즉 censoring이 없고 사건이 발생할 때까지의 실제적인 시간이 중요하지 않다면, 즉 actual time an event occur를 이용하지 않고 발생했는지, 발생하지 않았는지 count만 해서 2 by 2로 계산할 때는 hazards ratio와 relative risk는 같다. 하지만 Cox proportional 모형에서 censoring을 고려하고 time to event가 종속변수로 사용되므로 Cox 모형에서 구한 값은 hazards ratio가 맞다. 그러나 예측변수가 단지 두 개의 범주로 되어 있는 경우(성별같이) hazards ratio와 relative risk는 같기 때문에 흔히 같다고 생각해도 큰 이상은 없다.

다음과 같이 여러 용어들이 혼동되어 사용되고 있다. Odds ratio하고 relative risk, risk, 그리고 risk ratio라는 용어가 같은 의미로 흔히 사용되고 있다. 또한 relative hazards와는 relative risk, risk, risk ratio뿐만 아니라 hazards ratio 그리고 rate ratio도 같은 의미로 혼동되어서 사용되고 있다. 정확하게 표시하면 logistic regression에서 계산된 값은 odds ratio로, Cox proportional hazards 모형에서 구한 값은 relative hazards(혹은 hazards ratio)로 표현하는 것이 두 종류의 분석방법과 결과를 구분할 수 있으므로 선호되어서 사용되고 있다.

SPSS에서 빈도로 작성된 표에서 risk를 계산하려면? 위의 예제로 사용된 표를 SPSS에서 다음과 같이 coding을 한다.

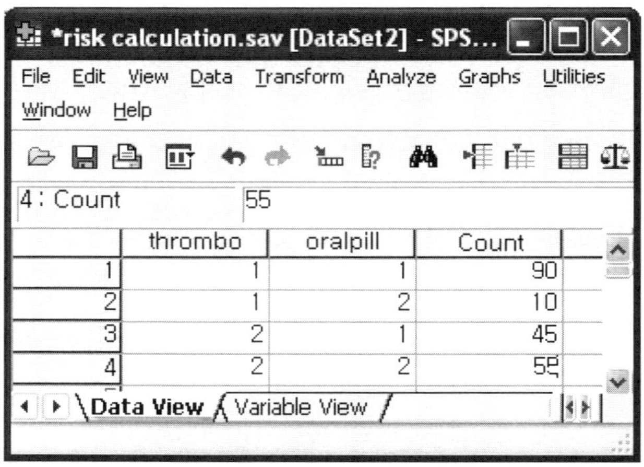

Oralpill 변수는 피임약 복용유무로 복용을 했으면 1, 하지 않았으면 2로 그리고 thrombo 변수는 혈전증 발생했으면 1, 발생하지 않았으면 2로 coding을 하였다. 보통 자료를 coding할 때 있는 경우는 1로, 없는 경우는 0으로 없는 경우를 작은 수로 coding을 하지만 SPSS에서 정확하게 odds ratio와 relative risk를 구하려면 변수를 coding할 때 발생한 경우는 낮은 숫자로, 발생하지 않은 경우는 높은 숫자로 coding을 해야 한다. 즉 발생한 경우를 1로 했으면 발생하지 않은 경우는 1보다 큰 2로 coding을 해야 한다. 그래서 본 예제에서도 위험인자인 피임약 복용의 유무를 나타내는 값을 1은 복용한 경우로, 2는 복용하지 않은 경우로 coding하였다.

SPSS에서 raw data로 분석을 하지 않고 이렇게 count한 자료를 가지고 분석을 할 때(aggregated data)는 count를 한 자료에, 먼저 자료에 가중치를 부여해야 한다. 가중치를 주려면 SPSS 주화면에서 Data ▶ Weight Cases……에서 Weight cases by 선택 후 count 변수를 Frequency Variable: 옮기고 OK를 클릭한다. 다음 risk를 계산하기 위해서는 SPSS 주화면에서 Analyze ▶ Descriptive Statistics ▶ Crosstabs……에서 Row에는 위험인자를 나타내는 oralpill 변수를 Column에는 결과변수인 thrombo 변수를 옮긴 후 Statistics……에 들어가서 risk를 선택한다. Continue 그리고 OK를 클릭한다. 다음은 결과이다.

Risk Estimate

	Value	95% Confidence Interval	
		Lower	Upper
Odds Ratio for oralpill (oral pill(+) / oral pill(-))	11.000	5.129	23.590
For cohort thrombo = thrombophlebitis(+)	4.333	2.420	7.759
For cohort thrombo = thrombophlebitis(-)	.394	.304	.511
N of Valid Cases	200		

결과 첫째 줄은 oral pill을 사용하지 않은 집단에 대한 사용한 집단의 odds ratio로 11이고 95% 신뢰구간은 5.1 ~ 23.5이다. 두 번째 줄은 cohort 연구인 경우에 피임약을 복용하지 않은 집단에 비해 복용한 집단에서 thrombophlebitis (+) 즉 혈전증이 발생할 relative risk는 4.333이란 의미이다.

SPSS 프로그램은 자료가 cohort 연구로 얻어진 것인지 case-control 연구로 얻어진 것인지 알지 못한다. 연구자만이 odds risk값이 필요한지 relative risk 값이 필요한지 알 수 있다.

1.10 교란변수(Confounder Variable, 혼란변수)

교란 혹은 혼란(confounding)은 위험인자와 결과변수가 제3의 변수에 의해 위험인자와 결과변수 양쪽에 확실히 영향을 끼쳤을 때 confouncing이 있다고 하고 여기서 제3의 변수를 혼란변수 혹은 교란변수라고 한다. 어떤 변수가 혼란변수가 되기 위해선 위험인자와 관계가 있어야 하고 또한 결과변수에도 원인이 되어야 한다(그림 1.6).

그림 1.6의 성냥을 가지고 다니는 사람에서 폐암의 발생이 높다는 연구결과에서 흡연은 혼란변수로 작용하였고 흡연이 혼란변수가 되기 위해서는 흡연은 위험인자인 carrying match와 서로 상관관계가 있고(담배를 피기 위해 성냥을 가지고 다닌 것임) 또한 결과변수인 폐암의 원인이어야 한다. 만약 성냥을 가지고 다니는 것과 폐암과의 발생이 서로 독립적이고 또한 원인의 관계에 있다면, 성냥을 가지고 다니지 않게 어떤 중재(intervention)를 하면 폐암의 발생이 의미있게 감소해야 한다.

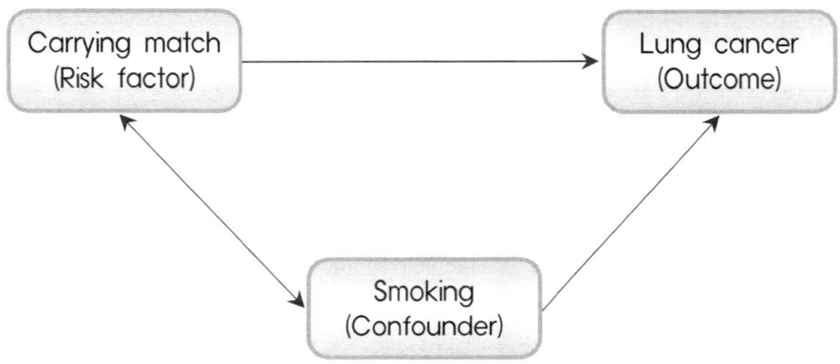

〈그림 1.6〉 Relationships among risk factor, confounder and outcome

그러나 흡연은 계속하면서 성냥만 가지고 다니지 않는다고 해서 폐암 발생이 줄어들지는 않을 것이다. 성냥을 가지고 다니는 이유는 담배를 피우기 위함이 가장 큰 목적이고 또한 담배를 피우면 술도 많이 먹게 되어 있다. 이런 경우 또한 정신적 · 육체적 stress를 많이 받는 경우가 많기 때문에 술, stress 등도 혼란변수가 될 수 있는 것이다. 혼란변수가 존재한다고 생각되면 이 변수를 통제하거나 보정을 해야 올바른 결론을 얻을 수 있다. 여기서 중요한 것은 교란변수를 통제할 수 있는 사람은 그 연구를 시행하고 연구자가 가장 잘 알 수 있으며 자료만 통계학자에게 준다고 해결될 문제가 아니라는 것이다. 생존분석 특히 Cox 비례 모형에서도 위험인자를 모형에 투입할 때 confounder를 꼭 보정해 주어야 한다.

1.11 교호작용(interaction)

제3의 변수의 값에 의해 결과변수에 대한 위험인자의 영향이 변할 때 교호작용이 있다고 한다. 이런 제3의 변수의 값에 따라 결과변수에 대한 위험인자의 영향이 변하기 때문에 교호작용을 다른 말로 효과 수정항(effect modification)이라고도 한다(그림 1.7).

그림 1.7을 보면 결과변수에 대한 위험인자의 영향이 교호작용 변수의 값에 따라(1 혹은 0) 변하는 것을 알 수 있다. 즉 결과변수가 위험인자와의 interaction에 따라서 증가하기도 하고 감소하기도 한다. 점선은 교호작용의 효과가 없다는 것을 의미한다.

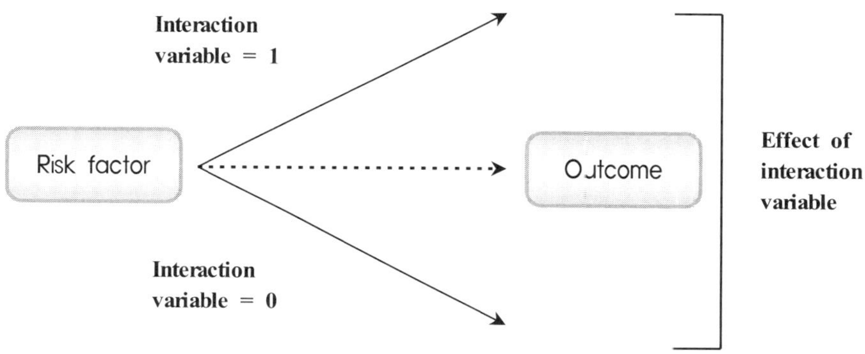

〈그림 1.6〉 Illustration of an interaction effect

1.12 분율(分率: proportion), 비율(比率, rate), 그리고 비(比, ratio)

Proportion은 분자를 분모로 나눈 값이다. 하지간 분자에 속한 모든 사건이나 대상이 분모에 포함되어 있다. 흔히 사용하는 백분율이 대표적인 예이다. Rate는 어떤 사건이 시간 경과에 따라 발생할 때 특정 순간에 가지는 발생속도를 말한다. 즉 속도의 개념이 포함되어 있다. 발생률(incidence rate), 사망률(death rate), 그리고 생존분석에서 계산되는 hazard rate는 비율의 개념이다. '비'인 ratio는 전체 대상 중 상호배반적(mutually exclusive)인 드 사건의 빈도를 분모-분자의 형태로 표현한 것으로 분율이나 비율처럼 분모-분자의 형태를 취하지만 분자에 속한 사건이나 대상이 분모에 포함되어 있지 않다. 예로 odds ratio, sex ratio 등이 있다.

세 가지 모두 분자-분모의 형태를 취하고 있지만 구분하여 설명하는 이유는 단순히 잘못 표현한다는 문제 때문이 아니라 세 가지 지표가 각각 다른 통계학적 이론 분포를 따른다는 데 그 중요성이 있다. 즉 통계학적 분석법이 서로 전혀 다르다.

Incidence (hazard) rate는 단위 시간당 전체 모집단 중에서 새로이 질병이 발생한 숫자를 말한다. 만약 outcome이 사망이라면 mortality rate가 된다. Cumulative incidence는 주어진 time period 안에서 새로 발생한 대상자의 proportion을 말한다. Hazard ratio or rate ratio는 incidence rates의 ratio이고, odds ratio or risk ratio는 proportions의 ratio이다. Logistic regression의 목적은 odds ratio를 추정하는 것이고 Cox regression의 목적은 hazard ratio를 추정하는 것이다. 그럼 rate와 risk의 관계는 어떻게 될까?

$$R(t) = 1 - \exp^{-ht}$$

h = constant hazard rate
$R(t)$ = probability of disease in time t

예를 들어 질병의 발생비율이 rate = 5 cases/1000 person-years라면 10년에 걸쳐(over 10 years) 질병이 발생할 가능성(chance) = $R(t) = 1 - \exp^{-(0.005)*10}$ = 1 − 0.951 = 0.0488이 된다. 단순히 발생비율에 전체 관찰기간을 곱한 값인 0.005 * 10 = 0.05와 약간 차이가 있다. 만약 rate = 50 cases/1000 person-years면 10년에 걸쳐서 질병이 발생할 가능성은 $R(t) = 1 - \exp^{-(0.05)*10} = 0.39$이다. 여기서는 발생비율에 전체 관찰기간을 곱한 값은 0.05 * 10 = 0.5 = 50%가 된다.

홍콩에서 SARS로 인하여 사망률이 10%라고 하였다면 사망률은 mortality rate 혹은 death rate를 말하므로 이는 발생률과 같이 비율(rate)에 속하기 때문에 그대로 해석하면 "일정한 기간 동안에 관찰대상이 되는 홍콩 주민(분모) 중 10%가 죽었다"는 뜻으로 엄청난 사람이 죽었다는 의미이다. 아마도 사망률은 case fatality rate를 말하는 것으로 생각되며 case fatality rate는 "어떤 질병에 걸린 사람 중 사망하는 사람의 분률(proportion)"을 의미한다.

생존자료의 분석

(Survival Data Analysis)

2장

2.1 서 론

의학에서는 clinical study or research를 하여 축적된 자료를 분석하여 그 결과를 환자의 진단이나 치료에 이용한다. 임상적 연구는 크게 laboratory research와 clinical research로 분류되고 clinical research는 다시 다음과 같이 분류한다.

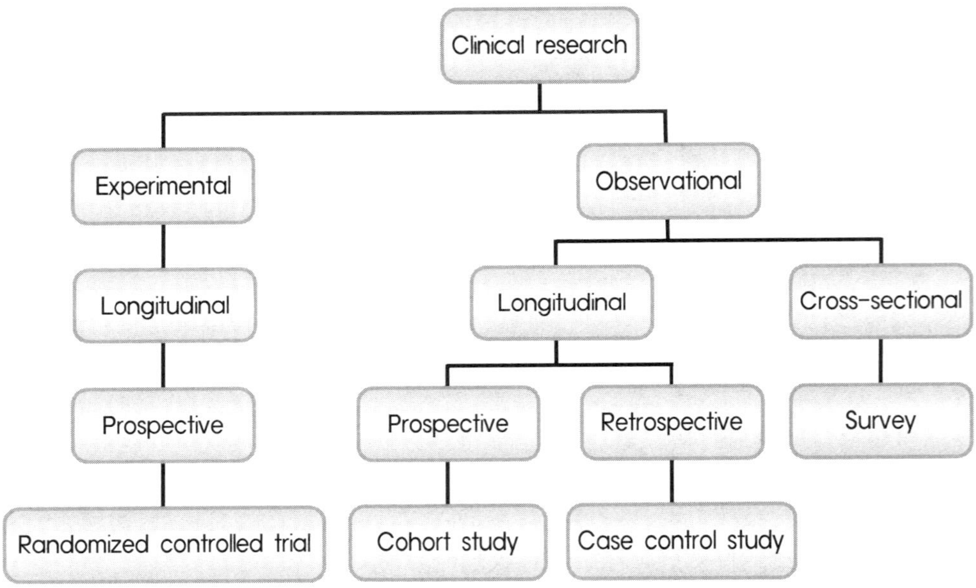

Experimental study에서는 대상자에게 약물투여 같은 treatment 혹은 intervention 후 그 효과에 대해 연구한다. Experimental study는 흔히 longitudinal study이며 intervention 후 일정한 시간이 지난 후 반응을 연구하며 experimental trials 혹은 clinical trials 혹은 단지 trials이라고도 한다. 전형적인 experimental study는 randomized 하면서 controlled되어 있고 연구자도 대상자도 blind되어 있는 double blind randomized controlled study(RCT)라고도 한다.

Observation study는 연구자가 대상자의 존재하는 혹은 기존에 존재하고 있는 상황을 관찰하고 기술하고 분석한다.

Cohort studies는 특정 연구대상을 선정하고 그 대상으로부터 특정 질병의 발생에 관여하리라 의심되는 어떤 특성이나 위험인자에 폭로된 정보를 수집한 후, 특정 질병의 발생을 시간경과에 따라 prospective(전향적으로)하게 추적조사 혹은 관찰함으로써 특정 요인에 폭로되지 않은 집단에 비해 폭로된 집단에서의 질병의 발생률을 비교하는 방법이다. Cohort study는 폭로에 대한 정보를 수집하는 시점이 따라 prospective cohort study와 retrospective cohort study(historical or reconstructed cohort study)로 나눈다.

Case control study(환자대조군 연구)는 후향적 연구이며 관찰된 결과를 관심있는 사건이 발생한, 즉 질병이 발생한 case(환자군)와 발생하지 않은 control (대조군)로 나누어서 사건의 결과를 발생하게 한 가능한 위험인자를 찾아낸다. Case-control study는 어떤 질병에 현재 이환되어 있느냐 아니냐에 따른 구분이고, cohort 연구는 질병에 걸리기 이전 단계에서 원인으로 요인에 폭로되었느냐 아니냐에 따라 선정되므로 서로 다르다.

Cross sectional study(단면조사 연구)란 현재 연구시점의 한 시점에서 일정한 인구집단을 대상으로 모집단을 대표할 수 있는 표본을 추출하여 조사한 후 속성에 따라 이들 표본집단을 의심되는 원인에 폭로된 집단(즉 질병을 가진 집단)과 의심되는 원인에 폭로되지 않은 집단(즉 질병을 가지지 않은 집단)으로 나누어 차이점을 분석하는 것이다.

그러면 위와 같은 임상연구 결과 얻어진 자료의 분석방법에는 어떤 것이 있을까? 임상연구 자료는 보통의 자료와는 좀 다른 특수한 경우가 있다. 즉 randomized controlled study나 prospective cohort study에서는 대상자들에 대한 결과가 시간으로 측정되는 경우가 흔하다. 예를 들면, "폐암에 걸린 환자는 수술을 했을 때는 5년 동안 생존했고, 항암치료를 받았을 때는 4년 동안 생존했다"같은 경우가 있다. 또한 이런 경우 대상자의 추적조사의 결과는 단지 두 가지, 즉 '사망' 혹은 '생존', '재발' 혹은 '비-재발' 등으로 binary outcome으로 나타나는 경우가 대부분이다. 또한 임상연구는 동물이나 실험실 연구와는 달리 대상 환자들에게는 다양한 원인(치료 포기, 다른 지역으로 이사, 다른 원인으로 사망, 혹은 치료제의 부작용으로 의사가 연구에서 제외시키는 경우 등)으로 추적조사가 안 되는 경우도 흔히 생긴다. 또한 대상자를 한 번에 등록하기도 불가능한 경우가 대부분이고, 몇 년에 걸쳐서 연구 처음부터 등록된 경우도 있고 중간에 새로 질병이 발생하여 등록이 되는 경우도 흔히 있다. 또한 모든 대상자에게 관심 있는 사건이 전부 발생할 때까지 경제적 이유나 시간적인 이유로 기다릴 수도 없기 때문에 중간에서 모든 대상자에게 사건이 발생하기 전에 연구를 종료해야 하는 경우도 생긴다. 이런 경우를 생존분석에서는 중도절단(censoring, censored observation, censored data)이라고 하며 중도절단 된 자료는 생존자료에서만 볼 수 있는 고유한 특징이라고 할 수 있다.

정리하면 생존분석에 사용되는 생존자료는 다음과 같은 특징이 있다. 첫째, 생존과 관계되는 결과변수는 '사망' 혹은 '생존' 같은 생존의 여부(binary outcome)와 '생존시간(survival time)'이라는 두 가지의 형태로 이루어져 있다. 둘째, 생존시간은 음수(negative)로 측정될 수 없고 항상 양수(positive)값으로 측정된다. 셋째, 사건이 발생할 때까지 걸리는 시간인 'time to event occurrence'에 대한 분포는 보통 정규분포를 하지 않는다. 정규분포를 하지 않는 이유는 결과가 발생하기까지의 시간 간격이 대상자마다 다르고 연구가 종료될 때 모든 대상자에서 사건이 발생하지 않는, 즉 다양한 이유의 censoring 때문이다. 넷째, 중도절단 된 관찰(censored observation)이 발생하기 마련이다.

위와 같은 생존자료의 특성상 생존자료는 일반적인 통계분석 방법으로는 분석하기가 어렵다. 그럼 어떤 방법으로 분석하는 것이 좋을까? 처음 생각할 수 있는 방법이 multiple linear regression이다. 물론 생존기간이 연속적인 자료이므로 가능하다고 생각할 수 있다. 그러나 생존자료의 종속변수(survival/failure time)는 대부분 정규분포를 하지 않기 때문에(생존시간은 보통 exponential or Weibull or log normal distribution을 한다), multiple linear regression에서 독립변수의 분포는 정규분포를 한다는 가정에 위배된다. 또한 중도절단이 발생하므로 multiple linear regression은 중도절단 된 자료에 대한 처리방법이 없으며 이분형의 결과변수를 처리할 수 없으므로 생존자료는 분석하기가 어렵다. 만약 중도절단 된 자료가 전혀 없고 모든 대상자에서 사건이 발생했다면 그리고 생존시간도 어느 정도 정규분포를 한다면 예측인자와 time to event의 사이의 분석에 multiple linear regression을 이용할 수도 있다.

다음으로 생각할 수 있는 것이 binary logistic regression analysis이다. Logistic regression은 결과변수가 이분형 변수인 경우(물론 다항인 경우에는 polychotomous logistic regression으로 분석 가능) 예측변수의 결과변수에 대한 영향을 검정하는 데 유용한 방법이다. 그러나 logistic regression analysis도 중도절단 된 자료를 처리할 수 없으며 time to event에 대한 자료를 분석할 수 없다. 이러한 경우 모든 조건에 대하여 통계처리를 할 수 있는 방법이 생존분석(survival analysis)이다.

Logistic regression은 '사건의 발생 여부'에 초점을 둔 분석방법이다. 생존자료도 1년을 기준으로 생존한 집단과 사망한 집단으로 구별하여 1년 이내에 중도절단 된 자료는 제거하여 logistic regression을 할 수 있다. 그러나 중도절단 된 자료도 분명히 생존시간에 기여를 했는데 이를 분석에서 제외한다면 중요한 정보를 소실하게 되는 것이다.

표 2.1에 linear regression, logistic regression, 그리고 survival analysis의 차이점을 정리하였다.

〈표 2.1〉 회귀분석과 생존분석 방법의 차이점

방법의 종류	예측변수	결과변수	중도절단허용	수학적 모형	결과의 산출
Linear Regression	Categorical or continuous V	Normal Distribution	No	$Y=B_1X+B_0$ (linear)	Linear Change
Logistic Regression	Categorical or continuous V	Binary (except polytomous)	No	$\ln(p/1-p) = B_1X+B_0$ (Sigmoidal prob.)	Odds Ratios
Survival Analyses	Time and categorical or continuous V	Binary	Yes	$H(t) = H_0(t) * \exp^{B1X+B0}$	Hazards Rates

V : Variable

대표적인 생존분석방법인 Cox proportional hazards 모형에서는 time to event로 모형을 세우는 것이 아니고 '결과변수의 relative hazards에 자연 log를 취한 값(natural log of relative hazard)'을 가지고 모형을 세운다. 그러므로 logarithm of the relative hazards가 multiple independent variable과 선형적(linear)으로 변해서 interval-independent variable이 각 한 단위(unit) 변할 때마다 logarithm of the relative hazards가 선형적으로 변하게 된다.

생존분석을 다른 말로 'time to event analysis' 혹은 'event history analysis'라고 한다. 여기서 사건(event)은 시간 안에 놓여있는 질(quality)적인 변화이고 의학자료에서는 사건의 발생이란 대부분 사망이나 질병의 재발을 의미한다. 질적인 변화란 한 개의 discrete state에서 다른 discrete state로 transition을 의미한다. 사건의 발생은 흔히 '실패'로 나타나는 경우도 많으므로 생존분석은 또한 'failure time data'의 time to event에 대해 분석하는 통계기법이다.

생존분석이란 단어에 'survival'이라는 단어가 들어가서 '죽음' 혹은 '생존'에 대한 자료만 분석하는 것으로 생각할 수 있는데 생존분석 방법은 다양하게 이용될 수 있다. 즉 사건이 발생할 때까지 걸리는 시간인 'time to event'에 대한 자료는 모두 생존분석을 이용하여 분석할 수 있다. 예를 들면 인공관절을 하면 인공관절의 수명은 얼마나 될까? 이식된 신장은 얼마 동안이나 기능을 계속할 수 있을까? 만성 관절염환자에게 침을 놓았는데 침을 맞고 통증이 없어지고 다시 생길 때까지의 시간은 얼마나 될까? 사람이 결혼을 하면 얼마나 오래 결혼생활을 유지할 수 있을까? 그리고 결혼생활을 유지하는 데 가장 중요한 인자는 무엇일까? 어떤 회사에서 근로자가 입사하면 얼마나 근무하고 그만둘까? 퇴직에 영향을 미치는 가장 중요한 인자는 무엇이 있을까? 공장에서 제조된 전구의 수명은 얼마나 될까?

위의 예에서 관찰기간인 '시간'은 초기의 사건(initial event)인 인공관절수술, 신장이식, 침술시행, 결혼, 입사, 전구제조가 처음의 사건에 이어서 발생하는 인공관절의 기능상실, 이식신장의 기능상실, 통증의 재발, 이혼, 퇴사, 전구의 기능상실 같은 사건의 발생(terminal event)에 의해 종료된다. 여기서 사건의 발생을 생존분석에는 'failure'라고 하고, 처음 사건의 발생 후 다음 사건이 발생할 때까지의 기간을 생존시간(survival time = event time = failure time)이라고 한다. 그리고 이런 생존시간에 영향을 미치는 인자를 독립변수(= concomitant variables, covariates, prognostic factors, predictor variables)라고 한다. 독립변수의 형태는 이산형 자료도 가능하고(즉 범주형 자료), 연속형 자료도 가능하다. 범주형의 독립변수를 '인자, factor'라고 하고 연속형으로 측정된 수적인 자료(= continuous numeric data)를 '공변량, covariate'이라고 한다.

위와 같이 failure time data 혹은 time to event에 관한 자료의 분석은 의학

분야 외에도 다른 학문분야에서도 흔히 이용된다. 그러므로 생존분석의 이름도 분야마다 다른데 공학에서는 reliability analysis(자료에 대한 신뢰도분석과는 다르다), 사회학에서는 event history analysis, 그리고 경제학에서는 duration analysis 혹은 transition analysis라고도 한다. 또한 'failure time data analysis'라고도 한다. 이 중 생정통계학 용어인 survival analysis라는 용어를 흔히 사용하고 있다.

2.2 생존분석의 목적

생존분석을 하는 목적은 주어진 생존에 대한 자료로 다음과 같은 결과를 보고자 함이다.

1) 생존함수인 $[S(t)]$를 추정하여 모집단에서 생존시간의 분포를 알아보기 위함으로 descriptive survival analysis에 해당된다.
   예) 1 year survival rate, median survival time.
2) 추정된 생존함수가 집단에 따라서 차이가 있는지를 비교하기 위함으로 이는 univariate survival analysis에 해당된다.
   예) 치료집단과 비-치료집단 사이에 생존율의 차이가 있는가?
3) Time to event와 time to event에 영향을 미치는 독립변수들과의 관계를 찾는데 있으며 여기에는 semi-parametric survival analysis인 Cox proportional hazards 모형이 주로 이용된다.
   예) 생존율이 차이가 있다면 생존율에 영향을 미치는 중요한 인자는 무엇인가?

그러면 임상연구에서 이분형으로 발생하는 사건의 결과를 어떤 특정 시점에서 단순히 축적된 결과를 계산하는 것이 더 간단한 방법임에도 불구하고 왜 굳이 복잡하게 사건이 발생할 때까지 걸리는 시간을 이용하는 이유는 무엇일까? 즉 연구자는 연구시작 후에 특정 시간을 관찰하고 1년, 2년, 혹은 3년 후 어떤 특정한 시간에서 사건의 발생률(incidence rate)을 계산하면 간단하게 계산할 수 있는데 왜 굳이 사건이 발생할 때까지 걸리는 시간을 사용하는 것일까? 이유는 다음과 같이 사람을 대상으로 하는 임상의학의 특징이 있기 때문이다.

첫째 임상의학은 완치(cure)보다는 치료(treatment)의 개념이 강하기 때문이다.

결과가 발생할 때까지 걸리는 시간을 자료로 제시하면 "질병이 얼마나 일찍 발생했느냐"와 "생존율이 얼마나 증가했느냐"가 문제가 되기 때문이다. 그림 2.1은 이런 원리를 보여 주고 있다.

그림 2.1은 치료집단과 비-치료집단에서 시간경과에 따른 사망률을 보여 주고 있다. 두 집단에서 모두 관찰 2년 동안에 95%의 환자가 사망하였다. 그러나 사망할 때까지 걸리는 시간은 두 집단에서 현저히 다르다. 치료집단에서 사망률은 서서히 증가한다. 관찰 1년째에서 비-치료집단의 사망률은 55%인 반면, 치료집단에서는 10% 밖에 사망하지 않았다. 이 자료를 관찰 2년째에 누적사망률로 제시하면 두 집단의 사망률이 100%로 똑같기 때문에 비교할 이유도 없다. 그러나 사망할 때까지 걸리는 시간을 이용해서 분석하면 치료집단에서는 1년이 지나도 치료를 하지 않은 집단보다 생존의 가능성이 높다고 환자에게 치료를 하라고 말할 수 있는 것이다.

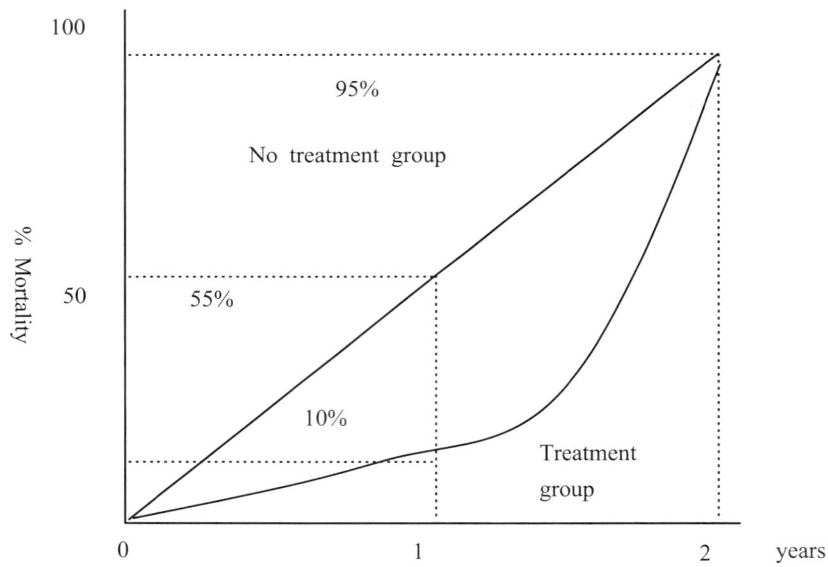

〈그림 2.1〉 Graph of percent mortality versus time

그럼 여기서 가능한 한 가지 질문이 있다. "만약 궁극적으로 치료집단이나 비-치료집단의 예후가 같다면, 특히 시간적으로나 비용절감 측면에서 이 기간 동안 몇 개월 혹은 몇 년 더 환자의 생존율이 증가하는 것이 얼마나 중요한

가?"이다. 이에 대한 설명은 통계학적인 답변보다는 철학적인 답변으로 해야 할 것 같다. 일반적으로 'time to event'는 질병이 경미한 경우보다는 중증인 경우에 더 문제가 된다. 생명에 위협을 주는 중환 질환을 가진 환자일 경우에 '며칠' 혹은 '몇 달'이라는 시간은 그렇지 않은 환자에 비해 더욱 더 중요한 가치가 있다. 특히 그 짧은 시간 속에서 자녀의 대학 졸업을 볼 수 있다거나 손녀의 첫 걸음마를 볼 수 있다면 더욱 더 그러하지 않겠는가? 단 일주일을 더 생존할 수 있다고 하더라도 어떤 이에게는 이 일주일이 다른 사람의 5년에 해당되는 기간의 의미를 가질 수 있다는 의미이다. 반면 극단적으로 병이 경미해서 경과가 아주 서서히 진행하는 경우에는 'time to event'에 대한 시간의 연장은 임상적으로는 큰 의미가 없다. 예를 들어 수두에 걸린 어린이를 acyclovir로 치료하는 것은 placebo에 비해 열이 내리는 시간과, 수포가 감소하는 시간을 단지 하루 정도 감소시킬 뿐이다. 만약 연구자의 연구결과 관찰시점이 7일째라면 항바이러스 약제의 아무런 효과도 관찰할 수 없을 것이다. 면역능력이 있는 어린이라면 7일째에는 치료를 받은 것과 받지 않은 것의 차이가 없기 때문이다. 증상을 하루 감소시키기 위해 항바이러스 약제를 사용하는 것이 가치가 있는 것일까? 증상을 하루 감소시키기 위해 항바이러스 약제를 사용하여 문제를 일으키면서까지(이제 걸음마를 하는 아기에게 하루 네 번의 약을 먹게 시도해본 사람은 이 말의 의미를 알 것이다) 그렇게 할 만한 가치가 있는가? 분명 이것은 통계적 의문은 아니다. 실제로 항바이러스 약제의 결과가 통계적으로 중요하다고 할지라도, 대부분의 소아과 의사들은 면역능력이 있는 아기에게 이 약을 처방하지 않을 것이다. 의학적인 진보는 계속되고 있다. 특정한 전략을 제공하는 것은 아주 조금이라도 생존율을 증가시킬 수 있고, 그것은 더 나은 치료를 이끌어낼 수 있다는 사실을 알아야 한다.

두 번째 이유는 'time to event occurrence' 모형은 분석대상자의 추적조사 기간이 서로 다를 때 유효하게 모형에 추적조사 기간이 다른 대상자를 포함시킬 수 있기 때문이다. 즉 중도절단 된 관찰(censoring observation)에 대한 자료를 분석에 포함시킬 수 있기 때문이다. 만약 3년 동안 심장발작 환자들의 단순 축적 결과를 사용한다면, 2년 반 동안에 탈락된 대상자는 분석에서 제외해야 할 것이다. 그러나 time to event 모형을 사용할 경우 탈락한 대상자들은 사건이 없는 2년 반 동안에도 분석에 기여를 할 수 있다. 대상자들의 추적관찰 기간이 다양할 때 중도절단이란 방법으로 대상자를 분석에 포함시킬 수 있다. 중도절단을 이용하면 연구에 완전히 참여하지 못한 대상을 제외하는 것보다 통계적으로 더 큰 설득력을 제공해 준다.

2.3 중도절단(censoring)이란

임상연구가 다른 실험실 연구와 다른 점이 대상자가 여러 가지 이유로 연구에 끝까지 참여하지 않는 경우가 생긴다는 것이다. Cross sectional study에서도 연구에 참여하지 않은 대상자는 있으나 연구기간 중 결측이 발생하는 대상자는 없다. 더구나 장기적인 연구(longitudinal study)에선 끝까지 연구에 참여하지 않은 대상자를 통계적으로 처리하는 방법이 필요하다. 그럼 이렇게 연구에 끝까지 참여하지 않은 대상자를 처리하는 통계적인 방법은 무엇일까?

먼저 할 수 있는 것은 끝까지 참여하지 않은 대상자는 연구대상에서 제외하는 것이다. 그러나 이렇게 제외를 하면 장기적인 연구에서는 초기에 포함된 대상자를 연구종료 시점에서 상당수 잃어버릴 수 있다. 또한 5년간 연구기간을 설정하였을 때 3 ~ 4년 동안만 연구에 참여하고 이후는 참여하지 않은 대상자를 연구에서 제외하면, 3 ~ 4년 동안에 축적된 자료는 연구결과에 영향을 주는 중요한 정보일 수 있는데, 정보의 소실이 발생할 수 있고, 제외해버린 연구대상자 때문에 연구에 bias(= systemic error)가 발생할 수 있으므로 censoring을 통해 bias를 줄일 수 있다.

위와 같이 임상자료에서는 관찰대상자 모두에서 관심 있는 사건이 발생하는 것이 아니며 또 정확히 사건이 발생할 때까지 걸리는 시간을 모르는 경우가 생기는데 이런 경우를 중도절단(censoring) 되었다고 하고 censoring 된 자료를 중도절단 된 자료(censored data, censored observation)라고 한다.

중도절단 된 자료는 생존분석에서는 관심 있는 사건이 발생하지 않아서 연구자가 결과를 관찰하지 못한 불완전한 자료(incomplete data)이다. 반면에 관심 있는 사건이 발생하여 연구자가 보고자 한 결과가 발생한 자료를 'uncensored data' 혹은 '완전한 자료(complete data)'라고 한다. "Censored observation is defined as an observation with incomplete information" 중도절단의 개념은 생존분석에서만 볼 수 있는 특이한 개념이고 생존분석을 이해하는 데 중요한 개념이다.

2.3.1 중도절단의 종류

1) Type I censoring

연구종료 시점이 미리 정하여 짐으로써 발생하는 중도절단이다. 예를 들면 쥐 6마리에 약을 투여하고 생존의 결과를 보는 실험을 한다고 했을 때 연구를 시작할 때 정해진 6마리의 숫자로 실험을 시작한다. 그러나 여러 가지 이유 때문에 연구자는 동물이 모두 사망할 때까지 기다릴 수가 없어 연구자가 임의로 정한 시간에, 시간을 고정한 후 그때까지 사망하지 않은 쥐를 희생시키는 경우가 발생한다. 이럴 때 발생하는 중도절단을 type I censoring이라고 한다. 사람을 대상으로 하는 연구에서는 type I censoring은 발생하지 않고 실험동물에서만 발생할 수 있다.

2) Type II censoring

관측할 사망자 수가 미리 정하여 짐으로써 발생하는 중도절단이다. 예를 들면 쥐 6마리에 carcinogen을 투여한 후 암이 발생하는 데까지 걸리는 시간을 연구하는 경우 연구자는 연구를 종료하는 시점을 결정하여야 한다. 이 때 type 1 censoring은 연구자가 일정한 시점의 때를 정했을 때 발생하는 censoring인 반면, type II censoring은 전체 대상자 중 어느 정도의 %에서 사건이 발생한 시점을 정해 연구를 종료할 때 발생하는 중도절단을 말한다. 예를 들면 6마리 중 4마리에서 암이 발생하는 시점에서 연구를 종료하겠다고 정했을 때 발생하는 중도절단을 type II censoring이라고 한다.

3) Type III censoring (= random censoring)

대부분의 임상연구나 역학적 연구에서 연구기간은 보통 고정되어 있고 연구대상자는 그 기간 동안 다른 시간의 시점에서 연구에 참여하게 된다. 어떤 사람은 연구가 끝나기 전에 사망하는데 이때는 정확한 생존기간을 알 수 있다. 어떤 사람은 연구종료 전에 탈락되거나 추적조사에서 탈락되기도 하며 어떤 이는 연구가 종료될 때까지도 사건이 발생하지 않는 경우도 생긴다.

추적조사에서 탈락된 경우 생존기간은 적어도 마지막으로 추적조사 되었을 때 보다는 길다. 연구가 종료될 때까지 사건이 발생하지 않은 대상자의 생존기간도 또한 적어도 연구종료 시점보다는 길다. 위와 같이 탈락, 추적조사에서

소실, 종료될 때까지 사건이 발생하지 않은 사람은 모두 중도절단 된 관찰이지만 동시에 연구에 투입된 것이 아니므로 중도절단 된 시간도 모두 다르게 된다. 이런 경우를 type Ⅲ censoring이라고 하며(그림 2-2) 사람을 대상으로 하는 의학연구에서 무작위로 발생하는 중도절단이다. Type I과 II censored observation을 singly censored data라고도 하고 type Ⅲ censored observations을 progressively censored data라고 한다.

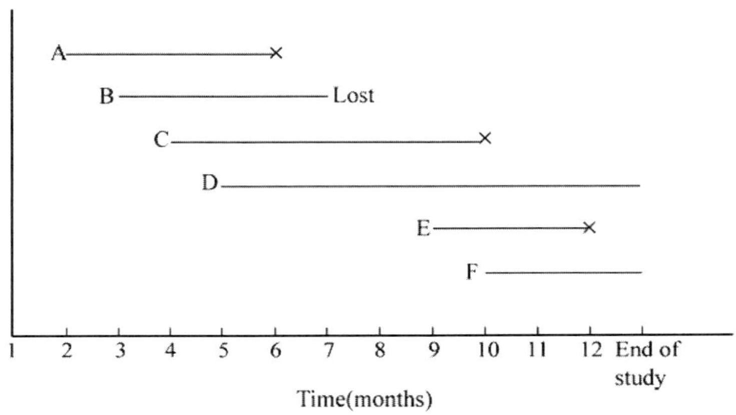

〈그림 2.2〉 Type Ⅲ censoring. The x means censored observation

또한 중도절단 된 자료를 right censored data(= suspended data), interval censored data, 그리고 left censored data로 구분하기도 하는데 right censored data(= suspended data)는 중도절단의 가장 흔한 형태로 임상자료에서 흔히 발생하는 대부분의 censoring은 right censoring에 해당된다(그림 2.3).

생존분석에서 right censoring은 사건이 발생한 시간(event time)이 censoring time보다 긴 경우를 말한다. 예를 들어 6개의 단위에 대해서 조사했고 연구종료시 2개의 단위에서만 fail이 생겼을 때 4개의 단위는 suspended data(or right censored data)를 가지고 있다고 한다. 'Right censored'는 event of interest(즉 the time to failure)가 우리의 data point에서 오른쪽으로만 발생되는 것을 의미한다. 다음 그림에서 보면 unit A, F는 관찰시점의 오른쪽에서만 중도절단이 발생되었다. 그러므로 A, F에 대해서 B, C, D, 그리고 E는 right censoring이 발생했거나 혹은 suspended data를 가지고 있다고 할 수 있다.

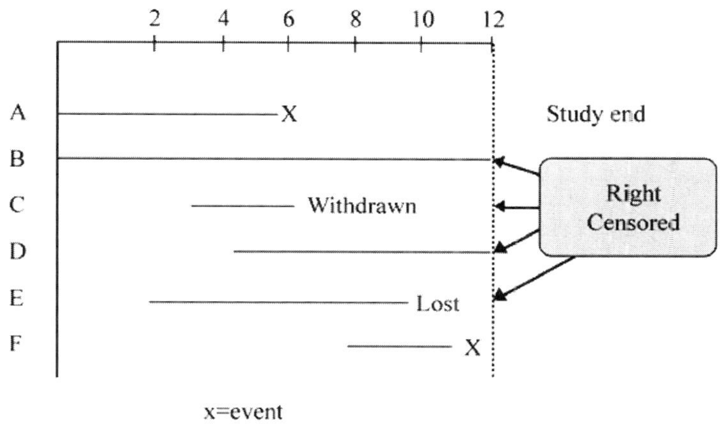

〈그림 2.3〉 Right Censoring

Left censored data에서 failure time은 어떤 시간 전에 알려진다. 즉 event time이 censoring time보다 짧은 경우에 발생한다. 예를 들면 어떤 unit에서 언제 정확히 발생했는지는 모르지만 약 100시간 전에 사건이 발생한 것을 알고 있을 수 있다. 달리 말하면 관찰시작 시점과(시간 = 0) 관찰 100시간 사이에서 사건이 발생했을 것이라고 생각할 수 있다. 관찰시간 간격에 대한 출발점이 zero인 것을 빼고는 *interval censored data*와 동일하다. 다음 그림 2.4에서 Unit 2, 3, 5가 left censoring에 해당되며 관찰시간 간격의 시작점이 모두 0이다.

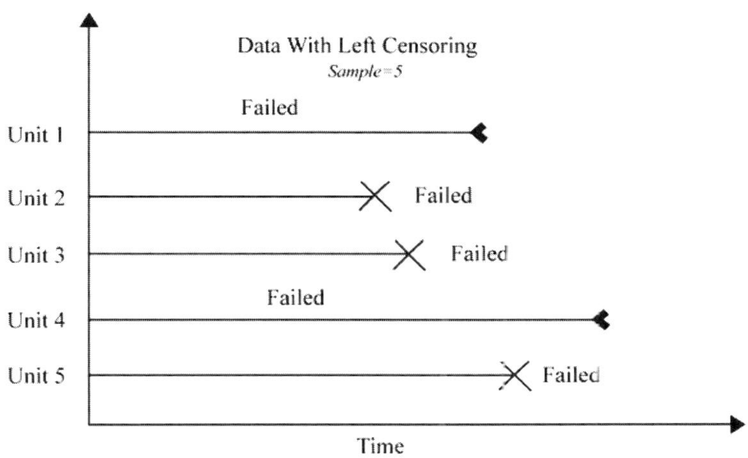

〈그림 2.4〉 Left censoring data

Left censored data의 예로 역학적인 연구에서 당뇨환자의 추적연구에서 당뇨병성 망막증이 발생하는 나이를 알고 싶을 때 50세 된 어떤 대상자를 검사하는데 이미 망막증이 존재하고 있었던 경우가 있다. 이런 경우 정확하게 언제 망막증이 발생했는지는 알 수가 없다. 이런 경우 50세라는 자료는 left censored data라고 할 수 있다. 또 다른 예로 당신은 마리화나를 언제부터 피웠습니까? 라는 질문에 나는 지금까지도 마리화나를 피우고 있지만 처음 언제 피웠는지는 모른다고 대답한 경우가 있다. Right censored data는 다루기 쉽지만 left censored data는 다루기가 어렵다.

Interval censored data(= inspection data)는 관심 있는 사건이 시간 a와 b 사이에서 발생하는 경우 관찰되는 중도절단으로 흔히 관심 있는 대상자가 꾸준하게 monitor되지 않는 상황에서 흔히 발생한다. 만약 우리가 Units 5에 대해 검사를 하는데 100시간마다 Unit을 조사한다면 우리는 조사기간에만 Unit가 fail되었는지 아닌지만 알 수 있다. 좀더 특정하게 설명하면 우리가 어떤 Unit을 관찰 100시간 되는 시점에서 관찰했는데 아직 사건이 발생하지 않았다. 그리고 200시간 되는 시점에서 다시 조사해 보니 Unit에서 사건이 발생하였다. 그러면 우리는 failure 혹은 event는 100 ~ 200시간 사이에 일어난 것이라는 것을 알 수 있다. 달리 말하면 우리가 얻을 수 있는 정보는 어떤 시간의 간격에서 fail된 사항만 알 수 있지 정확하게 언제 중도절단 되었는지는 알 수 없다.

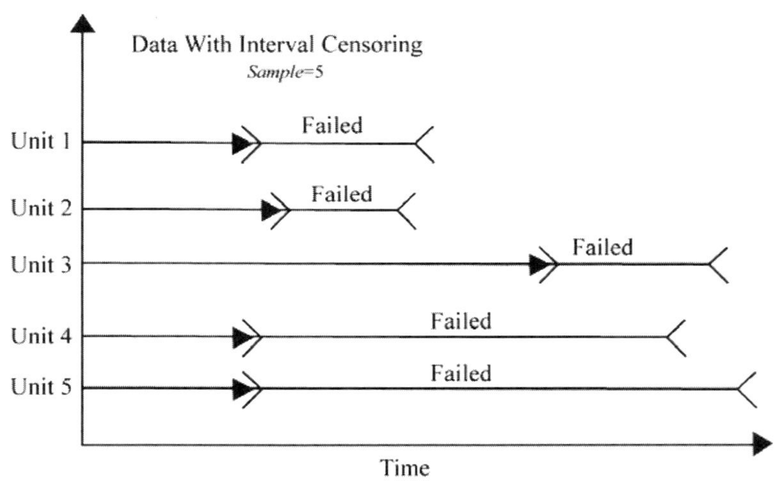

〈그림 2.5〉 Interval censoring

그림 2.5에서 5개 Unit 모두 처음 관찰시간에는 사건의 발생이 없었다. 5개 unit 모두에서 fail이 된 시간은 어느 한 시점이 아니고 시간 간격만 알 수 있다. 위에서 예를 든 당뇨병성 망막증 발생에 대한 연구에서 이 환자의 진료기록부상 45세 때 병원을 방문한 적이 있는데 당시에는 망막증이 없었다고 기록되어 있었던 경우 망막증을 진단받은 나이는 45 ~ 50세로 표현될 수 있고 45 ~ 50세를 interval censored data라고 한다.

중도절단의 형태를 따지는 이유는 time to event 모형을 분석할 때 censoring을 지정해 주는 변수를 프로그램에 따라 어떤 형태의 censoring인지 구분해서 지정을 해야 되기 때문이다. Censoring의 종류에 따라 생존분석의 방법이 다르다. 가장 많이 연구된 것이 right censoring이다. SPSS program은 생존자료를 분석할 때 중도절단의 형태를 구분하지 않고 censoring 되었는지 사건이 발생했는지만을 지정한다. 왜냐하면 대부분의 censoring은 right side censoring으로 발생하기 때문이다.

중도절단 된 자료는 life table method나 Kaplan-Meier method에서는 cumulative survival rate를 구하는 데 기여를 하게 된다. Cox regression에서는 중도절단 된 자료는 regression coefficients를 구하는 데는 이용되지 않고 baseline hazard를 계산하는 데 사용된다.

생존분석시 나오는 용어로 truncation이라는 것이 있다. 이 truncation은 censoring과는 다른 기전에 의해 발생되며 어떤 관찰된 특정한 시간의 전・후에 사건이 발생하는 개인에게만 생기며 truncation에도 right truncation, left truncation 그리고 interval truncation이 있다. Truncation이란 어떤 시간 간격에서만(Y_L, Y_R) 생존할 것으로 예측되는 개인에게서만 발생되는 sampling bias이다. 여기서 $Y_R = \infty$면 left truncation, $Y_L = 0$이면 right truncation이라고 한다. 예를 들면 고령의 퇴직자들이 거주하는 community에 거주하는 거주자들이 사망하는 데까지 걸리는 시간을 연구하고자 할 때 여기에 거주하는 대상자는 특정 연령이 되어야만 들어올 수 있으며 또한 어떤 특정 연령이 되기 전에 사망한 사람은 관찰대상에서 제외되는 경우 left truncation이 발생한 것이다. Right truncation의 예는 1978년 4월 1일 이후에 HIV에 감염되었고 1987년 3월

31일까지 AIDS가 발병된 258명을 대상으로 연구를 한다면 이 기간에 HIV에 감염되었고 아직 AIDS가 발병하지 않은 대상자는 연구에서 제외되게 된다. Event of interest가 HIV에 감염되고 AIDS가 발병하는 기간인 induction time이라고 하면 이런 특정 기간에 감염된 대상자의 induction time은 감염된 시간부터 1987년 3월 31일까지 만큼의 기간 right truncation된 것이다.

2.3.2 중도절단 된 관찰이 발생하는 이유

위에서도 설명하였지만 중도절단 된 자료가 발생하는 원인은 다음과 같다(표 2.2 참조).

1) 추적조사에서 탈락(lost to follow-up)

연구대상이 추적이 안 되는 경우로 대상자가 다른 지역으로 이사를 하거나 치료방법을 현재 치료에서 다른 치료방법(민간요법)으로 바꾸거나 또는 본인이 연구에 참여하기를 거부하는 경우 등의 이유로 대상자가 추적이 안 되는 경우이다.

2) Alternate outcome 또는 competing risk

연구자가 관심이 있는 사건보다 먼저 다른 결과가 발생하는 경우이다. 즉 관심이 있는 사건이 관계 없는 원인으로 발생되는 경우이다. 예를 들면 암이 재발하는 데까지 걸리는 시간을 보는 연구에서, 암이 재발하기 전에 심혈관계 질환으로 사망하는 경우나, 신장이식을 받은 환자의 이식신의 생존율을 보려고 하는데 대상자가 이식된 신장의 기능소실이 발생하기 전에 심장발작으로 사망한 경우, 인공관절 수술을 받은 경우 인공관절을 얼마나 사용할 수 있는지 생존율을 계산할 때 교통사고로 인하여 인공관절을 사용할 수 없을 경우이다.

중도절단의 개념 중 혼동하기 쉬운 것이 alternative outcome이 발생한 경우이다. 예를 들면 신장이식을 받은 환자의 생존율을 보는 연구가 아니고 이식된 신장의 failure time을 보는 연구에서(즉 결과변수가 time to patient death가 아니고 time to graft failure인 경우) 대상자가 사망을 하면 당연히 이식된 신장의 기능도 fail하게 되는 것이다. 그런데 이 fail의 결과는 이식된 신장 자체의 문제로 인한 failure에 의해 기능을 못하는 것이 아니고, 환자가 사망한 결과로 같이 기능을 못하는 것이기 때문에 중도절단 된 자료로 처리해야 하며 사건의 발생으로 처리해서는 안 된다.

그러나 다음과 같이 보고자 하는 결과가 사망과 연관된 것이 아니고 time to stroke인 경우에 대상자가 사망한 경우는 어떻게 할까? 예를 들면 atrial fibrillation 환자에서 warfarin과 표준치료(aspirin or no treatment at all)를 비교하는 randomized trial에서 outcome of interest는 stroke의 발생이었는데 이 경우 stroke으로 사망한 경우와 cardiac event나 cancer 등으로 사망한 경우는 어떻게 할까?

Competing risks의 경우 risk는 서로 독립적이어야 한다. 만약 독립적이 아닌 dependent competing risk는 competing risk 모형으로 분석해서는 안 된다.

3) Subjects is withdrawn from study

치료의 부작용으로 치료를 계속할 수 없거나 placebo로 치료하는 경우.

〈표 2.2〉 Reasons for censoring observations

Reasons for censoring	Examples
1. Lost follow up	Subject move, does not wish to participates, stops attending a particular clinics
2. Subjects has an outcome that precludes the outcome you are studying: (also known as alternative outcomes or competing risk)	Death from coronary artery disease in a study of cancer occurrence
3. Subject is withdrawn from study	Development of side effects, not ethical to continue treatment or placebo
4. Varying dates of enrollment	Study enrolls subjects with different starting dates over a 2-year period
5. End of study	All subjects who have not experienced outcome are considered censored at the end of study

4) End of the study

연구기간 종료까지 대상자가 사건을 경험하지 않은 경우로 (아래 그림의 B에 해당) 연구기간의 끝에서 중도절단 된 것이다. 이것도 혼동하기 쉬운데 생존분석에서의 관심은 사건의 발생유무와 사건의 발생까지 걸리는 시간이다. 사건이 발생하지 않아서 연구기간 동안 생존해 있는 것도 완전히 관찰을 한 자료가 아닌 불완전한 관찰자료에 속하고 중도절단 된 자료이다.

5) Varying dates of enrollment

연구기간 동안에 서로 다른 관찰시간에 등록되었는데 연구관찰을 종료하기 전에 여러 가지 이유로 중도절단 된 경우이다(그림 2.6의 B).

2.3.3 생존시간의 계산

다음은 생존분석에서 생존시간의 계산에 대한 것이다. 그림 2.6의 예를 가지고 여러 가지 조건에서 사건이 발생할 때까지 걸리는 시간을 계산하는 방법을 알아보자.

그림 2.6에서 수평축은 추적기간이고 수직축은 연구대상자를 나타낸다. 기호 ◎는 중도절단 된 자료를 ●는 결과가 발생한 관찰을 나타낸다. 4명의 대상자를 각각 T(T0은 관찰 시작, T6는 관찰종료 시점을 나타냄)라는 시간까지 관찰했을 때 생존시간의 계산은 calendar time을 이용하지 않고 study time을 이용해서 계산한다.

대상자 A의 경우 연구기간 동안 처음부터 연구대상에 포함되어 있다가 연구가 끝나기 전에 관찰을 종료, 즉 사건이 발생한 경우로 완전한 자료라고 말할 수 있고 이 경우 생존기간은 T5 − T0으로 계산된다.

대상자 B의 경우 연구 중간에 참여하여 연구가 끝날 때까지 사건이 발생하지 않은 경우(censored)로 생존시간은 T6 − T1이다.

대상자 C는 연구기간 동안 처음부터 연구대상에 포함되어 있다가 연구 끝나기 전에 추적조사에서 탈락되어 중도절단 된 경우로 생존시간은 T3 − T0이 된다.

대상자 D의 경우는 연구 중간에 참여하여 연구가 종료되기 전에 사건이 발생한 경우로 완전한 자료이며 생존시간은 T4 − T2로 계산된다.

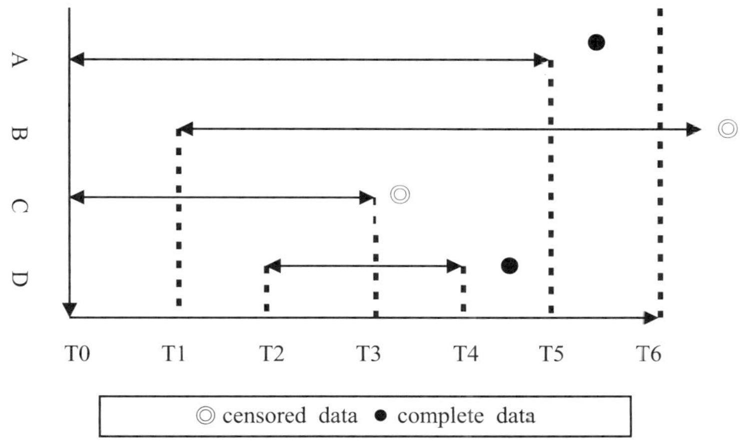

〈그림 2.6〉 Complete data와 censored data의 형태

대상자 B, C와 같이 중도절단 된 자료의 생존시간은 정확히 알 수 없으나 최소한 중도절단이 되기 직전까지는 사건이 발생하지 않았다는 것은 확실하므로 생존시간에 대해 부분적인 정보를 가지고 있다고 할 수 있다.

2.4 생존분석의 가정

생존분석의 기본적인 가정은 다음과 같다. 연구자의 자료가 다음의 기본적인 가정을 만족하지 못하면 생존분석을 수행할 수 없다. 그러므로 연구자는 자신의 자료가 기본적인 조건을 만족하고 있는지 확인하여야 한다.

1) 생존분석에서 대상자에 대해 관찰을 시작하고 종료하는 것은 생존여부의 발생에는 영향을 주지 않는다. 즉 생존여부의 발생은 완전히 무작위로 발생해야 하며 생존의 가능성은 연구기간 동안 내내 항상 일정하다.

2) 추적조사에서 탈락된 대상자나 연구에 끝까지 참여한 대상자나 같은 예후를 가진다. 즉 생존분석에서 중도절단의 발생은 시간 경과에 따른 생존여부와는 완전히 무관하게 무작위로 발생하여야(random censoring)하며 생존시간과는 독립적이어야 한다.

3) 각 연구대상자가 중도절단 될 확률은 사건이 발생한 연구대상자가 경험할 확률과는 관계가 없다.

4) Hazards에 영향을 미치는 어떤 요인은 연구기간 동안 항상 같은 비율로 작용한다(비례위험 모형에만 해당).

2.5 생존함수(survival function)와 위험함수(hazard function)

먼저 time to event data의 분석에 이용되는 survival analysis에서 사용되는 용어인 risk, conditional risk, hazards에 대해 알아보자. 100명의 대상자를 3개월간 고정된 시간으로 추적했을 때, 관찰 1개월에 30명이 사망했고(event 발생), 2개월에는 20명, 3개월에는 10명이 사망했다고 가정하자. 그러면 관찰 1개월에서 사건 발생의 risk = 40/100 = 0.4이고, 2개월에서 risk = 20/100 = 0.2, 그리고 3개월에서 risk = 10/100 = 0.1이 된다. 즉 각각의 관찰기간에서의 risk는 전체 대상자 중에서 사건이 발생한 proportion이 된다.

Conditional risk는 어떤 시간 간격(time interval)에서 시작시점까지 사건이 발생하지 않은, 즉 생존한 대상자가 어떤 시간 간격에서 사건이 발생할 risk를 말한다. 그러므로 관찰 1개월, 2개월, 그리고 3개월에서의 conditional risk는 각각 40/100 = 0.4, 20/60 = 0.33 그리고 10/40 = 0.25가 된다. 즉 각각의 관찰기간에서의 conditional risk는 먼저 관찰구간에서 사건이 발생한 대상자를 제외한 숫자 중에서 사건이 발생한 proportion이다.

표본의 숫자가 충분히 큰 경우 사건발생의 측정단위를 줄일 수 있다. 즉 1개월 간격으로 사건의 발생을 추적하는 대신 0.25개월, 즉 1주 간격으로 사건의 발생을 추적할 때, conditional risk를 0.25개월이라는 width of time interval(시간 간격의 크기)로 나누어 준 값을 hazard function(= hazard rate = failure rate)이라고 한다. Hazard는 아주 작은 시간 간격에서 사건 발생의 conditional risk를 width of the time interval로 나누어 준 값이다.

지금까지 계산한 risk, conditional risk 그리고 hazards를 graph로 그려보면 그림 2.7과 같다. 계단모양으로 갑자기 관찰시간에서 사건이 발생할 때마다 급격히 감소하는 것이 risk이고, conditional risk는 계단의 감소하는 폭이 좀더 risk보다는 작고 hazards는 smooth한 직선의 모양을 보이게 된다.

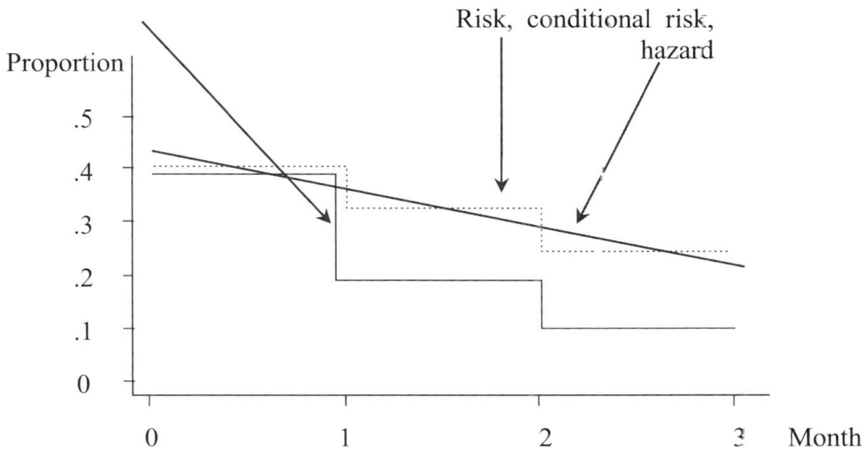

〈그림 2.7〉 Risk, conditional risk and hazard

생존시간이란 전후 관계로 보면 hazard rate는 특정한 날에 사망하는 risk로 해석될 수 있다. 다음의 표 2.3으로 annual hazard rate를 구해보자. 자료는 14명의 암환자의 생존시간을 개월로 측정하였고 +는 중도절단을 나타낸다.

〈표 2.3〉

Rank	Survival time t	N at risk	Observed deaths	P=1 − d/n	S(t)
1	0	24	0	1.0	1.0
2	3+	24	0		
3	6	23	4	0.8261	0.8261
4	6				
5	6				
6	6				
7	8	19	2	0.8947	0.7391
8	8				
9	12	17	2	0.8824	0.6522
10	12				
11	12+	15	0	0.8824	0.6522
12	15+	14	0		
10	16+	13	0		
13	18+	11	0		
14	18+		0		

관찰 1년째 hazard rate를 구하기 위해선 먼저 관찰 1년 이내에 사건이 발생한 집단과 생존한 집단을 합쳐서 months of exposure를 구한다. 일 년 이내에 사건이 발생한 경우는 6개월에 4명, 8개월에 2명이므로 총 개월 수는 (4 patients * 6 months) + (2 patient * 8 months) = 40 months of exposure가 된다. 생존한 집단은 3개월에 1명이 censored 되었으므로 생존으로 계산하고, 12개월에 number of risk가 17명이므로 (1 patient * 3) + (17 * 12) = 207 months exposure이고 합치면 40 + 207 = 247 months exposure가 된다. 그러므로 첫 해의 hazard rate는 1년 이내에 event가 발생한 6명을 247로 6 ÷ 247 = 0.02429 months가 된다. 年단위로 하면 0.02429 * 12 = 0.29 or 29/100 person year of exposure가 된다. 이런 식으로 2년, 3년의 hazard rate를 구할 수 있다. 즉 hazard rate는 시간이 지남에 따라 변한다.

생존시간(t)은 특정시점에서 정의된 사건이 발생하기까지의 시간으로 항상 0보다 큰 양의 값으로 관찰된다. 생존시간은 분포를 가지고 있는 특정한 상황이라고 생각하는 것이 편리하며 그림 2.8과 같은 모양을 갖는다고 볼 수 있다.

또한 생존시간의 분포(distribution of survival times)는 세 가지 survivorship function, probability density function 그리고 hazard function이라는 함수에 의해 표시되거나 특성화된다. 세 가지 함수는 수학적으로 동등한 것이므로 한 가지를 알면 나머지 두 가지는 유도할 수 있다. 생존분석의 기초는 생존자료로 세 가지 함수를 추정하여 모집단의 생존양상을 추정하는 것이다.

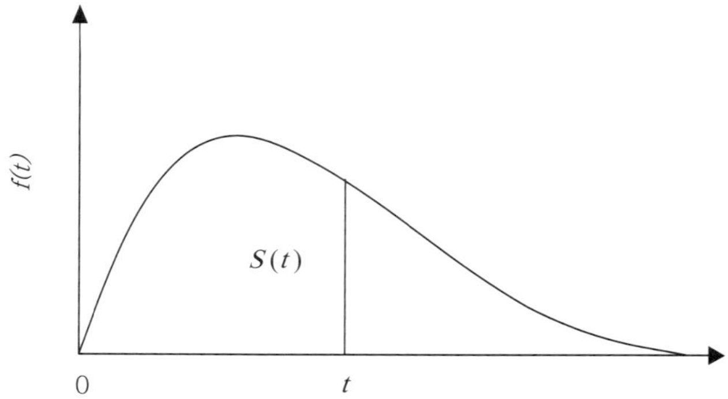

〈그림 2.8〉 Distribution of survival time

2.5.1 Survival function(Survival distribution function = Survivorship function = Reliability function = cumulative survival rate)

Survival function은 그림 2.8에서 모든 주어진 시간에서 t라는 시점의 왼쪽으로 전체 곡선이 차지하는 비율(proportion)로 해석된다. 곡선의 밑의 면적의 합은 1이다. 이 분포에서 특정한 시간 t에서, $f(t)$에 의해 분포의 높이를 나타낼 수 있는데 이 때 $f(t)$를 probability density function(PDF)라고 한다. Probability density function은 매우 작은 시간 간격 사이를 포함하는 어떤 시간 t에서 발생하는 사망의 확률(probability)이다.

T를 생존시간이라고 할 때 t라는 시점에서 생존함수(survival function)인 $S(t)$는 t라는 시점까지 사건이 발생하지 않고 생존할 확률의 추정량(estimates)이며 다음과 같이 표현된다. Cumulative survival function은 특정 시간까지 사건이 발생하지 않은 대상자의 proportion이다.

$$S(t) = P\ (an\ individual\ survives\ longer\ than\ t) = P\ (T > t)$$

생존시간 T의 cumulative distribution function $F(t)$의 정의에 따라 다음과 같이 표현한다.

$$S(t) = 1 - P\ (an\ individual\ failed\ before\ t) = 1 - F(t)$$

여기서 t가 0, 즉 현재는 $S(t)$가 1이지만 관찰기간이 무한대로 가면 $S(t)$는 zero가 된다. $S(t)$는 다른 말로 흔히 cumulative survival rate라고 하며 $S(t)$를 관찰시간에 대해 그린 graph를 생존곡선(survival curve)이라고 한다(그림 2.9).

그림 2.9의 a는 생존곡선이 급하게 경사를 보여서 생존율이 낮고(사건의 발생 비율이 많고), b는 완만하고 평평하여 생존율이 높고 오래 생존한다는 것(사건의 발생비율이 적다)을 의미한다. 생존곡선은 50th percentile(the median) 혹은 25th and 75th percentile의 생존율을 구하는 데 이용되거나, 두 가지 이상의 집단에서 생존분포를 비교하는 데 이용된다. 생존시간에 대한 자료의 분포는 정규분포를 하지 않기 때문에 평균값은 사용하지 않고 median survival time을 사용하며 $S(t)$가 0.5가 되었을 때의 시간을 median survival time이라고 정의한다. 그림

2.10에서 y축 $S(t)$가 0.5일 때의 x 축의 값이 median survival time이 된다.

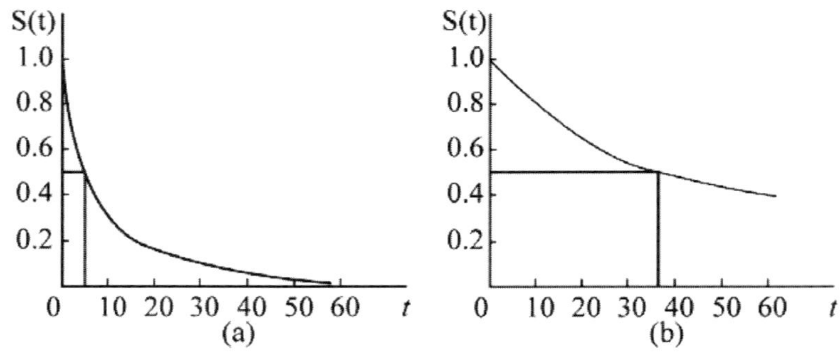

〈그림 2.9〉 Two example of survival curve

실제적으로 만약, 관찰기간 중 중도절단이 전혀 발생하지 않았고 대상자 모두에서 사건이 발생해 사망했다면 t라는 시점에서의 생존함수의 값은 다음의 식에 의해 추정할 수 있다. 여기서 중요한 것은 추정값이라는 것이다.

$$\acute{S}(t) = \frac{\text{number of patients surviving longer than t point}}{\text{total number of patients}}$$

$\acute{S}$는 추정치를 의미한다.

그러나 중도절단 된 자료가 있을 때 위의 식은 유효하지 않는다. 예를 들면 4, 6, 6+, 10+, 15, 20개월이라는 생존기간 자료가 있을 때 (+는 중도절단을 의미) 5개월에서의 $\acute{S}(5)$ = 5/6 = 0.833이 된다. 그러나 $\acute{S}(11)$은 11개월 이상 생존한 사람을 정확히 알 수가 없기 때문에 계산할 수 없다. 위에서 중도절단 된 대상자는 11개월 이상 생존했을 수도 있고 아닐 수도 있기 때문이다. 중도절단 된 자료가 있을 때 $S(t)$를 추정하는 비모수적인 방법이 생명표법(life table method), Kaplan-Meier method 그리고 Nelson and Fleming-Harrington 방법이다. 생명표법에서 cumulative proportion surviving at end가 생존함수의 추정치에 해당된다. 즉 생명표법에서 5year cumulative proportion surviving at end가 37%라면 37%의 대상자가 start of interval 5year(즉 관찰 6년이 시작할 때까지)보다 오래 생존했다는 의미이다.

2.5.2 Probability density function(PDF or density function)

Probability of density function은 unit time당 매우 작은 시간 간격에서의 probability of failure이며 수학적인 수식으로 표현하면 다음과 같다.

$$f(t) = \frac{\lim_{\triangle t \to 0} P[\text{an individual dying in the interval } (t, t + \triangle t)]}{\triangle t}$$

Probability density function $f(t)$의 graph를 density curve라고 하며 그림 2.10은 PDF curve의 예다. x 축은 unit time이고 y축은 $f(t)$이다. Probability density function $f(t)$은 nonnegative function이고 $t \geq 0$이면 $f(t) \geq 0$이고 $t <0$이면 $f(t) = 0$이고 곡선 밑의 면적을 다 더하면 1이 된다. 실제적으로, 중도 절단 된 관찰이 없다면 $f(t)$ 의 추정치는 다음의 식으로 계산되며 중도절단 된 자료가 있을 땐 유효하지 않고 이런 경우 nonparametric methods로 life table method와 Kaplan-Meier method, 그리고 Nelson and Fleming-Harrington 방법으로 추정할 수 있다.

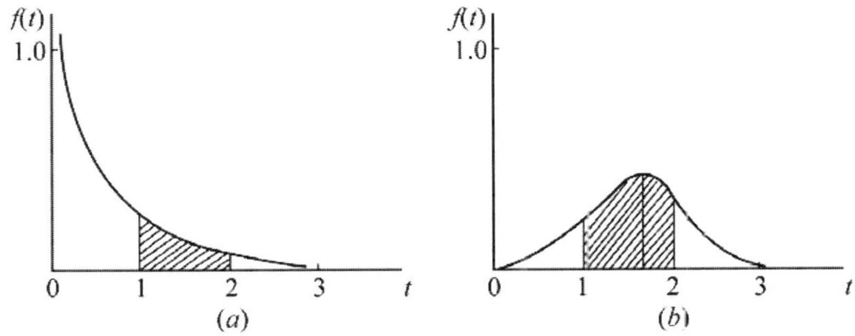

〈그림 2.10〉 Example of density function

$$F(t) = \frac{\text{number of patients dying in the interval beginning at time t}}{(\text{total number of patients}) * (\text{interval width})}$$

Density function curve로 어떤 시간 간격에서도 failure된 대상자의 proportion과 failure가 가장 많이 발생한 peaks of high frequency of failure를 알 수 있다. 그림 2.10에서 a는 연구 초반에는 failure frequency가 높고 시간이 지남

에 따라 failure rate가 감소하고 있고 b는 peaks of high frequency of failure를 1.7 units of time에서 보이고 있다. Unit time 1과 2 사이에서 failure가 발생한 대상자의 proportion은 빗금 친 면적과 같다(그림 2.10). Density function은 다른 말로 unconditional failure rate라고도 한다.

2.5.3 Hazard function(위험함수)

Survival time T의 hazard function $h(t)$는 conditional failure rate를 산출해 낸다. Hazard function의 정의는 대상자가 어떤 시간 간격(time interval)의 초기까지 사건이 발생하지(생존) 않았다고 가정(conditional)했을 때 매우 작은 시간 간격 사이에서의 failure가 발생할 probability로 정의되며 어떤 대상자가 어떤 특정한 시간 간격에서 사건이 발생할 기대치를 나타낸다. 즉 t라는 시점까지 사망하지 않고 생존한 사람이 t시점 바로 직후 순간적으로 사망할 instantaneous conditional failure rate(=force of mortality and age-specific failure rate)이다.

$$\text{hazard function} = \frac{\text{die at time t}}{\text{survived to time t}}$$

Conditional probability(조건부 확률)이란 A, B에 대하여 사건 A가 일어났다고 가정하였을 때 사건 B가 일어날 확률을 말하며 보통 말하는 확률은 사건 A, B가 동시에 발생할 확률을 말한다. 그러므로 hazard rate를 다른 말로 instantaneous failure rate, force of mortality, conditional mortality rate 그리고 age specific failure rate라고도 한다. Hazard function의 값이 크면 사망의 확률(사건이 발생할)이 크다고 할 수 있다. Hazard function은 survival function로부터 유도되며 probability가 아닌 death rate per unit of time이므로 0부터 무한대의 값을 가질 수 있다. Cox 비례위험 모형에서는 failure의 relative risk를 계산하기 위해 hazard function을 이용한다.

Hazard function은 $h(t)$로 표시하고 어떤 특정 시간 t까지 모두 포함해서 hazard value를 더해 준 값을 cumulative hazard function이라고 하고 대문자 H를 사용해서 $H(t)$라고 한다. 여기서 더한다는 의미는 단순히 더하는 것이 아니고 적분을 해준다는 것을 의미한다.

실제적으로 중도절단 된 관찰이 없다면 hazard function은 다음의 식으로 추정할 수 있다.

$$\hat{h}(t) = \frac{\text{number of patients dying in the interval beginning at time } t}{(\text{total number of patients}) * (\text{interval witdh})}$$

$$= \frac{\text{number of patients dying per unit time in the interval}}{\text{number of patients surviving at } t}$$

생명표법에서 interval의 평균 hazard rate를 이용하며 다음과 같이 표현된다.

$$\hat{h}(t) = \frac{\text{number of patients dying per unit time in the interval}}{(\text{number of patients surviving at } t) - (\text{number of deaths in the interval})/2}$$

Hazard function은 증가할 수도 있고 감소할 수도 있고 일정할 수도 있다(그림 2.11). 급성백혈병 환자에서 항암치료에 반응하지 않는 경우 $h_1(t)$같이 hazard가 증가하며, 총상으로 수술을 받은 군인의 경우의 hazard는 처음에는 높지만 수술이 성공적으로 됐으면 $h_2(t)$와 같이 hazard가 감소한다. Hazard가 일정한 경우의 예로는 18세와 40세의 대상자에서 교통사고가 발생하여 사망할 hazard는 $h_3(t)$와 같이 일정하다고 할 수 있다. 욕조모양 곡선의 $h_4(t)$는 사람의 일생에 대한 hazard이다. 태어나면 초기 영아시절 사망률이 높으나 성장

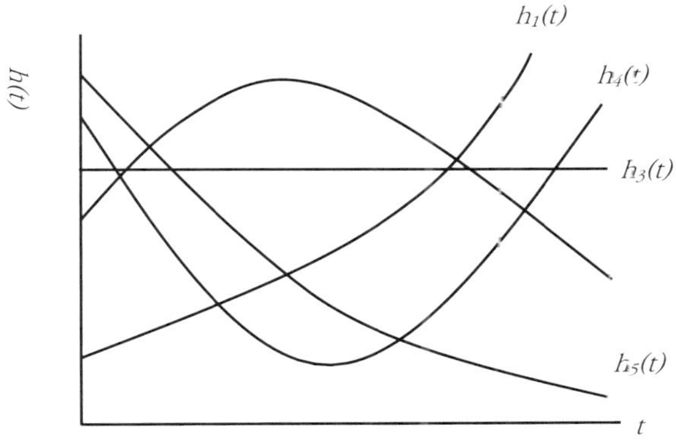

〈그림 2.11〉 Examples of hazard function

하면서 hazard는 줄어들었다가 청·장년 시절 hazard는 평평하다가 나이가 들면서 다시 hazard가 증가한다. 결핵에 처음 이환되면 $h_5(t)$와 같이 hazard가 증가하다가 약물치료를 받으면 hazard는 감소하게 된다.

그러면 hazard function, cumulative hazard function과 cumulative survival function 그리고 probability density function[$F(t)$]는 어떤 관계가 있을까?

$$h(t) = -\ln S(t)$$

$$F(t) \frac{d}{dt}[1 - S(t)]$$

$$H(t) \frac{f(t)}{s(t)} = -\frac{d}{dt}[\log S(t)]$$

$$S(t) = \exp^{-H(t)}$$

$h(t)$ = hazard rate at time (t)
$H(t)$ = cumulative hazard rate through time (t)
[$F(t)$] = probability density function
$S(t)$ = cumulative survival function

Cumulative hazard function은 Kaplan Meier 방법이나 생명표법으로 cumulative proportion surviving인 survival function $S(t)$와 hazard rate인 $h(t)$를 구한 후에 위의 식을 이용해서 $H(t)$와 $-\ln S(t)$를 구한다.

표 2.4에서는 $S(t)$, $h(t)$, $-\ln S(t)$의 관계를 보여 주고 있다.

〈표 2.4〉 $S(t)$, $h(t)$, 그리고 $-\ln S(t)$와의 관계

Interval(t)	Cum. Proportion Surviving $S(t)$	Hazard Rate $h(t)$	Cum. Hazard Rate $H(t)$	$-\ln S(t)$
1	0.9800	0.0202	0.0202	0.0202
2	0.9200	0.0632	0.0834	0.0834
3	0.8387	0.0925	0.1759	0.1759
4	0.7226	0.1486	0.3245	0.3249
…				

$S(t)$가 감소할수록 $h(t)$, $H(t)$ 그리고 $-\ln S(t)$는 증가하며 서로 반대의 상관관계가 있다. 표에서 $H(t) = -\ln S(t)$이므로 만약 $S(3) = 0.8387$이라면 $-\ln S(3) = -\ln(0.8387) = 0.1759$이고, $H(3) = 0.1759$가 된다.

2.6 생존함수를 추정하는 방법

생존함수를 추정하는 방법은 단변량분석 방법인 비모수적인 방법과 다변량분석 방법인 모수적인 분석 방법으로 나눌 수 있다(표 2.5).

〈표 2.5〉 Estimations of survival function

Parametric models	Nonparametric model
Exponential distribution Weibull distribution Log-normal distribution Gamma and generalized gamma Gompertz distribution Log-logistic Linear exponential	Life table method (= Actual method) Kaplan-Meier method (= Product limit method) Nelson-Aalen method (Nelson and Fleming-Harrington)
Semi-parametric model:	Cox proportional hazard model

또한 모수적인 방법과 비모수적인 성격의 방법이 모두 포함되어 있어 semi-parametric 방법이라고 하는 Cox proportional hazards 모형이 있다. Cox proportional hazards 모형은 보통 비모수적인 생존분석 방법으로 분류하고 있다. 이 책에서는 설명의 편의상 parametric, nonparametric, semi-parametric survival analysis로 구분하여 설명한다.

2.6.1 Parametric model (모수적 모형)

모수적인 모형은 생존자료에서 생존시간이 어떤 알려진 특정한 분포에 따르는 것으로 간주하여 생존기간에 영향을 미치는 예후인자의 영향을 평가하는 방법이다. 이 중 지수분포(exponential distribution), Weibull distribution 그리고

lognormal distribution은 생존함수와 위험함수가 비교적 간단한 형태를 갖기 때문에 가장 많이 쓰인다.

SPSS는 모수적 모형의 생존분석 방법을 지원하지 않는다. 다른 모형(general loglinear 모형)을 이용해 제한적으로 exponential distribution 모형을 이용할 수 있다. 임상연구에서 대부분의 경우 생존자료의 분포에 대해 모르고 있기 때문에 모수적 모형은 제한적으로 사용되고 있지만 분포를 아는 경우 모수적 분석은 비모수적 분석에 비해 강력하다.

모수적 생존자료의 분석은 제7장에서 좀더 자세히 다룰 예정이다.

2.6.2 Nonparametric model (= Descriptive survival analysis)

비모수적 모형은 모수적 모형과는 달리 생존함수에 대해 특정한 분포를 가정하지 않고(= distribution free), 즉 모집단의 생존시간에 대한 분포를 모를 때 생존함수를 추정하는 방법이다. 비모수적 분석에서는 사건의 결과가 종속변수가 되고, 어떤 t 시점에서의 누적생존율과 median survival rate를 구한다. 또한 범주형 변수로 구분된 factor를 이용하여 factor로 구분된 집단 사이의 time to event의 차이를 비교하고 통계적인 검정을 한다. 그러나 descriptive survival analysis 방법은 예측변수가 두 개 이상 있으면, 한 변수가 결과변수에 미치는 영향을 통제 혹은 보정하고 한 변수가 결과변수에 미치는 영향을 알아볼 수 없다. 즉 혼란변수를 통제할 수 없는 단변량분석 방법이다.

가장 많이 사용되는 descriptive survival analysis 방법은 생명표법(life table method)과 Kaplan-Meier Estimator(= Product limit method), 그리고 Nelson Aalen method이다. Nelson Aalen method는 SPSS나 SAS는 지원하지 않고 S-Plus나 Epicure, Stata를 이용하면 된다.

1) 생명표법(Life table method = Actuarial method = Cutler-Ederer method)

단어에 actuarial이란 단어를 보아도 알 수 있듯이 이 방법은 보험회사에서 작성하는 생명표를 근간으로 하여 Cutler와 Ederer 등이 1958년에 발표한 방법이다. 추적관찰 기간인 사건이 발생할 때까지 걸리는 시간을 일정한 기간의 단위로 연구자가 임의로 구간을 고정해서 나눈 후(fixed time interval), 나눈 각 구간에서 관찰된 사건으로부터 구간의 사망확률과 구간의 생존확률을 구한 후 일정 기간까지의 구간 생존확률의 누적치인 누적생존율을 구하는 방법이다. 보통 관찰구간의 단위는 연(年), 개월 혹은 주 단위로 하는 것이 일반적인데 이때 구간을 나눌 때는 최소 10개 이상으로 나누어야 통계적인 효율성이 좋아진다. 또한 나누는 구간을 짧게 잡을수록 life table estimate는 Kaplan-Meier 방법과 근사하게 된다.

생명표법 분석에 대한 기본 가정은 다음과 같다. 첫째, 대상자에 대한 관찰의 시작 및 종료는 생존의 여부의 발생에는 영향을 주지 않아야 한다. 둘째, 특정 관찰구간에서 관찰하고자 하는 사건의 발생과 중도절단의 발생은 항상 일정한 속도를 가져야 한다. 셋째, 추적기간이 짧은 대상자도 추적기간이 긴 대상자와 실제적으로 미래에 같은 사건을 경험할 것이다. 넷째, 결과의 발생은 오직 한번만 발생할 수 있다. 그러므로 재발하는 사건에 대해서는 생명표법을 적용할 수 없다.

생명표법은 어느 때 이용하면 좋을까? 대상자에 대한 관찰이 초, 일, 개월 혹은 연(年) 같이 의미 있는 같은 간격으로 측정될 때 생명표법을 이용하면 어떤 구간에서도 마지막 사건이 발생할 확률을 계산할 수 있다. 예를 들면 보험회사에서는 보험을 가입한 사람의 생존기간을 아는 것이 중요한 문제인데 이런 경우 생존율을 계산하기 위해서는 1년 단위로 기간을 정해서 사망하는 데까지 걸리는 시간을 관찰한다. 이런 경우 1년이라는 것은 의미 있는 시간 간격이 된다. 그러나 임상자료에서는 흔히 기간을 정하지 않고 암 환자가 얼마 만에 재발하였는가 혹은 사망하였는가를 보게 된다. 예를 들면 "5년간 추적 조사하였는데 5년 생존율이 52%이다" 이렇게 연구를 진행한다. 이런 경우 연구자가 의미 있는 시간 간격으로 나누어서 time to event를 측정한 것이 아니므로 이때는 생명표법보다는 Kaplan-Meier 방법을 이용하는 것이 좋다. 또한 보통 표본의 크기가 큰 경우(한 집단이 최소 50명 이상이고 두 집단을 비교하려면 50 × 2 = 100명 이상의 대상자가 필요하다고 한다) 생명표법이 추천된다.

생명표법에서 누적생존율(cumulative survival rate)의 계산은 어떻게 할까? 예를 가지고 알아보자. 표 2.6은 100명의 만성백혈병 환자를 처음 항암치료를 하고 추적 조사하면서 진단 후 사망할 때까지의 자료를 1년 단위의 생명표로 보여준 자료이다.

〈표 2.6〉 생 명 표

Interval Start Time	Number Entering This Interval	Number Withdrawn During Interval	Number Of Terminal Event	Number Exposed To risk	Proportion Terminating =(A)	Proportion Surviving =(1-A)	Cumulative Proportion Surviving At end
0	100	0	2	100	2/100=.0200	0.9800	0.9800
1	98	0	6	98	6/98=.0612	0.9388	0.9200
2	92	3	8	90.5	8/90.5=.0884	0.9116	0.8387
3	81	3	11	79.5	11/79.5 =.1384	0.8616.	0.7226
4	67	6	9	64	9/64=.1406	0.8594	0.6210
5	52	8	19	48	19/48=.3958	0.6042	0.3752
6	25	6	9	22	9/22=.4091	0.5909	0.2217
7	10	3	7	8.5	7/8.5=.8235	0.1765	0.0391
Total	29		71				

첫째 줄 처음 시작시점에서 1년 동안의 생존율은 100명에서 시작해서 이 기간 중에 중도절단 된 대상자는 없었고 2명에서 사건이 발생하였다. Number of exposure는 100명이고 2명에서 사건이 발생했으므로 proportion remaining은 2/100 = 0.02가 되고 proportion surviving은 1 − 0.02 = 0.98이 된다.

두 번째 줄 관찰 1 ~ 2년 사이에서는 이 구간에 들어가는 수는 첫 줄에서 100명이었지만 2명에서 사건의 발생이 있어 100 − 2 = 98이 되고, 중도절단 된 대상자는 없었고 6명에서 사건이 발생하였다. 그러므로 number of exposure는 98명이 되고 proportion terminating은 6/98 = 0.061이고 proportion surviving은 1 − 0.061 = 0.938이고 cumulative proportion surviving end는 0.9388 * 0.9800 = 0.9200이 된다.

셋째 줄 관찰 2 ~ 3년 사이에서는 이 구간에 들어가는 수는 두 번째 줄에서 98명이었지만 앞에서 6명에서 사건이 발생하여 98 − 6 = 92가 되고, 중도절단 된 대상자가 처음 3명 있었고 8명에서 사건이 발생하였다. 중도절단이 발생하여서 number of exposure는 92명이 아니고 92에서 중도절단 된 대상자의 반을(1/2) 빼준 92 − (3 * 0.5) = 90.5가 되고 proportion terminating은 8/90.5 = 0.088이 되고 proportion surviving은 1 − 0.0884 = 0.9116이고 cumulative proportion surviving end는 0.9116 * 0.9200 = 0.8387이 된다.

넷째 줄 관찰 3 ~ 4년 사이에서는, 이 구간에 들어가는 수는 3째 줄에서 92

명이었지만 앞에서 중도절단 3명, 사건발생 8명, 합해서 11명이 있어서 92 − 11 = 81명이 되고, 중도절단 된 대상자가 3명 있었고 11명에서 사건의 발생이 시작되었다. 또 중도절단이 발생하여서 number of exposure는 81명이 아니고 81에서 중도절단 된 대상자의 반을(1/2) 빼준 81 − (3 * 0.5) = 79.5가 되고 pro- portion terminating은 11/79.5 = 0.1384이고 proportion surviving은 1 − 0.1384 = 0.8614이고 cumulative proportion surviving end는 0.8614 * 0.8387 = 0.7226이 된다. 이런 식으로 계속 계산을 하여 cumulative surviving을 구한다.

중도절단 된 자료가 발생하면 누적생존율의 계산에 어떤 영향이 생기는가? 생명표법에서는 연구자가 임의로 나눈 구간에서 중도절단 된 자료가 발생하면 number of censored를 2로 나눈 값만큼 number of entering this interval에서 빼준다. 그래서 number to exposed to risk를 감소시키고 그 결과 proportion terminating은 감소하고 proportion surviving은 증가하여 cumulative proportion surviving at end의 값은 증가하게 된다. 즉 중도절단 된 자료가 생기면 cumulative proportion surviving at end의 값은 증가하게 된다. Kaplan-Meier 방법과 중도절단 된 자료에 대한 처리의 방법이 약간 틀릴 뿐 근본적으로 같은 방법으로 생존율을 계산한다.

즉 Kaplan-Meier 방법에서는 중도절단 된 대상자의 경우, 중도절단 된 시간에서 누적생존율의 계산에는 영향을 주지 않지만(생명표법에서는 중도절단 된 자료가 발생한 구간에서 생존율에 영향을 미친다), 중도절단 된 기간에서의 전체 대상자 숫자의 계산에는 영향이 있어(중도절단 된 숫자만큼 감소), 다음 사건이 발생하는 기간의 proportion in remission의 계산에 영향을 주어서 다음 사건이 발생하는 기간의 proportion in remission 계산의 분모 수가 중도절단 된 숫자만큼 감소하므로, 이 기간의 cumulative remission proportion 수치는 중도절단 된 대상자의 영향으로 증가하게 된다.

2) Kaplan-Meier method(= Product limit method)

대상자에서 사건이 발생할 때까지 걸리는 시간을 짧은 순서에서 긴 순서로 다시 배열하여 누적생존율을 계산하며, 생명표법이 관찰시간을 일정한 구간으로 나눈 다음 구간에서의 생존확률을 계산하는 것과는 달리, Kaplan-Meier 방법은 사건이 발생한 시점마다 생존확률을 계산한다. 그러서 product limit method라고 한다. 만약 추적조사에서 탈락해서 생긴 중도절단이 사건의 발생과 동시에 일어났다면, 사건의 발생이 중도절단보다 먼저 발생한 것으로 간주하여 계산한다. 정리하면 Kaplan-Meier 방법은 관찰기간을 일정한 간격으로 구분하지 않으며, 관찰시간의 간격은 사건이 발생할 때 자동적으로 결정되고, 그러므로 관찰시간의 간격은 일정하지 않고 사건이 발생할 때마다 무작위로 정해진다.

Kaplan-Meier 방법에서의 기본 가정은 다음과 같다. 첫째, 대상자에 대한 관찰의 시작 및 종료는 생존의 여부의 발생에는 영향을 주지 않는다. 둘째, 무작위로 중도절단 된 대상자도 사건이 발생한 대상자와 같은 사건을 경험할 확률을 갖는다. 그러므로 사건이 발생한 경우만 분석에 필요한 대상이 된다. 셋째, 사건 발생은 오직 한 번만 발생할 수 있다. 그러므로 재발하는 질병의 연구에는 적당하지 않다. Kaplan-Meier 방법은 일반적으로 한 군의 표본수(N)가 50 이하로 상대적으로 표본의 크기가 작은 경우 유용한 방법이다. 표본의 수가 작으면 관찰구간에 오직 적은 수의 관찰이 발생할 가능성이 높기 때문에 Kaplan-Meier 방법이 추천된다.

Kaplan-Meier에서 누적생존율을 계산하는 방법을 다음의 가상적인 자료를 이용해서 알아보자. 다음은 10명의 백혈병 환자에서 항암치료 후 다시 병이 재발되는 데까지 걸린 시간을 주 단위로 관찰한 것이고 +는 중도절단 된 자료를 나타낸다. 예) 2, 64, 69+, 35, 40+, 5, 43, 12+, 49, 72

먼저 위의 자료를 관찰시간이 긴 순서대로 표 2.7과 같이 재배열을 한다. 첫 번째 관찰 2주에 재발이라는 사건이 발생한 줄은 처음 대상자가 10명이었기 때문에, time 2주 시간 간격 전부터 사건의 발생 없이 시작한 전체 대상자는 10명이고, 그 이후 사건이 발생하지 않은 전체 대상자수는 1명에서 사건이 발생되었으니 10 − 1 = 9명이 된다. 그러므로 관찰 2개월에서의 재발되지 않고 남아 있는 proportion remission은 9/10 = 0.9이고 cumulative non-recur proportion은 0.9 혹은 9/10 * 100 = 90%가 된다.

두 번째 재발은 관찰 5개월에 생겼다. 5개월 시작시 현재 시작 전부터 재발되지 않은 전체 수는 9명이고, 현재 시간 이후 재발되지 않고 남아 있는 전체 수는 1명이 재발되었으니 8명이 된다. 그러므로 관찰기간 5개월에서 재발되지

〈표 2.7〉 Kaplan-Meier method

Time	Status	Prior number in remission	Number remaining	Proportion remission	Cumulative Prop. of remission
2	Recur	10	9	9/10	9/10 = 0.90
5	Recur	9	8	8/9	0.9 * (8/9) = 0.80
12	Censor	8	7		
35	Recur	7	6	6/7	0.80 * (6/7) = 0.69
40	Censor	6	5		
43	Recur	5	4	4/5	0.69 * (4/5) = 0.55
49	Recur	4	3	3/4	0.55 * (3/4) = 0.41
64	Recur	3	2	2/3	0.41 * (2/3) = 0.27
69	Censor	2	1		
72	Recur	1	0	0/1	0.27 * (0/1) = 0

않고 남아 있는 proportion인 proportion remission은 8/9이고 cumulative remission proportion은 2개월의 cumulative remission proportion 0.9에 현재 5개월의 cumulative proportion of remission을 곱해 준 0.9/ * 8/9 = 0.80이 된다.

관찰 12개월에 중도절단 된 자료가 생겼다. 그러나 중도절단 된 대상자가 발생한 시점에서는 이 기간에서의 remission(survival) probability를 계산하지 않는다. Survival probability는 이 기간 동안에 변하지 않고 단지 관찰하는 숫자만 감소한다. 세 번째 중도절단 된 대상자의 경우 정확한 사건이 발생한 시간은 모르지만 최소한 12주까지는 remission된 상태로 있었기 때문에, 중도절단 되었다는 이유로 누적생존율의 계산에서 제외하면 누적생존율은 더 낮아지게 된다. 그래서 비록 중도절단 된 대상자의 경우, 중도절단 된 시간에서 누적생존율의 계산에는 영향을 주지는 않지만 중도절단 된 기간에서의 전체 대상자의 숫자 계산에는 영향이 있어(중도절단 된 숫자만큼 감소), 다음 사건이 발생하는 기간의 proportion in remission의 계산에 영향을 주게 된다. 즉 다음 사건이 발생하는 기간의 proportion in remission의 계산의 분모의 수가 중도절단 된 숫자만큼 감소하므로, 이 기간의 cumulative remission proportion의 수치는 중도절단 된 대상자의 영향으로 증가하게 된다. Kaplan-Meier 방법에서는 이런 식으로 누적생존확률을 계산한다.

지금까지 계산한 Kaplan-Meier 방법의 생존함수의 계산은 다음의 식과 같이 일반화하여 표시할 수 있다.

$$S(t) = \Pi^{t}{}_{i=1} [(n - I) / (n - i + 1)]^{Ci}$$

여기서 $S(t)$는 시간 t에서의 추정된 생존함수이고, $\Pi^{t}{}_{i=1}$는 t보다 작거나 혹은 같은 시점에서 모든 대상자의 생존시간을 곱셈해 준 것이고($\Pi = pi$, symbol for multiplication), t는 시간이며(즉 일, 주, 달, etc.), n은 표본의 전체 대상자의 숫자이고, i는 시간 t까지 생존한 숫자이고, C_i는 상수(다음과 같이 0 =uncensored case, or terminal case이고 1 = censored)이다(제4장 참고).

3) Nelson-Aalen method(Nelson and Fleming-Harrington)

Kaplan-Meier 방법으로 survival function과 hazards function의 관계를 이용하여 쉽게 cumulative hazard function을 구할 수 있다. 그러나 표본의 크기가 아주 작은 경우에는 문제가 생기는데 이 때 이용할 수 있는 방법이 Nelson-Aalen estimator이고 다음과 같이 계산한다.

$$\widehat{H}(t) = \Sigma \frac{d_j}{n_j}$$

표 2.8에서 $e_j = d_j / n_j$이고 $H(t)$는 e_j의 합이다.

〈표 2.8〉 Nelson-Aalen estimator

	nj	*dj*			
At time	# at risk	# of event	# of censored	*ej*	*H*(*t*)
2	6	1	0	1/6	0.1667
4	5	2	0	2/5	0.5667
5	3	0	1	0	0.5667
7	2	1	0	1/2	1.0667
8	1	0	1	0	1.0067

처음 6명에서 2개월에 사건의 발생이 있었고 중도절단은 없었다. 그러므로 e_j는 1/6(0.1667)이고 $h(t)$는 0.1667이 된다. 관찰 4개월에 2명에서 사건이 발생하였다. 이 구간에서 number at risk는 2개월에서 1명 사건의 발생으로 6 − 1 = 5명이다. 그러므로 e_j는 2/5 = 0.4이고 $H(t)$는 0.4 + 1.567 = 0.5667이 된다. 관찰 5개월에 사건의 발생은 없고 중도절단이 1명 있었다. 이 구간의 number of risk는 5 − 2 = 3명이고 사건의 발생이 없으므로 e_j는 0/3 = 0이고 $H(t)$는 변하지 않는다. 관찰 7개월에 number of risk는 3 − 1(前 구간에서 중도절단 된 수) = 2가 되고 1명에서 사건이 발생하였다. 그러므로 e_j는 1/2 = 0.5이고 $H(t)$는 0.5 + 0.5667 = 1.0667이 된다. 관찰 8개월에 중도절단이 1명 발생했고 $H(t)$의 변화는 없다. 즉 사건이 발생해야 $H(t)$의 값이 증가하며 중도절단의 발생은 $H(t)$에 아무런 영향이 없다. 이렇게 cumulative hazards function을 계산하는 방법을 Nelson estimator라고 한다.

Nelson estimator의 단점은 생존자료에 tied된 자료가 있는 경우에 대해 민감하다는 것이다. Tied observation이란 관찰 6개월에 사건 발생이 2명 있었고 또한 중도절단 2명 있었다면 이렇게 관찰시간 구간에 2명 이상의 관찰이 동시에 발생한 것을 말한다. 예를 들어 3명의 대상자가 거의 관찰 3개월 근처인 관찰시간 t_1, t_2, t_3에 사건이 발생했고 이 때 7명의 number of risk가 있다고 가정하자. Nelson estimator로 전체 hazards function의 증가는 1/10 + 1/9 + 1/8 = 0.335가 된다. 그러나 t_1, t_2, t_3 사이에 차이 없이 한 시점에 집단으로 시간의 자료가 몰리면 (즉 tied) hazards function의 증가는 3/10 = 0.3으로 0.335보다 작게 된다. 즉 tied observation이 많으면 Nelson estimator는 bias가 생길 수 있다. 이것을 극복하기 한 것이 Nelson estimator를 변형한 Nelson(1969) and Fleming-Harrington(1984) estimator이다. Kaplan-Meier에서는 tied observation이 있든 없든 관계가 없다. Hazard rate인 $h(t) = -\ln S(t)$이므로 Flemin-Harrington(FH) estimator of survival은 $S(t) = \exp^{-h(t)}$가 된다. 단 여기서 구한 $h(t)$는 Nelson estimator로 계산된 hazards function이다.

$$S(t) = \exp^{-h(t)}$$

즉 위의 식에서 Nelson estimator로 구한 $h(t)$값으로 $S(t)$를 계산하면 Nelson-Aalen estimator(= Alltshuler estimator)라고 하고 Fleming and Harrington

의 변형으로 구한 $h(t)$의 값으로 계산한 $S(t)$를 Fleming Harrington estimator 라고 한다. 표본의 크기가 크면 Nelson-Aalen estimator와 Fleming Harrington estimator는 거의 같고 또한 Kaplan-Meier에서 구한 hazards function과도 거의 같다.

SPSS나 SAS에서는 Nelson-Aalen estimator를 구할 수 없고 Stata, NCSS 등을 이용하면 구할 수 있고 Fleming Harrington estimator는 S-Plus를 이용하면 구할 수 있다.

2.6.3 Semi-parametric model: Cox proportional hazard model

다변수분석 방법인 Cox proportional hazards 모형은 semi-parametric 모형이라고 할 수 있다. 왜냐하면 시간에 따른 무한(infinite)의 차원을 가진 unspecified baseline function과 유한(finite)개의 회귀계수를 동시에 모형에 가지고 있기 때문이다. Unspecified baseline function이란 위험인자를 전혀 가지고 있지 않은 상태인 underlying hazards function에 대해서는 어떠한 가정도 하지 않는다는 의미이고 유한 개의 회귀계수를 가지고 있다는 의미는 회귀분석과 같이 여러 개의 독립변수를 모형에 투입하여 각각의 독립변수에 대한 회귀계수를 구한다는 의미이다.

2.6.3.1 Cox proportional hazard 모형이 필요한 이유

1) 예측인자인 공변량의 보정

생명표법이나 Kaplan-Meier 방법, Nelson-Aalen estimator 등은 예측변수의 결과변수에 미치는 영향을 보정하지 않는 단변량분석 방법이다. 사건의 발생에 영향을 미치는 예측변수는 많다. 나이, 성별, 종족 같은 baseline characteristics 은 연구자가 어떤 intervention이나 치료 등으로 바꿀 수 있는 요소들이 아니고 미리 정해진 요소들이다. 이런 baseline characteristics를 보정하지 않으면 연구의 bias로 작용할 것이다. 왜냐하면 나이가 적은 사람은 많은 사람보다 비슷한 위험인자를 가지고 있을 때, 당연히 오래 생존할 가능성이 높기 때문이다. 또 일반적으로 여자가 남자보다 오래 생존할 가능성이 높다. 그러므로 confounder를 포함한 모든 예측변수는 항상 보정(corrected = adjust)을 해주어야 한다.

2) 교란변수의 결과변수에 대한 영향을 보정

예후인자를 정확히 파악하기 위해서는 교란변수(confounder)의 영향을 보정하여야 한다. 흔히 교란변수의 영향을 보정하는 방법으로 교란변수의 수준에 따라 예후인자의 영향을 따로 계산하는 층화분석(stratified analysis)이 많이 사용된다. 그러나 층화분석은 층화하는 변수의 수가 많아지면 나누어 주는 수준이 너무 많아진다. 또한 여러 개의 변수를 동시에 고려하여 층화분석을 할 수 없기 때문에 의학연구에서와 같이 여러 개의 위험인자를 고려한 생존분석에서는 회귀분석 같은 모형이 필요하기 때문에 Cox 회귀모형이 필요한 것이다.

2.6.3.2 Cox proportional hazard model

생존자료를 분석하는 데 가장 많이 사용되는 다변량분석 모형은 1972년에 Cox가 제안한 Cox proportional hazard 모형이다[Cox, D. R. (1972), "Regression Models and Life Tables," *Journal of the Royal Statistical Society, Series B*, 20, 187~220].

Cox 비례위험 모형을 이해하기 위해서는 먼저 비례위험(proportional hazards)을 알아야 한다. 예를 들어 뇌종양 환자의 생존율을 연구할 때 우리는 뇌종양 진단시의 종양의 정도, 환자 나이, 치료유무 등의 여러 임상적 특성이 생존에 영향을 미치는지 알고 싶어 한다. 영향을 알아보기 위해서는 처음에 뇌종양이 있는 환자의 underlying average hazards를 정의해야 한다. Average hazards를 $\lambda_0(t)$라고 했을 때 특정한 대상자의 hazard인 $\lambda(t)$를 나타내려면 다음과 같은 식으로 표현할 수 있다.

$$\lambda(t) = h(t) \ast \lambda_0(t) \qquad \text{식 2.1}$$

여기서 $h(t)$는 시간 t에 따라서 변하는 hazards function이다. 즉 특정한 대상자의 hazard인 $\lambda(t)$는 average hazard인 $\lambda_0(t)$에 $h(t)$를 곱한 것과 같다. 식 2.1을 특정대상자의 hazard에 대한 average hazard의 비율로 표시하면 다음과 같다.

$$h(t) = \frac{\lambda(t)}{\lambda_0(t)} \qquad \text{식 2.2}$$

여기서 $h(t)$가 시간에 따라 변하지 않는다면 $h(t) = h$로 쓸 수 있고 여기서 h는 변하지 않은 constant이다. 그러므로 식 2.1을 $h(t)$ 대신 h로 치환할 수 있다. 왜냐하면 relatives hazard는 더 이상 시간 t에 의존하지 않기 때문이다.

모수적 생존분석 방법인 exponential 모형이나 Weibull 모형에서는 hazard 보다 hazard에 자연 log를 취한 값을 더 많이 사용하므로(제7장 parametric survival 모형을 참조) hazard function은 다음과 같이 편하게 바꾸어 쓸 수 있다.

$$h(t) = e^{\beta(t)} = \exp^{[\beta(t)]} \qquad \text{식 2.3}$$

식 2.3의 양변에 log를 취하면 다음과 같다.

$$\beta(t) = \log h(t) \qquad \text{식 2.4}$$

그러므로 hazard가 식 2.2, $h(t) = \dfrac{\lambda(t)}{\lambda_0(t)}$ 에 비례한다면 그리고 $h(t)$ 대신 h로 치환할 수 있다고 했으므로 다음과 같이 쓸 수 있다.

$$\log[h(t)] = \log h = \log \frac{\lambda(t)}{\lambda_0(t)} = \beta \qquad \text{식 2.5}$$

다음은 어떤 질환이 있는 환자에서 C(control) 치료를 받은 환자와 N(New) 치료를 받은 환자에서 생존율의 차이의 비교를 할 때이다. 만약 치료 C를 받은 모든 대상자의 underlying hazards인 $h_0(t)$가 같다고 가정하면 치료 C를 받은 환자의 hazards인 $h_C(t)$는 다음과 같다.

$$h_C(t) = h_0(t) \qquad \text{식 2.6}$$

만약 C, N 두 치료를 받은 집단의 hazard가 비례의 관계가 있다면 N치료를 받은 대상자의 hazard는 다음과 같다.

$$h_N(t) = h_0(t)\exp^{(\beta)} \qquad \text{식 2.7}$$

식 2.7에서 치료 N을 받은 집단의 hazard는 일정한 constant가 되고 $\exp^{(\beta)}$는 C치료를 받는 집단의 hazard에 비해 몇 배인지를 나타낸다. 그러므로 각각의 치료를 받는 대상자의 hazard rate(HR)는 식 2.7과 식 2.6의 비(ratio)이다.

$$\mathrm{HR} = \frac{h_N(t)}{h_C(t)} = \frac{h_0(t)\exp^{\beta}}{h_0(t)} = \exp^{\beta} \qquad \text{식 } 2.8$$

Hazard에 대한 시간 t의 영향은 $h_0(t)$에 요약이 되어 있고 식 2.8에 분모 분자로 나누어서 표시되고 있다. 식 2.8의 왼쪽에 있는 HR은 시간 t에 의존하지 않는다. HR은 log HR = β의 식을 따른다.

어떤 치료라는 지시변수 X가 있을 때 식 2.6과 2.7을 합해서 표시하면 다음의 식 2.9와 같다. 즉 상태 X가 있을 때 특정한 대상자의 expected risk of death는 상태 X가 없을 때의 hazard function에 $\exp^{\beta x}$를 곱해 주면 된다.

$$h(t) = h_0(t)\exp^{(\beta X)} \qquad \text{식 } 2.9$$

여기서 $h_0(t)$는 공변량 X가 0일 때(즉 어떤 상태나 처치를 하지 않았을 때)의 baseline hazard function이고 $h_0(t)$의 함수의 분포나 형태가 어떤 것이든 관계 없다. 또한 $h(t)$은 공변량이 있을 때 즉 어떤 처치를 했거나 어떤 상태가 있을 때의 hazard function이다. 만약 Control 치료 C를 받으면 $x = 0$이 되고 $\exp^{(0)} = 1$이므로 식 2.9은 식 2.6와 똑같게 된다. 단약 New 치료 N을 받게 되면 $x = 1$이고 $\exp^{(\beta*1)} = \exp^{\beta}$이므로 식 2.9는 식 2.7과 같게 된다. 또 식 2.9을 요약해서 표현하면 다음과 같다.

$$\mathrm{T} : \mathrm{h}_x = \exp^{(\beta x)} \qquad \text{식 } 2.10$$

공변량 혹은 factor X는 0 혹은 1이고 공변량의 유무 혹은 범주형 변수인 factor의 존재/비-존재(예로, 치료/비-치료)에 따라 결정된다. 그러므로 $h_0 = 1$, $h_1 = \exp^{(\beta x)}$가 되고 두 치료집단을 비교할 때는 Hazards Ratio = $h_1/h_0 = \exp^{(\beta x)}$가 된다. 여기서 식 2.10의 형식을 가지는 모형을 Cox proportional hazards 모형이라고 한다. 여기서 변수 X는 regressor variable이라고 하고 β는 regression coefficient 혹은 parameter라고 한다. T는 치료의 효과를 조사하는 모형을 나타낸다. 즉 Cox 비례위험 모형은 결과변수에 대한 예측인자 X의 영향을 평가하기 위해 hazards function을 이용한다.

Cox 모형에서 계산된 결과를 이해하기 쉽게 하기 위해서 식 2.9의 양쪽 변을 λ_0로 나누어 주면 다음과 같이 표현된다.

$$\frac{h(t)}{h_0(t)} = \exp^{\beta X} \qquad \text{식 2.11}$$

식 2.11에서 좌변의 $\frac{h(t)}{h_0(t)}$을 relative hazards 혹은 hazards ratio라고 하고 공변량이 존재할 때 risk의 증감을 나타낸다. 즉 예측변수가 존재할 때의 relative risk는 그 예측변수 즉 공변량의 회귀계수를 구한 후 자연 log를 취하면 계산할 수 있다. 공변량이 없을 때 즉 βX가 0이면 e^0은 1이므로 relative hazard는 1이 되어 risk가 없다.

Relative hazards는 relative risk의 형태이고 더 특정하게 말하면 rate ratio이며 두 집단의 event rate를 비교하는 데 사용된다. Hazards rate가 1보다 크다는 것은 비교집단(control group without covariate)에 비해 해당 covariate가 있는 active group에서 time to event가 짧다는 의미이고, 1보다 작은 경우에는 time to event가 길다는 의미이고, 1인 경우에는 time to event가 똑같다는 의미이다. 비교해서 logistic regression에서 구하는 odds ratio는 1보다 크면 사건이 발생할 확률(probability)이 비교집단에 비해 해당 covariate가 있는 active group에서 크다는 의미이고, 1보다 작은 경우에는 사건이 발생할 확률이 작다는 의미이고, 1인 경우에는 사건이 발생할 확률이 똑같다는 의미이다.

식 2.11을 보면 relative hazard인 $\frac{h(t)}{h_0(t)}$는 공변량의 계수를 구하여 exponential을 취하면 구할 수 있다. 또한 relative hazard는 공변량이 있을 때의 hazards function과 baseline hazard function의 ratio에 의해서 결정된다. 분모 분자에 모두 시간 t가 있기 때문에 relative hazard는 시간과는 관계 없이 일정하며, 즉 시간의 영향과는 관계 없고 공변량 X의 회귀계수에 의해서 결정된다. 식 2.11의 양변에 자연 log인 ln을 취하면 다음과 같이 표현된다.

$$\ln\frac{h(t)}{h_0(t)} = \beta X \qquad \text{식 2.12}$$

$\ln\frac{h(t)}{h_0(t)}$는 relative hazard의 자연 log 값이며 log relative hazard라고 한다. 이 log relative hazard는 어떤 상태가 존재할 때와 존재하지 않을 때의 relative risk를 비교하는 데 사용된다. 식 2.12에 $\ln\frac{h(t)}{h_0(t)}$서 을 y로 치환하면 y = βX의 식으로 되며 이 식은 linear regression equation과 비슷하게 된다.

지금까지는 공변량이 X 한 개였지만 만약 공변량이 여러 개 있는 경우 Cox 비례위험 모형은 다음의 식으로 표현된다.

$$h(t) = [h_0(t)]\exp^{(\beta 1X1\ +\ \beta 2X2\ +\ \beta 3X3\ +\ \cdots\cdots \beta pXp)} \qquad \text{식 } 2.13$$

여기서 X_1 …… Xp는 공변량이고 β_1 …… βp는 공변량의 회귀계수이다. 여기서 공변량은 연속적인 값을 가져도 되고 범주형의 값을 가져도 상관없다. 또한 순서를 가지는 범주형의 값도 상관없다.

Proportional hazard 모형은 두 명의 대상자에서 두 명의 대상자들의 predicted hazards가 모든 시간에서(all time point) 일정하게 서로 비례하면서 변해서 그 비(ratio)가 일정한 상수(constant)의 값을 갖는 것을 의미한다. 예를 들면 공변량을 x_{ik}가지고 있는 i번째 대상자와 j번째 대상자의 위험함수의 비는 다음과 같이 표시할 수 있다.

$$\frac{h_i(t)}{h_j(t)} = \frac{h_0(t)\exp(\beta_1 x_{i1} + \beta_2 x_{i2} + \cdots + \beta_k x_{ik})}{h_0(t)\exp(\beta_1 x_{j1} + \beta_2 x_{j2} + \cdots + \beta_k x_{jk})}$$
$$= \exp\{\beta_1(\chi_{i1} - \chi_{j1}) + \beta_2(\chi_{i2} - \chi_{j2}) + \cdots + \beta_k(\chi_{ik} - \chi_{jk})\}$$

위의 식 우변을 보면 기저위험함수는 $h_0(t)$가 상쇄되어 없어지고 시간에 대해서 상수(constant)로 일정한 값을 가지게 된다.

Cox 비례위험 모형에서 모수의 추정은 logistic regression과 같이 maximum likelihood를 이용하며 partial likelihood를 maximize하여 추정하게 된다. 또한 모수 추정치에 대한 가설검정은 Wald test나 Likelihood Ratio Test(LRT)를 사용한다.

2.6.3.3 Cox proportional hazard 모형의 가정

식 2.11의 $\frac{\lambda(t)}{\lambda_0(t)} = \exp^{\beta x}$에서 우변의 relative hazards 혹은 hazards ratio는 공

변량이 있을 때의 hazard function과 baseline hazard function의 ratio에 의해서 결정된다. 분모 분자에 모두 시간 t가 있기 때문에 relative hazard는 시간과는 관계 없이 일정하다. 즉 relative hazard는 시간의 영향과는 관계 없고 공변량 X의 회귀계수에 의해서 결정된다. 이것을 Cox proportionality assumption이라고 한다. 즉 공변량에 대해서 다른 값을 갖는 2명의 관찰대상에서 hazard functions에 대한 ratio는 시간과는 무관하게 일정하다는 의미이다. 또한 다른 양상의 공변량을 갖고 있는 사람의 hazard는 시간이 지나도 변하지 않는 constant이다.

예를 들면 연구기간 첫 해에 당뇨병이 있는 집단이 없는 집단에 비해 심장병이 생길 relative hazard가 3배 높다고 했을 때 다음 해(year)에도 똑같이 약 3배 높아야 된다는 뜻이다. 심장병 발생의 hazard은 첫 해와 2년째는 분명히 다르다. 시간이 지날수록 높다. 그러나 당뇨병 집단과 비-당뇨병 집단 사이의 hazard의 비(ratio)는 일정해야 한다. 또한 모든 연구대상자들의 생존기간은 서로 독립적이고 공변량 사이의 관계는 선형의 관계에 있어야 한다.

연구자의 자료가 Cox proportionality의 가정에 맞지 않으면 Cox proportional hazard 모형을 이용할 수 없으며 이때는 time-dependent covariate 방법을 이용해야 한다. Cox's 비례위험 모형은 생존시간의 분포에 대한 nature나 모양에 관하여 어떤 가정이 필요하지 않고 hazard rate가(survival time이라기보다는) 시간에 관계 없이 일정하다는 가정만 충족되면 타당한 연구결과를 얻을 수 있다. 즉 Hazard function의 nature나 모양에 대해서는 아무런 가정이 필요하지 않다 [no assumption form of h(t)]. 그러나 예측변수의 hazards function에 대한 영향에 대해서는 모수적인 형태의 가정을 필요로 한다. 그래서 Cox's 회귀 모형은 semiparametric method라고 할 수도 있다. 임상의학에서 대부분의 경우 $h(t)$의 모양이나 본질보다는 우리는 예후인자의 hazard function에 대한 영향에 대해 관심이 있으므로 Cox 모형을 흔히 이용하게 되는 것이다.

2.7 생존곡선(Survival Curve)

2.7.1 생존곡선

생존곡선이란 percent surviving(0 ~ 100%)을 y축으로, 관찰시간을 x축으로 하여

서로의 관계를 graph로 표시한 것이다. 관찰시간은 각 대상자가 연구에 참여한 시점으로부터 계산된다. 그러므로 time이 zero라는 것이 관찰이 시작된 점을 의미하지는 않는다. 생존곡선에서 생존율은 시간이 지남에 따라 서서히 감소하게 되며, 이상적인 생존곡선은 계단형태의 모양으로 감소하게 된다(그림 2.12).

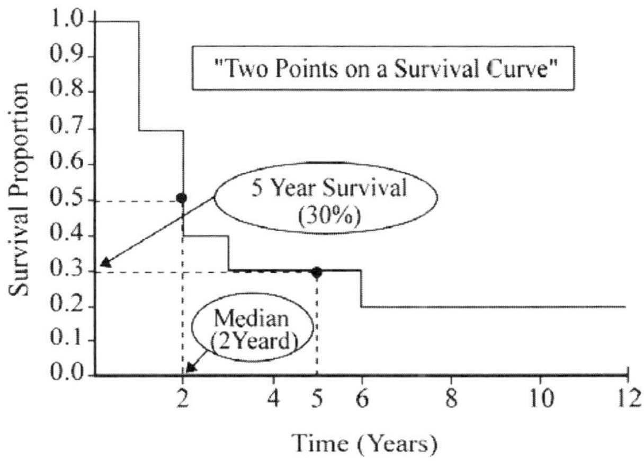

〈그림 2.12〉 Survival Curve

2.7.2 생존곡선의 해석

생존곡선으로 median survival과 year survival rate를 구할 수 있다. 그림 2.12에서 median survival은 survival proportion이 50%(0.5)가 되는 x축의 값, 즉 2 years가 median survival time이 된다. 또한 5년 생존율은 30%로 읽을 수 있다. 그럼 5년 생존율이 30%이므로 관찰 5년 후 전체 대상자의 30%만이 사건이 발생하지 않고 생존하고 있다는 것을 의미할까? 아니다. 그림 2.12 생존곡선에서는 각 관찰구간에서 중도절단 된 숫자와 number at risk를 표시해 주지 않아서 알 수가 없으나 실제로 이 생존곡선에서 5년 생존율이 30%여서 100명 중 30명이 5년 후 살아있다는 의미는 아니다. 왜냐하면 생존연구에서는 필연적으로 중도절단 된 관찰이 발생하므로 실제 생존자의 수는 30%보다 많게 되는 것이다. 만약 중도절단 된 관찰이 전혀 없고 모든 대상자를 완전히 추적 관찰했다면 5년 생존율이 30%이면 5년 후 100명 중 30명이 생존해 있을 것이다. 그러므로 생존곡선을 보여 줄 때는 그림 2.13과 같이 표시를 해주어야 한다.

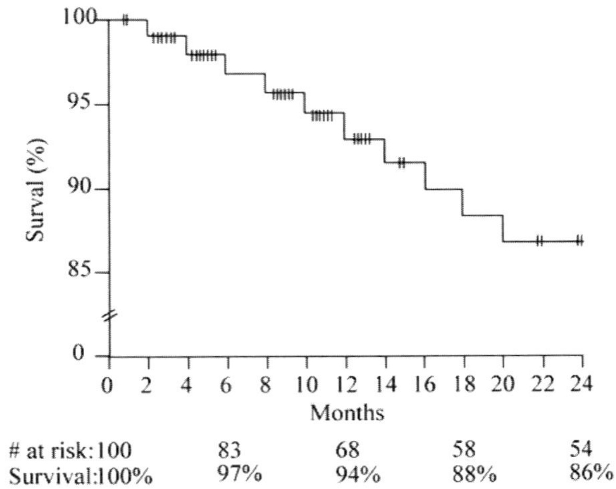

〈그림 2.13〉 생존곡선의 예

즉 수평축 밑의 숫자는 각 시간 간격에서 number at risk와 생존율을 보여 주고 있고, 생존곡선 위에 I로 표시된 것은 중도절단 된 대상자, 즉 분석에서 제외되는 대상자를 표시하고 있다. 만약 두 집단 이상의 graph를 비교하는 생존곡선이면 각 집단별로 따로 number at risk를 표시해 주어야 한다. 발표된 여러 논문을 보면 둘 중에 하나만 표시하는 경우가 많다. 어떤 경우는 둘 다 표시가 안 되어 있는 경우도 있는데, 이 두 가지 사항에 대한 정보가 없으면 연구가 진행되면서 얼마나 많은 대상자가 줄었는지를 알 수가 없다.

The number of person at risk는 대상자가 중도절단 되거나 사건이 발생하면 생존율을 계산할 때 숫자가 감소하게 되어 있다. 대상자가 줄면 더 이상 이 자료는 전체 대상자의 survival experience를 대표할 수가 없게 된다. 생존곡선에서 곡선이 large steps(계단 같이 그려지는 모양이 커지면)을 가지게 되면 거기에는 문제가 있을 수 있는 가능성이 있는 것이다. 즉 중도절단의 가정이 안 맞을 가능성이 높은 것이다. 같은 수의 사건이 발생해도 연구 전반기보다는 연구 후반으로 가면 current event rate에 더 영향을 미쳐서 떨어지는 폭이 더 커지게 된다. 이는 후반기로 갈수록 연구대상자가 줄어들기 때문이다. 6년 생존율이나 8년 생존율은 그때까지 1명만 생존해도 생존율을 구할 수 있다. 그러므로 number at risk가 많지 않은 이상, 6년 생존율이나 8년 생존율에 너무 큰 의미를 두어서는 안 된다. 다음 그림 2.14를 보자.

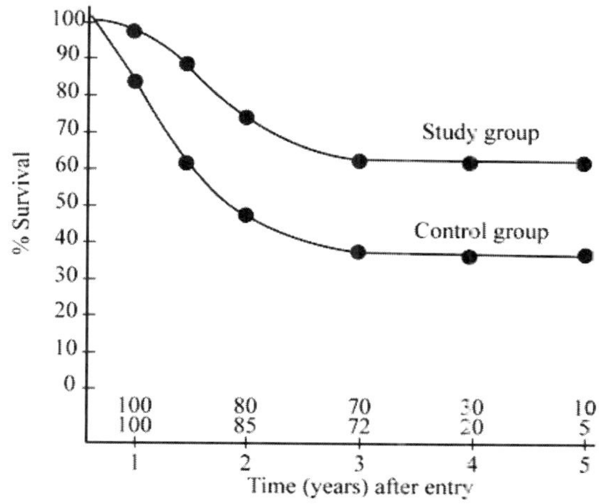

〈그림 2.14〉 Plateau effect

치료 A군에서 3년 생존율은 약 60%이고, 치료 B군에서의 3년 생존율은 약 37%이다. 그리고 각 관찰시간 간격에서 number at risk는 시간이 지날수록 점점 줄어들고 있고 관찰 3년이 지나서, 두 군의 생존율은 모두 plateau를 보여주고 있다. 생명표법과 Kaplan-Meier method는 정확한 year survival rate를 예측할 수 없다. 생명표법은 구간을 고정하고 Kaplan-Meier는 사건이 발생할 때만 생존율을 계산하기 때문이다. 대부분의 생존곡선은 대상자를 장기간 추적관찰시 연구의 끝 지점에서는 대부분 평탄한 plateau 부분을 보이는데 이것을 대상자가 질병에서 완치되어 곡선이 평평하게 plot되었다고 잘못 해석할 수 있다. 실제적으로 병에서 완치되어 그런 것보다는 오래 추적할수록 모니터링 하는 대상의 수가 감소되어 곡선이 평평하게 그려지는 것이다. 생존곡선은 사건(사망)이 발생할 때만 감소한다. 그러므로 plateau는 사건(사망)이 거의 발생하지 않았다는 것을 의미한다. 그러므로 생존곡선을 해석할 때는 이런 plateau effect를 이해하는 것이 중요하다.

또한 생존곡선이 두 개 이상의 집단을 비교하는 경우에도 통계적으로 유의하다는(statistically significant) 의미를 이해하는 것이 중요하다. 통계적으로 유의하다는 것과 임상적으로 의미가 있다는 것은 다르다. 다음 그림 2.15의 예를 보자. 그림에서 보듯이 study group과 control group 사이에 5년의 추적결과를 기초로 결과변수에 통계적으로 의미 있는 차이가 있다고 가정하자. 그런데 이 연구를 1년 더 연장해서 결과를 생존곡선으로 그렸더니 그림 2.15와 같이 6년 생존율은 똑같고 통계적인 차이가 없다는 결과를 얻었다. 그래서 연구자들은 6년 추적한 결과 두 집단 간에는 생존율의 차이가 없었고, 5년 생존율이 치료군에서 의미 있는 차이가 있었던 것은 잘못이었다고 결론을 지었다. 이것은 옳은 결정일까?

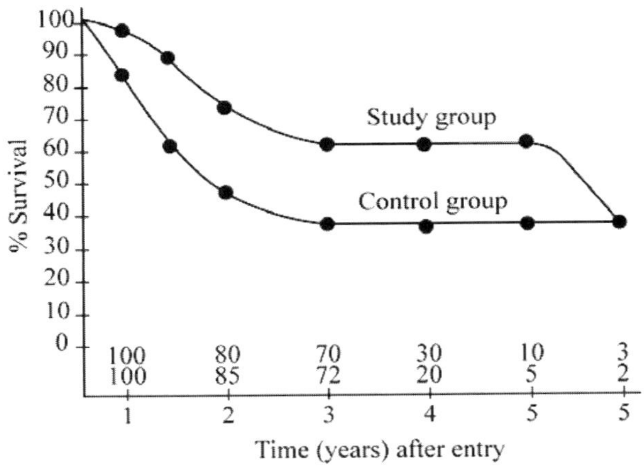

〈그림 2.15〉 생존곡선의 비교

통계적으로 유의하게 생존율의 차이가 있다는 의미는 각 집단의 전체적인 경험을 고려할 때 하나의 치료방법을 받은 환자가 다른 치료방법에 비해 사건이 발생할 때 걸리는 시간이 길다는 것을 의미한다. 어떤 치료를 받은 집단에 속한 환자는 연구 초반에만, 중반 전체에 걸쳐 혹은 연구 후반에서 사건이 발생할 때까지 걸리는 시간(생존)이 길 수 있다. 더 좋은 치료를 받은 환자도 수술의 합병증이나, 2차적인 합병증으로 치료 초반에 생존율이 더 나쁠 수도 있다. 그러므로 연구결과를 도출할 때는 질병의 자연사(natural history)와 의미 있는 추적기간을 선택해서 대상자의 life expectancy에 대해 충분한 지식을 갖추고 있어야 한다.

관찰기간이 짧으면 생존기간에 차이가 있을 가능성은 적어진다. 반면 추적관찰기간이 너무 길면 통계적인 차이를 증명하기가 어려워진다. 통계적으로 의미 있는 관계(statistically significant association)와 원인-결과의 관계(cause-effective relationship)의 차이(difference)는 다르다는 것이다.

2.8 생존함수의 비교(Comparison of survival curve = Analytical survival analysis)

Time to event 자료를 분석할 때 두 군 간에 time to event occurrence의 차이가 있는지를 보려는 경우가 흔히 발생한다. 즉 새로운 치료법으로 치료한 집단은 conventional 치료법으로 치료한 집단보다 time to death가 의미 있게 길까? 악성종양 환자에서 수술적 치료와 항암치료와는 생존율에 차이가 있을까? 이런 문제에 대한 해답을 통계적인 방법으로 얻기 위해서는 통계적 검정이 필요하다.

가장 먼저 생각해 볼 수 있는 방법은 일단 생존곡선을 그려서 비교해 보는 것이다. 두 개의 생존곡선에서 생존율의 차이가 있으면 두 군 사이에는 생존율의 차이가 있다고 생각할 수 있다. 그러나 이 방법은 수학적인 방법이 아니고 분포의 차이에 대한 rough한 방법이다.

다음에 수학적인 방법으로 어떤 특정 관찰구간에서의 생존율을 구하면 어떨까? 즉 3년 관찰시점에서의 생존율을 t-test로 혹은 t-test의 non-parametric method로 검정하면 어떨까? 이 방법은 생존곡선의 각 individual point가 진정한 underlying survival을 추정하는 자체가 아니기 때문에 잘못된 생각이다. 즉 특정구간의 생존율의 차이를 비교할 수는 있지만 전체적인 생존곡선의 차이는 검정할 수가 없다는 의미이다. 물론 중도절단 된 관찰이 전혀 없다면 Wilcoxon test나 Mann-Whitney test로 두 곡선의 quality를 검정할 수 있고, paired sample인 경우는 Sign test로 검정할 수도 있다. 그러나 의학자료에서 중도절단 된 관찰이 없는 생존자료는 거의 없다.

그래서 생존곡선을 비교할 수 있는 nonparametric test가 개발되었는데 흔히 사용되는 방법으로 Gehan's generalized Wilcoxon test(= Breslow test라고도 하며 standard nonparametric method인 Wilcoxon's rank-sum test를 확장한 것임), Peto and Peto's log-rank test, Mantel-Haezelson Chi-square test, log rank test(= Mantel Cox test), Cox's F test 등이 있다. 모두 중도절단 된 자료를 처리할 수 있다. 각각의 자세한 방법은 관련 서적을 참조하고 여기서는 개념적인 설명만 하기로 한다.

2.8.1 Gehan's generalized Wilcoxon test

비모수적인 방법인 Wilcoxon rank sum test를 중도절단 된 자료가 있는 경우에 확장한 방법이다. Survival function이 early stage에 큰 차이가 있는 경우(즉 생존 기간이 짧은 경우)에 검정력이 높다.

Gehan's generalized Wilcoxon test는 각 집단에서 각각의 생존시간을 다른 집단의 모든 생존시간과 비교한다. 검정 통계량은 rank의 차이로 계산하며 검정통계량은 근사적으로 정규분포를 따른다. 다른 군의 생존시간보다 길면 score 1을 주고 짧으면 −1, 그리고 같으면 0을 취한다. 그래서 평균 score를 구하여 생존율을 비교하며, 양의 값을 가지면 생존율이 더 길다는 것을 의미한다. SPSS에서 생명표법으로 생존율을 비교할 때 Gehan's generalized Wilcoxon test를 이용한다.

2.8.2 Log-rank test (= Mantel-Cox test)

관찰대상 개개인을 관찰순서대로 배열하고 두 집단에서 사건이 발생한 시점에서 관찰된 사건의 발생자 수와 기대사망자 수를 count하여 자유도가 1인 Chi-square test로 유의성을 검정하는 방법이다. Kaplan-Meier를 이용하여 산출된 생존곡선의 비교에 유용하다. 비교집단의 위험함수들이 전 구간에 걸쳐 일정한 차이가 있는 경우(즉, 생존기간이 긴 자료)에 사용하는 것이 좋다. 두 군 이상에서도 확장하여 사용될 수 있다.

SPSS에서 Kaplan-Meier method로 생존곡선을 비교할 때는 log-rank, Breslow, Tarone-Ware 방법의 세 가지 방법을 제공하고 있다.

2.8.3 Mantel-Haenszel method

각각의 관찰구간별로 관찰결과(event or censored)를 파악하여 각 관찰구간에서 censored case를 제외한 다음 2 × 2 표를 작성한 뒤 Chi-square distribution을 이용하여 유의성 여부를 검정한다.

Mantel-Haenszel method의 장점은 각 구간마다 누적된 생존양상에 대한 분석이 가능하다는 점과 결과에 영향을 줄 수 있는 교란변수를 통제할 수 있다는 점이다. 단점은 각 구간에서 중도절단 된 자료를 모두 제외했기 때문에 통계적인 효율성이 다른 방법에 비하여 낮아져 '유의하지 않다'라고 판정될 가능성이 높게 나올 수 있다는 점이다. 또한 연구기간 후반보다 초기구간의 생존양상이 통계적 유의성 검정결과에 더 큰 영향을 미치게 된다. 관찰 초기에는 증례수가 많고 시간이 경과하면 증례수가 감소하므로 관찰 초기구간의 생존양상이 통계적 유의성 검정에 더 큰 영향을 미치게 되는 특징이 있다.

2.9 생존분석의 가정에 대한 점검(Checking of assumption of survival analysis)

생존분석을 수행할 때는 기본적인 생존분석의 가정에 연구자의 자료가 맞는지 꼭 점검을 하여야 한다. 모든 생존분석에서의 기본 가정은 생존여부의 발생은 완전히 무작위로 발생해야 하며, 중도절단의 발생은 시간 경과에 따른 생존여부와는 완전히 무관하게 발생해야 한다는 것이다. 이 중 사건의 발생 여부, 즉 생존여부의 발생이 무작위로 발생했는지는 연구자료를 연구자가 검토하면서 알 수 있고 중도절단이 무작위로 발생했는지에 대한 점검은 graph와 대상자의 baseline 특성을 비교해서 점검할 수 있다. Cox proportional hazard 모형은 추가로 비례가정을 만족해야 하며 비례가정에 위배되는 경우는 non-proportional hazards 모형을 이용해야 한다.

2.9.1 중도절단의 가정에 대한 점검

연구기간 중에 발생한 중도절단의 pattern에 대해 graph를 그려 봄으로 중도절단 가정에 대한 타당성을 검사할 수 있다. 그림 2.16 a에서는 중도절단(*)이 관찰기간 전체에 걸쳐서 균등하게 발생했으나, 그림 2.16 b에서는 6개월 근처에서 집중적으로 발생되었다. 즉 a에서는 중도절단이 무작위로 발생된 것이므로 중도절단의 가정에 합당한 것이고 b는 무작위 하게 발생된 것이 아니므로 중도절단의 가정에 위반한 경우이다.

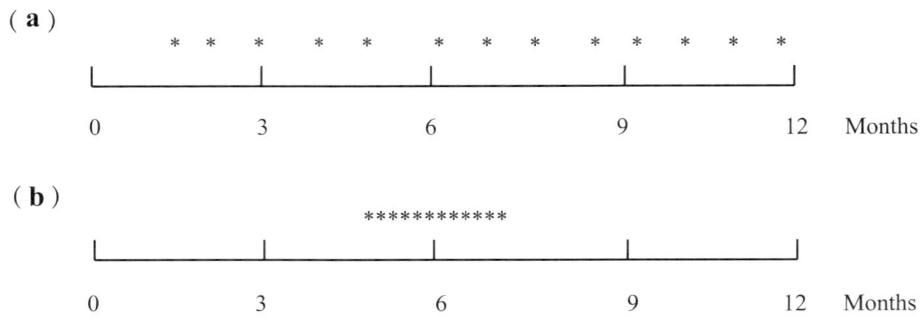

〈그림 2.16〉 Different patterns of censoring

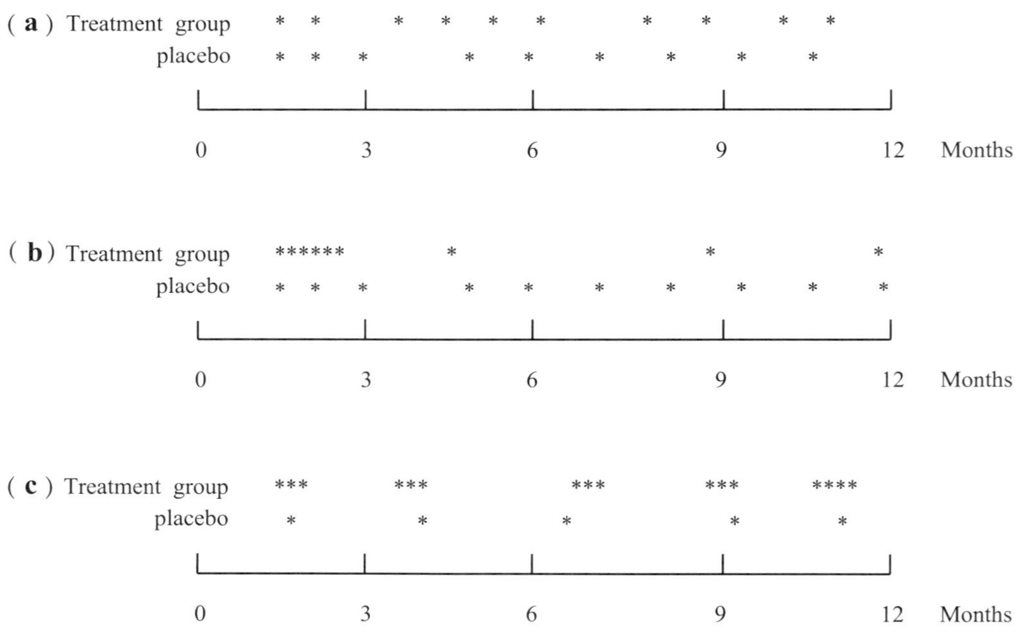

〈그림 2.17〉 Different pattern of censoring between a treatment and placebo group

또한 중도절단에 대해 graph를 그려보면 2개 혹은 그 이상의 연구집단 사이의 중도절단의 pattern을 비교할 수 있다. 그림 2.17 a는 두 집단 사이의 중도절단의 양식과 중도절단 된 대상자의 숫자가 비슷하고, b는 중도절단 된 숫자는 같지만 중도절단의 pattern이 다르고 C의 경우는 중도절단의 pattern은 비슷하나 중도절단 된 숫자는 치료집단에서 더 많다. A의 경우 중도절단이 무작위로 발생했다고 볼 수 있으며 b와 c는 무작위로 중도절단이 발생되지 않았다고 할 수 있다. 그림 2.17 c에서는 치료집단에 좀더 많은 중도절단 된 관찰이 있다.

두 번째 방법은 추적조사에서 탈락된 대상자와 탈락되지 않은 대상자 사이의 baseline characteristic를 단변량분석으로 비교해 봄으로써 알 수 있다. 예를 들면 추적조사에서 탈락된 대상자와 탈락되지 않은 대상자의 나이, 성별, 종족 등으로 두 집단 사이에 차이가 있는지를 조사할 수 있다. 특별히 high risk of outcome인 어떤 대상자가 lost to follow up의 양상이 다르다는 사실을 알 수도 있다.

Alternative outcome에 의한 중도절단이 결과에 영향을 미치지 않는다는 사실을 확인하기 위해서 가능하면 연구기간 전반기에 생긴 결과의 발생을 사망률과 같이 보고해 주는 것이 좋다. 왜냐하면 사망에 대한 alternative outcome은 없기 때문이다.

연구에서 탈락된 대상자의 경우는 intention-to-analysis를 수행해서 중도절단의 가정을 검사하는 것이 가장 좋은 방법이다. 보통 연구에서 탈락된 경우 결과를 계속해서 추적할 수 있는 경우가 많기 때문에 탈락된 경우 그들을 남겨두었을 때와 혹은 떼어냈을 때에 차이가 있는지를 검사할 수 있다.

대상자의 등록기간이 각각 달라 발생되는 중도절단은 연구기간 초반에 등록되는 대상자나 후반에 등록되는 대상자가 똑같게 연구계획을 세워야 되는 경우가 많으므로, 대부분의 경우 중도절단의 가정을 만족하는 경우가 많다. 어떤 경우는 특히 등록이 너무 서서히 되는 경우 연구자는 등록에 대해 융통성을 줄 수 있기 때문에 처음부터 정확한 기준을 만들어서 거기에 맞게 등록을 해야 한다.

그러나 연구대상자를 엄격하게 같은 기준으로 연구기간 동안 등록을 했어도 연구자는 연구 초반에 등록된 대상자와 후반부에 등록된 대상자는 의학 기술의 진보로 인해 차이가 있으므로 서로 비교해 보아야 한다. 의학적인 기술의 진보에 의해 outcome of interest의 발생에 차이가 있다면 중도절단의 가정은 타당하지 않은 것이다.

2.9.2 비례가정에 대한 점검

1) Graphical check of the assumption

Log[−log(p(t)] 즉 −log(survival function)에 또다시 log를 취한 값과 log(t)와의 관계를 확인한다. 만일 비례위험의 가정에 타당하다면 graph가 평행하게 보인다. 그럼 얼마나 평행해야 '평행'하다고 할까? 여기에는 정해진 cut-off가 없다. 어느 정도 주관적인 판단이 들어가게 된다.

2) Scaled Schoenfeld residuals : 제 5.6장 참조.

3) Grambsch-Therneau test : SPSS에서는 지원되지 않는다. 자세한 내용은 *Biometrika* 1994; 81: 515 ~ 526을 참조.

4) Time dependent covariate를 이용한다.

공변량과 time dependent covariate와의 interaction으로 비례가정을 점검하는 방법으로 6.3장을 참조하라.

2.10 Accelerated failure time 모형

Time to event 분석에 Cox 모형을 주로 이용하지만 또한 과거부터 많이 이용하는 모형으로 accelerated failure time 모형이 있다. Accelerated failure time 모형은 선형회귀방정식에서부터 시작된다. 다음의 일반적인 회귀방정식에서 β_k는 알려지지 않은 회귀계수이고, ε는 표준정규분포를 하는 random variable이고 σ는 양의 값을 갖는 상수이다.

$$y = \beta_0 + \beta_1 X_1 + \cdots \beta_k X_k + \sigma\varepsilon$$

위의 식에서 y를 생존시간으로 대치를 할 수 있다. 그러나 선형회귀방정식에서 y는 양수, 음수 모두를 가질 수 있지만 생존시간은 양의 값만 가지므로 생존시간에 자연 log를 취하면 분포가 정규분포에 가까워지므로 자연 log를 취한 값으로 y를 대치한다. 또한 ε와 σ도 다른 분포를 한다고 가정한다. 물론 선택된 ε가 취하는 분포에 따라 생존시간의 분포를 결정하게 된다. X는 공변량이 된다. 그래서 accelerated failure time 모형은 다음과 같이 표시할 수 있다.

$$T = \exp^{(\beta 0 + \beta 1X1 + \cdots \beta kXk + \sigma\varepsilon)}$$

T: random survival time의 log
β_0: intercept
σ: scale parameter
β_k: covariate X의 값에 영향을 받는 생존시간을 기술하는 모수

β_k가 0이면 covariate X는 생존시간에 영향을 주지 않는 것이고 양의 값을 가지면 대응하는 공변량의 값이 증가함에 따라 생존시간이 증가하는 것이고(이 경우 공변량의 값이 큰 수치를 가지면 생존율이 더 좋은 것임), 음의 값을 가지면 감소하는 것이다(이 경우 공변량의 값이 큰 수치를 가지면 생존율이 더 나쁜 것임).

그런데 이 같은 사실은 Cox 모형에서 회귀계수의 해석과는 반대가 되는 것이다. 비례위험 모형에서는 hazard function에 영향을 미치는 공변량의 영향으로 모형을 세우지만 accelerated failure time 모형에서는 생존시간 자체에 영향을 미치는 공변량의 영향으로 모형을 세우기 때문이다.

공변량 X가 표준치료(= 0)와 새로운 치료(= 1)인 경우를 고려해 보자. 단 이때 $\beta_0 = 0.5$라고 가정하자. 그럼 위의 식에 의하면 새로운 치료를 받는 경우의 survival time의 log 값은 표준치료에 비해 0.5배 증가한다는 의미이고 또한 새로운 치료집단에서의 survival time은 표준치료에 비해 $\exp^{(0.5)} = 2.718^{0.5} = 1.5$배 길다는 의미이다. 만약 표준치료집단에서 median survival time이 3년이라면 새로운 치료집단의 median survival time은 $1.65^3 = 4.95$년이 된다. 같은 방법으로 다른 percentile도 계산할 수 있다. 즉 공변량의 값이 어떤 proportion of mortality가 발생할 때까지의 시산을 가속(accelerate)시키는 것이다. 만약 β coefficient의 값이 음수이면 decelerate시키는 것이다.

2.11 생존분석시 정확히 정의를 할 사항과 결과를 기술할 때 주의해야 할 사항

1. 관찰을 시작한 시점(start point)을 정확히 정의한다.

생존기간을 계산할 때 어떤 시점을 start time으로 할 것인가의 문제는 일반

적으로 연구목적에 따라 달라진다. 보통 치료법의 치료효과를 비교하려는 경우에는 치료를 시작한 날을 사용하지만 매우 엄격한 임상시험에서는 대상 환자를 해당 치료법에 할당한 날을 관찰을 시작한 시점으로 하기도 한다. Randomized clinical trial인 경우에는 무작위로 각 치료군에 나누어 할당한 시점을 관찰 개시점으로 한다. 따라서 만약 치료법 배정 이후에 혹은 치료 개시 전에 그 환자가 사망하여도 치료 개시 후에 사망한 경우와 똑같이 취급한다(Intention to treat).

2. 연구에 포함된 대상자의 특성을 정의한다.

- 연구에 포함된 대상자가 모든 가능한 환자를 포함한 전체 환자인가?
- 아니면 그 중 특정의 병기(stage) 환자만 포함했는가?
- 연구에 포함되지 못한 이유는 어떤 것들인가?
- 추적조사에서 탈락한 대상자는 몇 명이나 되는가? 관찰을 한 기간의 분포는 어느 정도나 되는가? 등에 대한 설명이 필요하다.

3. 관찰대상자 수에 대한 설명

연구설계시의 규모와 결정과정 그리고 관찰기간별로 대상자의 수는 얼마로 하였는지 설명이 필요하다. 또한 결과분석시에는 관찰을 시작했을 때의 대상자의 숫자 외에도 가능하면 관찰기간별 대상자 수를 표시하는 것이 바람직하다.

4. 사망 예의 기준과 사망의 경우에 대한 설명

원칙적으로 사망이 발생하면 모든 사망의 대상자를 포함하여 생존율을 계산한다. 단, 교통사고 등 분명히 다른 원인에 의한 사망인 경우에는, 제외한 후의 생존율도 계산할 수는 있으나, 그 결과는 참조로 하고 어떤 원인에 의한 사망이던 모든 사망에 의한 생존율을 보고할 필요가 있다. 이런 경우에는 다른 원인에 의한 사망의 정의를 명확히 기술한다. 원칙적으로 사망 환자의 전체 사인에 대한 생존율을 산출한다.

5. 중도절단 된 자료에 대한 설명

중도절단 된 대상자의 숫자, 추적에 사용되었던 방법 등을 기입하여야 한다. 소식 불명 중에는 실제로 사망했기 때문에 연락이 되지 않는 경우도 있으므로 가능한 한 그 수를 줄이도록 노력해야 한다. 즉 소식불명 또는 중도 탈락한 환자의 수, 추적방법, 탈락의 정의와 원인을 설명하여야 한다.

6. 추적관찰대상에서의 제외

치료의 부작용에 의한 치료중단, 치료를 변경한 경우, 또는 수술 사망한 경우라도 연구설계시 규정되어 있지 않은 한 원칙적으로 제외하면 안 된다. 치료효과판정이 불가능한 경우 그 정의를 명확히 하여야 한다.

7. 생존율을 표기할 때는 누적생존율을, 누적생존율을 제시할 때는 표준오차, 신뢰구간을 같이 제시하고 생존곡선도 제시해야 한다.

생존율의 계산구간은 연구대상의 종류나 관찰기간에 따라 다르지만 적어도 5년 생존율과 생존곡선을 제시하는 것이 바람직하다. 예후가 불량하여 짧은 기간 내에 대부분의 환자가 사망하고 5년 생존율이 0에 가까운 경우에는 누적법으로 50% 생존기간을 계산하여 제시함이 바람직하다. 평균 생존기간은 사용하지 않고 median survival rate를 사용한다.

2.12 생존분석시 연구계획의 문제

생존율의 비교시 검정방법의 검정력은 비교하려는 집단의 전체 환자 수보다는 사건이 발생한 숫자에 관련되어 있으므로 사건이 쉽게 발생하지 않은 질병에 대해서는 큰 표본이 필요하므로 이런 경우는 사망을 사건의 발생으로 잡지 말고 사망보다 더 쉽게 발생하는 사건을 event로 잡는 것이 좋다. 생존분석에서 중요한 점은 전체 환자 수보다는 사건이 발생한 환자의 숫자가 중요하다(제11.5장 survival analysis에서 sample power를 계산하는 방법에 자세히 설명되어 있다).

예를 들면 환자 수가 1,000명이면 생존분석이 충분히 가능하다고 생각할 것이다. 그러나 관심 있는 연구주제가 사건이 자주 발생하지 않는 암(skin cancer)이라면 비록 10%가 10년 뒤에 사건이 발생해서 100명이 생겼더라도 100명은 많아 보이나 이런 경우 생존분석이 적절치 못하게 되는 경우가 생기고 더욱이 median survival time도 구할 수 없게 되는 경우가 생길 수도 있다.

이렇게 사건의 발생 비율의 드문 경우는 Poisson 회귀분석을 이용해서 분석할 수 있다. SPSS에서의 Poisson 회귀분석 방법은 『임상자료의 분석』(송경일·최종수 공저, 한나래출판사, 2008) 책을 참조하기 바란다.

2.13 생존자료 분석에 사용되는 통계 package의 비교

다음 표는 통계 package 중 생존분석 항목에 대해서 비교해 놓은 것이다. 생존분석을 위해 특별하게 개발된 프로그램(ERGET, EPICURE)도 있다. 일반적이고 대중적이어서 거의 대부분의 통계적 분석방법을 지원하는 통계 package로는 SAS, SPSS, STATA, S-plus, NCSS 등이 가장 무난할 것으로 생각된다.

Web sites

BMDP: http://www.statsol.ie/html/bmdp/bmdp_home.html

Egret: http://www.cytel.com/Products/Egret/Default.asp

Epicure: http://www.hirosoft.com/main.htm

Epilog Plus: http://www.epicentersoftware.com/products.php

Limdep: http://www.limdep.com/

NCSS: http://www.ncss.com/

SAS: http://www.sas.com/

S-Plus: http://www.insightful.com/, http://www.splus.co.kr/

SPSS: http://www.spss.com/, http://www.spss .co.kr/

Statistica: http://www.statsoft.com/

Package	Nonparametric	Semi-parametric	Parametric	Type of residual
BMDP	K-M	CPH, t-d, t-v	Several	C-S, Std
Erget	K-M	CPH, t-d, t-v	Several	None
Epicure	K-M, N-A	CPH, t-d, t-v	Several	M, D, Score, Sch
Epilog Plus	K-M	CPH, t-d, t-v	None	None
Limbep	K-M	CPH, t-d, t-v, H-H	Several	None
NCSS	K-M	CPH	Some	None
SAS	K-M	CPH, t-d, t-v	Several	M, D, Score, Sch
S-Plus	K-M, N-A	CPH, t-v	Several	M, D, Score, Sch
SPSS	K-M	CPH, t-d, t-v	None	CS, M, Sch
Stata	K-M, N-A	CPH, t-d, t-v	Exponential Weibull	M, Score
Statistica	K-M	CPH, t-d	Several	None

용어에 대한 설명

Nonparametric

K-M: Kaplan-Meier Method,

N-A: Nelson-Aalen estimator.

Semi-parametric

Cox proportional Hazards Model

t-d: Time dependent covariate

t-v: Time varying (or step function) variables in CPH

H-H: Han-Hausman estimator

Residuals

C-S: Cox-Snell

Std: Standardized residuals

M: Martingale residuals

D: Deviance residuals

Score: Score residuals

Sch: Schoenfeld residuals

Package	Counting process	Left-trunc./delayed entry	Type of package
BMDP	No	DE	Complete, general
Erget	No	DE	Special purpose
Epicure	Yes	DE	Special purpose
Epilog Plus	No	Neither	Complete, biostatistics
Limbep	No	LT	Complete, econometric
NCSS	No	Neither	Complete, general
SAS	Yes	DE	Complete, general
S-plus	Yes	DE	Complete, general
SPSS	No	Neither	Complete, general
Stata	Yes	DE	Complete, general
Statistica	No	Neither	Complete, general

Left trunk./delayed entry

DE: Delayed entry data

LT: Left truncated data

생명표법

(Life Table Method)

3장

3.1 서　　론

생명표법(life table method)은 time to event data의 생존함수를 비모수적인 (non-parametric) 방법으로 분석하는 생존분석의 한 방법으로 가장 오래된 고전적인 방법이다. Follow-up or actuarial life table 방법이라고도 한다. 생명표법이나 Kaplan-Meier 방법 모두에서 최종적으로 사건을 경험하지 않은 중도절단된 대상자의 자료는 연구기간 동안 어떤 시간 간격에서 생존의 가능성 (probability)을 계산하는 데 기여하게 된다.

3.2 사용되는 변수

생명표법에 사용되는 독립변수는 같은 간격으로 증가하면서 측정된 시간이 되고, 종속변수는 관찰된 각 시간 간격의 끝에서 각 대상자의 상태를 나타내는 dummy variable이 된다. 연속형 변수인 공변량은 life table 모형에 투입할 수 없으며, factor로 구분된 범주형 변수의 특성에 따라서 survival function의 차이가 있는지 검정할 수 있다.

3.3 생명표법에서 가정

1) 관찰의 시작(initial event) 및 종료(terminal event)는 사건의 발생에 영향을 주지 않는다. 다시 말하면 사건의 발생이나 중도절단의 발생은 완전히 무작위적인 현상이다.
2) 특정 관찰구간에서 관찰하고자 하는 사건의 발생과 중도절단 된 관찰의 발생은 항상 일정한 속도를 가진다. 즉 survival experience는 연구기간에 걸쳐 변하지 않고 일정하다. 단기간 추적한 대상자가 장기간 추적한 대상자보다 예후가 좋거나 나쁜 경우 이 가정을 위배하기 쉽다. 예를 들면 심한 endometriosis로 인한 불임을 치료하는 새로운 호르몬의 효과를 표준치료와 비교하는 연구에서 초기에 연구대상자가 호르몬을 사용하여도 임신이 잘 안되서 대상자를 모으는 것이 어려울 수 있다. 그런데 어느 날 호르몬을 사용

하는 대상자가 임신을 했는데 이 소식이 알려지자 endometriosis가 심하지 도 않은 사람이 그리고 표준치료를 받고 있는 사람이 전부 이 새로운 호르몬 치료를 받겠다고 몰려들면 이 가정에 위배되는 것이다.

3) 짧은 기간을 추적한 대상자도 긴 기간을 추적한 대상자와 실제적으로 미래에 같은 사건을 경험할 것이다. 즉 단기간 추적한 대상자나 장기간 추적한 대상자나 실제적으로 두 집단을 충분한 시간을 가지고 추적조사 했다면 두 집단은 같은 결과를 보일 것이다. 또한 censored 된 대상자나 사건이 발생한 대상자나 survival experience는 같다.
4) 결과의 발생, 즉 종료시점(end point)은 오직 한 번만 발생할 수 있다. 그러므로 자주 재발하는 질병의 연구에는 적당하지 않다.

위의 가정은 생명표방법으로 분석을 할 때 주어진 자료가 생명표방법으로 분석하는 데 적당한 방법인지를 결정하는 데 매우 critical한 가정이다.

3.4 생명표법을 적용하여 분석하는 경우가 좋은 경우

1) 대상자에 대한 관찰이 second, days, months 혹은 year과 같이 의미 있는 같은 간격으로 측정되었을 때 이용하면 좋다.
2) 표본의 수가 큰 경우에 Kaplan-Meier 방법보다 유용하다. 보통 표본의 수가 50 이하인 경우는 Kaplan-Meier 방법이 선호된다. 최소 표본의 수가 100 이상은 되어야 생명표법을 이용하는 것이 좋다. 더구나 factor나 strata로 집단을 나누어서 비교하는 경우에는 factor나 strata에 의해 대상자가 나누어지므로 실제로 각 factor나 strata에 사건이 발생한 대상자가 적게 할당이 되므로 표본의 크기가 충분해야 생명표방법을 이용할 수 있다.

3.5 관련 사항

생명표법과 Kaplan-Meier 방법은 중도절단 된 자료가 cumulative survival function에 기여하는 방법이 약간 차이가 있고 또한 관찰구간을 연구자가 임의로 고정하여서 나누는지(생명표법) 혹은 사건이 발생한 시점에서 cumulative survival function을 계산하는지(Kaplan-Meier)에 대한 차이를 제외하면 근본적으로 같은 방법이다. 표본의 숫자가 작은 경우는 Kaplan-Meier method가 추천된다. 만약 공변량이 있으면 Cox 회귀분석을 이용하고 특히 time dependent covariate가 있으면 time dependent Cox regression을 수행해야 한다.

3.6 SPSS를 이용한 생명표법의 실제 분석

사용될 예제 파일은 *example1.sav* file로 http://www.hannarae.net의 자료실에서 download 받을 수 있다. 이 자료는 유방암 환자 1207명을 11년 동안 추적 관찰한 자료로 다음과 같이 10개의 변수가 있다.

3.6.1 각 변수의 설명

Age: 유방암 진단 당시 환자의 나이로서 years로 표시되었다.

Pathsize: 유방암을 수술로 제거한 후 병리학적으로 측정한 종양의 크기를 cm로 측정한 것이다. 99는 결측자료를 의미한다.

Lnpos: 유방암을 수술로 제거할 당시 암이 전이 되어 있는 axillary(겨드랑이) lymph node의 개수를 말한다.

Histgrad: 조직학적인 grade로 1에서 3단계로 나누었고 모르는 경우는 4로 coding. Grade가 높을수록 예후는 나쁘다.

Er: Estrogen receptor 상태의 유무를 나타내며 없으면 0, 있으면 1로 coding, 2는 결측자료를 나타낸다.

Pr: Progesterone receptor 상태 유무로 없으면 0, 있으면 1로 coding, 2는 missing value를 나타낸다.

Status: 연구종료 후 환자의 상태 중도절단이면 0, 사건(사망)이 발생했으면 1로 coding, 9는 missing value를 나타낸다. 실제 coding에 missing value는 없었다.

Pathscat: 위의 pathsize 변수를 크기에 따라 범주형으로 다시 분류한 것. 크기가 0cm = 0, ≤ 2cm면 1, 2.5cm 면 2로, 5cm 이상이면 3으로 coding. 99

는 missing value를 나타낸다.

Ln_yesno: 위의 lnpos 변수를 범주로 나누어서 lymph node 음성이면 0, 양성이면 1로 coding한 것으로 lipos 변수에 missing data가 없으므로 여기도 missing value는 없다.

Time: 관찰기간으로 months라고 표시한다.

3.6.2 분석의 준비

변수의 이름은 영문으로 하고 label에 한글로 변수에 대한 설명을 한다. 일반적으로 0은 없다는 것을 의미하므로 사건이 발생이 하지 않았거나 중도절단되었으면 0으로, 사건이 발생했으면 1로 coding을 한다. 그래야 결과를 해석하는 데 편하고 혼동되지 않는다. 물론 3과 4로 혹은 1과 2로 하도 상관은 없다.

다음에는 자신의 자료가 생명표법으로 분석하는 것이 어느 정도 타당한지 검토가 필요하다. 생명표법은 관찰기간이 의미 있게 나누어진 경우에 좀더 유용한 방법이다. 본 자료는 의미 있게 자료를 매달, 혹은 매년 관찰한 것이 아니므로 이 조건에는 안 맞지만, 표본의 수가 충분히 크고 다른 생존자료의 기본적인 가정은 만족한다고 가정하고 또한 근본적으로 Kaplan-Meier 방법과 생명표법은 같은 비모수적인 방법이므로 여기서는 일단 생명표법으로 분석을 하기로 한다.

다음은 자료가 생명표법의 기본적인 가정을 만족하는지 따져보아야 한다. 물론 생명표법이나 Kaplan-Meier method는 Cox proportional hazard 모형과는 달리, 있는 자료를 가지고 어떤 index나 검정방법으로 가정을 충족하는지 알아보는 특별한 방법은 없다. 중도절단이 무작위로 발생했는지, initial or terminal event에 대해 정확히 정의했는지 연구계획 단계 및 자료입력 단계에서 점검해야 한다. 자료에 대한 정확한 내용은 오직 연구자만이 알고 있으므로 연구자는 자신의 자료가 생존분석의 기본 가정에 합당하는지 그리고 중도절단의 가정을 만족하는지 꼭 따져봐야 한다.

3.6.3 분석의 수행

이제 분석을 하여 보자. 위에서 파일을 열었으므로 다음 SPSS에서 생명표법으로 분석을 하려면 주화면에서 Analyze ▶ Survival ▶ Life tables를 선택한다.

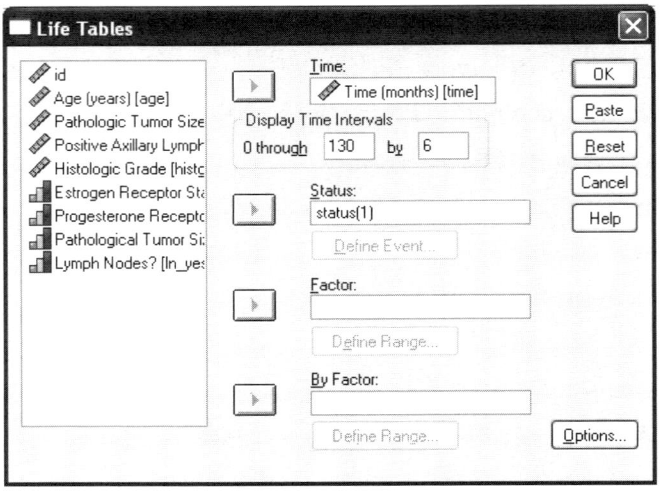

〈그림 3.1〉

그림 3.1의 왼쪽에는 분석에 사용되는 변수의 종류가 보이고 오른쪽에 각 분석에 필요한 조건을 지정해 준다.

Time: 에 Time (months) [time]을 옮기고 Display Time Intervals 밑에 0 through의 [ ]에는 120을 입력하고 by [ ]의 [ ]에는 6을 입력한다. 수치를 입력해 주는 기준은 대상자의 추적관찰 기간이 10년이므로 10 * 12months = 120개월을 추적했기 때문에 120을 입력하는 것이다. 물론 10년까지 추적관찰 된 대상자가 없고 관찰 7년째, 모든 대상자에서 사건이 발생했다면 12 * 7 = 84이므로 90정도를 입력한다. 본 자료에서 생존시간에 대한 단위가 개월이기 때문에 Display Time Intervals을 '月' 단위로 절단해 주는 것이다. 만약 자료의 관찰단위가 '연(年)'으로 되어 있다면 0 through 10 by 1로 한다. 즉 1년 단위로 구분하여 10년까지 관찰기간을 정해준다는 의미이다. 6은 6개월 단위로 관찰구간을 고정하기 위해서이다.

Status: 연구종료시 대상자의 상태를 지정하는 항목이다. 중도절단 되었는지 사건이 발생했는지를 나타내는 변수를 투입한다. 여기서는 status라는 변수가 여기에 해당되므로 status 변수를 지정해 주고 나면, Define Event……가 활성화 된다. Define event를 클릭하여 사건을 나타내는 '수치'를 입력한다(그림 3.2) 사건의 발생은 1로 coding했으므로 1을 입력한다.

〈그림 3.2〉

Range of values: 는 사건의 발생을 하나의 수치로 coding하지 않고 여러 가지의 수로 coding했을 때 범위를 정해 주면 그 범위 사이에 있는 수치는 모두 사건의 발생으로 처리가 된다. 이 때 처음 입력한 숫자가 나중에 입력한 숫자보다 항상 작게 입력을 해야 한다. 즉 0 through 1 이런 식으로 입력을 해야지 3 through 2 이런 식으로 입력을 해서는 안 된다. 이렇게 범위를 선택하게 만든 이유는 사건의 발생이 꼭 한 가지로만 발생하지 않는 경우가 있기 때문이다. 즉 competing risk의 문제가 있기 때문이다. Competing risk에 대한 내용은 6장 non-proportional hazards 모형에서 따로 설명을 한다. Continue를 click한다.

그림 3.1에서 Option button을 눌러서 생명표법으로 구하는 통계량 및 plot을 그리고 Factor에 의해 survival function을 비교하는 항목에 대한 지정을 한다(그림 3.3).

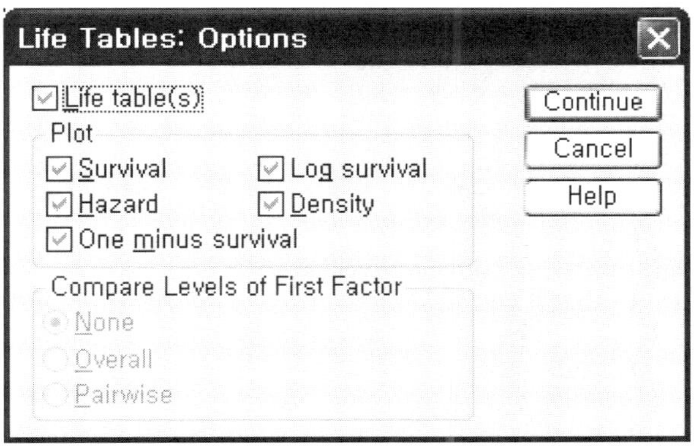

〈그림 3.3〉

□ Life table(s): Default이다. 이 항목을 선택하면 생명표가 출력된다.

SPSS의 생명표법에서의 plot은 5가지가 있다. 설명의 편의상 5가지 plot을 전부 선택한다.

- □ Survival: 생존함수곡선을 출력한다.
- □ Hazard: linear scale로 cumulative hazard function이 plot된다.
- □ One minus survival: 1에서 survival function을 빼서 계산된 수치가 표시된다.
- □ Log survival: log scale로 cumulative survival distribution이 plot이 그려진다.
- □ Density: density function(밀도함수)이 표시된다.

Compare Level of First Factor는 생존함수를 factor의 수준에 따라 비교할 때 사용한다. 지금은 overall cumulative survival function, 즉 factor의 수준에 따라서 비교를 하지 않기 때문에 활성화되지 않는다. 그림 3.3에서 Continue를 click하고, 그림 3.1로 돌아가서 OK button을 클릭하면 결과가 출력된다.

3.6.4 분석의 결과

```
GET
  FILE='c:\Example1.sav'.
DATASET NAME DataSet3 WINDOW=FRONT.
SURVIVAL
  TABLE=time
  /INTERVAL=THRU 120 BY 6
  /STATUS=status(1)
  /PRINT=TABLE
  /PLOTS ( SURVIVAL  HAZARD  OMS  LOGSURV  DENSITY )=time  .
```

처음 보이는 결과는 지금까지 dialogue box에서 지정해 준 내용을 SPSS 명령어로 programming해서 보여 주고 있다.

3.6.4.1 생명표(Life table)

생명표를 보면 생명표법에서 누적생존율이 어떻게 계산되는지 알 수 있다. 전체적으로 보면 사건의 발생이 매우 적은 편이다. 실제로 사건이 발생한 수는 72명으로 전체 대상 환자의 72/1,207 = 0.059로 6%정도 밖에 되지 않는다. 많

Life Table[a]

Interval Start Time(A)	Number Entering Interval (B)	Number Withdrawing during Interval(C)	Number Exposed to Risk(D)	Number of Terminal Events(E)	Proportion Terminating (F)	Proportion Surviving (G)	Cumulative Proportion Surviving at End of Interval(H)	Std. Error of Cumulative Proportion Surviving at End of Interval(I)	Probability Density(J)	Std. Error of Probability Density(K)	Hazard Rate(L)	Std. Error of Hazard Rate(M)
.000	1207	33	1190.500	1	.00	1.00	1.00	.00	.000	.000	.00	.00
6.000	1173	96	1125.000	1	.00	1.00	1.00	.00	.000	.000	.00	.00
12.000	1076	98	1027.000	8	.01	.99	.99	.00	.001	.000	.00	.00
18.000	970	85	927.500	7	.01	.99	.98	.00	.001	.000	.00	.00
24.000	878	78	839.000	11	.01	.99	.97	.01	.002	.001	.00	.00
30.000	789	69	754.500	3	.00	1.00	.97	.01	.001	.000	.00	.00
36.000	717	87	673.500	11	.02	.98	.95	.01	.003	.001	.00	.00
42.000	619	79	579.500	9	.02	.98	.94	.01	.002	.001	.00	.00
48.000	531	83	489.500	3	.01	.99	.93	.01	.001	.001	.00	.00
54.000	445	70	410.000	5	.01	.99	.92	.01	.002	.001	.00	.00
60.000	370	68	336.000	2	.01	.99	.91	.01	.001	.001	.00	.00
66.000	300	53	273.500	3	.01	.99	.90	.01	.002	.001	.00	.00
72.000	244	40	224.000	4	.02	.98	.89	.01	.003	.001	.00	.00
78.000	200	51	174.500	3	.02	.98	.87	.02	.003	.001	.00	.00
84.000	146	32	130.000	0	.00	1.00	.87	.02	.000	.000	.00	.00
90.000	114	27	100.500	0	.00	1.00	.87	.02	.000	.000	.00	.00
96.000	87	22	76.000	1	.01	.99	.86	.02	.002	.002	.00	.00
102.000	64	17	55.500	0	.00	1.00	.86	.02	.000	.000	.00	.00
108.000	47	14	40.000	0	.00	1.00	.86	.02	.000	.000	.00	.00
114.000	33	11	27.500	0	.00	1.00	.86	.02	.000	.000	.00	.00
120.000	22	10	17.000	0	.00	1.00	.86	.02	.000	.000	.00	.00
126.000	12	9	7.500	0	.00	1.00	.86	.02	.000	.000	.00	.00

a. The median survival time is 132.0000

은 수의 대상자가 여러 가지 이유로 중도절단 된 것을 알 수 있다. 이제 표에서 각 column의 의미를 알아보자. 설명의 편의를 위해 각 column에 (A)(B)(C) …… (M)으로 표시하였다.

*Intrval Start Time(A)*이라는 것은 Interval start time을 말하며 감시한 구간이다. Interval start time은 다음 구간의 시작점을 포함하지 않는다. 즉 interval start time의 구간이 0이면 이는 현재 예제의 경우 0에서 6개월 바로 전 까지를 나타낸다. 6이면 6에서 12개월 바로 전까지를 나타내는 것이다. 6개월 단위로 나누었기 때문에 6개월 단위로 증가한다. 그리고 위에서 120개월까지 지정했으므로 126개월까지 계산된 것이다. 120개월이 지나서 사건이 발생한 대상자도 있기 때문이다. 실제 자료를 보면 최대로 추적된 대상자는 133개월에서 중도절단 되었다.

*Number Entering Interval(B)*은 number entering this interval로 $B_t = (B_{t-1}) - (C_{t-1} + E_{t-1})$로 계산 되며 start time interval에서 시작할 때 사건이 발생하지 않은 number로 1,207명에서 시작했으니 1,207로 0개월에서는 나온다. 여기서 t는 beginning of the interval이다.

Number Withdrawing during Interval(*C*)은 start time interval에서 이 기간 follow up 끝날 때(여기서는 6개월까지) 중도절단 된 경우, 즉 사건이 발생하지 않은 대상자의 수를 말하며 33명이다. 이렇게 중도절단 된 경우를 중도탈락이라고 한다. 왜냐하면 다음 시간 간격에서 나타나지 않기 때문이다

Number Exposed to Risk(*D*)는 $D_t = (B_t) - [(C_t) / (2)]$이다. Number Entering interval에서 Number Withdrawing during Interval의 half를 뺀 값이다. 즉 1,207 − 33/2 = 1,190.5이고 이 값이 proportion of terminal event를 계산하는데 분모로 사용된다. 중도절단 된 관찰이 발생하면 중도절단 된 숫자의 반에(1/2) 해당되는 값을 number entering interval에서 빼준다. 이렇게 함으로써 결국 cumulative survival function은 증가하게 되며 중도절단 된 대상자도 중도절단 될 때까지는 살아 있었으므로 cumulative survival function 계산에 반영이 되는 것이다.

Number of Terminal Events(*E*)는 구간을 나누어 준 관찰기간 중 사건이 발생한 숫자를 말하며 여기서는 1명에서 사건이 발생하였다.

Proportion Terminating(*F*) 은 $F_t = (E_t)/(D_t)$이다. Proportion of terminal events로써 주어진 기간 동안 대상자 한 명에 사건이 발생할 확률로써 number of terminal event를 number exposed to risk로 나눈 값이다. 여기서는 1/1,190.5 = 0.008(표에서는 0.00)이다.

Proportion Surviving(*G*)은 사건이 발생하지 않고 살아있는 number의 비율로 1 − proportion of terminal events로 $G_t = (1.0 - F_t)$ 계산되며 여기서는 1 − 0.00 = 1로 계산된다.

Cumulative Proportion Surviving at End of Interval(*H*)는 $H_t = (H_{t-1}) * (G_t)$이다. 구간의 끝에서 생존할 수 있는 확률로서 Proportion surviving all previous interval과 proportion surviving을 곱해 주면 된다. 여기서는 처음 시작하는 곳이므로 proportion surviving all previous interval이 1(100%)이므로 proportion surviving과 같은 값이 된다(1). 그 밑의 6개월 간격에서는 1 * 1 =

1이 된다. 12개월에서는 1 * 0.99 = 0.99, 18개월에서는 0.99 * 0.99 = 0.98 이런 식으로 계산된다. *Cumulative Proportion Surviving at End of Interval*가 결국 그 기간에서의 생존율이다.

Probability Density(*J*)는 $J_t = (H_{t-1}) - (H_t)$로 특정 시간 간격 사이에서 probability of failure의 추정값이다. 관찰구간 18개월에서 probability density는 구간 18개월의 cumulative proportion surviving at end－다음 구간인 구간 24개월의 Cumulative proportion surviving at end 해 주면 된다. 즉 여기서는 0.98 － 0.97 = 0.01이 된다.

Hazard Rate(*L*)는 특정 기간까지 살아 있던 각 개인이 그 기간 동안에 사건을 경험할 수 있는 rate를 말하며, rate이므로 1보다 클 수도 있다. $L_t = (E_t)/[D_t - E_t * (0.5)]$로 계산된다. 처음 관찰구간 0에서의 L = 1/(1190.5 * 0.5) = 0.000140056022409가 된다. 결과에는 0으로 나왔지만 pivot table로 들어가서 수정하면 결과가 보인다.

Standard error of the cumulative proportion surviving(*I*)로는 신뢰구간을 계산한다. 예를 들면 time interval 30에서 *Cumulative Proportion Surviving at End of Interval* = 0.97이고 *Standard error of the cumulative proportion surviving* = 0.01이므로 90% 신뢰구간을 계산하면 0.97 + 0.01 = 0.98, 0.97 － 0.01 = 0.96이므로 CI = 0.96~ 0.98이 된다, 95% CI는 2 * 0.01 = ± 0.02의 값을 계산하면 신뢰구간이 된다. K와 M도 위와 같이 신뢰구간을 추정하는 데 사용된다.

생명표법에서의 관찰시간의 시작은 항상 t = 0이다. 그러므로 본 예에서 Interval start time 0과 6개월에서 각각 한 명씩 사건이 발생하였음에도 불구하고 0, 6개월에서 Cumulative Proportion Surviving at End of Interval은 모두 1이고 hazard rate는 모두 0으로 나온다. 이렇게 나오는 것을 방지하려면 관찰기간을 다시 coding하면 된다. 즉 처음 사건이 발생한 것은 관찰 6개월째이므로 모든 대상자의 관찰기간에서 6을 빼 준 time 변수를 만들어서 생존시간의 변수로 사용하면 된다. 즉 처음 사건이 발생한 대상자를 관찰기간 t = 0으로 만들어서 기준으로 사용하는 것이다.

생명표의 foot note를 보면 the median survival time is 132.00이라고 나와 있다. Median survival time의 정의는 누적생존함수값이 0.5에 해당되는 survival time이다. 어떻게 median survival time이 132개월일까? 관찰기간을 0 ~ 120개월로 했는데 최대 관찰기간보다도 median survival time이 더 길다. 생존곡선을 보아도 y축이 0.5가 되는 x축을 읽을 수가 없다. Kaplan-Meier나 생명표법의 한계라고 할 수 있는데 관찰기간 중에 대상자의 50% 이상에서 사건이 발생하지 않으면 median survival을 계산할 수 없게 된다.

본 예제에서는 120개월을 관찰하고 편의상 6개월로 구분한 결과이다. 3개월로 구분하면 더 세분화되어 나오고, 24개월 단위로 구분하면 결과가 더 rough하게 나온다. 또 구분하는 단위에 따라 Cumulative Proportion Survival at end의 값뿐 아니라 median survival time의 수치도 조금씩 차이가 난다. 이렇게 생명표법은 연구자가 정한 구간으로 구분할 수 있는데 이것이 Kaplan-Meier method와의 차이이다.

3.6.4.2 Plot

처음에 보이는 plot은 log survival function curve이다. 누적생존곡선은 linear scale로 누적생존함수를 보여 주지만, log survival function curve에서는 누적생존함수에 log를 취한 값과 생존시간과의 관계를 보여 주고 있다. 관찰시작 t = 0에서는 log survival function이 100%이었으나 시간이 지남에 따라 차츰 감소하고 있다. 출력된 graph만 가지고는 log survival function이 감소되는 것을 표현하기 조금 어려우므로 출력된 graph를 마우스로 double click하면 chart editor로 전환이 되므로 chart editor를 이용해서 수직축과 수평축의 척도를 조절하면 좀더 smart한 곡선을 얻을 수 있다.

그리고 log survival function curve 출력시 log survival function이라고 표시되지 않고 그림 3.4에서 보듯이 제목은 cumulative survival function curve나 모두 survival function이라고 표시되니 혼동하지 않아야 한다. 수직축인 y축의 scale만 다르다.

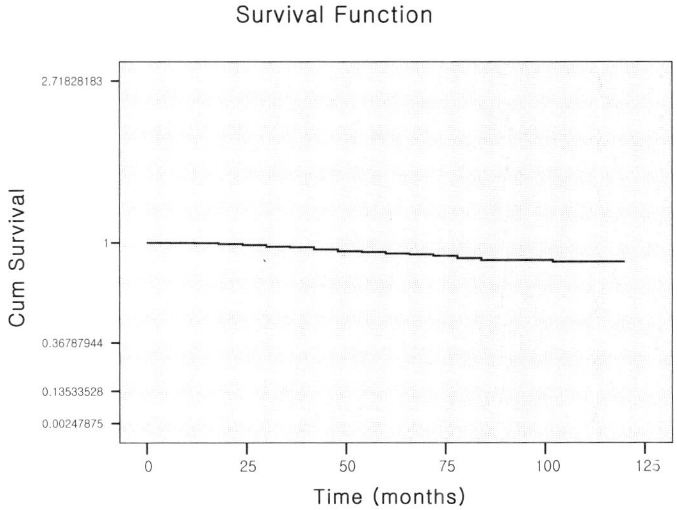

〈그림 3.4〉 Log survival function

그림 3.5는 관찰시간에 따른 누적생존율(cumulative survival function)을 보여주는 생존함수곡선으로 흔히 생존곡선이라고 한다. Survival function curve is a plot of the cumulative proportion of cases surviving up to the end of each interval of time. SPSS의 결과 창에 출력되는 생존곡선 graph에는 각 구간에서의 누적생존율을 구할 때 포함되는 대상자의 수(number entering)가 graph에는 표시되지 않는다. 생명표에만 표시가 된다. 그러므로 논문에 생존곡선을 보고할 때는 표를 보고 각 구간별로 포함되는 대상자의 수와 각 구간에서의 중도절단 된 대상자의 수를 누적생존곡선에 표시하여 기록해 주어야 한다. 그래야 독자가 생존곡선 graph를 보고 정확한 해석을 할 수 있다. Kaplan-Meier 방법도 마찬가지이다.

그림 3.5의 생존곡선에서는 관찰이 시작된 time = 0에선 누적생존율이 100%이었으나 시간이 지남에 따라 계단 모양으로 점점 감소하고 있다. 수직축의 누적생존율이(Cum Survival) 0.5 되는 곳과 곡선이 만나는 곳의 수평축을 읽으면 이 값이 median survival time이다. 그러나 본 예제의 생존곡선에서는 누적생존율이 0.5 되는 곳과 만나는 관찰시간을 읽을 수가 없다. 이유는 사건이 발생한 대상자가 전체 대상자에 비해 너무 적어 50%가 안 되기 때문이다. 그래서

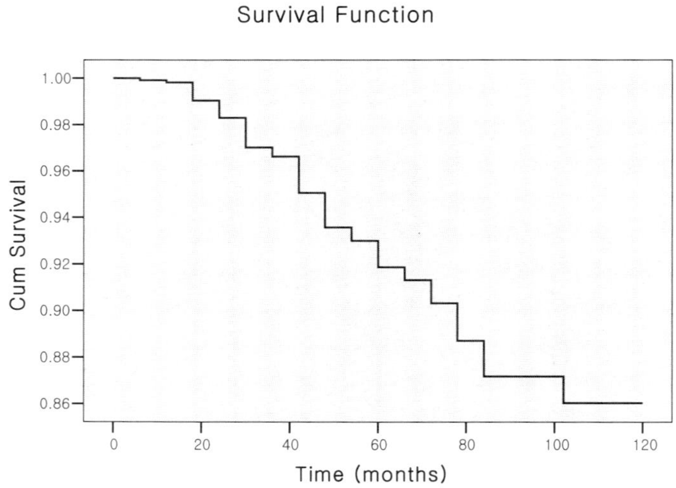

〈그림 3.5〉

median survival time은 최대로 추적관찰한 기간인 120개월이 되는 것이다. 연구대상자에서 사건은 관찰기간 120개월이 되도 아직 50%도 채 발생하지 않은 것이다.

그렇다면 그림 3.5의 생존곡선 결과에서는 모든 대상자가 살아 있다는(사건이 발생하지 않았다는) 것인가? 사건이 발생하지 않고 살아 있다면 유방암은 위의 생존곡선으로만 보면 완치할 수 있다는 의미인가? 불행하게도 모두 살아 있는 것은 아니다. 그러므로 생존곡선만 보면 알 수가 없고 위에서 언급한 것처럼 연구자는 생명표에서 보여준 구간별로 발생한 중도절단 된 대상자의 숫자와 Number Entering Interval을 동시에 생존곡선에 표시하여 주어야 한다. 그래서 각 구간에서 몇 명이(number of entering this interval) 있었는지를 같이 고려해야 한다. 본 예제는 96개월에 87명이 분석에 entry되었다. 전체 1207명의 87명 87/100 = 0.072로 7% 정도만이 entry되었으므로 유방암이 완치되었다고 할 수는 없다. 충분히 많은 대상자가 관찰구간에 있어야 완치되었다고 할 수 있는 것이다.

얼핏 위의 그림 3.5의 생존곡선을 보면 생존곡선의 방향이 급격하게 내려가서 시간이 지남에 따라 생존율이 불량해 보인다. 그러나 y축을 잘 보면 하한값이 0.86밖에 안 된다. 이 곡선을 chart editor를 이용하여 수직축의 scale을 수정하여 y축의 값을 0에서 1로 해서 다시 곡선을 그려보면 그림 3.6과 같다. 같은 자료로 어떻게 표현하느냐에 따라 보기에 완전히 다르다.

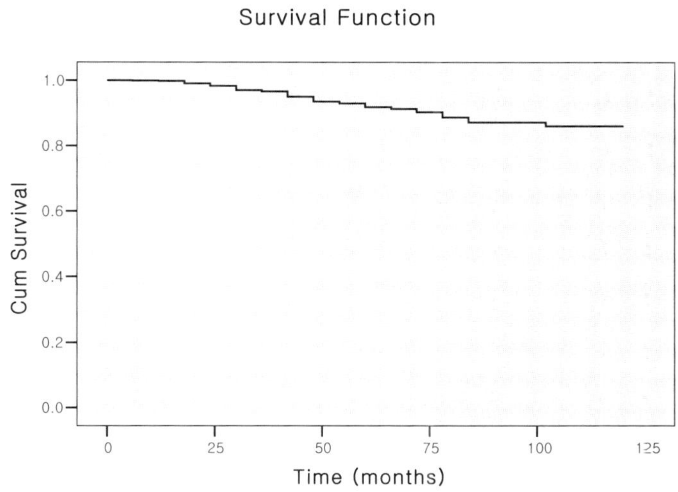

〈그림 3.6〉

다음은 one minus survival function을 보여 주는 plot이다.

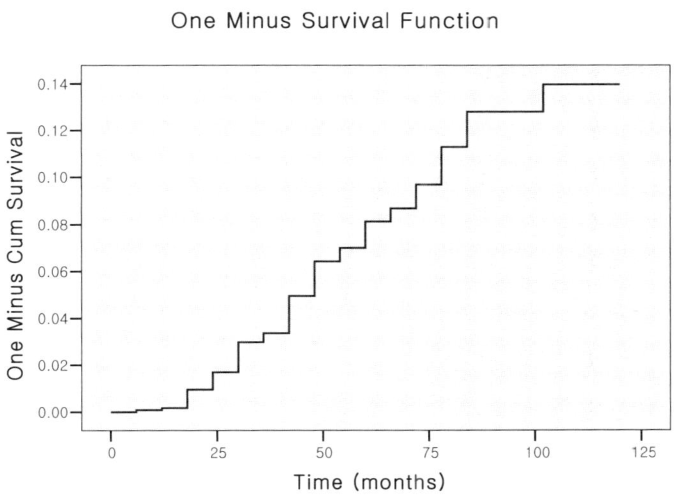

〈그림 3.7〉

One minus survival function은 글자의 뜻대로 1에서 생존함수값을 minus 해 준 값이다. 그러므로 생존함수곡선과 곡선의 방향이 반대로 plot된다. One minus survival function은 desirable outcome을 평가하거나 혹은 상대적으로 결과가 드물게 발생하는 경우에 이용하면 유용하다. 예를 들면 불임에 관한 연구에서 time to event가 임신하기까지 걸린 기간이라면 이런 경우 one minus survival function으로 표시해 주면 y축에서 0은 임신에 성공하지 않은 비율로 0%에서 표시가 된다. 이 수치가 증가할수록 임신에 성공한 비율이 높은 것이다. 생존분석이라는 용어 때문에 항상 '사망'만 결과라고 생각하는데 지금과 같이 새로운 호르몬이 임신에 미치는 영향을 연구할 때는 사건의 발생은 '임신'에 성공했을 때가 되므로 이것을 흔히 사용하는 생존곡선으로 나타내면 y축은 사건이 발생하지 않은 임신에 실패한 비율이 되므로 시간에 따라 감소하는 양상으로 표시되면 해석에 혼란이 생기므로 1 minus survival function으로 표시해 주는 것이 좋다.

그림 3.8은 밀도함수곡선(density function curve)으로 각 interval time과 관련 있는 probability density를 plot해 주고 있다. 밀도함수는 각 구간의 시작점에서의 대상자의 proportion과 그 구간의 끝 지점에서 사건이 발생하지 않고 살아 있는 proportion의 차이를 말한다. 이 예제에선 생명표에서 보듯이 각 구간의 밀도함수는 대부분 0.03 이하이다.

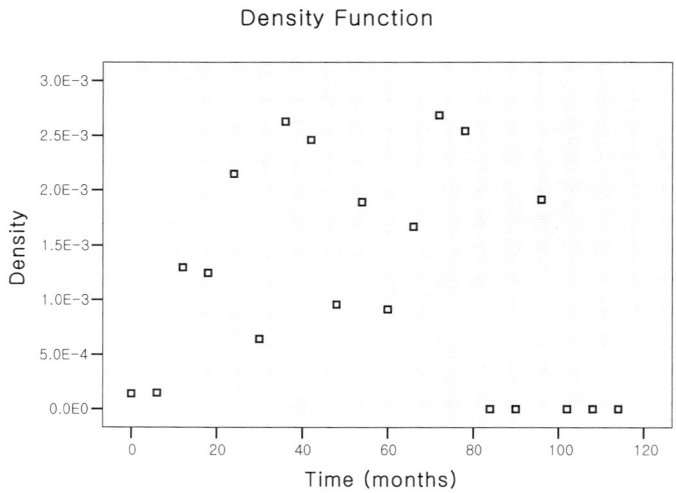

〈그림 3.8〉

그림 3.9는 hazard function curve로 hazard rate를 나타내고 있다. Hazard function은 특정 기간까지 살아 있던, 즉 사건이 발생하지 않았던 각 개인이 그 기간 동안에 사건을 경험할 수 있는 조건적 비율을 말한다. 비율이므로 1보다 클 수도 있다.

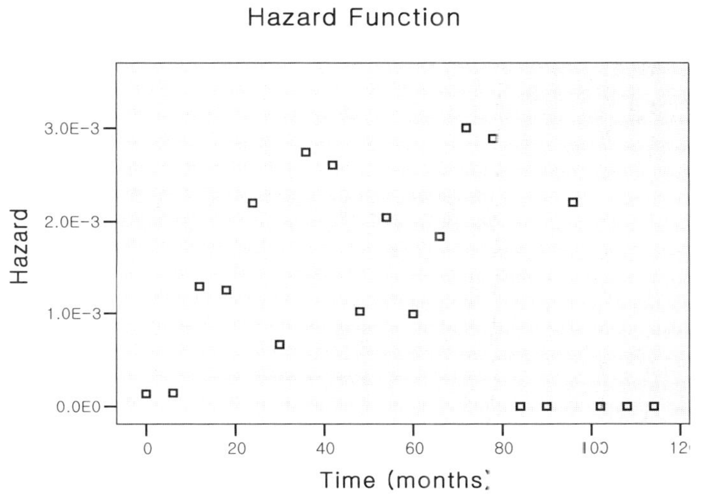

〈그림 3.9〉

3.6.4.3 생존율의 비교

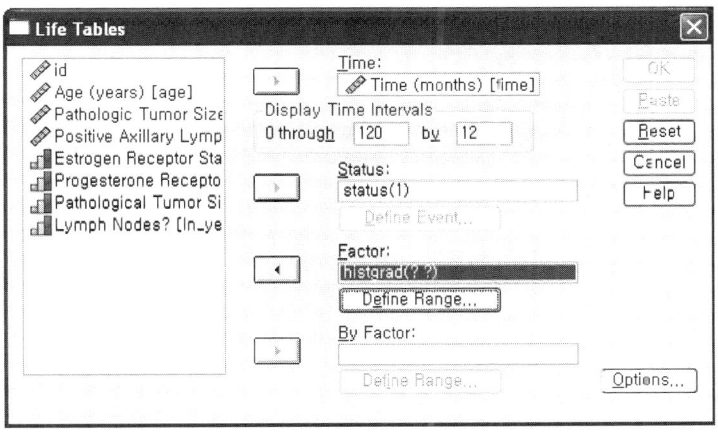

지금까지는 전체 대상자의 hazard function, survival function 그리고 median survival time에 대해 알아보았다. 다음은 factor에 따라서 survival function의 차이가 있는지 알아보자. 먼저 암세포의 조직학적인 정도에 따라 환자의 생존율에 차이가 있는지 알아보기 위하여 위와 같이 Factor: 에 histgrade 변수를 지정하였다.

그리고 Define Range……를 클릭해서 minimum에 1, Maximum에 3을 지정한다. 원래 histgrade 변수는 1 ~ 4로 coding 되었으나 4는 unknown인 경우여서 3까지만 지정을 하였다. Define하지 않으면 OK button이 활성화 되지 않는다.

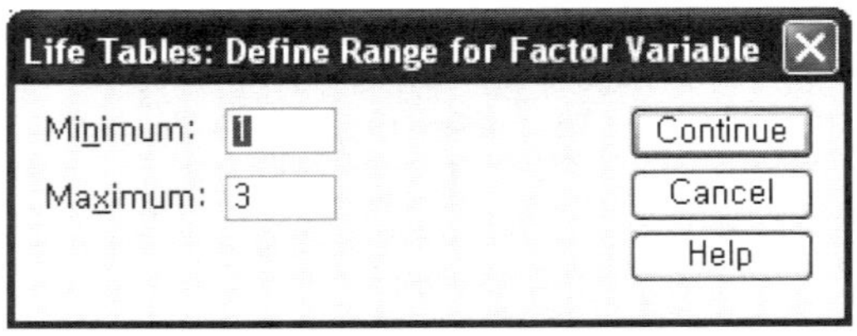

다음 By Factor라는 항목이 있는데 이것은 second order factor가 된다. 예를 들면 이곳에는 **ln_yesno** 라는 변수를 투입하면(2 × 3 = 6) 6개의 수준으로 나누어 생명표와 생존곡선이 출력된다. 즉 조직학적 정도에 따른 림프절 양성, 음성에 따라 결과를 출력해 준다. 여기서는 유방암의 예라서 여자의 경우만 해당되지만 대부분의 임상적 연구는 성별이 꼭 들어가므로 보통 성별에 따른 어떤 독립변수의 차이가 생존율에 차이가 있는지 흔히 검정을 한다. 두 개의 수준까지만 분류할 수 있다. Continue를 클릭한 후 Options을 클릭하여 보면 다음과 같은 화면이 보인다.

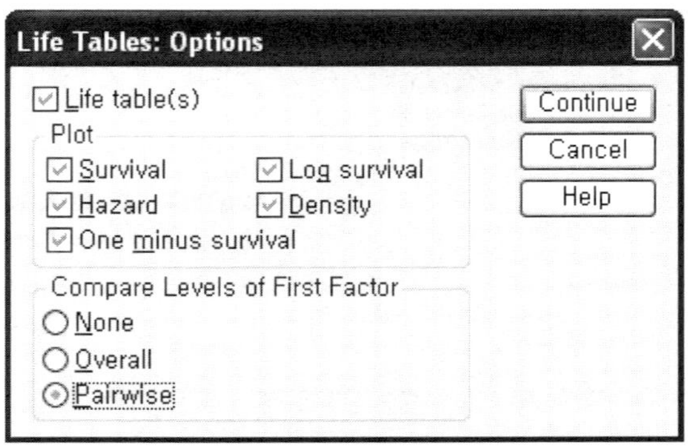

Plot은 처음과 같이 5가지 전부 선택을 하고 Compare levels of first factor라는 항목이 있는데 그곳에 none, overall, pairwise라는 3가지 항목이 있다. SPSS에서 생명표법으로 생존기간을 비교할 때는 Generalized Wilcoxon test를 사용하며 이 방법은 생존함수가 초기(early stage)에 큰 차이가 있는 경우, 즉 생존기간이 짧은 경우에 검정력이 높다고 알려져 있다. 보통 생명표를 이용하여 산출된 생존곡선을 비교하는 데 적합한 방법으로 알려진 Mantel-Haenszel 방법은 SPSS에서는 생명표법 항목에서는 제공하지 않는다.

Overall이라는 것은 first ordered factor를 동시에 검정하는 것이고 Pairwise란 first ordered factor level의 각 pair를 비교하는 것이다. 비교하고자 하는 대상이 두 개의 집단이면 overall을 선택하나 Pairwise를 선택하나 똑같이 결과가 출력되지만, 지금의 경우와 같이 histological grade가 세 개의 집단으로 구분되었을 경우에 overall을 선택하면 3개의 집단 사이에 전체적인 생존율에 차이가 있는지만 비교하고 각각의 집단에 대해 비교를 해주지 않는다. 즉 만약 3개의 군(A, B, C)을 비교할 때 overall을 선택하면 3군의 전체적인 비교이고 pairwise를 선택하면 (A, B) (A, C), (B, C) 이렇게 각각 비교되어 나온다.

집단이 세 개일 때 overall을 선택하여 검증 결과 유의수준이 0.05보다 낮게 나와 차이가 있다고 하자. 그러면 세 집단 사이에 차이가 있다는 것만 알 수 있고, 실제 어떤 집단과 어떤 집단 간에 차이가 있는지는 overall로는 알 수가 없다. 이 때 pairwise를 선택하면 어떤 집단과 어떤 집단이 차이가 있는지 알 수 있다. 즉 one way ANOVA에서도 사후검정(post hoc test)을 하여야 하는 것과 같은 것이다.

다음에 Paste라는 항목이 있다. 이 option은 SPSS에서 상당히 유효한 기능으로 모든 통계적 옵션 및 변수선택 등 모든 사항을 메뉴방식으로 입력한 후에 고급 통계에 필요한 option을 명령문 방식으로 수행하기 위해 아주 유용한 방법이다. 다음은 Paste 항목을 선택하면 보이는 내용이다.

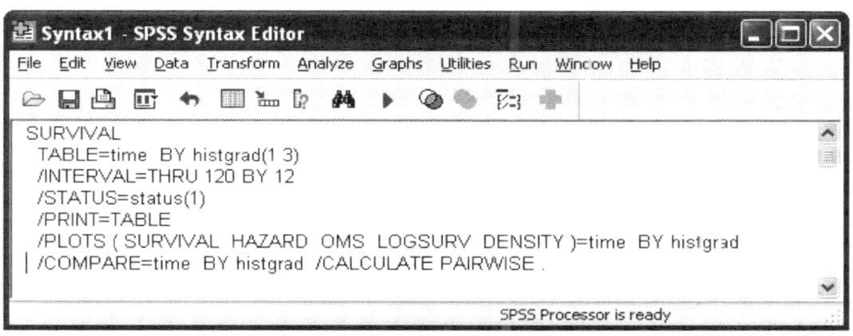

다음의 명령어는 순서대로 다음과 같은 뜻이다. 생명표법을 이용, time 변수와 histograde(1에서 3으로 구분된) 변수를 비교하고, 간격은 12개월 단위로 120개월까지로 하며, Event는 status에서 1로 지정, 생명표를 출력하고, Plot은 time과 histgrad로 다섯 가지 graph 모두 plot하고, Time과 histgrad의 생존율을 비교하는 데 pairwise로 비교하라는 의미다. ▶를 누르면 명령어가 실행된다. Syntax 명령어로 만든 file은 따로 저장할 수 있으며 확장자가 sps로 표시되므로 언제든지 SPSS에서 불러올 수 있다. 이 기능은 나중에 통계분석을 한 후 다시 분석을 할 때(자료가 추가되었다든지, 혹은 결과를 재차 확인할 때) 처음 연구자가 분석한 내용과 같은 조건으로 할 때 사용하기 위해 필요하다. 변수의 개수가 많고 복잡한 조건으로 분석을 할 때가 있다. SPSS 15부터는 결과창에 맨 먼저 명령어로 전환된 내용이 나온다.

이제 OK button을 클릭하여 보자. 맨 처음 보이는 것은 위에서 syntax로 작성한 명령문이 먼저 보인다. SPSS 15부터는 결과 창에 log파일로 명령문이 맨 처음에 표시된다. 다음은 생명표이고 factor로 지정한 histologic grade 변수의 수준에 따라 나누어서 생명표가 출력된다(생명표의 결과는 생략).

Median Survival Time

First-order Controls		Med Time
Histologic Grade	1	120.0000
	2	120.0000
	3	120.0000

조직학적 정도에 따라 median survival time은 모두 120개월이다. 다음은 조절변수인 조직학적 정도에 따른 생존율의 비교에 대한 내용이다.

Comparisons for Control Variable: histgrad

Overall Comparisons[a]

Wilcoxon (Gehan) Statistic	df	Sig.
8.011	2	.018

a. Comparisons are exact.

조직학적 정도에 따른 세 집단 사이의 생존율의 차이를 Wilcoxon(Gehan) 방법으로 검정결과 세 군 간의 전체적인 유의성은 0.018로($p < 0.05$) 의미 있는 생존율의 차이가 있었다. 그럼 구체적으로 어떤 집단 간에 생존율의 차이가 있을까? 다음을 보면 알 수 있다. Pairwise Comparisons은 구체적으로 어떤 집단과 어떤 집단의 생존율의 차이가 있는지를 나타낸다. 결과를 보면 histologic grade (1, 3), (2, 3) 집단에서 의미 있는 차이를 보여 주고 있다.

Pairwise Comparisons [a]

(I) histgrad	(J) histgrad	Wilcoxon (Gehan) Statistic	df	Sig.
1	2	1.617	1	.204
	3	4.801	1	.028
2	1	1.617	1	.204
	3	5.030	1	.025
3	1	4.801	1	.028
	2	5.030	1	.025

a. Comparisons are exact.

Mean Scores

Comparison Group		Total N	Uncensored	Censored	Percent Censored	Mean Score
1 vs.2	1	79	2	77	97.5%	10.633
	2	514	27	487	94.7%	-1.634
1 vs.3	1	79	2	77	97.5%	13.620
	3	327	27	300	91.7%	-3.291
2 vs.3	2	514	27	487	94.7%	7.965
	3	327	27	300	91.7%	-12.520
1		79	2	77	97.5%	13.620
2		514	27	487	94.7%	7.965
3		327	27	300	91.7%	-12.520

Overall Comparison

Gehan's generalized Wilcoxon 검정은 각 집단에서 각각의 생존시간을 다른 집단의 모든 생존시간과 비교한다. 다른 집단의 생존시간보다 길면 score 1을 주고 짧으면 −1, 그리고 같으면 0을 취한다. 그래서 평균 score를 구하여 생존율을 비교하며 양의 값을 가지면 생존율이 길다는 것을 의미한다. Group 1의 mean score는 13.6, group 2는 7.9 그리고 group 3는 −12.5로 가장 낮다.

Mean Scores은 pairwise comparison시 각 집단에 따라서 대상자의 수, censored 대상자의 수, uncensored 대상자의 수, censored observation의 비율, 그리고 Gehan's generalized Wilcoxon test에서 계산한 score를 보여 주고 있다.

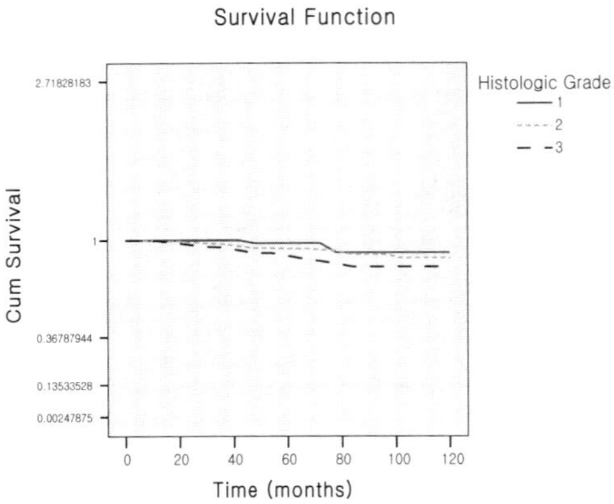

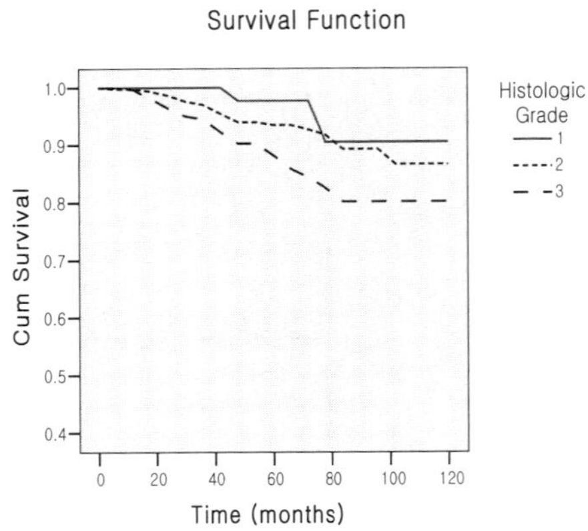

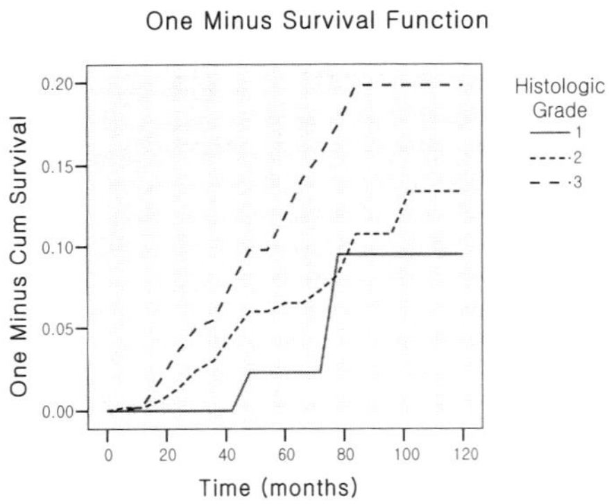

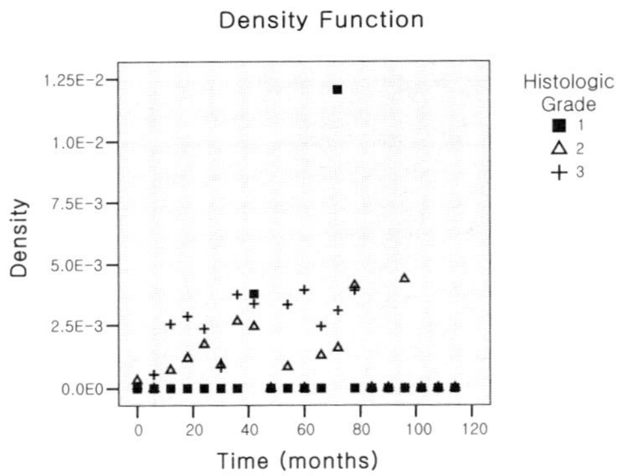

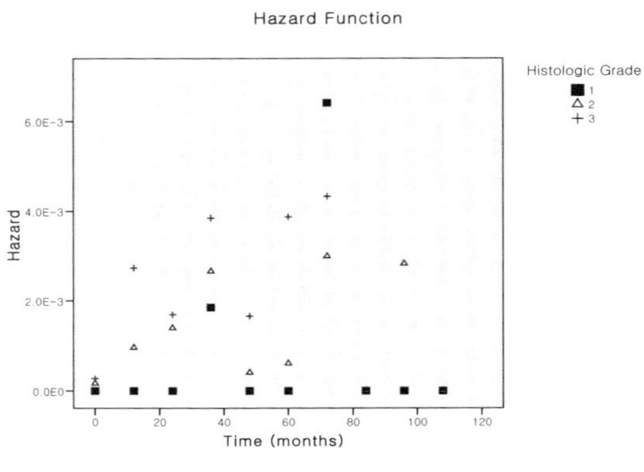

앞의 그림은 factor로 구분한 histologic grade에 따라 3개의 집단으로 나누어서 log survival function, cumulative survival function, one minus survival function, hazard function 그리고 density function을 보여 주고 있다.

결론적으로 유방암환자의 median survival time은 120개월이었고, histologic grade로 나누어서 생존율의 차이를 비교해 본 결과 histologic grade가 증가할수록 생존율은 낮았고 Wilcoxon(Gehan) 방법으로 검정결과 세 군 간의 전체적인 유의성은 0.018로 ($p < 0.05$) 통계적인 유의성이 있었다.

생명표법으로는 범주형으로 나눈 factor로 나누어서 생존율의 차이는 검정할 수 있지만 연속형의 예측변수는 모형에 투입할 수 없고 또한 예측변수도 두 개 이상을 동시에 모형에 투입할 수 없는 한계가 있다.

Kaplan-Meier method

(= Product limit method)

4장

4.1 서 론

관찰구간을 연구자가 임의로 고정(fixed time interval)한 후 생존기간을 계산하는 생명표방법은 관찰구간을 고정하여야만 유효하게 작용한다. 그러나 관찰기간을 고정하면 문제가 발생할 수 있다. 예를 들어 만약 관찰구간을 1개월 단위로 고정해서 나누었고 처음 1개월 구간에서 20명의 관찰이 측정되었다고 하자. 이 때 어떤 대상자에 대해서도 정확한 생존기간을 알 수 없는 문제가 발생하게 된다. 단지 1개월에서 2개월 사이 혹은 약 1.5개월쯤에서 관찰(사건의 발생이나 중도절단)이 있었다고 추측할 수밖에 없다. 그러므로 대상자가 고정된 시간 간격에 있게 되면 대상자의 관찰시간에 대한 정보를 잃을 수 있다. 더구나 관찰구간을 더 넓게 고정했을 때에는 더욱 더 많은 정보의 손실이 생긴다. 이와 같은 문제점을 보안하기 위해 고안된 방법이 Kaplan-Meier 방법이다.

Kaplan-Meier method는 1958년에 Kaplan과 Meier에(Kaplan EL, Meier P, Nonparametric estimation from incomplete observations. *J of the American Statistical Association*, 53, 1958, 457 ~ 481) 의하여 고안된 방법으로 관찰된 생존시간을 관찰기간이 짧은 순서에서 긴 순서로 크기순으로 다시 배열한 후 생존율을 계산한다.

생명표방법이 일정한 구간으로 관찰시간을 나눈 후 각 구간에서의 생존확률을 계산하는 반면, Kaplan-Meier 방법은 사건이 발생한 시점마다 생존확률을 계산한다. 중도절단(censoring observation) 된 대상자도 관찰기간이 N번째에 사건이 발생한 대상자의 관찰기간보다 길었다면, 이는 N번째 사건이 발생한 시점인 t까지는 분명히 사건이 발생하지 않았으므로 생존율 계산에 반영된다. 하지만 N번째 사건이 발생한 대상자보다 관찰기간이 짧았다면 생존에 미치는 영향이 전혀 없으므로 N번째 사건이 발생한 시점에서는 생존율 계산에서 제외되며 다음 사건이 발생한 시점에서 생존율 계산에 기여하게 된다. 즉 Kaplan-Meier 방법에선 사건이 발생한 대상자가 주된 관심의 대상이다.

Kaplan-Meier 방법은 누적생존함수의 계산과정이 비교적 간단하고 이해하기 쉬울 뿐 아니라 중도탈락이나 관찰중단 등에 대한 취급이 간편하여 널리 사용되고 있다.

4.2 Kaplan-Meier 방법의 가정 혹은 요구조건

생명표법이나 Kaplan-Meier 방법에서 cumulative survival function을 계산할 때 매우 중요한 전제 조건이 있다.

1) 관찰의 시작(initial event) 및 종료(terminal event)는 사건의 발생에 영향을 주지 않는다. 다시 말하면 사건의 발생이나 중도절단의 발생은 완전히 무작위적인 현상이다.
2) 중도절단 된 대상자도 같은 기간에 사건이 발생한 대상자와 동일한 사건이 발생할 확률을 가진다. 예를 들면 암환자의 survival function을 보는 연구에서 overall survival function은 관찰 1년째나 관찰 5년째나 같다고 가정한다. 이 가정이 맞지 않으면 관찰 1년째부터 5년째까지의 모든 자료를 pooling해서 single set의 생존확률을 계산하는 것은 잘못된 것이다.
3) Initial event에 대해 확실한 정의가 있어야 한다. 예를 들면 암환자의 survival function을 보는 연구에서 initial event를 증상이 발생한 날로 할 것인지, 진단받은 날로 할 것인지 아니면 처음 치료를 받은 날로 할 것인지 정확하게 기준을 정한 후 모든 대상자를 같은 기준으로 pooling해야 한다.
4) 또한 terminal event에 대해서도 확실한 정의를 해야 한다. 예를 들면 이혼을 하는 데까지 걸리는 시간에 대한 연구에서 terminal event는 실제로 헤어진 날이 될 수도 있고 이혼서류를 작성한 날이 될 수도 있다.

4.3 어느 때 사용하는가?

Kaplan-Meier 방법은 표본의 수가 큰 경우에도 사용할 수 있으나 대표성을 가지고 있고 표본의 수가 비교적 작은 경우(N < 50)나, 대상자에 대한 관찰기간을 정확하게 알고 있는 경우에 생명표방법보다 유용하다.

4.4 Kaplan-Meier product limit estimation

Kaplan-Meier 방법에서 생존함수의 계산은 다음의 식으로 계산된다.

$$S(t) = \Pi^{t}_{i=1} [(n - i)/(n - i + 1)]^{Ci}$$

여기서 S(t)는 시간 t에서의 추정된 생존함수이고, $\Pi^{t}_{i=1}$는 t보다 작거나 혹은 같은 시점에서 모든 대상자의 생존시간을 곱해 준 것이고(π = pi, symbol for multiplication), t는 시간이며(즉 日, 週, 月, etc.), n은 표본의 전체 대상자의 숫자이고, i는 시간 t까지 생존한 숫자이고, C_i는 상수로, 0 = uncensored case, or terminal case이고 1 = censored이다.

다음의 가상적인 자료로 Kaplan Meier probabilities를 위의 공식으로 계산해 보자. 예제 자료는 65명의 백혈병 환자의 생존기간을 크기순으로 재배열한 표이다. 각각 관찰시간(Time), 상태(Status로 0 = censor, 1 = event), 각 구간에서의 사건이 발생하기 전의 대상자 수(Prior # Surviving), 각 구간에서의 생존자 수(Number Remaining), 누적생존율(Cumulative Survival)을 보여 주고 있다.

Time(Months)	Status	Prior # Surviving	Number Remaining	Cumulative Survival
0	-	65	65	1.0000
5	0	65	64	1.0000
6	0	64	63	1.0000
7	1	63	62	0.9841
8	1	62	61	0.9683
10	0	61	60	0.9683
12	1	60	59	0.9522

여기서 Time 0에서의 생존함수는 식에 의해 $S(0) = [(65 - 0)/(65 - 0 + 1)]^{0} = (65/66)^{0} = 1.0$으로 계산되고, 시간 5개월에서는 $S(5) = S(0) [(65 - 1)/(65 - 1 + 1)]^{0} = (1.0) * (1.0) = 1.0$, 시간 6개월에서는 $S(6) = S(5) [(65 - 2)/(65 - 2 + 1)]^{0} = (1.0) * (1.0) = 1.0$, 시간 7개월에서는 $S(7) = S(6) [(65 - 3)/(65 - 3 + 1)]^{1} = (1.0) * (0.9841)^{1} = 0.9841$, 시간 8개월에서는 S(8) = S(7) [(65 − 4)/

$(65-4+1)]^{1}=(0.9841)*(0.9839)^{1}=0.9683$, 시간 10개월에서는 $S(10)=S(8)[(65-5)/(65-5+1)]^{0}=(0.9683)*(1.0)^{0}=0.9683$으로 계산된다. 위에서 보면 중도절단 된 관찰만 있을 때는 cumulative survival function의 변화는 없고 사건이 발생해야만 cumulative survival이 감소되는 것을 알 수 있다.

다음은 Kaplan-Meier product를 이해하기 위해 공식 대신에 수기로 다음의 자료를 가지고 계산을 해보자. 자료는 10명의 급성백혈병 재발에 관한 자료로 항암치료 후 relapse 되는 데까지 걸리는 시간(weeks)에 대한 자료이다. 이 자료를 가지고 Kaplan-Meier 방법에서 생존율이 계산되는 방법을 알아보자.

Time (Weeks)	Status	Time (Weeks)	Status
2	Event	5	Event
64	Event	43	Event
69	Censored	12	Censored
35	Event	49	Event
40	Censored	72	Event

Kaplan-Meier 방법에서는 사건이 발생한 시점마다 생존확률을 계산하므로 위의 자료를 관찰기간 순서로 다시 배열하면 다음과 같다. Time은 백혈병 재발까지 걸린 시간을 week로, Status는 censored observation 혹은 event의 발생인지를, Prior number in remission은 관찰시작 전부터 사건이 발생하지 않은 전체

Time	Status	Prior number in Remission	Number remaining	Proportion Remission	Cumulative Prop. of remission
2	Recur	10	9	9/10	9/10=0.90
5	Recur	9	8	8/9	0.9 * (8/9)=0.80
12	Censor	8	7		
35	Recur	7	6	6/7	0.80 * (6/7)=0.69
40	Censor	6	5		
43	Recur	5	4	4/5	0.69 * (4/5)=0.55
49	Recur	4	3	3/4	0.55 * (3/4)=0.41
64	Recur	3	2	2/3	0.41 * (2/3)=0.27
69	Censor	2	1		
72	Recur	1	0	0/1	0.27 * (0/1)=0

숫자를 말하며 Number remaining은 특정 관찰기간 동안에 사건(즉 재발)이 발생하지 않아 현재시간 이후 재발되지 않고 남아 있는 전체 숫자를, Proportion remission은 재발되지 않고 남아 있는 수의 proportion을, Cumulative Prop. of remission은 cumulative proportion of remission을 말한다.

첫 번째 관찰 2주에 재발이 발생한 줄에서 처음 대상자가 10명에서 시작하였으니 현재 시작 전부터 재발없이 시작한 전체 대상자는 10명이고, 현재 시간 이후 재발되지 않은 전체 숫자는 1명이 재발되었으니 9명이 된다. 그러므로 관찰 2주에서 재발되지 않고 남아 있는 proportion remission은 9/10 = 0.9이고 cumulative non-recur proportion은 0.9 혹은 9/10 * 100 = 90%가 된다.

관찰 12주에 중도절단이 처음 발생했고 중도절단 된 관찰만 발생한 경우에는 remission(survival) probability를 계산하지 않는다. 중도절단 된 대상자의 경우에, 중도절단 된 시간에서 누적생존율의 계산에는 영향을 주지는 않지만 중도절단 된 기간에서의 전체 대상자의 숫자를 계산하는 데는 영향이 있어(중도절단 된 숫자만큼 감소), 다음 사건이 발생하는 기간의 proportion in remission의 계산의 분모의 수가 중도절단 된 숫자만큼 감소하므로, 이 기간의 cumulative remission proportion의 수치는 중도절단 된 대상자의 영향으로 증가하게 된다. Kaplan-Meier 방법에서는 이런 방법으로 누적생존확률을 계산한다.

4.5 SPSS를 이용한 실제 분석

분석에 사용될 파일은 example2.sav file이다. 이는 SPSS 예제파일인 AML survival.sav와 같은 file로 AML(Acute Myeloblastic Leukemia)로 진단받은 후 항암치료 후에 백혈병이 재발되어 사망한 기간에 대한 자료이다. 전체 대상 환자는 23명이고 변수는 chemo(항암치료를 하지 않았으면 0으로, 했으면 1로 code), time은 관찰기간으로 주(week) 단위로 표시했고 status는 0은 중도절단을 1은 사건의 발생을 나타낸다.

본 예제에서 관찰기간은 미리 계산되어 있다. 만약 자신의 자료를 SPSS의 data view에 다음과 같이 직접 입력해서 initial event day(initial)와 terminal event day(terminal)로 date형식으로 입력했다면 관찰기간인 terminal event day-initial event day를 SPSS에서 계산하는 방법은 다음과 같다.

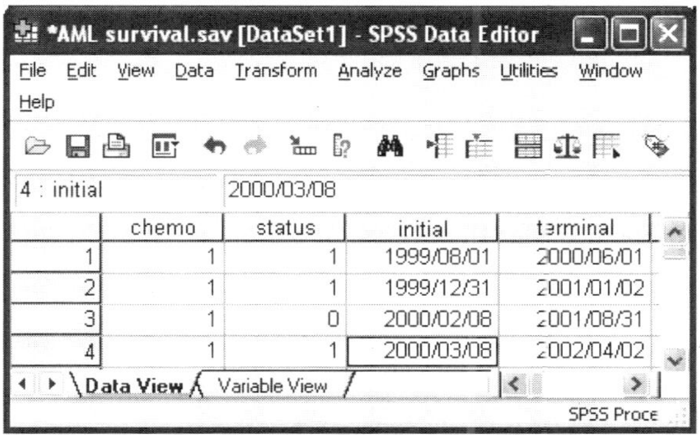

SPSS 주화면에서 Transform ▶ Compute Variable을 선탁하면 다음 화면이 나온다.

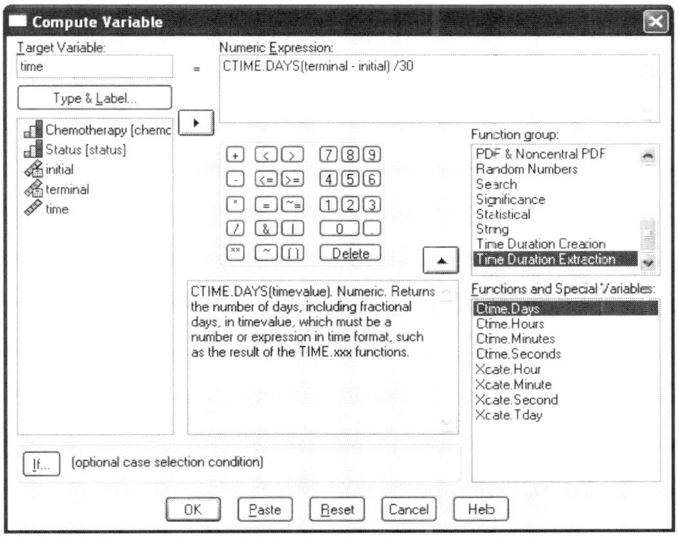

Target Variables: 에 time이라고 입력하고 Function group에서 Time Duration Extraction을 선택하고 Function and Special Variables: 에서 Ctime.Days 선택한다. 그러면 Numeric Expression: 에 CTIME.DAYS(?)라고 표시가 되는데 (?)에다가 다음과 같이 CTIME.DAYS(terminal-initial)/7이라고 입력하고 OK를 클릭한다. 그러면 data view에 time이라는 변수가 새로 생기게 된다. 7을 나누어 준 것은 days를 weeks로 바꾸어 주기 위해서이다. 만약 months로 바꾸려면 30으로 나눈다.

4.5.1 분석의 시작

다음은 Statistics ▶ Survival ▶ Kaplan-Meier를 선택하면 다음의 화면이 나온다. 다음 그림 4.1과 같이 지정을 해준다. Factor나 Strata 그리고 Label cased by는 각 집단 사이의 비교에서 설명하도록 한다.

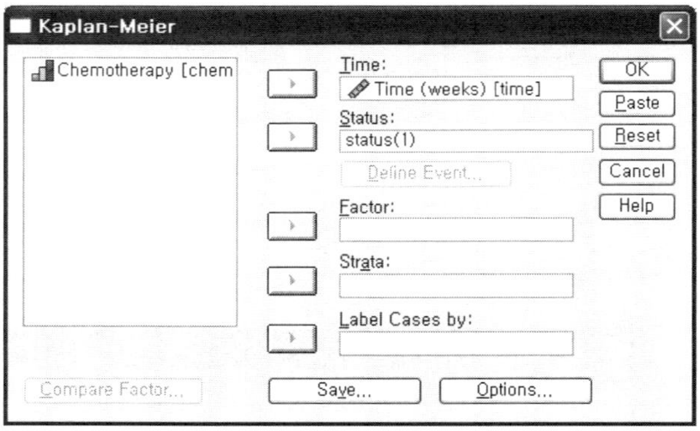

〈그림 4.1〉

Define Event를 click 하면 그림 4.2가 나온다. 사건이 발생한 상태를 나타내는(백혈병의 재발) 대상자는 모두 1로 coding했으니 single value: 를 선택하고 1이라고 입력한다. SPSS의 Kaplan-Meier 방법은 censoring의 type(right, left, interval)은 구분하지 않는다. 처음 coding시 사건의 발생을 지정할 때 여러 개의 값으로 입력했어도 Range of variable에 범위를 정해주면 범위 내의 값은 모두 사건의 발생으로 처리를 한다. Range of variable인 [ ] through [ ] 에 수치를 지정할 때는 처음 값은 항상 뒤의 값보다 작아야 한다. 즉 1 through 3 같이 지정을 해야지 3 through 1 같이 지정을 하면 안 된다.

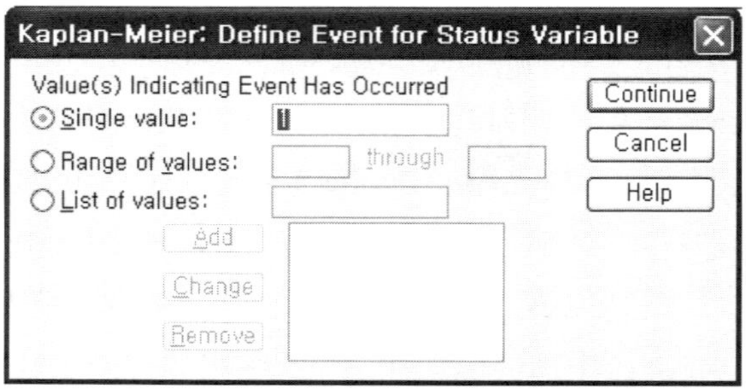

〈그림 4.2〉

다음은 그림 4.1에서 Save……을 click하면 그림 4 3이 나온다. 각 대상자에 대한 survival, survival의 표준오차, hazard 그리고 cumulative events가 data view 화면에 출력되어 나오며 각각 SUR_1, SE_1, HAZ_1 그리고 CUM_1이란 변수로 저장할 수 있다.

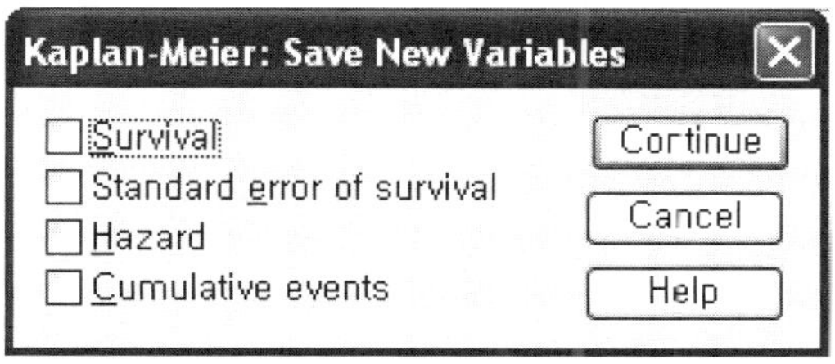

〈그림 4.3〉

다음은 그림 4.1에서 Options을 click하면 그림 4.4가 나온다. Default는 Survival table(s)과 Mean and median survival이 선택되어 있다. 통계량은 다음과 같은 항목을 표시한다.

□ Survival table(s): 생명표를 보여준다.

□ Mean and median survival: Mean survival과 median survival을 계산해서 보여준다.

□ Quartile: 사분위수를 말하며 25th, 50th, 75th percentile 그리고 survival time variable의 표준오차를 보여준다. 본 예에서는 생명표와 mean and median survival만 선택하였다.

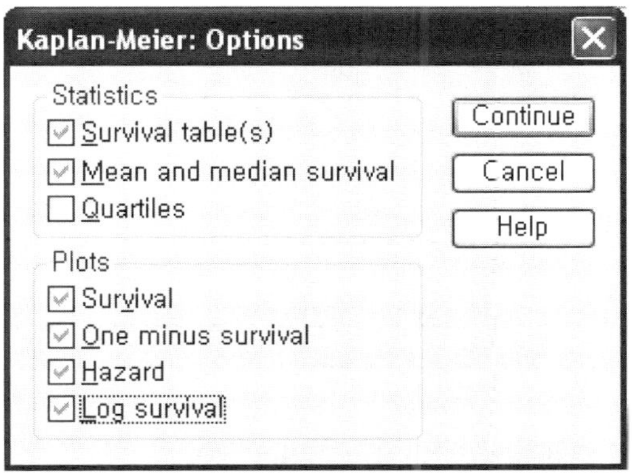

〈그림 4.4〉

Plots은 관찰시간에 따른 survival, one minus survival, hazard, 그리고 log-survival function을 plot 해준다. 만약 stratification variable이 있으면 각 stratum에 따라 plot 된다.

□ Survival: 생존함수를 보고자 할 때 선택하며 연구의 주된 관심사항이다.

□ Hazard: Linear scale로 cumulative hazard function이 plot 된다.

□ One minus survival: 1에서 survival function을 minus해 준 값이 display 된다.

□ Log survival: Log scale로 cumulative survival distribution이 plot 된다.

네 가지를 모두 선택하고 OK를 누르면 다음과 같은 결과가 나오게 된다.

4.5.2 결 과

먼저 명령어 형태의 syntax는 메뉴방식에서 Paste를 선택한 것과 같은 것으로, 고급 통계에서 다양한 방법으로 조건을 주어 분석을 하는 데 매우 유익하다.

```
KM
  time  /STATUS=status(1)
  /PRINT TABLE MEAN
  /PLOT SURVIVAL OMS HAZARD LOGSURV .
```

다음은 전체 대상자 수 및 중도절단 된 자료 그리고 사건이 발생한 대상자의 숫자에 대한 정보가 간단하게 표로 나온다. 이 표로 연구자는 본인의 연구대상자가 누락되지 않고 제대로 분석에 포함되었는지 알아볼 수 있다.

Kaplan-Meier

Case Processing Summary

Total N	N of Events	Censored	
		N	Percent
23	18	5	21.7%

다음은 생명표이다. Kaplan-Meier product를 계산하는 곳에서 설명한 표와 거의 비슷하다.

Survival Table

	Time	Status	Cumulative Proportion Surviving at the Time		N of Cumulative Events	N of Remaining Cases
			Estimate	Std. Error		
1	5.000	Relapsed	.	.	1	22
2	5.000	Relapsed	.913	.059	2	21
3	8.000	Relapsed	.	.	3	20
4	8.000	Relapsed	.826	.079	4	19
5	9.000	Relapsed	.783	.086	5	18
6	12.000	Relapsed	.739	.092	6	17
7	13.000	Relapsed	.696	.096	7	16
8	13.000	Censored	.	.	7	15
9	16.000	Censored	.	.	7	14
10	18.000	Relapsed	.646	.101	8	13
11	23.000	Relapsed	.	.	9	12
12	23.000	Relapsed	.547	.107	10	11
13	27.000	Relapsed	.497	.108	11	10
14	28.000	Censored	.	.	11	9
15	30.000	Relapsed	.442	.110	12	8
16	31.000	Relapsed	.386	.109	13	7
17	33.000	Relapsed	.331	.106	14	6
18	34.000	Relapsed	.276	.102	15	5
19	43.000	Relapsed	.221	.095	16	4
20	45.000	Relapsed	.166	.086	17	3
21	45.000	Censored	.	.	17	2
22	48.000	Relapsed	.083	.073	18	1
23	161.000	Censored	.	.	18	0

Time column에는 관찰한 자료를 관찰기간에 따라 기간이 작은 순서에서 긴 순서대로 재배열했으며 최대 161주까지 관찰되었다. 처음 관찰 5주에는 사건의 발생이 2명 있었고 누적사건 발생자 수는 2명이며 사건이 발생하지 않고 남아있는 숫자는 21명이다. 관찰 5주에 2명에서 사건이 발생했으므로 관찰 5주에서의 누적생존율은 21/23 = 0.913고 표준오차는 0.059다. 그 다음 8주에 다시 2명에서 사건이 발생하였고 이 때 누적생존율은 0.913 * (19/21) = 0.826이다. 관찰 9주에서 다시 사건이 발생하여 누적생존율은 0.826 * 18/19 = 0.783이 된다. 관찰 13, 16주에 1명씩의 2명의 중도절단이 생겼다. 중도절단이 발생한 기

간에서는 누적생존율은 계산하지 않고 다음 사건이 발생한 18주에서 누적생존율을 계산할 때 분모의 수에서 먼저 중도절단이 발생한 수인 2명을 빼서(즉 분모가 작아지므로 cumulative survival은 증가) 누적생존율에 반영된다. 이런 식으로 계산을 하는 것이 Kaplan-Meier 방법이다.

Survival table에서 cumulative probability의 표준오차(S.E)는 다음 식에 의해 계산을 한다.

$$SE(t_k) = S(t_k)\sqrt{\Sigma\{(di)/[(d_i)/n_i(n_i - d_i)]\}}$$

$SE(t_k)$ = Estimated cumulative probability at time (t) of the event (k)
d_i = Number of events at time t
n_i = Number of cases surviving prior to time t
Cases not terminated or censored

예를 들어 처음 5주에서 누적생존의 S.E는 5주의 $S(t_k)$인 cumulative survival 0.913이고 5주에서 사건이 발생한 수 d_i = 2명이고, 5주 이전 시점에서 사건이 발생하지 않은 숫자(본 예는 처음 시작이므로 0주) n_i는 23이다. 그러므로 S.E(5) $= 0.913 * \sqrt{\frac{2}{23(23-2)}}$ 이므로 ±0.0587이 된다. 다음 관찰 8주의 누적생존율의 S.E는 S(8) = 0.826이고 8주에서 사건이 발생한 수 d_i = 2명이고, 8주 이전 시점에서 사건이 발생하지 않은 숫자(본 예에서는 5주) n_i는 21이다. 그러므로 SE(8) = 0.826 * $\sqrt{2/23(23-2)}$ + 2/21(21 − 2) = 0.079가 된다. 그 다음도 같은 방법으로 앞의 기간을 모두 계속 더한 후에 root를 취해야 한다.

다음은 mean survival time, median survival time, 그리고 이에 대한 표준오차 및 95% 신뢰구간이다. Mean survival은 36.36이고 median survival은 27이다. Mean survival time 36.36주는 실제 산술평균값하고는 다르다. 실제로 산술평균을 계산해 보면 29.5주이다. 모든 대상자에서 사건이 발생하지 않는 한 보통 생존분석에서 산술평균을 계산하기는 불가능하다. Kaplan-Meier에서 계산된 mean survival은 생존곡선에서 uncensored cases에 대한 분포의 밑의 면적을 합해준 값이다. Median survival도 실제 자료의 median 값하고는 다르다. 실제 median 값은 23주이다.

Means and Medians for Survival Time

Mean[a]				Median			
		95% Confidence Interval				95% Confidence Interval	
Estimate	Std. Error	Lower Bound	Upper Bound	Estimate	Std. Error	Lower Bound	Upper Bound
36.364	9.854	17.050	55.678	27.000	6.368	14.519	39.481

a. Estimation is limited to the largest survival time if it is censored.

Percentiles

25.0%		50.0%		75.0%	
Estimate	Std. Error	Estimate	Std. Error	Estimate	Std. Error
43.000	6.909	27.000	6.368	12.000	3.510

생존분석에서 median survival time은 누적생존이 50%일 때의 observed time을 말한다. 생존분석에서 mean survival time을 보고하는 것은 의미가 없다. 왜냐하면 생존시간의 분포는 정규분포를 하지 않기 때문에 평균값은 자료의 대표값으로 사용될 수 없어 사용하지 않는다. 위의 예에서도 알 수 있듯이 대상자 한 명이 유일하게 161주 동안 백혈병의 재발이 없어서 time to leukemia recurrence가 아주 큰 수치를 보여 주고 있다. 이렇게 생존분석 자료에서는 이상치(outlier)에 해당되는 값이 발생하는 경우가 흔히 있어 자료가 skew 되어 있는 경우가 많으므로 mean survival time 대신 median survival time을 사용하는 것이다.

다음 plot도 chart editor로 변형시킨 것이다. 수평축은 관찰기간을 수직축은 probability of survival을 나타내며 처음 관찰 시작시 누적생존율은 1.0, 즉 100%이다. 위의 plot에서는 사건이 발생한 시점인 5주 시점부터 plot이 시작되고 있다. 관찰기간이 지남에 따라 누적생존율은 감소되어 1년(48주) 후에는 약 10% 정도이다. 그 이후는 plateau를 보이고 있다.

다음의 survival curve에서 median survival time을 쉽게 읽을 수 있다. 누적생존율이 50%되는 곳에서 x축을 읽으면 약 25주가 조금 넘는데 이것이 median survival이고 Kaplan-Meier 표에는 정확히 27주로 계산되어 있다.

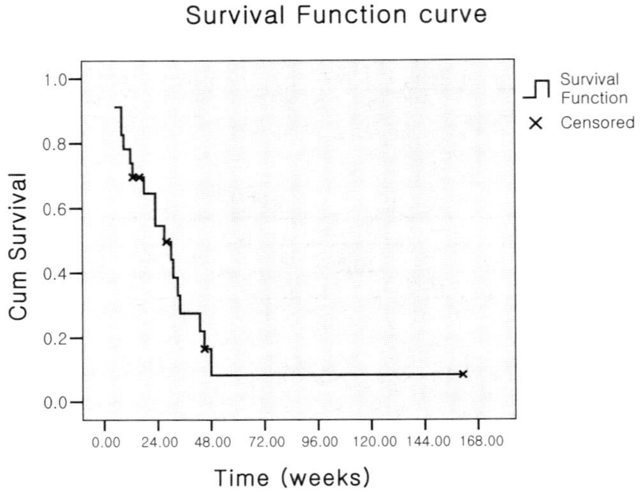

위의 생존곡선에서 보이는 ×기호는 중도절단 된 대상자를 나타내며 기호의 개수가 중도절단 된 대상자의 숫자이다. 관찰 48주에 마지막으로 사건의 발생이 1명 있었다. 그리고 곡선은 48주 이후 plateau를 보인다. 관찰기간 48주부터 168주까지 대상자 한 명만 추적되었고 그 대상자는 관찰 161주에 중도절단 되었기 때문에 그 기간에 남아 있는 대상자는 1명이기 때문에 48주 이후는 평평한 곡선을 그리게 되는 것이다.

이 자료를 자세히 보면 약 3년 동안 항암치료 후의 백혈병의 재발을 추적조사 한 결과, 유일하게 한 사람만 재발되지 않고 약 3년까지(160주) 추적조사 되었다. 이렇게 오랜 기간 동안에 중도절단 된 대상자가 1명만 있어도 생존곡선은 그 기간까지 계속 그려지게 된다.

One minus survival은 1에서 survival function을 minus해 준 값이므로 누적생존율 곡선과는 곡선의 방향이 반대가 된다. One minus survival function은 desirable outcome을 평가하거나 혹은 상대적으로 결과가 드물게 발생하는 경우에 이용하면 유용하다. Log survival은 survival function값에 log를 취한 값인 log$S(t)$인 log cumulative survival distribution과 관찰기간 사이를 plot해 준다.

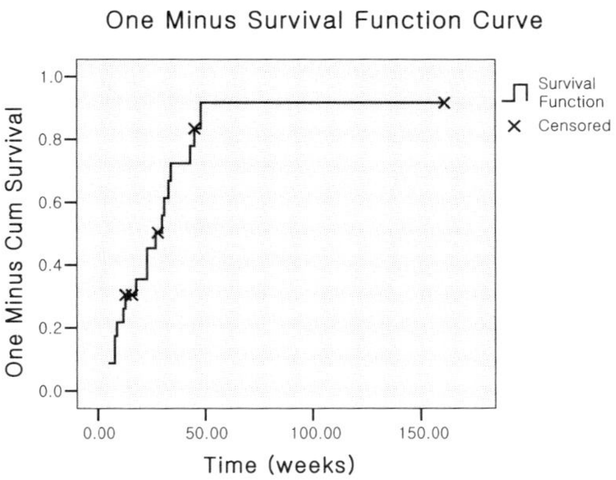

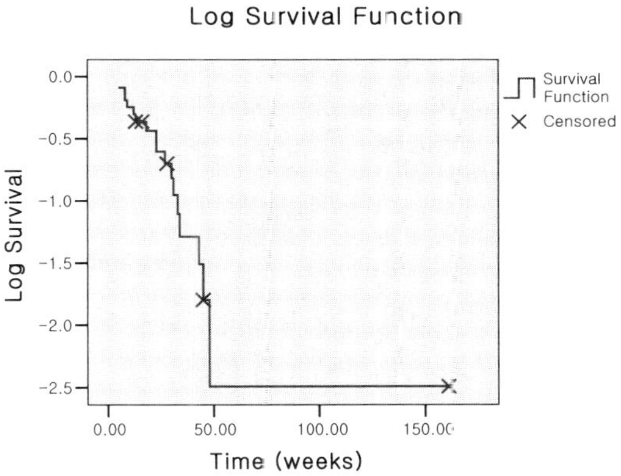

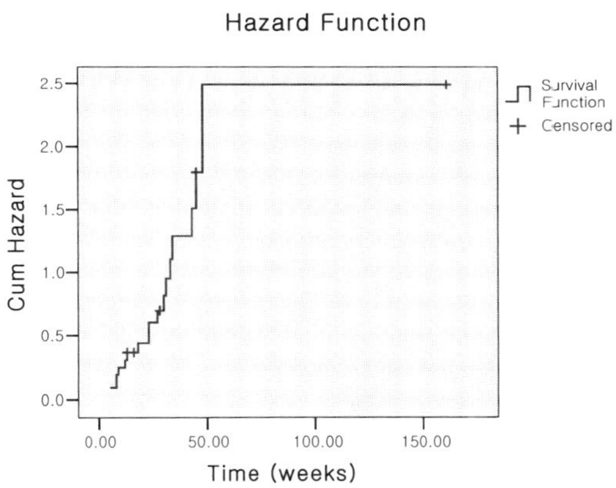

4.5.3 각 집단에 따른 생존율의 비교

다음은 항암치료를 한 군과 치료를 하지 않은 집단 사이에 time to event의 차이가 있는지를 검정하는 방법이다. Factor에 항암치료를 받은 집단과 받지 않은 집단을 나타내는 변수 chemo를 지정한다. Strata는 factor에 따라서 또 다른 factor로 구분할 때 지정해 준다. 즉 성별에 따라 항암치료를 받은 집단과 받지 않은 집단의 time to event의 차이가 있는지 검정을 하려면, factor에는 치료 유무를 나타내는 변수를, strata에 남녀를 구분하는 변수를 지정해 주면 된다. Strata가 지정되어 있으면 survival function curve도 cumulative survival function도 전부 strata에 따라 나누어서 보여준다.

본 예에서는 항암치료를 받은 집단과 받지 않은 집단 사이에 time to event의 차이가 있는지를 알아보기 위해 다음과 같이 Factor: 에 항암치료 유무에 해당하는 chemo 변수를 지정한다. 치료를 했으면 1로, 항암치료를 하지 않았으면 0으로 coding 되었다.

Label Case by: 는 분석하는 대상자가 survival table에 표시가 되도록 항목을 지정하는 곳이다. 예를 들어 나이를 나타내는 Age라는 변수를 이곳에 지정하면, 생명표에 ID라는 항목이 생기면서 이곳에 각 대상자의 나이가 같이 표시되어 추가적인 정보를 얻을 수 있다.

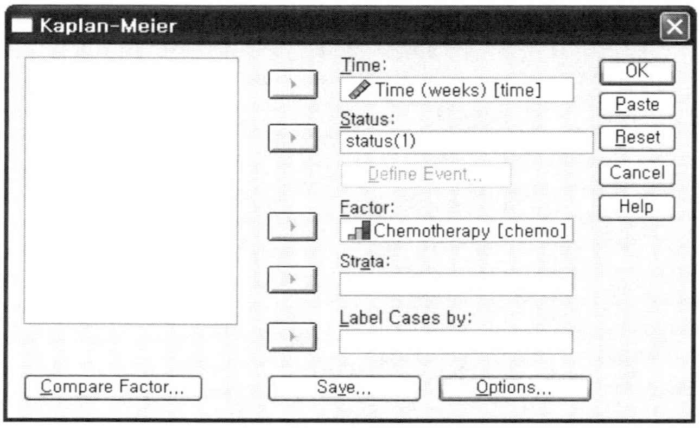

〈그림 4.5〉

다음 비교를 하기 위해 그림 4.5에서 Compare Factor를 눌러보면 다음과 같은 창이 나온다(그림 4.6).

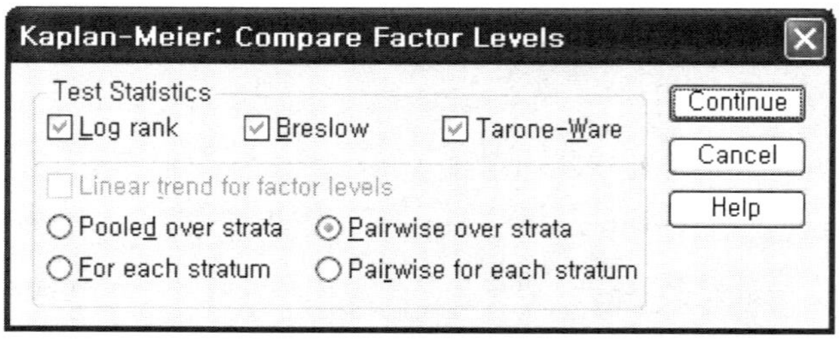

〈그림 4.6〉

SPSS에서 Kaplan-Meier method로 생존함수를 비교할 때 다음과 같은 3가지 방법으로 생존함수를 비교한다.

1. Log-Rank method(Mantel-Cox)
2. Generalized Wilcoxon method(Breslow test = Gehan test)
3. Tarone-Ware test

이 세 가지 방법 모두 각각 실제적으로 발생한 사건의 수(O_i)인 observed number of event at each of the time position과 사건의 예상치(E_i)인 expected number of event at each of the time position의 차이로 비교를 한다. 즉 실제로 사건이 발생한 수에서 사건이 발생할 예상치를 minus해 준 후 w_i라는 가중치(weight value)를 곱한 다음 전체를 더해 계산하게 된다.

$$U = \Sigma w_i (O_i - E_i)$$

위 식에서 생존함수를 비교하는 세 가지 방법의 차이는 가중치(weight value)인 w_i의 차이이다. Log-Rank method에서 w_i는 1이 되어 모든 대상자가 똑같은 가중치를 받게 된다. 그러므로 세 가지 방법 중 가장 신중하지 못한 방법이라고 할 수 있고 다른 test에 비해 later difference를 발견하는 데 유용하다. Breslow test에서 w_i는 각 시간의 시점에서 number of risk이다. 시간이 경과함에 따라 number at risk는 사건이 발생함에 따라 감소하게 되므로, 초기에 사건이 발생한 대상자가 나중에 사건이 발생한 대상자보다 w_i가 크게 된다. 그러므로 Breslow test는 관찰기간 후반기에 사건이 발생한 것 보다 관찰기간 초반에 사건이 발생한 대상자를 평가하는데 더 유용하고, 세 가지 방법 중에서 가장 신중한 방법이라고 할 수 있다. Tarone-Ware test에서 w_i는 number at risk에 square root를 씌운 값이 된다. 그래서 초기에 사건이 발생한 대상자의 w_i는 Breslow test 보다는 적게 부여하게 된다. Log-rank test와 Breslow test를 서로 보충한 방법이라고 할 수 있다.

Log-Rank method는 비교하는 집단의 time to occurrence가 다른 집단의 time to occurrence와 비례적인 관계에 있는 경우 Breslow test보다 우수한 검정방법이다. 즉 survival function이 서로 비례적으로 변하는 경우로 두 생존곡선이 서로 cross 하지 않을 때 유용하며 Breslow test는 비례적인 관계에 있지

Two sample rank test

Test	Weight	
Log-rank test	Wj = 1	
Wilcoxon Test (Gehan-Wilcoxon test)	$Wj = n_j$	초기 관찰치에 더 큰 비중을 둠. heavy censoring이나 unequal censoring의 경우에는 적합하지 않음.
Tarone-Ware test	$Wj = \sqrt{n_j}$	Wilcoxon test처럼 초기 관찰치에 더 큰 비중을 두지만, 많이 민감하지는 않음.
Tarone-Ware test Harrington and Fleming	$w_j(\rho) = \left[\hat{P}(t_j)\right]^{\rho}$	When r=0 : Logrank test When r=1 : Peto-Prentice test
Peto-Prentice version of Wilcoxon test	$w_j = \prod_{t=1}^{j} \frac{n_t - d_t + 1}{n_t + 1}$	

않은 경우, 즉 비교하려는 두 집단의 생존곡선이 서로 cross 하는 경우에 보다 우수한 방법이며, 중도절단 된 대상자의 percentage가 많으면 검정력이 낮아지게 된다. 그 외 SPSS에서는 지원이 되지 않지만 survival function을 비교하는 다른 방법으로 Harrington and Fleming과 Peto-Prentice version of Wilcoxon test도 있다.

Linear trend for factor level은 모든 factor의 수준에서 선형의 경향을 검정하게 해준다. Factor level을 overall로 비교할 때만 활성화된다. 이 항목을 선택하면 pooled over strata와 for each stratum만 조건을 줄 수 있다. 선택하지 않으면 pairwise over strata, pairwise for each stratum 4가지 조건을 전부 사용할 수 있다.

Pooled over strata는 single test로 모든 factor level을 검정하는 것이고 default이다. For each stratum은 strata를 지정하면 각 factor level과 각 strata 별로 차이를 검증한다. Pairwise over strata는 각 factor level의 쌍을 검증하고 pairwise for each stratum은 각 stratum과 각 factor level과 쌍으로 검증한다. 본 예에서는 strata는 없고 2개의 factors에 따라 time to occurrence의 차이를 보고 각각의 factor에 따라 차이가 있는지 보기 위하여 Pairwise over strata를 선택한다.

Pairwise over strata와 pooled over strata를 이해하기 쉽게 설명하면 ANOVA에서 사후검정을 하지 않는 것이 pooled over strata이고 사후검정을 하는 것이 Pairwise over strata다.

비교집단이 세 개 이상이면 세 집단 사이에 전체적으로 time to recurrence에 대해 차이가 있다는 것을 알아도(pooled over strata) 구체적으르 어떤 집단과 어떤 집단 사이에 차이가 있는지 다시 pairwise over strata를 해야 된다. 비교집단이 두 개면 pairwise나 pooled over strata나 같다. 다음은 OK button을 눌러 결과를 보자.

Kaplan-Meier

Case Processing Summary

Chemotherapy	Total N	N of Events	Censored	
			N	Percent
No	12	11	1	8.3%
Yes	11	7	4	36.4%
Overall	23	18	5	2[illegible].7%

Case Processing Summary표는 전체 대상자를 factor로 구분해서 정리한 결과다. 치료집단은 11명 중 7명, 비-치료집단은 12명 중 11명에서 사건이 발생하였고 중도절단 된 %도 각각 36.4%, 8.3%이다. 비-치료집단에서 사건 발생비율(11/12)은 치료집단의 비율(7/11)보다 높고 중도절단 된 비율은 치료집단에서 높다.

다음은 Kaplan-Meier 생명표로 factor로 지정한 항암치료를 받은 집단과 받지 않은 집단으로 구분해서 사건이 발생한 시간에서 누적생존율, 표준오차, 사건의 발생 수, 그리고 사건이 발생하지 않고 남아 있는 수를 보여 주고 있다. Factor로 나누어서 결과를 보여 주는 것을 제외하고는 똑같다.

Survival Table

Chemotherapy		Time	Status	Cumulative Proportion Surviving at the Time		N of Cumulative Events	N of Remaining Cases
				Estimate	Std. Error		
No	1	5.000	Relapsed	.	.	1	11
	2	5.000	Relapsed	.833	.108	2	10
	3	8.000	Relapsed	.	.	3	9
	4	8.000	Relapsed	.667	.136	4	8
	5	12.000	Relapsed	.583	.142	5	7
	6	16.000	Censored	.	.	5	6
	7	23.000	Relapsed	.486	.148	6	5
	8	27.000	Relapsed	.389	.147	7	4
	9	30.000	Relapsed	.292	.139	8	3
	10	33.000	Relapsed	.194	.122	9	2
	11	43.000	Relapsed	.097	.092	10	1
	12	45.000	Relapsed	.000	.000	11	0
Yes	1	9.000	Relapsed	.909	.087	1	10
	2	13.000	Relapsed	.818	.116	2	9
	3	13.000	Censored	.	.	2	8
	4	18.000	Relapsed	.716	.140	3	7
	5	23.000	Relapsed	.614	.153	4	6
	6	28.000	Censored	.	.	4	5
	7	31.000	Relapsed	.491	.164	5	4
	8	34.000	Relapsed	.368	.163	6	3
	9	45.000	Censored	.	.	6	2
	10	48.000	Relapsed	.184	.153	7	1
	11	161.000	Censored	.	.	7	0

다음의 결과는 항암치료를 받은 집단과 받지 않은 집단으로 구분하여 mean and median for survival time을 보여 주고 있다. 결과에 survival time이라고 나왔지만 본 연구의 관점은 time to leukemia occurrence이다. 그러므로 항암치료를 받지 않은 집단의 median time to occurrence는 23주(95% 신뢰구간 0.6 ~ 45.9)이고, 항암치료를 받은 집단에서는 31.0주(95% 신뢰구간 16.5 ~ 45.4)이라고 해야지 생존율이 23주, 31주라는 것은 아니다.

Means and Medians for Survival Time

Chemotherapy	Mean[a]				Median			
	Estimate	Std. Error	95% Confidence Interval		Estimate	Std. Error	95% Confidence Interval	
			Lower Bound	Upper Bound			Lower Bound	Upper Bound
No	22.708	4.385	14.114	31.303	23.000	11.427	.603	45.397
Yes	52.645	19.829	13.781	91.510	31.000	7.358	16.578	45.422
Overall	36.364	9.854	17.050	55.678	27.000	6.368	14.519	39.481

a. Estimation is limited to the largest survival time if it is censored.

그럼 통계적으로 두 집단 사이의 median time to occurrence는 차이가 있는 것인가? 다음의 결과에서 차이에 대한 검정의 결과를 보여 주고 있다.

Pairwise Comparisons

	Chemotherapy	No		Yes	
		Chi-Square	Sig.	Chi-Square	Sig.
Log Rank (Mantel-Cox)	No			3.396	.065
	Yes	3.396	.065		
Breslow (Generalized Wilcoxon)	No			2.723	.099
	Yes	2.723	.099		
Tarone-Ware	No			2.982	.084
	Yes	2.982	.084		

Log-Rank method(Mantel-Cox), Breslow(Generalized Wilcoxon), 그리고 Tarone-Ware test에서 모두 두 집단 사이에 생존율에 대한 통계학적인 유의한 차이가 발견되지 않았다($p > 0.05$). 즉 항암치료를 받은 집단이나 받지 않은 집단에서 질병이 재발하는 데까지 걸린 시간의 차이는 없었다. 위에서 항암치료를 받지 않은 집단의 median time to occurrence는 23주(95% CI 0.6 ~ 45.9)이고, 항암치료를 받은 집단에서는 31.0주(95% CI 16.5 ~ 45.4)로 차이가 나 보이지만 log rank test상 두 집단 사이에 time to occurrence에 대해 유의한 차이는 없었다. 왜 없을까? 이유는 항암치료를 받은 집단에서는 유일하게 1명이 160주에 중도절단 되어서 그런 것이다. Median survival의 표준오차의 값이 모두 큰 편이고 신뢰구간의 범위가 너무 넓은 것을 보아도 알 수 있다.

그럼 생존분석 결과 만약 두 집단 사이에 log rank test에서 유의한 차이가 있다고 나왔으면 항암치료를 받지 않은 집단은 질병이 재발할 가능성이 높다고 말할 수 있을까? 또는 만약 종속변수가 time to death이었다면 항암치료를 받지 않으면 사망할 가능성이 높고 이는 통계적으로 의미 있다고 말할 수 있을까? 절대로 "아니다". 흔히 생존분석의 결과를 해석할 때 잘못 해석하는 것이 이 부분이다. 본 예제에서는 'time to event'가 백혈병의 재발이었으나 time to event가 사망을 나타내는 'time to death'라고 하더라도 생존분석에서 종속변수는 'time to event,' 즉 "사건이 발생할 때까지 걸린 시간"이라는 사실을 잊어서는 안 된다. 즉 log rank test에서 차이가 있고 통계적으로 의미가 있어도 이는 단지 병이 재발할 때까지 걸리는 시간이나, 사건이 발생할 때까지 걸리는 시간이 death라고 하더라도 time to death에 차이가 있다는 의미이지 사망할 가능성이 더 높다고 할 수는 없다.

항암치료를 받지 않은 집단이 사망할 가능성이 더 높다고 말하려면(본 예제에서는 항암치료를 받지 않은 집단이 백혈병이 재발할 가능성이 높다고 말하려면) 생존자료를 중도절단 된 대상자와 재발한 대상자로 나눈 이분형의 결과변수로 만든 후 항암치료 유무라는 이분형 변수를 factor로 투입하여 binary logistic regression을 해서 구한 odds ratio를 가지고 재발의 가능성이 몇 배 '높다' 혹은 '낮다'라고 말할 수 있는 것이다. 생명표법, Kaplan-Meier법, Cox 비례위험모형 같은 생존분석의 결과로는 항암치료를 받지 않은 집단이 항암치료를 받은 집단에 비해 'time to event'가 생길 때까지 걸린 시간이 '길다' 혹은 '짧다' 혹은 '차이가 있다'라고만 말할 수 있는 것이다.

다음은 각 집단에 따른 생존율의 차이를 나타내는 생존곡선이다. 처음 보이는 cumulative survival function 곡선에서 치료집단에서 비-치료집단보다 time to occurrence가 길지만, 차이가 큰 것 같지는 않아 보인다. 그리고 두 집단의 survival function은 서로 cross 하지 않고 비례적으로 감소하고 있다. 또한 항암치료를 받은 집단에서 1명이 관찰기간 종료시점에서 중도절단 된 것을 볼 수 있다.

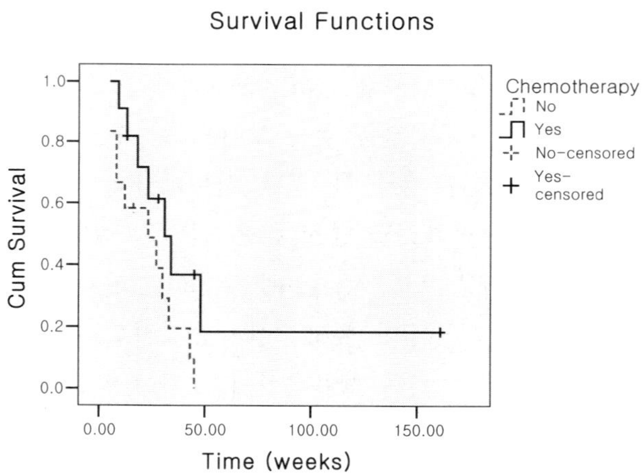

다음은 one minus survival function 곡선과 hazard function에 대한 graph이다.

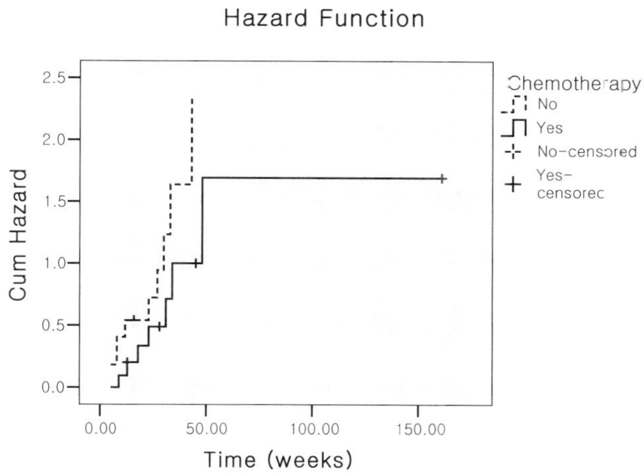

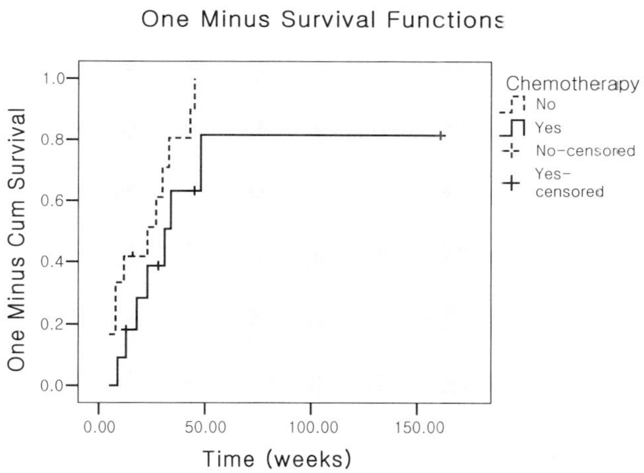

지금까지의 결과를 요약하면 백혈병환자의 overall median time to occurrence는 31주이었고, 항암치료를 받은 집단과 받지 않은 집단 사이에 time to occurrence의 유의한 차이를 발견할 수 없었다(Log rank test p = 0.65). 그리고 survival function curve가 서로 cross 하지 않으므로 비교방법은 log rank test를 사용하는 것이 좋을 것으로 생각된다.

Kaplan-Meier survival 곡선을 log rank test 같은 non-parametric test로 비교할 때 두 곡선이 서로 교차하는 경우에 복잡한 문제가 생긴다. 다음의 예는 ischemic heart disease가 있는 경우 stent를 삽입하는 경우와 angioplasty를 한 집단 사이에 event free survival %를 보는 경우로 log rank test를 하면 p =

0.04로 전체적인 event free survival %는 stent group에서 높다고 나왔다. 하지만 survival function curve를 보면 procedure 150일까지는 angioplasty group에서 event free survival %가 높지만 그 이후로는 stent group에서 event free survival %가 높다. 보통 survival function curve가 비교집단 사이에 서로 cross 하면 log rank test는 통계적 유의성이 없다고 나온다. 하지만 본 예제와 같이 통계적으로 의미 있다고 나오는 경우도 있기 때문에 단지 log rank test의 결과만 가지고 해석하지 말고 꼭 survival function curve를 같이 검토해야 환자에게 정확한 정보를 줄 수 있다. 이렇게 곡선이 교차하는 경우에는 log rank test를 이용할 수 없다. 단변량분석을 이용하려면 Breslow test를 이용하거나 다변수분석 방법인 Cox 비례위험 모형의 time dependent covariate를 이용해서 time to occurrence를 비교해야 한다.

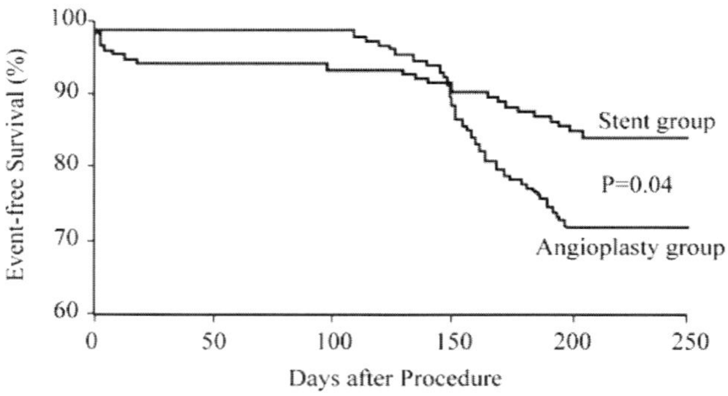

No. AT RISK					
Stent group	147	146	141	133	131
Angioplasty group	156	156	140	114	114

(NEJM 339:1672-1078, 1998)

4.5.4 Factor와 strata에 의한 비교

다음은 strata를 나눈 후 각 strata에 대해서 다시 factor로 구분하여 생존율을 비교하는 방법을 알아보자. 자료는 생명표방법에서 사용했던 Breast Cancer Survival.sav 파일을 이용해서 분석해 보자.

백혈병 예제 파일은 대상자의 수가 적어서(23명) strata와 factor로 나누면 최소한 4개의 집단으로 나누어지는데 그러면 한 집단에 23/4 = 5명 정도 밖에 대상자가 할당이 안 된다. 극단적으로 사건이 발생한 대상자가 없는 경우도 생기므로 통계적 power가 떨어지게 된다. 그러므로 Kaplan-Meier나 생명표법으로 strata를 나누고 다시 factor로 나누어서 분석을 하려면 충분한 표본의 크기와 적당한 수의 사건이 발생한 대상자가 있어야 통계적으로 의미가 있는 결과를 얻을 수 있다는 사실을 알아야 한다.

Breast Cancer Survival.sav 파일을 열고 Kaplan-Meier를 선택한 후 그림 4.7과 Time에 Time(months) [time]를, Status에 Status 변수를 event는 1로 지정하고, Factor에 pathscat를, Strata에 Ln_yesno 변수를 지정해 준다.

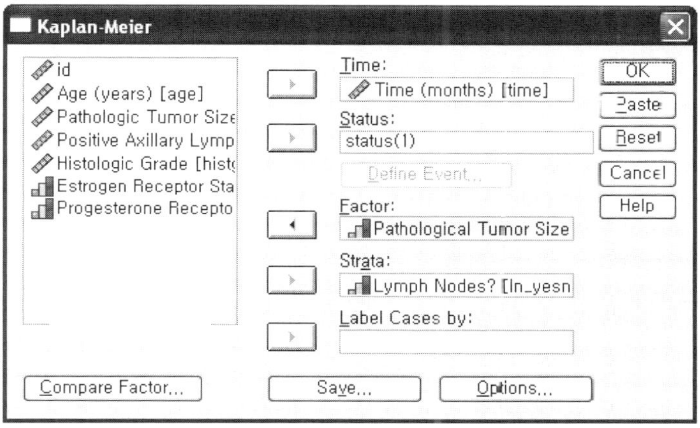

〈그림 4.7〉

Compare Factor 항목에서 Test statistics 세 가지를 전부 선택한다. Pooled over strata는 전체적으로 집단 사이의 time to death를 비교하는 것으로 이것을 선택하면 Factor로 지정한 pathological tumor size에 따라 생존율의 차이가 있는지를 검정한다.

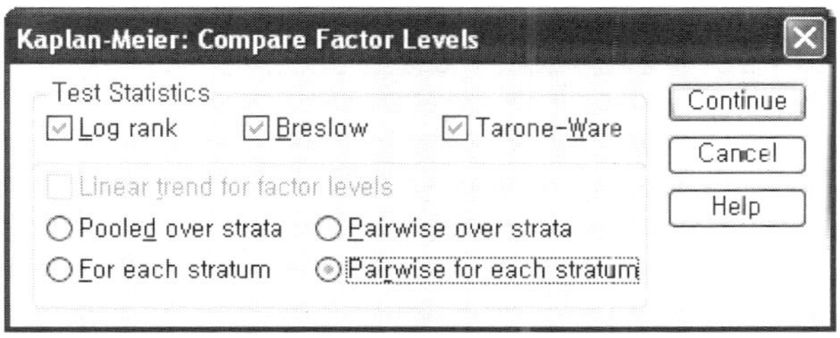

〈그림 4.8〉

즉 Pooled over strata를 선택하면 다음과 같이 전체적으로 Pathological tumor size에 따라 생존율의 차이가 있는지만을 검정하는 것이고, 각각의 세 가지 종양의 크기에 따라서 각각의 생존율을 비교할 수는 없다.

Overall Comparisons [a]

	Chi-Square	df	Sig.
Log Rank (Mantel-Cox)	27.135	2	.000
Breslow (Generalized Wilcoxon)	22.549	2	.000
Tarone-Ware	25.992	2	.000

Test of equality of survival distributions for the different levels of Pathological Tumor Size (Categories).

a. Adjusted for Lymph Nodes?.

그래서 Pairwise over strata를 선택하면 factor의 수준에 따라 각각의 생존율을 비교한다. 즉 pairwise over strata를 선택하면 다음과 같이 각각의 종양 크기에 따라서 생존율의 차이를 검정하게 된다.

Pairwise Comparisons [a]

	Pathological Tumor Size (Categories)	<= 2 cm		2-5 cm		> 5 cm	
		Chi-Square	Sig.	Chi-Square	Sig.	Chi-Square	Sig.
Log Rank (Mantel-Cox)	<= 2 cm			25.092	.000	7.421	.006
	2-5 cm	25.092	.000			.093	.760
	> 5 cm	7.421	.006	.093	.760		
Breslow (Generalized Wilcoxon)	<= 2 cm			15.698	.000	14.034	.000
	2-5 cm	15.698	.000			.688	.407
	> 5 cm	14.034	.000	.688	.407		
Tarone-Ware	<= 2 cm			21.875	.000	11.892	.001
	2-5 cm	21.875	.000			.270	.603
	> 5 cm	11.892	.001	.270	.603		

a. Adjusted for Lymph Nodes?.

For each stratum은 다음과 같이 림프절의 양성과 음성에 따라 생존율의 차이가 있는지 즉 factor가 아니고 stratum의 차이에 따라 전체적인 생존율의 차이가 있는지를 보는 방법이다. 역시 전체적인 factor에 의한 차이만 검정하며 각각의 stratum의 수준에 따른 생존율은 검정할 수는 없다.

Overall Comparisons

Lymph Nodes?		Chi-Square	df	Sig.
No	Log Rank (Mantel-Cox)	20.502	2	.000
	Breslow (Generalized Wilcoxon)	19.095	2	.000
	Tarone-Ware	20.385	2	.000
Yes	Log Rank (Mantel-Cox)	14.017	2	.001
	Breslow (Generalized Wilcoxon)	15.120	2	.001
	Tarone-Ware	14.948	2	.001

Test of equality of survival distributions for the different levels of Pathological Tumor Size (Categories).

위의 결과를 보면 림프절 양성과 음성에 따라 통계적으로 유의한 생존율의 차이가 있다는 것을 알 수 있다. 그러나 stratum과 factor와는 어떤 차이가 있는지는 알 수 없다.

Pairwise for each stratum은 factor와 stratum의 수준에 따라 생존율의 차이를 검정하는 데 사용된다. 본 예에서는 factor가 3개의 수준(level)이고 stratum이 2개의 수준이므로 2 * 3 = 6개의 수준으로 나누어서 생존율의 차이를 검정하게 되며 다음과 같이 림프절 양성과 음성에 따라서 각각 종양의 크기에 따른 생존율의 차이를 검정하게 된다.

Pairwise Comparisons

	Lymph Nodes?	Pathological Tumor Size (Categories)	<= 2 cm		2-5 cm		> 5 cm	
			Chi-Square	Sig.	Chi-Square	Sig.	Chi-Square	Sig.
Log Rank (Mantel-Cox	No	<= 2 cm			11.541	.001	12.400	.000
		2-5 cm	11.541	.001			3.774	.052
		> 5 cm	12.400	.000	3.774	.052		
	Yes	<= 2 cm			13.786	.000	1.703	.192
		2-5 cm	13.786	.000			.151	.698
		> 5 cm	1.703	.192	.151	.698		
Breslow (Generalized Wilcoxon)	No	<= 2 cm			9.227	.002	13.294	.000
		2-5 cm	9.227	.002			4.312	.038
		> 5 cm	13.294	.000	4.312	.038		
	Yes	<= 2 cm			14.754	.000	1.011	.315
		2-5 cm	14.754	.000			.520	.471
		> 5 cm	1.011	.315	.520	.471		
Tarone-Ware	No	<= 2 cm			10.826	.001	13.044	.000
		2-5 cm	10.826	.001			4.143	.042
		> 5 cm	13.044	.000	4.143	.042		
	Yes	<= 2 cm			14.652	.000	1.381	.240
		2-5 cm	14.652	.000			.337	.562
		> 5 cm	1.381	.240	.337	.562		

본 예에서는 먼저 림프절의 크기에 따라 생존율의 차이가 있는지를 보기 위해 For each stratum으로 먼저 종양의 크기에 따라 생존율의 차이를 확인한 후 pairwise for each stratum으로 각각을 비교할 것이다.

□ Linear trend for factor level은 pooled over strata와 For each stratum을 선택했을 때만 활성화 된다. 즉 전체적인 factor나 stratum에 의한 time to occurrence를 비교할 때 전체적인 'trend,' 즉 경향을 볼 수 있다. 먼저 Pooled over strata와 Linear trend for factor level를 선택하고 결과를 수행하면 다음과 같이 p 〈 0.05로 linear trend를 검정한다. 즉 time to occurrence는 factor인 lymph node의 크기에 따라(크기가 증가함에 따라) 짧아지는 trend가 있다는 귀무가설을 기각한다. 즉 trend는 없다.

Overall Comparisons [a]

	Chi-Square	df	Sig.
Log Rank (Mantel-Cox)	26.754	1	.000
Breslow (Generalized Wilcoxon)	20.521	1	.000
Tarone-Ware	25.821	1	.000

The vector of trend weights is -1, 0, 1. This is the default.
a. Adjusted for Lymph Nodes?.

다음은 For each stratum과 Linear trend for factor level를 선택하면 다음과 같이 linear trend를 검정한다. 즉 time to occurrence는 stratum으로 지정한 lymph node 양성과 음성에 따라 trend가 있다는 귀무가설을 기각한다. 즉 trend는 없다.

Overall Comparisons

Lymph Nodes?		Chi-Square	df	Sig.
No	Log Rank (Mantel-Cox)	20.502	2	.000
	Breslow (Generalized Wilcoxon)	19.095	2	.000
	Tarone-Ware	20.385	2	.000
Yes	Log Rank (Mantel-Cox)	14.017	2	.001
	Breslow (Generalized Wilcoxon)	15.120	2	.001
	Tarone-Ware	14.948	2	.001
Pooled [a]	Log Rank (Mantel-Cox)	26.754	1	.000
	Breslow (Generalized Wilcoxon)	20.521	1	.000
	Tarone-Ware	25.821	1	.000

The vector of trend weights is -1, 0, 1. This is the default.
a. Adjusted for Lymph Nodes?.

Plot은 survival plot만 선택하였다.

지금까지 factor와 strata에 따른 비교를 하기 위해 Kaplan-Meier 방법에서 변수를 지정한 것을 요약하면 Ln_yesno, 즉 림프절에 암이 침범했는지의 유무를 strata로 해서 림프절의 암의 존재 유무에 따른, 그리고 종양의 조직학적 크기가 생존율에 차이가 있는지를 검정하겠다는 의미이다.

다음은 결과이다. 전체 대상자를 strata인 림프절 양성 음성에 따라 또 factor인 pathological tumor size의 크기에 따라 6가지 범주로 결과를 보여 주고 있다. 생명표도 strata와 factor로 6가지로 구분하여 보여 준다. 생명표의 결과는 생략하였다.

Case Processing Summary

Lymph Nodes?	Pathological Tumor Size (Categories)	Total N	N of Events	Censored	
				N	Percent
No	<= 2 cm	666	21	645	96.8%
	2-5 cm	190	17	173	91.1%
	> 5 cm	4	[illegible]	3	75.0%
	Overall	860	39	821	95.5%
Yes	<= 2 cm	160	10	150	93.8%
	2-5 cm	93	16	77	82.8%
	> 5 cm	8	1	7	87.5%
	Overall	261	27	234	89.7%
Overall	Overall	1121	66	1055	94.1%

다음은 림프절의 침범 유무에 따라서 다시 암 조직의 크기로 나누어서 mean survival, median survival을 보여 주고 있다.

Means and Medians for Survival Time

Lymph Nodes?	Pathological Tumor Size (Categories)	Mean[a]				Median			
		Estimate	Std. Error	95% Confidence Interval		Estimate	Std. Error	95% Confidence Interval	
				Lower Bound	Upper Bound			Lower Bound	Upper Bound
No	<= 2 cm	127.561	1.397	124.822	130.299	.	.	.	.
	2-5 cm	113.193	3.509	106.316	120.071	.	.	.	.
	> 5 cm	42.211	8.346	25.852	58.570	.	.	.	.
	Overall	125.042	1.414	122.271	127.814	.	.	.	.
Yes	<= 2 cm	119.466	2.885	113.812	125.120	.	.	.	.
	2-5 cm	89.985	5.872	78.477	101.493	.	.	.	.
	> 5 cm	62.567	12.327	38.405	86.728	45.133	.	.	.
	Overall	112.194	3.002	106.311	118.077	.	.	.	.
Overall	Overall	122.999	1.313	120.425	125.574	.	.	.	.

a. Estimation is limited to the largest survival time if it is censored.

Strata와 factor로 나눈 집단 모두에서 전체 대상자 중 50% 이상에서 사건이 발생한 집단이 없었기 때문에 median survival은 계산이 되지 않는다. 림프절 양성이고 종양의 크기가 5cm 이상인 집단에서만 median survival이 계산된 것으로 보아 여기에 속하는 집단에서만 전체 대상자의 50% 이상에서 사건이 발생한 것이다. 다음은 림프절 침범에 따른 두 군의 생존율의 차이가 있는지를 검정한 표이다.

Overall Comparisons

Lymph Nodes?		Chi-Square	df	Sig.
No	Log Rank (Mantel-Cox)	20.502	2	.000
	Breslow (Generalized Wilcoxon)	19.095	2	.000
	Tarone-Ware	20.385	2	.000
Yes	Log Rank (Mantel-Cox)	14.017	2	.001
	Breslow (Generalized Wilcoxon)	15.120	2	.001
	Tarone-Ware	14.948	2	.001

Test of equality of survival distributions for the different levels of Pathological Tumor Size (Categories).

Lymph node 양성/음성에 따라서 두 군 간에는 통계학적으로 time to event occurrence에 유의한 차이가 있다는 것을 알 수 있다($p < 0.05$). 그러면 다시 암 조직의 크기에 따라 생존율의 차이가 있는지를 보자.

림프절에 암세포가 전이되지 않은 군에서 암 조직의 크기가 작을수록 유의하게 생존율이 높았으며, 즉 암의 크기가 클수록 time to death가 짧았으며, 특히 암의 크기가 size 〈 = 2cm인 집단은 log rank, Breslow, Tarone-Ware 검정에서도 유의하게 생존율이 높은 것을 알 수 있다($p = 0.000$). 반면 림프절에 암세포가 전이되어 있는 집단에서는 암세포의 크기에 따른 time to death에 대한 차이는 크기가 ≤ 2cm인 집단과 2 ~ 5cm 집단과의 차이를($p = 0.000$) 제외하고는 통계학적으로 유의한 차이가 없었다($p > 0.05$).

Pairwise Comparisons

	Lymph Nodes?	Pathological Tumor Size (Categories)	<= 2 cm		2-5 cm		> 5 cm	
			Chi-Square	Sig.	Chi-Square	Sig.	Chi-Square	Sig.
Log Rank (Mantel-Cox)	No	<= 2 cm			11.541	.001	12.400	.000
		2-5 cm	11.541	.001			3.774	.052
		> 5 cm	12.400	.000	3.774	.052		
	Yes	<= 2 cm			13.786	.000	1.703	.192
		2-5 cm	13.786	.000			.151	.698
		> 5 cm	1.703	.192	.151	.698		
Breslow (Generalized Wilcoxon)	No	<= 2 cm			9.227	.002	13.294	.000
		2-5 cm	9.227	.002			4.312	.038
		> 5 cm	13.294	.000	4.312	.038		
	Yes	<= 2 cm			14.754	.000	1.011	.315
		2-5 cm	14.754	.000			.520	.471
		> 5 cm	1.011	.315	.520	.471		
Tarone-Ware	No	<= 2 cm			10.826	.001	13.044	.000
		2-5 cm	10.826	.001			4.143	.042
		> 5 cm	13.044	.000	4.143	.042		
	Yes	<= 2 cm			14.652	.000	1.381	.240
		2-5 cm	14.652	.000			.337	.562
		> 5 cm	1.381	.240	.337	.562		

이러한 사실은 위의 Strata로 구분해 준 림프절 양성과 음성으로 나눈 것 중 림프절 암세포 음성인 Ln_yrsno = No인 집단에서 종양의 크기에 따른 생존율 곡선에서도 확인할 수 있다.

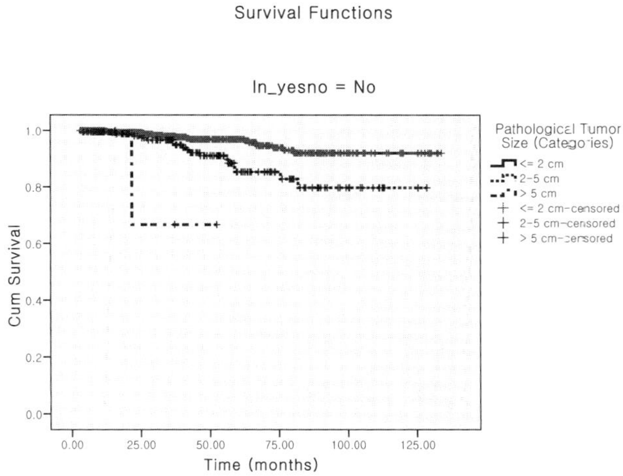

다음은 림프절 암세포 양성인 집단에서 종양의 크기에 따른 생존율곡선이다. 림프절 양성인 경우 종양 크기에 따른 생존곡선은 한 개의 곡선이 다른 두 개의 곡선과 cross 하고 있다.

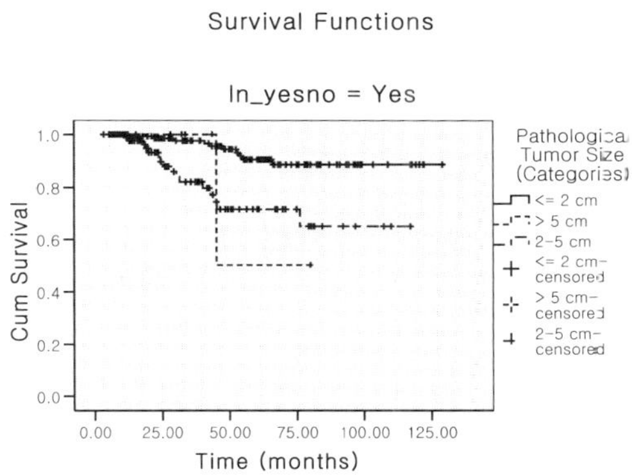

여기서 이런 의문이 있을 수 있다. Log rank test를 이용하여 survival function을 비교할 때 두 집단의 relative risk가 일정하다는 것을 검정해야 하는가? 하는 문제이다. 이 의문은 t-test에서 정규성을 검정해야 하는가? 하는 것과 같은 질문과 같다.

정답은 다음과 같다. 즉 log rank test를 할 때는 두 집단의 relative risk가 일정하다는 것을 검정해야 한다. 일반적으로 log rank test는 비례가정을 위반하는 것에 대해 분석의 결과가 크게 영향을 받지 않지만(robust) 위와 같이 림프절 양성인 경우 종양크기에 따른 생존곡선은 한 개의 곡선이 다른 두 개의 곡선과

cross하고 있는 경우는 proportional hazards에 대한 가정을 위반한 것이므로 log rank test를 사용해서 비교를 하면 bias로 작용한다. 이런 경우 단변량분석을 이용하려면 Breslow test를 이용하거나 다변수분석 방법인 Cox 비례위험 모형의 time dependent covariate를 이용해야 한다고 먼저 말한 바 있다. 본 예제에서 lymph node 양성인 경우 종양크기에 따른 survival function를 Breslow 검정을 한 결과는 위에서 보듯이 전부 p 〉 0.05로 유의한 차이가 없었다.

정리하면 다음 graph의 왼쪽처럼 proportionality hazards 가정을 만족하는 경우는 log rank test를 이용하여 비교하고, 만족하지 않은 경우에는 Breslow test를 이용한다.

Proportional hazards (PH) assumption

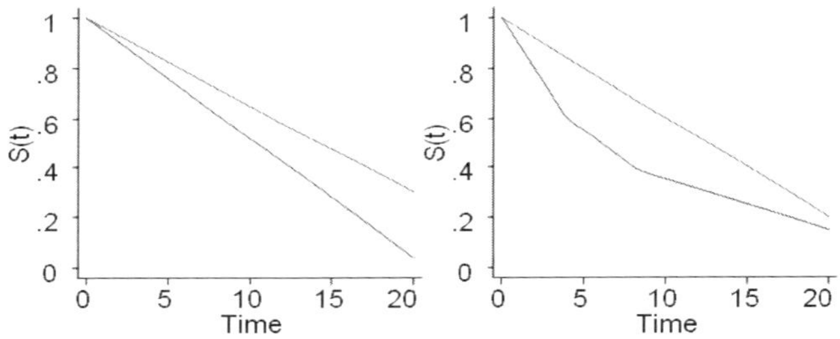

Log rank test preferred (PH true) **Breslow test preferred (non-PH)**

Another look of proportional hazards (PH)

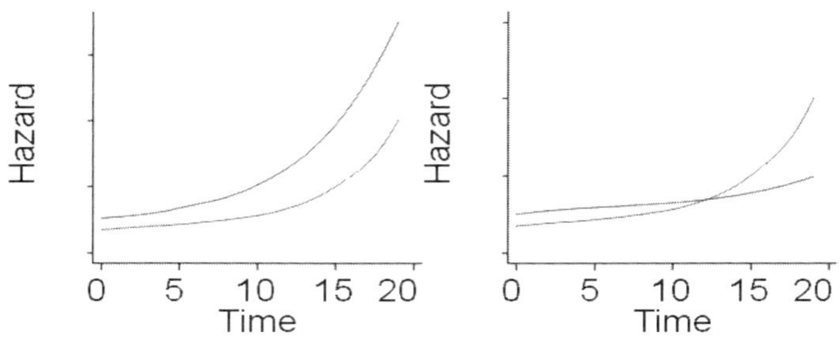

Log rank test preferred (proportional hazards true) **Breslow test preferred (nonproportinal)**

4.5.5 가정의 점검

Kaplan-Meier나 life table 방법의 가정을 조사하는 어떤 통계적인 방법은 없다. 단지 가정에 자신의 자료가 만족하는지는 연구를 설계할 때부터 정확한 criteria를 정하고 initial event 및 terminal event의 정의를 명확하게 하여 자료를 수집하고 입력하는 과정에서 조사하는 수밖에 없다. 단지 censored 된 대상자도 event가 발생한 대상자와 같은 survival experience를 갖는다는 가정과 censoring이 발생하는 것이 random하게 발생했는지에 대한 점검은 2.9를 참조하라.

4.6 Graphpad Prism을 이용한 생존곡선 그리기

SPSS를 이용하여 생명표법이나 Kaplan-Meier 방법으로 구한 survival function curve는 시각적으로도 산뜻하지 않고, 중도절단 된 숫자를 표시해 주지도 않는다. 단지 중도절단 된 대상자를 곡선 위에 x나 + 표시로 나타내 주지만 숫자가 많을 때는 일일이 세기도 어렵고 겹쳐져서 보기도 어렵다. 또한 각 관찰구간에서 분석에 포함되는 number of entering case(혹은 number of patients at risk)도 표시해 주지 않는다. Kaplan-Meier나 생명표법으로 계산된 survival function curve를 저널에 발표할 때는 생존곡선에 연구자가 꼭 표시해 주어야 할 내용이 있다.

어떤 journal의 편집자는 Kaplan-Meier 곡선에 number of patients at risk 뿐 아니라 cumulative survival function의 표준오차나 95% 신뢰구간을 같이 표시하라는 요구를 할 경우도 있다. 다음은 survival function curve를 그리는 방법에 대해서 알아보자.

1) SPSS결과를 이용할 때

SPSS에서 출력된 graph를 mouse로 double click하면 chart editor로 전환되고, graph의 각 부분을 mouse로 click하거나 mouse 오른쪽 button으로 click하면 어느 정도 graph를 자신이 원하는 방향으로 수정할 수 있다. 물론 number of entering case도 직접 결과를 보고 graph에 text를 추가하면 된다. 그러나

SPSS로는 누적생존율의 표준오차나 신뢰구간을 같이 graph에 표시하기는 불가능하다.

2) Sigma plot을 이용

Sigma plot이라는 program으로 SPSS에서 계산된 누적생존율, 누적생존율의 표준오차를 지정해서 cumulative survival function을 그릴 수 있다. SPSS에서는 누적생존율의 표준오차만 계산해 주고, 95% 신뢰구간은 직접 계산해 주지 않는다. 그러나 95% 신뢰구간은 표준오차에 1.96을 곱하면 계산할 수 있으니 SPSS의 compute 기능을 이용하여 자신이 스스로 계산하면 된다.

3) Graph prism을 이용

Cumulative survival function을 그리는 데 가장 좋은 program인 것 같다. 먼저 Graphpad Prism 4.03을 http://www.graphpad.com/demos에서 download한다. 한 달간 무료로 사용할 수 있다. 다음은 Kaplan-Meier 방법의 처음 예제로 사용되었던 leukemia 환자의 자료를 가지고 Graphpad Prism을 이용하여 생존곡선을 그려보자.

Graphpad prism 주화면에서 File ▶ New Project……를 선택한 후 다음의 왼쪽이 나오면 Survival을 선택한다. 여덟 개의 graph 중 위의 4개는 생존함수를 아래 4개는 위험함수를 그릴 때 선택한다.

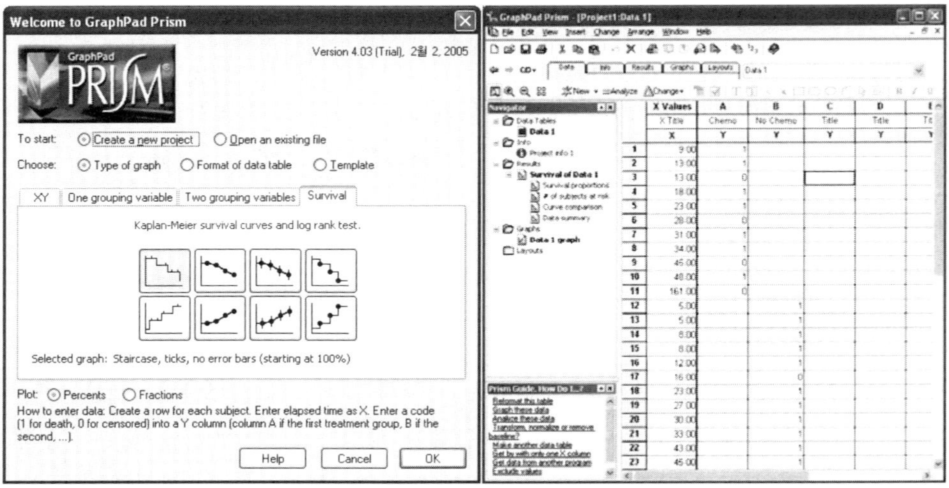

다음은 자료의 입력인데 SPSS 입력하고는 약간 다르다. 위의 오른쪽 그림과 같이 처음 X Title에 생존시간을 입력한다. 그리고 항암치료 유무에 따라서 생존곡선을 그려야 하므로 그림과 같이 두 번째 column A와 B에 각각 chemo, no chemo라고 입력한다. 항암치료를 한 11명의 대상자에 대해 A column에 중도절단(0) 되었는지 사건이 발생(1)하였는지를 표시해 준다. 또한 항암치료를 하지 않은 12명에 대한 중도절단 혹은 사건의 발생을 column B에 나누어서 입력을 해준다. 여기서 주의할 것은 Graphpad Prism은 default로 0을 중도절단으로, 사건의 발생을 1로 인식한다. 그러므로 조건을 바꾸어서 할 수도 있지만, 중도절단은 0으로 사건의 발생은 1로 coding을 하는 것이 편하다.

누적생존율을 graph에 표시해 줄 때 표준오차와 같이 표시해 줄 것인지 혹은 95% 신뢰구간으로 표시해 줄지도 선택해야 한다. 이런 조건을 사용자가 바꾸어 줄 수 있는데 주화면에서 Change ▶ Analysis parameters를 선택하면 다음과 같은 화면이 나온다. 이 화면에서 중도절단과 사건의 발생을 지정하는 수치를 변경할 수 있고, 또한 중도절단 된 대상자를 graph에 표시할지 유무, 그리고 survival error bar로 표준오차를 사용할지 95% 신뢰구간을 사용할지를 변경할 수 있다.

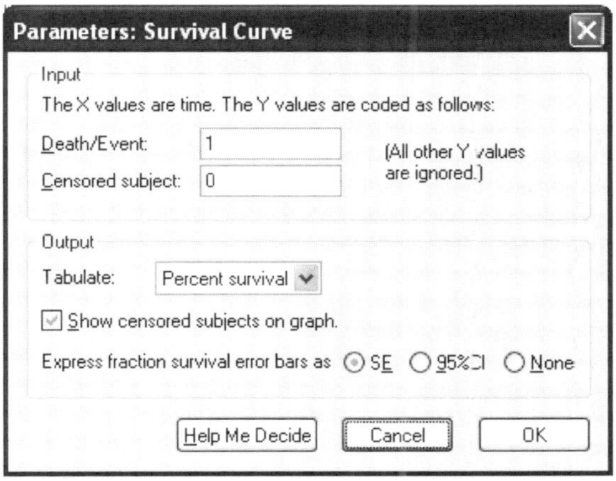

다음 Graphs를 클릭하면 graph가 그려져 있다. 다음 graph의 각 부분을 더블 클릭하여 세세하게 graph를 수정할 수 있다. 전체적인 graph의 모양을 수정하려면, 즉 생존율에 대한 error bar를 표시하려면 graph를 보여 주는 화면

을 선택한 후 Graphpad Prism 주화면의 Change ▶ Graph type을 선택 후 error bar를 표시하는 세 번째 graph를 선택하면 된다. 그리고 number at risk와 다른 필요한 항목을 수정하면 다음과 같은 graph를 얻을 수 있다.

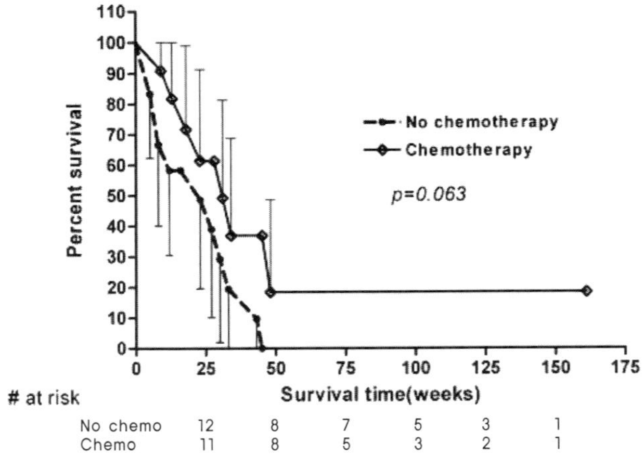

Kaplan-Meier survival curve of AML patient

표본의 수가 많고 사건의 발생이 많으면 Kaplan-Meier에서는 생존율은 사건이 발생하는 시점에만 계산이 되므로 표준오차나 생존구간을 생존곡선에 전부 표시해주면 graph가 너무 혼잡하여 독자는 생존곡선을 판독하기 어렵게 된다. 그러므로 위의 그림과 같이 한 집단은 위에만 표시하고 다른 집단은 아래쪽만 표시하는 방법이 있고 다른 방법은 관찰기간에 따라 연구자가 나누어서 표시하는 방법도 있다. 나누는 기준은 연구자가 자신의 자료를 어떻게 표현하는 것이 좋은지 알고 있기 때문에 연구자가 정해야 한다.

위의 Kaplan-Meier survival curve 같이 수평축 설명(단위포함), 수직축 설명(단위포함), number of risk 표시, legend 표시, 두 개의 생존곡선을 표시할 때는 sig level인 p-value를 똑같이 표시해 주어야 한다. Graphpad Prism 프로그램도 number of cases at risk를 생존곡선에 자동으로 표시해 주지 않는다.

지금까지 SPSS를 이용해 Kaplan-Meier 방법의 실제 분석방법에 대해 알아보았다.

Cox Proportional Hazard 모형

5장

5.1 서 론

5.1.1 단변량분석 방법인 생명표법 및 Kaplan-Meier 방법의 한계

생존자료의 분석방법에도 단변량분석 방법과 다변량분석 방법이 있다. 지금까지 살펴보았던 생명표방법이나 Kaplan-Meier method는 median survival time과 각 구간에서의 cumulative survival rate 같은 기술통계량과, strata와 factor로 범주형 변수로 구분하여, 구분한 집단 사이의 생존율을 비교하는 단변량분석 방법이다.

생명표방법은 관찰시간을 연구자가 임의로 고정하고 일정한 시간 간격으로 나누어서 누적생존율을 계산했으며, 비모수적(non-metric, nonparametric)인 특성을 가진 독립변수가 생존율에 미치는 영향만을 검정할 수 있었다. 즉 치료집단과 비-치료집단의 생존율의 비교와 같이 범주형 독립변수의 보정만 제한적으로 할 수 있었다. 또한 범주의 수준은 2개 정도 범주로 나누었을 때는 정보의 손실이 적지만, 3개 이상의 범주로 나누어 주면 정보가 소실될 수 있어 범주를 나누는 데도 제한이 있었다.

Kaplan-Meier 방법은 생명표법과 같이 관찰구간을 연구자가 임의로 같은 간격으로 나누지 않고 사건이 발생할 때마다 대상자의 actual survival time으로 누적생존율을 구하고, 비모수적 특성을 가진 독립변수의 생존율에 대한 영향을 평가하는 데 사용될 수 있었다. 그러나 Kaplan-Meier 방법도 생명표법과 똑같이 비교하려는 범주의 수준을 3개 이하로 하지 않으면 비모수적 변수의 생존에 대한 영향을 평가하는 데 제한이 있다.

또한 생명표법과 Kaplan-Meier 방법 모두 단변량분석 모형이기 때문에 예측변수의 개수가 2개 이상이거나(예측변수의 숫자가 증가하면 집단 안에 있는 할당되는 대상자의 숫자가 급격히 감소하기 때문에 검정력이 감소하게 된다), 한 개라고 하더라도 연속형으로 측정된 covariate인 경우에는 모형에 투입할 수 없고(연속형 변수를 dummy 변수로 만들면 가능하지만 제한점이 있다) 주로 factor만 모형에 투입할 수 있다. 또한 confounder가 있을 때는 confounder를 보정해 주어야 하는데 단변량분석 방법은 confounder의 영향을 보정해 줄 수 없다. 이런 경우 multiple regression analysis가 유효한 통계적 방법이지만 multiple regression analysis는 중도절단 된 관찰을 처리할 수 없기 때문에 time to event data를 분석할 수 없다. 이런 여러 가지 단점을 극복할 수 있는 생존분석 방법이 parametric and semi-parametric survival analysis이며 이 중 semi-parametric survival analysis 방법인 Cox proportional hazards 모형은 생존시간에 대해서 특별한 가정이 필요 없고 또한 relative hazards를 계산해 주기 때문에 현재 임상적으로 많이 사용되고 있는 방법이다.

즉 Cox proportional hazards 모형은 예측변수로 모수적(metric, parametric) 특성의 독립변수와 비모수적 특성의 독립변수가 같이 포함되어 있는 경우 결과변수에 대한 영향을 분석해 주는 다변수분석 방법이다.

5.2 다변량 생존분석 모형(Multivariate survival analysis models)

생존분석에 흔히 사용되는 모수적 독립변수와 비모수적 독립변수를 동시에 포함해서 모형을 구축하는 경우 사용되는 다변량분석 모형으로는 1) exponential regression 모형, 2) Weibull distribution, 3) normal linear regression 모형, 4) log-normal linear regression 그리고 5) Cox proportional hazard 모형 등이 많이 이용된다.

5.2.1 Exponential regression survival 모형

Exponential 회귀모형에서 생존함수는 다음의 식과 같이 지수함수로 표시된다.

$$S(t) = \exp^{(a+b1X1+\ b2X2\ +\ \cdots\ bkXk)}$$

$S(t)$ = survival function at time t
exp = base of the natural logarithms, 2.71828
a = constant
b_k = regression coefficient
X_k = metric or non-metric independent variable이다.

이 Exponential 회귀모형에서의 가정은 생존함수는 지수분포를 한다는 것이다.

다음과 같이 수평축을 생존시간, 수직축을 생존함수라고 하면 다음의 그림과 같은 분포를 보이고 시간이 지남에 따라 생존함수는 지수함수적으로 감소한다.

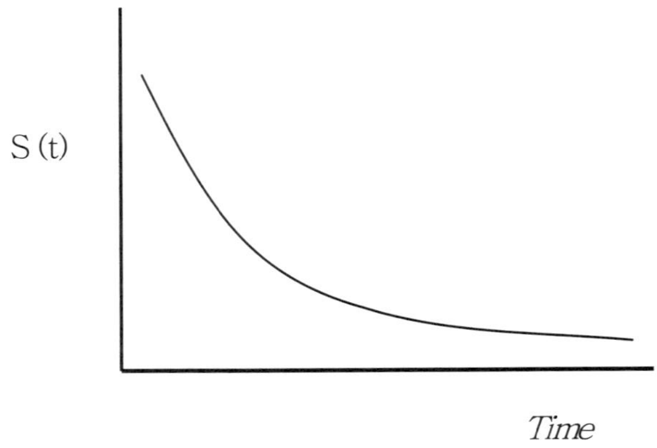

〈그림 5.1〉 Exponential distribution of survival function

5.2.2 Weibull 모형

Hazard rate가 시간에 따라 변하는 경우의 survival function은 exponential survival function의 식을 가지고 다음과 같이 표현할 수 있다.

$$S(t) = \exp^{-(\lambda t)\kappa}$$

여기서 λ는 hazard rate를 말하며 일정한 상수의 값을 가지고, κ는 상수이고 항상 0보다는 큰 값이다. 즉 κ가 1이면 이 식은 지수분포의 생존함수식과 같아 시간이 지나도 hazard가 일정하고 κ 〉 1이면 시간이 지남에 따라 hazard가 증가하고 κ 〈 1이면 시간이 지남에 따라 hazard가 감소한다.

5.2.3 Normal linear regression 모형

Normal linear regression mode에서 생존시간은 다음의 식과 같이 선형의 함수로 표시된다.

$$t = a + b_1X_1 + b_2X_2 + b_3X_3 + \cdots + b_kX_k$$

t = survival time
a = constant
b_k = regression coefficient
X_k = parametric or non-parametric independent variable

이 모형의 가정은 표본의 생존시간에 대한 자료는, 정규분포를 하고 있는 모집단에서 추출되었다는 것이다. 그러나 모집단의 생존시간은 대부분 지수분포 혹은 Weibull 분포를 하기 때문에 normal linear regression 모형은 적용하기 어렵다.

5.2.4 Log-normal regression survival 모형

Log-normal linear regression에서는 다음의 식으로 표현된다.

$$\ln(t) = a + b_1X_1 + b_2X_2 + b_3X_3 + \cdots + b_kX_k$$

$\ln(t)$ = natural logarithm of the survival time

t = survival time
a = constant
b_k = regression coefficient
X_k = metric or non-metric independent variable

이 모형은 모집단 안에서 생존시간은 대수적인(logarithm) 분포를 한다는 가정을 제외하고는 normal linear regression survival 모형과 비슷하다.

5.2.5 Cox proportional hazard 모형

1992년에 Cox가 제안한 모형으로 특별한 생존시간의 분포에 대한 가정이 없고 [no assumption form of h(t)] 또한 relative hazard를 계산해 주기 때문에 현재 임상적으로 많이 사용되고 있는 방법이다.

5.3 Cox 비례위험 모형(Cox proportional hazard model)

위에서 언급한 모수적 생존모형은 생존시간에 대한 분포를 아는 경우에는 상당히 강력한 방법이다. 비모수적모형에서 모수의 추정과 가설검정은 표준적인 asymptotic likelihood 기술을 적용하여 도출된다. 그러나 실제적으로 생존시간에 대한 분포를 알 수 없으므로 적당한 모수적 모형을 찾기가 어려워서 모수적 모형으로는 생존시간에 영향을 미치는 예후인자를 찾아내기가 어렵다.

5.3.1 Cox 모형

Cox proportional hazard 모형에서 different individual은 비례(proportionality)하는 hazard function을 가지고 있다는 것이다. 즉 예후인자 혹은 공변량(covariate) $x_1 = (x_{11}, x_{12}, \cdots\cdots xp_1)$, 그리고 $x_2 = (x_{12}, x_{22}, x_{p2})$를 가지고 있는 두 명의 개인에 대한 hazards function의 ratio인 $[\frac{h(t|x_1)}{h(t|x_2)}]$는 시간 t에 따라 변하지 않는 상수(constant)라는 것이다. 즉 relative hazard function의 개념이다. 이것은 얼마나 오랫동안 failure가 발생하지 않았던지 간에 두 명의 개인이 failure가 발생할 risk의 ratio는 일정하다는 것이다. 또한 risk가 일정하려면 공변량은 time과 독립적이어야 한다.

모수적인 생존분석 모형 중에서 exponential 모형과 Weibull 모형은 proportional hazards 모형이고 나머지는 proportional 모형이 아니다. 그러므로 Cox 모형, exponential 모형, Weibull 모형이 주어진 자료에 goodness of fit하다면 proportional hazards assumption을 만족한다고 할 수 있다.

Exponential 모형과 Weibull 모형의 proportionality(비례적)의 의미는 식 5.1에서와 같이 공변량 $x_1 = (x_{11}, x_{12}, x_{p1})$가 주어졌을 때의 hazards function은 underlying hazard function에 공변량만 가지고 있을 때의 함수 표현식인 covariate $g(x_1, \cdots, x_p)$를 곱해 준 것으로 표현된다는 것을 의미한다.

$$h(t|x_1, x_p) = h_0(t) * g(x_1, \cdots\cdots x_p) \text{ 혹은}$$
$$h(t|x) = h_0(t) * g(x) \qquad \text{식 5.1}$$

공변량이 하나도 없을 때 즉, g(x) = 1일 때의 hazards function은 underlying hazard function 혹은 baseline hazard function이라고도 하며 여기서는 $h_0(t)$에 해당된다. Baseline hazard function인 $h_0(t)$는 시간 t에 따라 risk가 변하는 정도를 나타내고 있으며, $g(x)$는 공변량의 영향을 나타내고 있다. 다른 공변량 x_1과 x_2를 가지고 있는 2명의 다른 개인의 hazard ratio는 다음의 식으로 표시된다.

$$\frac{h(t|X_1)}{h(t|x_2)} = \frac{h_0(t)^* g(x_1)}{h_0(t)^* g(x_2)} = \frac{g(x_1)}{g(x_2)} = \text{constant and independent of time}$$

식 5.1에서 g(x)는 관련변수 x들이 hazard rate와 가지는 관계에 따라서 여러 가지 형태가 가능하다. 만약 그 관계가 다음과 같이 log-linear 관계, 즉 ln $g(x) = X_1\beta_1 + X_2\beta_2 + \cdots\cdots + X_p\beta_p = X\beta$가 되어 있는 경우에는 $X = \exp^{(X\beta)}$와 같이 바꾸어 쓸 수 있다. Cox proportional hazards 모형은 식 5.1에서 공변량이 exponential function을 한다고 가정하였다(exp는 지수함수 = exponential의 약자로 2.718의 값이다). 즉,

$$g(x) = \exp^{(\beta x)} \qquad \text{식 5.2}$$

그러므로 식 5.1은 식 5.2를 이용해서 hazard function을 다음과 같이 바꾸어 쓸 수 있다.

$$h(t|x) = h_0(t) * \exp^{(\beta x)} \qquad \text{식 5.3}$$

즉 Cox proportional hazards 모형은 proportional hazards 모형 중 log-linear 관계를 가지는 모형을 의미한다. 여기서 $h_0(t)$는 식에 time이 포함되어 있으므로 time dependent하고 $\exp^{(\beta x)}$는 constant하다. $\beta = (\beta_1, \beta_2)$는 covariate의 regression coefficient이고 관측된 자료로 추정되며 공변량의 사건 발생에 대한 영향을 나타낸다.

식 5.3에서 보듯이 Cox 모형에서의 $h(t)$는 공변량의 회귀계수에 baseline hazard function을 곱해 주어야만 구할 수 있다. 그러나 실제로 baseline hazard function인 $h_0(t)$의 분포나 본질에 대해서 가정을 하지 않는 것이 Cox 모형이다. 식 5.3을 생존함수로 표시하면 다음과 같다.

$$S(t \mid x) = [S_0(t)]^{\exp(\beta X)} \qquad \text{식 5.4}$$

더 간단히 표현하면

$$S(t) = [S_0(t)]^{p}$$

$$\left(\begin{array}{l} p = \exp^{(\beta X)} \\ \exp = 2.718 \\ \beta = \text{regression coefficient} \end{array} \right)$$

또한 식 5.3은 공변량이 한 개인 경우지만 여러 개가 있는 경우에는 $b_1x_{1i} + b_2x_{2i} + \cdots + b_px_{pi}$의 형태로 표시할 수 있다.

$$S(t \mid x) = [S_0(t)]^{\exp(\beta 1x1i + \beta 2x2i + \cdots + \beta pxpi)} \qquad \text{식 5.5}$$

더 줄여서 표현하면

$$S(t) = [S_0(t)]^{p}$$

$$p = \exp^{(\beta 1x1i + \beta 2x2i + \cdots\cdots + \beta pxpi)}$$

식 5.5의 양쪽을 $h_0(t)$로 나누어 주고 난 후 양쪽에 logarithm을 취하면 다음과 같다.

$$\log\frac{h_i(t)}{h_0(t)} = \beta_1x_{1i} + \beta_2x_{2i} + \cdots\cdots + \beta_px_{pi} = \beta x_i \qquad \text{식 5.6}$$

식 5.6에서 왼쪽을 hazards ratio의 function 즉 log relative hazards라고 하고 오른쪽을 공변량의 linear function과 각각의 coefficient라고 한다. 정리하면 공변량이 k개 있는 Cox 비례위험 모형은 다음과 같이 표시된다.

$$h(\underline{t}) = [h_0(t)]\,\exp^{(\beta1X1\ +\ \beta2X2\ +\ \cdots\ \beta kXk)}$$

이 식을 relative hazards로 표시하면 다음과 같이 표시되고

$$\frac{h_i(t)}{h_0(t)} = \exp^{(\beta1X1\ +\ \beta2X2\ +\ \cdots\ \beta kXk)}$$

log relative hazard로 표시하면 다음과 같이 표현한다.

$$\ln[\ ] = \frac{h_i(t)}{h_0(t)}\beta_1X_1 + \beta_2X_2 + \cdots \beta_kX_k$$

여기서
$h(t)$ = the hazard function at time t
$h_0(t)$ = the baseline hazard이다.

5.3.2 Cox 비례 모형에서 공변량의 회귀계수의 추정

그럼 식 1.5에서 공변량의 회귀계수는 어떤 방법으로 추정을 할까? 1972년 Cox는 failure의 conditional probability를 기초로 한 partial likelihood function을 제안하였는데 이 때의 가정은 "생존시간에 tied value가 없다"는 것이었다. *Tied values*라는 것은 2개 혹은 그 이상의 관찰이, 같은 표본 안에서 혹은 다른 표본 안에서 상관없이 같을 때 생기는 수치를 말한다. 이론적으로 non-parametric tests는 probability of tie가 zero인 연속적인 분포를 위하여 발전된 것이다.

예를 들면 다음은 24명의 대장암 환자의 가상적인 생존자료이고 +는 중도절단을 나타낸다. 3+, 6, 6, 6, 8, 8, 12, 12, 12+, 15+, 16, 18, 18+, 20, 22+, 24, 28+, 28+, 30, 30+, 33+ and 42 months. 위의 자료에서 6개월에 생존시간이 같은 대상자가 3명이 관찰되었는데 이때의 관찰을 tied 되었다고 한다. 물론 12개월, 18개월, 28개월에서도 tied value가 있다. 가능하면 생존자료의 분석에서는 tied value가 생기지 않는 것이 좋다. 위의 경우도 생존시간을 개월(months)로 계산하지 않고 days로 했으면 tied value가 생기는 것을 많이 줄일 수 있었다. 그러나 실제적으로 tied value는 흔히 발생하기 때문에 Cox's partial likelihood function도 tied value를 다루기 위해 여러 학자에 의해 변형을 하였는데 다음과 같이 세 가지가 있다.

1. Exact partial likelihood function: Kalbfleisch and Prentice (1980) and Delong et al (1994)
2. Breslow's approximation (1974)
3. Efron approximation (1977)

위의 세 가지 방법에 대한 통계적인 내용은 이 책의 범위를 초과하므로 생략한다. 혹시 통계적인 내용이 필요한 독자는 저자에게 e-mail을 보내면 참고목록을 발송해 줄 것이다.

위의 방법 중 Efron의 방법이 더 좋다고 알려져 있다. SPSS에서는 위의 방법 중 Breslow's approximation을 이용해서 공변량의 회귀계수를 구한다. 독자는 자기가 사용하고 있는 통계프로그램이 공변량의 회귀계수를 추정하는 방법 중 어떤 방법을 이용하고 있는지 알아야 한다. 같은 자료를 가지고 다른 통계프로그램을 이용해서 회귀계수를 구하면 약간씩 수치가 다르게 나오는 것도 방법에 차이가 있기 때문이다. SAS는 세 가지 방법을 각각 구할 수 있는 명령어를 제공하고 있고, 예를 들면 다음과 같이 사용한다. SAS에서 Cox 회귀 명령어는 proc phreg이다. 또한 SPSS에서는 event를 나타내는 것을 지정하지만 SAS에서는 censoring을 나타내는 항목을 지정해 준다.

```
PROC phreg;
    Model t * cens (0)= 변수 나열 / ties=breslow;
    Model t * cens (0)= 변수 나열 / ties=efron
    Model t * cens (0)= 변수 나열 / ties=exact
```

5.3.3 Cox 비례 모형의 가정

Cox 모형의 가정은 Cox regression의 식을 보면 어떤 가정이 필요한지 알 수 있다. 첫 번째 가정은 식 $\frac{h_i(t)}{h_0(t)} = \exp^{(\beta 1X1\ +\ \beta 2X2\ +\ \cdots\cdots\ \beta kXk)}$에서 보듯이 공변량의 수준의 변화에 따르는 relative hazard는 시간에 관계 없이 시간과는 독립적으로 일정하다는 비례위험의 가정이다.

두 번째 가정은 $\ln\left[\frac{h_i(t)}{h_0(t)}\right] = \beta_1 X_1 + \beta_2 X_2 + \cdots\cdots \beta_k X_k$ 에서 알 수 있듯이 hazard function과 독립변수(covariate) 사이에는 서로 log-linear 관계가 있다는 것이다. 즉 hazards ratio에 자연 log를 취한 값은, 각 공변량의 회귀계수와는 linear(선형) relation으로 되어 있다는 것이다($y = aX + b$). 연구자는 Cox 회귀 모형을 이용할 때 자신의 자료가 이 두 가지 가정을 만족하는지 꼭 확인해야 하며 5.5에 확인하는 방법이 기술되어 있다.

5.3.4 Cox 비례 모형에서 hazard function

Cox 비례 모형에서 hazard function은 terminal event의 relative risk를 추정한 값이다. The hazard function of Cox models is the probability that a case will terminate at time(t). 그리고 어느 시점까지 사건이 발생하지 않아서 남아 있는 대상자가 마지막 사건의 발생이 미래에 발생할 가능성을 unit time 으로 나타낸 것이다. 그러므로 hazards function은 확률 값이기 보다는 rate이고 1보다 큰 값을 가질 수 있다. 즉 hazard function은 마지막 사건이 발생할 probability가 아니고 time(t)에서의 rate of failure이다. 그러므로 $h(t)$의 값이 클수록 마지막 사건이 발생할 rate도 커진다.

5.3.5 Cox 비례 모형에서 survivorship function의 추정

비모수적인 생명표법이나 Kaplan-Meier 방법에서 cumulative hazard function은 cumulative proportion surviving인 cumulative survival function $S(t)$와 hazard rate인 $h(t)$를 구한 다음 $H(t) = -\ln S(t)$의 식을 이용해서 survival function을 구했다. 또한 모수적 회귀모형에서 생존함수는 모수와 회귀계수의 추정값을 생존함수에 대입만 하면 됐다. 왜냐하면 생존시간에 대한 분포를 미리 알고 있기 때문이다.

그러나 Cox 비례위험 모형에서는 baseline hazard function과 survival function을 정확히 모르기 때문에 이 방법은 사용할 수가 없다. 예측변수가 하나도 모형에 포함되어 있지 않을 때의 survival function은 생명표법이나 Kaplan-Meier 방법에서 구한 값이나 Cox 모형에서 구한 값이나 같다. 그러나 범주형과 연속형의 예측변수가 다수 포함된 Cox 회귀에서의 survival function의 추정은 상당히 복잡하다.

식 $S(\underline{t}) = [S_0(t)]^{\exp(\beta 1X1 + \beta 2X2 + \cdots \beta kXk)}$에서 보듯이 공변량이 포함되어 있을 때 Cox 모형에서의 survival function은 각 공변량의 회귀계수와 $S_0(t)$를 가지고 구할 수 있다. 일단 partial likelihood function으로 회귀계수를 구한 후 연속적으로 관찰된 failure time의 짝이 일정하다고 가정하면 다음과 같은 식으로 $S_0(t)$를 구할 수 있다.

$$\widehat{H}_0(t) = \sum_{t_{(i)} \le t} \frac{m_{(i)}}{\Sigma_{l \in R(t_{(i)})} \exp(\mathrm{x}'_l \hat{\mathrm{b}})}$$

$$\hat{S}(t,x) = [\widehat{S}_0(t)]^{\exp(\Sigma_{j=1}^{p} \hat{b}_j x_j)} = [\widehat{S}_0(t)]^{\exp(\hat{b}' x)}$$

이것을 Breslow method라고 한다. 그 외 Kalbfleisch-Prentice estimators도 있다. 이 두 가지 방법으로 Cox 모형에서 survivorship function을 추정하고 있으며, SAS는 두 가지 방법을 모두 지원하고 있고 SPSS에서는 Breslow method 한 가지만 지원하고 있다.

5.4 Cox 모형에 투입할 변수의 개수, 종류, 그리고 변수선택 방법

다변수분석 방법인 Cox 모형에 투입하는 변수는 어떤 형태의 변수라도 투입할 수 있다. 즉 범주형 자료, 연속형 자료 모두 투입이 가능하다. 그럼 어떤 형태의 자료를 투입해야 하며 변수는 몇 개를 투입해야 하며 투입하는 방법에 대해서 알아보자.

5.4.1 투입할 변수의 종류

Cox 모형이나 logistic regression 모형에서는 독립변수를 모형에 투입할 때 독립변수의 성질이 연속형이라도 비연속적인 범주형의 형태로 바꾸어서 투입을 하는 경우가 많은데 이유는 다음과 같다.

첫째, 자료를 수집할 때 측정상의 error가 많다고 생각되면 자료의 성질이 연속형이어도 범주형으로 바꾸어서 사용하면 측정상의 error를 어느 정도 보정할 수 있다.

둘째, 연속변수로 분석할 때 결과의 해석에 의미가 확실하지 않은 경우는 범주형 변수로 전환하는 것이 좋다. 예를 들면 어떤 질환이 있는 여성에서 폐경의 상태가 중요하다고 생각되었을 때는 연속형태의 대상자의 나이를 사용하는 것보다는 나이를 나이 〈 44, 45 〈 나이 〈 54, 나이 〉 55+ 이렇게 세 가지 범주인 pre-menopausal, peri-menopausal, post-menopausal로 나누는 것이 확실히 결과를 해석하는 데 유용하다. 또한 수축기 혈압도 수축기 혈압이 1mmHg 증가시 심장병 발생의 hazard ratio가 몇 배 증가한다고 할 때 정상 혈압의 범위에서는 100에서 101mmHg로 1 증가해서는 의미가 없기 때문에 이런 경우도 범주형으로 바꾸는 것이 좋다.

셋째, 범주형 변수가 연속적 변수의 경우에 비해 일반적으로 이해가 쉬운 경우가 있다. 예를 들면 모유수유 기간이 1개월 증가함에 따라 유방암 위험도가 0.97 감소한다는 것도 의미가 있지만 모유로 자식을 키운 경험이 없는 여성에 비해 평균 1개월 정도 모유 수유를 한 경우 유방암 발생이 0.8배 낮아진다는 식이 이해가 쉬울 수가 있다.

마지막으로 상관성이 강한 독립변수간의 교호작용 여부를 규명할 때는 범주형 변수로 바꾸는 것이 효과적이다.

연속형 변수를 범주형 변수로 전환하고자 할 때는 첫째, 몇 개의 범주로 나누어 줄 것인가를 결정해야 한다. 보통 4개 이상으로 나누는 것은 권장되지 않고 3개 정도가 충분하다. 둘째, 범주를 나누는 경계에 해당하는 값의 선택에 주의해야 한다. 숫자적으로 단순한 값을 선택해야 하고, 나누어 준 범주에 충분한 대상자가 포함되어야 하며 가장 중요한 것은 위의 폐경기 여성의 범주를 나눌 때와 같이 임상적인 그리고 생물학적인 의미가 있는 범주로 나누어야 한다는 것이다. 마지막으로 나누어 준 범주에 충분히 대상자가 포함되는지, 즉 4개의 범주로 나누었으면 약 25%씩 할당이 되었는지, 조사해 봐야 한다.

5.4.2 투입될 변수의 개수

이론적으로 Cox 모형에 투입되는 변수의 개수에는 제한이 없다. 그러나 실제적으로 회귀계수를 구하기 위해서는 투입하는 변수의 개수에는 제약이 있다. 즉 간단히 생각해 보면 분석을 위해 대상자의 수보다 더 많은 수의 변수를 투입할 수는 없지 않은가? 다음과 같은 대략적인 방법으로 투입되는 변수의 개수를 정하는 방법이 있다.

첫째, 생존분석에서는 사건이 발생한 수의 네 제곱근보다 많은 수의 변수를 투입하지 않는 것이 좋다. 예를 들면 전체 분석에 포함된 대상자가 407명 중 402명에서 사건이 발생하였다면 $402^{1/4} = 4.47$, 즉 4개 정도의 변수를 투여하는 것이 이상적이고 5개를 넘지 않는 것이 좋다. 즉 4개의 변수가 모형에 있으면 각 변수는 적어도 2개의 가능한 수치(나이의 경우 old 혹은 young이라고 할 때)를 가질 수 있다. 즉 $2^4 = 16$ 이므로 16개의 범주가 생기고 402명에서 사건이 발생했으므로 $402/16 = 25$로 한 개의 범주당 평균 25명의 사건이 발생한 것이다.

둘째, 모형을 구축하기 전에 각 subcategory에 이치에 맞는 수의 대상자를 연구에 포함시켜야 한다.

셋째, 각 변수가 모형에 추가될 때마다 적어도 15 ~ 20명의 사건의 발생이 있어야 된다.

5.4.3 변수투입 방법

회귀분석에서 사용될 변수를 선택하는 것은 쉬운 일이 아니다. 연구자의 자료를 가지고 가장 좋은 모형을 세우기 위해서는 변수의 선택 또한 중요한 일이다. 하나의 결과변수의 현상을 설명하는 원인이 되는 독립변수나 위험인자는 많이 있을 터인데 변수가 많을수록 모형이 잘 세워진 것일까? 모든 변수를 전부 투입하면 되는 것일까?

Forward selection method은 결과변수와 가장 관계있는 변수를 선택한 후 처음으로 모형에 이 변수를 투입한다. 그러므로 이변량분석에서 가장 관계가 강력한 변수가 먼저 투입된다. 그러나 두 번째 변수의 선택은 이변량분석의 결과로 예측하기 어렵다. 이유는 처음 투입된 변수를 보정한 다음 모형에 가장 적합한 변수를 선택하기 때문이다. 이렇게 선택된 두 번째 변수는 이변량분석에서 두 번째로 강력하게 연관이 있는 변수가 아닐 수도 있다. 두 번째 변수의 선택은 첫 번째 선택한 변수와 두 번째 선택될 변수가 서로 얼마나 연관이 있느냐에 따라 결정된다. 만약 두 변수가 밀접하게 연관이 되어 있다면 첫 번째 변수의 값을 알면 두 번째 변수의 값은 충분히 연구자의 모형을 향상시킬 수 없다고 할 수 있다. 대신에 처음 투입된 변수와 관계는 없지만, 이변량분석에서 결과변수에 적고 강하게 연관된 변수가 모형의 적합성을 향상시키기 위해 투입된다. 이런 식으로 계속 다음 변수들을 투입하여 모형의 적합성을 향상시킨다. 더 이상 모형의 적합성을 향상시키는 변수가 남아 있지 않으면 변수투입은 중단된다. 이 때 연구자는 의미 있게 모형의 적합성을 향상시키지 않는 다른 변수들의 추가를 결정하기 위해 사용되는 통계적인 기준 절단값을(cut off value) 결정해야 된다. 기준 절단값을 낮게 설정하면 포함되는 변수의 숫자는 작아지게 되나 중요한 혼란변수를 놓칠 가능성은 높아진다. 반대로 기준 절단값을 높게 설정하면 포함되는 변수의 수는 많아지고 혼란변수를 놓칠 가능성은 적어진다.

Backward selection method는 방향이 backward라는 것을 제외하고는 forward selection method와 같다. 결과변수와 관계가 있든 없든 모든 변수를 일단 분석에 투입한다. 다음 이 중에서 결과변수에 가장 영향이 적은 변수를 제거한다. 다음에 남아 있는 변수를 가지고 또 결과에 가장 영향이 적은 변수를 제거한다. 남아 있는 변수가 결과에 유의하게 영향이 있으면 더 이상 변수를 제거하지 않는다. Forward selection과 마찬가지로 연구자는 변수가 분석에서 제외되지 않고 남아 있게 되는 통계적인 기준 절단값을 결정해야 한다. Forward selection과 backward selection은 분석 결과도 똑같이 나올 것이라고 생각할 수 있다. 이렇게 backward selection과 forward selection이 같은 결과를 도출한다면 이것은 모형이 확실하다고 할 수 있는 신호라고 할 수 있으나, 불행하게도 결과는 항상 다르게 나온다. 이것은 어떤 특정한 변수가 모형에서의 얼마나 중요한지는, 변수를 선택할 때 모형에 있는 다른 변수에 달려있기 때문이다. 어떤 변수는 모형에 남아 있을 때 통계적으로 의미가 있을 때가 있고 모형에 남아 있지 않을 때 아직 통계적으로 의미가 없을 수도 있는데 이것을 suppressor effect라고 한다. Forward selection에서는 suppressor effect를 증명하기 위해서 필요한 변수가 모형에 남아 있을 가능성이 적다. 그러므로 suppressor variable이 모형에 있을 때만 의미 있는 변수를 찾아내는 데는 backward selection이 선택할 수 있는 좋은 방법이다. Forward selection이 backward selection보다 선호되는 경우는 1) 독립변수의 숫자에 비해 표본의 크기가 작거나 2) 다중공선성에 대해 문제가 있는 경우이다.

Best subset regression에서는 컴퓨터가 모든 가능한 모형에서 가장 좋은 변수들의 조합을 결정한다. 만약에 이런 경우 변수가 5개만 있어도 31개의 변수의 조합이 있게 된다($2^5 - 1 = 31$). 변수가 증가함에 따라 변수를 조합하는 방법의 횟수도 지수함수적으로 증가한다. 여기서 'Best'는 결과변수를 설명할 수 있는 모형의 능력에 의해 결정된다. 어떤 면에서 보면 best subset regression은 논쟁을 하기가 어렵다. 결국은 best subset regression이 가장 좋은 통계적인 답변이기 때문이다. Logistic regression과 비례위험 모형에서는 best subset regression은 가장 좋은 2개 변수의 조합, 3개 변수의 조합, 계속해서 최대 변수의 조합이라는 방법으로 변환되어서 사용된다.

변수선택 방법은 서로 혼합되어(hybrid) 사용되는 경우도 많이 있다. 가장 많이 사용되는 혼합방식은 분석 시작시 어떤 변수를 모형에 투입하고, 이 변수가 결과변수에 의미 있게 영향이 없어도 변수를 모형에서 제외하지 않고 놓아 두는 방법이다. 그러면 컴퓨터가 남아 있는 독립변수를 forward 혹은 backward 방법으로 투입을 하게 된다. 이런 전략은 연구자가 이론적으로나 실제적인 이유로 분석에서 어떤 변수가 있을 때 좋은 방법이다. 예를 들면, 전에 분석을 할 때마다 나이라는 변수가 항상 결과변수에 중요한 혼란변수였다면, 나이를 처음 분석 시작시 바로 투입하고 모형에서 제외되지 않도록 하는 것이다. SPSS에서는 block이라는 곳에 변수를 따로 지정하여 hybrid 방법으로 변수를 투입할 수 있다.

5.5 Adequacy assessment of the proportional hazard models

Cox 비례위험 모형을 사용하는 연구자는 자신의 자료가 Cox regression의 중요한 가정인

1) 비례위험 모형의 가정
2) Hazard function과 covariate 사이에는 서로 log-linear 관계가 있다는 가정
3) 모형의 적합성(goodness of fit)은 잘 되었는지를 꼭 검정하여야 한다.

비례가정을 위반했을 때는 비례위험 모형은 사용할 수 없으며 non-proportional hazard 모형을 이용하여야 한다. Non-proportional hazard 모형은 제6장을 참조하기 바란다.

5.5.1 비례 모형의 가정에 대한 평가

비례 모형의 가정에 자료가 적합한지 알아보는 첫 번째 방법은 하나의 특정 독립변수를 factor로 Kaplan-Meier curve를 그려서 생존율의 차이를 비교해 보는 것이다. 즉 치료방법을 나타내는 변수를 factor로 지정해서 생존곡선을 그려서 두 개 곡선의 차이가 점차적으로 증가하면 비례가정에 맞는 것이고 두 개의 곡선이 서로 교차(cross)하거나 만나면 비례가정에 위배된 것이다.

두 번째 방법은 범주형의 공변량에 대해서 따라 factor로 구분하여 log minis log survival plot(LML plot)을 그려보는 것이다. LML 곡선에서 두 곡선 사이에 일정하게 수직하게 차이가 있으면 어떤 특정한 예측변수에서 다른 수치를 가지는 대상자의 hazards가 시간이 지남에 따라 일정하다 즉 비례가정을 만족한다고 할 수 있다.

LML survival plot의 장점은, 이 plot은 비례위험분석이 절대위험도에(absolute risks) 대해서는 가정을 하지 않고 예시하고 있는 점이다. 즉 곡선의 변하는 방향이나 곡선의 기울기에 대해서는 가정을 하지 않는다. 곡선은 증가할 수도 있고 다시 감소할 수도 있다. 곡선의 기울기도 마찬가지이다. 비례위험분석 모형은 hazards가 변함에 따라 두 곡선 사이의 거리가 거의 같아야 된다는 가정만 있다. 그러나 두 곡선의 거리가 완전히 똑같을 필요는 없다. 어느 정도만 거리가 같으면 비례가정에 맞는 것이다. 생존자료의 특성상 연구기간 후반으로 갈수록 보통 관찰대상자의 수는 감소하게 되어있고 두 LML 곡선은 좀더 합쳐지거나 혹은 반대로 좀더 벌어질 가능성이 높아진다.

Log minus log survival plot의 단점은 Kaplan-Meier 방법으로 비례가정을 평가하는 곡선과 같이 오직 한 개의 독립변수에 대해서만 비례가정을 만족하는지 평가할 수 있다는 점이다. 두 개 이상의 독립변수를 동시에 투입하여 비례가정을 평가할 수는 없고 이때는 time dependent covariate를 이용하면 된다.

세 번째 방법은 interaction term을 비례위험 모형에 추가해서 relative hazards가 시간이 지남에 따라서 변하게 해주는 방법이 있다. 이 interaction term을 time-dependent covariates라고 한다. Time-dependent covariates를 만들어서

log relative hazards가 시간과 선형(linearity)의 관계를 가지게 변화시키거나, 혹은 logarithm of time과 선형의 관계를 가지도록 변화시키게 한다. 비례가정에 맞으면 interaction term의 hazards ratio는 거의 1.0에 가까운 값을 가지게 되고(즉 time dependent 하지 않다는 것을 의미) 통계적으로 의미가 없게 된다. 만약 odds ratio가 1.0과 의미 있게 차이가 있으면 독립변수의 효과가 시간이 지남에 따라 변하는 것이고 이것은 비례가정에 위배되는 것이고 time dependent 하다는 것이다.

Time-dependent covariate의 장점은 연구자가 1개 이상의 term을 만들고 동시에 여러 개의(표본의 크기에 비해서 많은 변수가 있을 수도 있다) 독립변수가 비례가정에 맞는지를 동시에 평가할 수 있다는 점이다. 그러나 표본의 크기가 작은 경우에는 표본의 수에 비해 많은 변수가 있으므로 동시에 모든 변수를 모형에 투입할 수가 없게 된다. 이런 경우 각각의 product term을 개별적으로 다른 변수에 추가하여 product term이 모형에서 다른 변수를 보정하고 의미 있는지를 판정할 수 있게 된다.

Time-dependent covariate의 가장 문제가 되는 단점은 표본의 크기가 정말로 큰 경우, time interaction term이 너무 민감해져서 graph로 표현한 그림에서는 비례가정에 위배되지 않았는데도 통계적으로 의미 있는 term을 가지게 된다는 점이다

5.5.2 Log-linear의 가정에 대한 평가

처음에 Cox-Snell residual(= cumulative hazard function)이 선형의 가정을 검정하는 곳에 이용되었으며 지금은 cumulative hazard function으로 martingale residual을 구축하는 표준이 되었다. Martingale residuals을 구하는 자세한 방법은 5.6의 SPSS를 이용한 Cox regression에서 좀더 자세히 다룰 예정이다.

5.5.3 Residuals을 이용한 모형의 goodness of fit의 평가

graph를 그려서 비례 모형의 적합성(goodness of fit)을 평가할 수 있다. graph는 잔차(residual)를 이용해서 그리게 되고 흔히 진단적 도구로 사용된다. Multiple regression에서 잔차는 관찰값에서 독립변수의 예측값을 minus 해준

값을 의미한다. 그러나 proportional 모형에서는 중도절단이 발생하고 partial likelihood function을 사용하기 때문에 일반적인 residuals의 개념은 적용할 수가 없다.

비례 모형에서 사용되는 residuals은 1) extended Cox-Snell, 2) deviance, 3) Schoenfeld residuals이 있다. 이 residuals을 시간이나 공변량에 대하여 plot을 해서 모양을 살펴보면 비례 모형의 적합성에 대한 정보를 얻을 수 있고 이상점(outlier)에 대해서도 알 수가 있다.

Extended Cox Snell residual은 Cox Snell residuals을 확장한 것으로 다음과 같이 표시되고 비례 모형을 기초로 추정된 accumulated hazard를 의미한다.

$$R_i = -\log S(t_i;X_i)$$

만약 t_i가 중도절단 되면 거기에 해당되는 R_i도 중도절단 된다. R_i를 Kaplan Meier에서 추정된 survival function S(R)과 plot을 해서 그림 5.2와 같이 45도 직선을 보이면 비례가정을 충족하는 것이다.

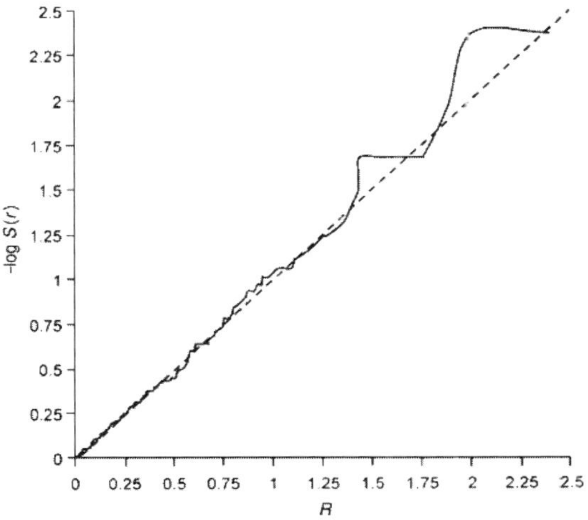

〈그림 5.2〉 Cox Snell residual (R versus-logs(r)

Cox Snell residuals은 parametric survival mode의 적합성을 평가하는 데 유용한 방법이나, partial likelihood function이 사용된 비례 모형의 적합성을 평가하는데 아주 좋은 방법은 아닌 것으로 알려져 있다.

Deviance residuals은 예상보다 일찍 사건이 발생한 대상자에게는 positive, 더 오래 생존한 대상자에게는 negative를 부여한다. Deviance residual은 비례 모형의 Deviance residuals과 Schoenfeld residuals을 생존시간이나 공변량에 대해 plot을 해서 비례 모형의 적합성을 판정할 수 있다.

5.6 SPSS를 이용한 실제 분석

5.6.1 자료의 설명

분석에 사용될 자료는 Statistical Methods for Survival Data Analysis 2003 Wiley & Sons, Inc.(ISBN 0-471-36999-7)에서 발췌한 자료(*example3.sav*)이다. 68명의 대상자를 대상으로 면접과 이학적 검사로 자료를 모았으며, 10년간 추적한 결과이다. 대상자의 나이는 50 ~ 79세 사이였고 처음 검사 당시 cardiovascular disease(CVD)는 없었다.

각 변수에 대한 설명은 ID: 대상자의 고유번호, T: 심혈관 질환이 발생할 때까지 걸린 기간으로 年(year)으로 표시, CENS: censor = 0, event 발생 = 1, DG: 연구 종료 시점에서의 관찰결과 심혈관 질환으로 결과가 발생하지 않은 경우 = 0, 1 = 중풍(CVD), 2 = 심장관상동맥 질환(coronary artery disease), 3 = other cerebrovascular disease, AGEA: 대상자의 나이가 50 ~ 59면 1, 그 외는 0으로 coding, AGEB: 대상자의 나이가 60 ~ 69면 1, 그 외는 0으로 coding, SEX: 여자는 = 0, 남자는 = 1로 coding, SMOKE: non-smoking = 0, smoking = 1, BMI: Body mass index(몸무게를 키의 제곱으로 나눈 값으로 키가 160㎝이고 몸무게 60㎏인 사람의 체질량지수는 60 ÷ (1.6 * 1.6) = 23.4가 되고 수치가 20 미만일 때를 저체중, 20 ~ 24일 때를 정상체중, 25 ~ 30일 때를 경도비만, 30 이상인 경우에는 비만으로 본다)를, SBP: systolic blood pressure, LACT: urine albumin creatinine ratio에 log를 취한 값으로 이 수치가 높으면 소변으로 단백질이 많이 배설되는 것으로 신장에 당뇨합병증이 발생했다는 의미, LTG: 혈중 중성지방 수치에 log를 취한 값, AGE: 대상자의 나이, HTN: 고혈압이 없으면 = 0, 있으면 = 1로 coding, DM: 당뇨병이 없으면 = 0, 있으면 = 1로 coding하였다.

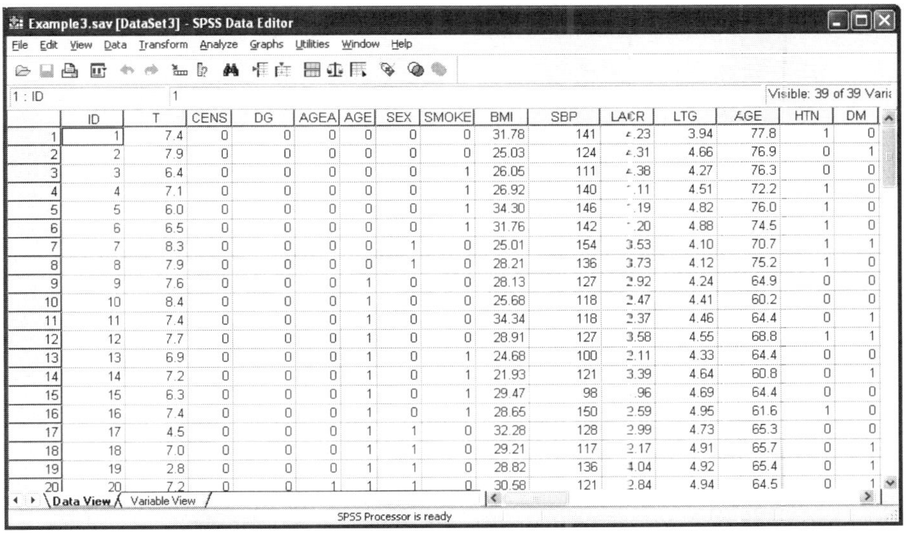
Example3.sav [DataSet3] - SPSS Data Editor

File Edit View Data Transform Analyze Graphs Utilities Window Help

1 : ID 1 — Visible: 39 of 39 Vari

	ID	T	CENS	DG	AGEA	AGE	SEX	SMOKE	BMI	SBP	LACR	LTG	AGE	HTN	DM
1	1	7.4	0	0	0	0	0	0	31.78	141	[illegible].23	3.94	77.8	1	0
2	2	7.9	0	0	0	0	0	0	25.03	124	[illegible].31	4.66	76.9	0	1
3	3	6.4	0	0	0	0	0	1	26.05	111	[illegible].38	4.27	76.3	0	0
4	4	7.1	0	0	0	0	0	1	26.92	140	[illegible].11	4.51	72.2	1	0
5	5	6.0	0	0	0	0	0	1	34.30	146	[illegible].19	4.82	76.0	1	0
6	6	6.5	0	0	0	0	0	1	31.76	142	[illegible].20	4.88	74.5	1	0
7	7	8.3	0	0	0	0	1	0	25.01	154	3.53	4.10	70.7	1	1
8	8	7.9	0	0	0	0	1	0	28.21	136	3.73	4.12	75.2	1	0
9	9	7.6	0	0	0	1	0	0	28.13	127	2.92	4.24	64.9	0	0
10	10	8.4	0	0	0	1	0	0	25.68	118	2.47	4.41	60.2	0	0
11	11	7.4	0	0	0	1	0	0	34.34	118	2.37	4.46	64.4	0	1
12	12	7.7	0	0	0	1	0	0	28.91	127	3.58	4.55	68.8	1	1
13	13	6.9	0	0	0	1	0	1	24.68	100	2.11	4.33	64.4	0	0
14	14	7.2	0	0	0	1	0	1	21.93	121	3.39	4.64	60.8	0	1
15	15	6.3	0	0	0	1	0	1	29.47	98	.96	4.69	64.4	0	0
16	16	7.4	0	0	0	1	0	1	28.65	150	2.59	4.95	61.6	1	0
17	17	4.5	0	0	0	1	1	0	32.28	128	2.99	4.73	65.3	0	0
18	18	7.0	0	0	0	1	1	0	29.21	117	2.17	4.91	65.7	0	1
19	19	2.8	0	0	0	1	1	0	28.82	136	4.04	4.92	65.4	0	1
20	20	7.2	0	0	1	1	1	0	30.58	121	2.84	4.94	64.5	0	1

Data View / Variable View

SPSS Processor is ready

먼저 이 자료를 가지고 Kaplan-Meier 방법으로 sex를 factor로 해서 분석을 하면 다음과 같은 결과를 얻을 수 있다.

Means and Medians for Survival Time

성별	Mean[a]				Median			
	Estimate	Std. Error	95% Confidence Interval		Estimate	Std. Error	95% Confidence Interval	
			Lower Bound	Upper Bound			Lower Bound	Upper Bound
여자	6.427	.429	5.587	7.267	.	.	.	.
남자	5.410	.517	4.396	6.424	5.000	1.350	2.353	7.647
Overall	5.975	.338	5.313	6.636	.	.	.	.

a. Estimation is limited to the largest survival time if it is censored.

Overall Comparisons

	Chi-Square	df	Sig.
Log Rank (Mantel-Cox)	2.237	1	.135

Test of equality of survival distributions for the different levels of 성별.

성별에 따라 두 집단 간의 생존율의 차이는 통계적으로 유의한 차이가 없다. 그럼 다변수분석인 Cox 모형에서도 같은 결과가 나올까?

5.6.2 변수의 지정 및 조건의 지정

SPSS에서 Cox regression을 하려면 Analyze ▶ Survival ▶ Cox Regression ……을 선택한다. 본 연구의 주요 관심사항은 time to CVD occur(T변수)이다.

그림 5.3과 같이 Time: T를, Status: 중도절단 혹은 사건의 발생을 표시하는 CENS를, Define event……에 1을 지정한다. Covariates: 에 예측변수를 투입한다. Covariates는 연속형 변수이거나 범주형 변수 모두 투입할 수 있다. 투입된 공변량은 SEX, AGE, SMOKE, BMI, SBP, LACR, AGE, HTN, DM이다.

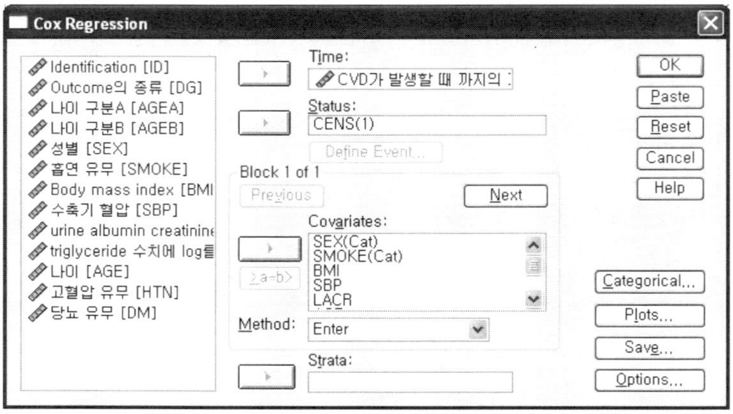

〈그림 5.3〉

Method: 는 공변량을 모형에 투입하는 변수의 투입방법을 지정하는 곳이다. 서로 다른 변수선택법은 서로 다른 모형을 산출한다. 여러 모형을 조사하여 해석적인 면, 변수의 개수, 변수의 접근성 등에 근거하여 '최적'의 모형을 고르는 것이 중요하다. 모형은 모집단에서 추출된 표본을 적합시키므로 다른 표본이 추출되면 또 다른 모형이 적합될 것이다.

Enter는 모든 변수를 한 번에 forced-entry method나 본인이 직접 block을 이용하여 순서대로 모형에 투입하는 방법이다. 이 방법은 중요한 변수들만 모형에 투입해서 변수선택 algorithm을 사용하는 데 유용한 방법이다. Forward stepwise selection과 backward stepwise selection은 제5.4.3을 참조하라.

여기서는 한 Block에 enter 방법으로 투입하였다. Block마다 다른 변수투입 방법을 지정할 수 있다. 어떤 변수에 대해서 다른 변수투입 방법을 지정하려면 Next를 클릭하면 된다. 변수투입 방법에서 설명한 것과 같이 변수의 투입방법은 서로 혼합되어 사용된다. 총 9개의 block을 지정할 수 있다.

SPSS에서는 변수를 모형에 선택 혹은 제거할 때는 다음의 세 가지 방법을 이용한다. 1) Likelihood ratio statistics based on the maximum partial likelihood estimate(LR) 2) Likelihood ratio statistics based on the conditional parameter estimate(Conditional) 3) Wald statistics(Wald). 그래서 Forward 방법에 conditional, LR, Wald의 세 가지의 변수투입 방법이 있고, backward 방법에 conditional, LR, Wald의 세 가지 방법이 있다. 이 중 두 번째 방법인 likelihood ratio statistics based on the conditional parameter estimate(Conditional)가 변수제거에 가장 좋은 기준으로 알려져 있다.

Strata: 는 비례가정에 위반된 경우 stratum을 나누어 hazard function이나 생존율을 보고자 할 때 이용한다. 즉 stratified Cox regression을 할 때 이용한다.

그림 5.3에서 Define event: click 하면 그림 5.4가 나오며, 사건의 발생을 지정하는 곳이다. 본 예제에서는 단지 1이라고만 입력했으므로 Single value를 선택한다. 만약 어떤 범위의 수를 전부 사건의 발생으로 지정하려면 Range of value를 선택하고 그 범위를 through에 입력한다.

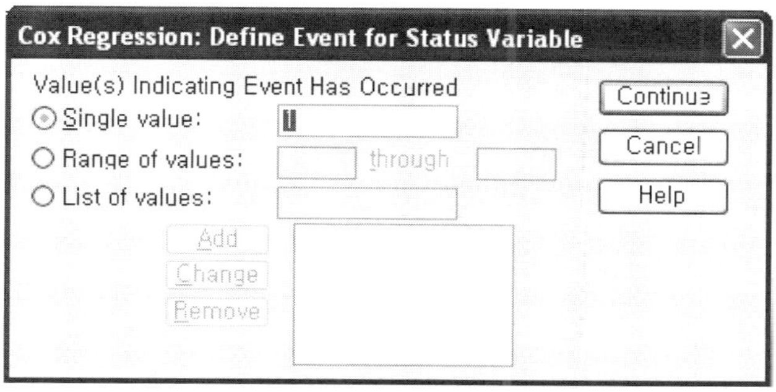

〈그림 5.4〉

본 예제에서 연구 종료 시점에서의 관찰결과로 심혈관 질환의 결과의 발생이 아닌 경우 = 0, 중풍 = 1, 심장관상동맥 질환 = 2, 다른 심혈관 질환(CVD) = 3으로 coding했는데 나중에 사건의 발생을 0, 1, 2 모두로 할 경우 Range of value를 이용하고 0, 2인 경우는 List of values: 로 0과 2를 add해 주면 된다.

그림 5.3에서 Categorical: 은 범주형 변수를 지정해 주는 곳이다(그림 5.5). 본 예에서는 SEX, SMOKE, HTN, DM은 입력할 때부터 범주형 변수로 입력했으므로 sex, smoke 유무, 당뇨 유무 등으로 따로 plot을 보지 않으려면 categorical로 지정을 안 해도 자동으로 범주형으로 지정이 된다. 그러나 기준이 되는 reference value를 바꾸려면 categorical로 지정을 해서 바꾸어야 한다.

Default는 높게 coding한, 즉 DM이 있는 집단(1로 coding)이 기준이 되기 때문에 기준을 낮게 coding한 값으로 바꾸려면 categorical로 지정을 해서 바꾸어야 한다. 여기서는 "DM이 있는 집단은(1로 coding) 없는 집단(0으로 coding)에 비해 (Reference category) 심혈관 질환이 발생할 때까지 걸린 시간의 relative hazards가 몇 배 높다." 이런 식으로 해석하는 것이 설명하기가 편하므로 기준이 되는 집단을 First로 Change해 준다.

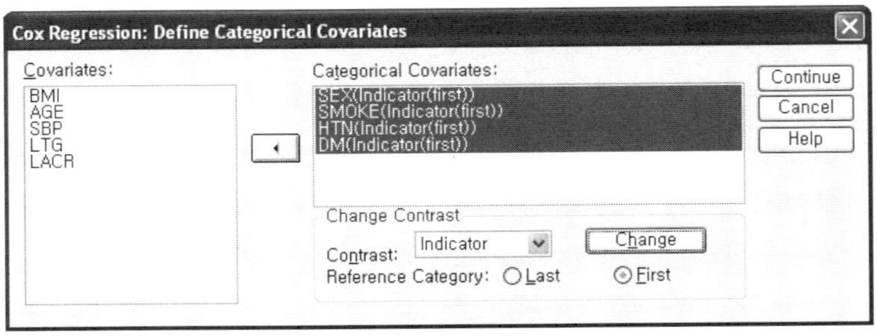

〈그림 5.5〉

Contrasts는 category membership의 있고 없음을 나타낸다. Coding한 변수의 회귀계수의 해석은 contrast를 어떻게 지정했는지에 따라 달라진다. 다음 Change contrast로 범주형 변수의 contrast를 변경해 줄 수 있다.

Indicator는 가장 많이 사용되는 dummy coding 방식이고 default이다. 기준범주를 제외한 예측변수의 각각을 기준범주와 비교를 한다.

Simple도 기준범주를 제외한 예측변수의 각각을 기준범주와 비교한다. Indicator와 simple contrast는 constant를 제외하고는 모두 같은 회귀계수의 값을 산출한다.

Difference에서 처음범주를 제외한 범주형 공변량의 각 범주는 previous categories의 평균 효과와 비교되며 reverse Helmert contrasts라고도 한다.

Helmert에서는 마지막 범주를 제외한 범주형 공변량의 각 범주는 subsequent categories의 average effect와 비교한다.

Repeated에서는 처음 범주를 제외한 범주형 공변량의 각 범주는 선행하는 범주와 비교된다.

Polynomial은 orthogonal polynomial contrasts로 범주는 동일한 간격으로 떨어져 있어야 한다. Polynomial contrasts는 numeric variables에서만 사용할 수 있다.

Deviation은 기준범주를 제외한 예측변수의 각 범주는 모든 수준의 평균과 비교한다(average of all levels).

예측변수의 범주의 수준이 단지 두 개인 경우 어떤 contrast로 지정을 해도 예측변수의 회귀계수의 값과 결과는 같게 나온다. 예측변수의 범주가 3개 이상인 경우 contrast를 지정해 주는 방법에 따라 예측변수의 회귀계수의 값은 다르게 나온다. 하지만 결과는 어떤 contrast를 사용해도 항상 같게 나온다.

그림 5.3에서 Plots: 를 click하여 보고자 하는 plot을 선택한다.

- □ Survival은 생존함수를
- □ Hazard는 위험함수를
- □ Log minus log은 LML을
- □ One minus survival = 1 − survival function을 나타낸다.

Survival function, hazard function, LML 그리고 one minus survival function을 관찰시간에 따라서 plot 해준다. 여기서는 모두 선택한다.

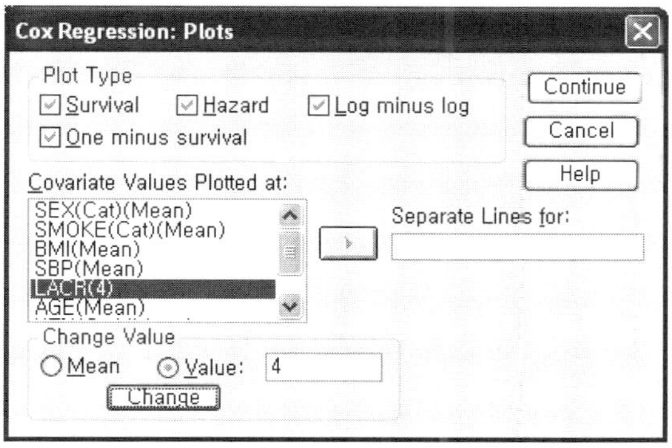

〈그림 5.6〉

Plot을 볼 때 각각의 공변량에 대해 plot을 볼 수 있다. Covariate Values Plotted at: 에서 아무 것도 선택하지 않으면 투입된 공변량의 mean으로 plot이 그려진다. 만약 LACR이라는 변수의 값이 4인 대상자의 plot을 보려면 그림 5.6과 같이 LACR을 표시하고 Value: 4로 지정 후 Change를 누르면 된다. Separate Lines for: 은 Categorical……에서 범주형 변수로 지정한 변수의 수준에 따라 나누어서 plot을 그려준다. 그러므로 두 집단의 생존함수, 위험함수, LML 등을 비교할 수 있다.

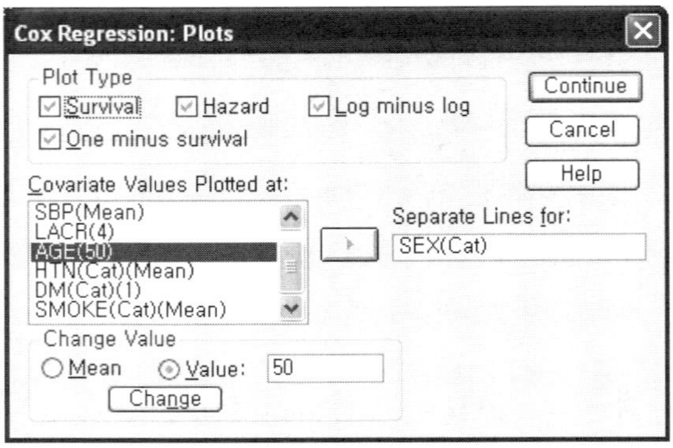

〈그림 5.7〉

만약 나이가 50세이고(AGE = 50), 담배를 피우며(SMOKE = 1), 당뇨가 있고(DM = 1), LCAR 수치가 4인 집단의 생존함수, 위험함수, LML, 1 − LML plot을 성별(SEX)에 따라 그릴 수 있을까? 이렇게 여러 공변량의 조건에 따른 생존곡선은 생명표방법이나 Kaplan-Meier 방법으로는 그릴 수가 없으나 다변수분석 방법인 Cox regression에서는 그릴 수가 있다. 그림 5.7과 같이 지정하면 된다. 만약 연속변수인 나이를 50세 이상인 집단과 이하인 집단으로 나누어서 50세 이상인 집단의 hazard function을 보려면 나이변수를 50세 이하 '예/아니오' 이분형 변수로 따로 만들어야 한다.

그림 5.3에서 Save: 는 Cox 모형에서 추정된 여러 가지 항목을 새로운 변수로 저장할 수 있다(그림 5.8).

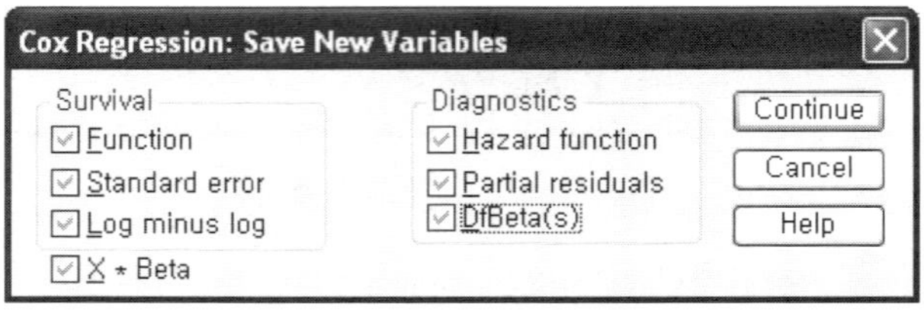

〈그림 5.8〉

Survival

□ Function을 선택하면 각 대상자 각각에 대한 누적생존함수가 계산되어 하나의 변수로 저장된다. 결과가 결과창에 표시되는 것이 아니고 자료 입력창에 각 대상자별로 계산이 되어 나오고 새로운 변수 이름(SUR_1:Survival Function)

이 생성된다. 이 변수를 가지고 다른 분석이나 graph를 그리는 데 이용한다.

□ Standard error: Survival estimate에 대한 표준편차가 각각의 대상자에 대해 계산되어 변수로 저장된다(SE_1: Standard Error of Survival Function).

□ Log minus log: Cumulative survival estimate에 −log를 취하여 변형 후 새로운 변수로 저장한다[LML_1: Log(−Log Survival Function)].

Diagnostics: 비례위험 모형의 가정을 검정하는 데 필요한 사항이다.

□ Hazard function: Cox-Snell residual이라고도 한다. Cox 비례 모형에서 쓰이는 residual로 martingale residual이 있다. SPSS Cox 모형에서 직접 저장되지는 않지만 Cox-Snell residual을 계산해서 쉽게 알 수 있다. 중도절단 된 대상자에서 martingale residual은 Cox-Snell residual에 negative이다. 사건이 발생한 대상자에선 1 − Cox-Snell residual이다(HAZ_1: Cumulative Hazard Function).

□ Partial residuals: 이 수치는 모형 안의 각 공변량과 사건이 발생한 대상자로 계산할 수 있다. 다음과 같은 변수 이름으로 저장되며 투입된 공변량 각각에 대해 생성된다(PR1_1, PR2_1, PR3_1, PR4_1, PR5_1, ……). 비례위험 모형의 가정을 검정하기 위해 survival time과 partial residual로 plot을 그린 후에 비례가정을 판정한다.

□ DfBeta(s): 각 대상자가 모형에서 제거될 때 coefficient가 얼마나 변하는지를 판정하는 데 사용된다. 역시 투입되는 공변량마다 각각 생성된다(DFB1_1, DFB2_1, DFB3_1, DFB4_1, DFB5_1). 통계적 분석에서 어떤 한 개의 자료가 통계적 분석에 크게 영향을 줄 때 이를 influential case라고 하며 평균보다 너무 크거나 작은 자료가 있는 경우이다. 어떤 대상자가 있을 때와 없을 때 모형에서 coefficient를 계산한 후 coefficient가 의미 있게 변하면 이 대상자가 influential 하다고 할 수 있다. 회귀분석에서 대상자가 있을 때와 없을 때 회귀계수의 변화를 판정하는 통계량이 Dfbeta이다.

□ X * Beta: Linear predictor score이다. 각 대상자의 mean corrected variable과 coefficient의 합으로 구해진다(XBE_1:X * Beta).

그림 5.3에서 Options……을 click하여 분석에 여러 조건을 바꾸어 줄 수 있다(그림 5.9).

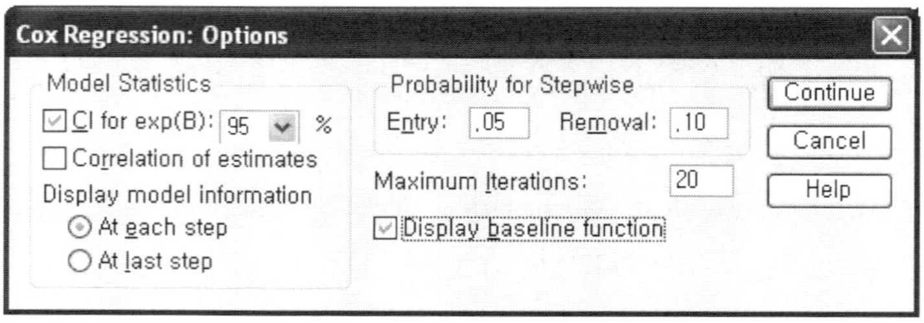

〈그림 5.9〉

□ CI는 신뢰구간(confidence interval)으로 exp$^{(B)}$의 검정시 유의성을 지정하는 것이고 stepwise로 공변량이 투입되거나 제거될 때의 기준을 정한다. Default는 95%인 0.05이고 필요시 99%인 0.01로 변경할 수 있다.

□ Correlation of estimate: 각 추정치의 상관계수를 표시한다.

□ Display model information은 모형에 대한 정보를 각 단계마다 표시하도록 표시하였고 또한 마지막 단계에서 표시할 수 있다.

□ Maximum iteration: 최대 방정식을 풀기 위해 반복횟수인 iteration을 정하는 항목이고 default 값은 20개이다. 모형이 converge하지 않으면 20 이상으로 지정할 수도 있으나 보통 20번 반복이 default 값이다.

□ Display base line function을 클릭하면 각각의 risk가 출력된다.

□ Probability for stepwise는 변수가 투입되고 제거될 때의 기준을 정해준다. Default값인 entry는 0.05, 제거는 0.1을 그대로 이용하면 된다. 다음은 분석의 결과이다.

5.6.3 Cox regression의 결과 및 해석

다음은 전체 대상자에 대한 요약표이다. 전체 68명 중 사건의 발생은 32명, 중도절단 된 대상자는 36명이고 종속변수는 CVD가 발생할 때까지의 기간으로 year를 나타낸다(변수의 label을 표시). Missing value와 관찰시간이 음수인 대상자는 없고 stratum에서 맨 처음 사건이 발생하기 전에 중도절단 된 대상자는 없었다.

Cox Regression

Case Processing Summary

		N	Percent
Cases available in analysis	Event [a]	32	47.1%
	Censored	36	52.9%
	Total	68	100.0%
Cases dropped	Cases with missing values	0	.0%
	Cases with negative time	0	.0%
	Censored cases before the earliest event in a stratum	0	.0%
	Total	0	.0%
Total		68	100.0%

a. Dependent Variable: CVD가 발생할 때 까지의 기간으로 year

Categorical Variable Codings[b,c,d,e]

		Frequency	(1)
SEX [a]	0=여자	37	0
	1=남자	31	1
SMOKE [a]	0=Non-smoking	37	0
	1=somking	31	1
HTN [a]	0=No hypertension	41	0
	1=Hypertension	27	1
DM [a]	0=Non-DM	38	0
	1=DM	30	1

a. Indicator Parameter Coding
b. Category variable: SEX (성별)
c. Category variable: SMOKE (흡연 유무)
d. Category variable: HTN (고혈압 유무)
e. Category variable: DM (당뇨 유무)

위의 결과는 범주형 변수로 지정한 변수 각각에 대해 빈도 및 dummy 변수화 한 후 coding의 결과를 보여 주고 있다. Dummy 변수의 개수는 범주의 수준에서 1을 빼준 것과 같으므로 여기서는 모든 범주형 변수의 범주가 2개이므로 dummy 변수는 1개가 생성되었다.

Block 0: Beginning Block

Omnibus Tests of Model Coefficients

-2 Log Likelihood
249.145

Omnibus tests는 모형이 얼마나 잘 적합한지를 측정한다. The Chi-square change from Block 0은 모든 공변량의 회귀계수 B의 값이 0일 때, 즉 공변량을 전혀 포함하지 않을 때의 baseline 모형이다. 그럼 모형에 독립변수인 공변량을 포함시키면 공변량을 하나도 포함시키지 않을 때보다 hazard rate를 더 잘 예측할 수 있을까? 이 질문에 대한 대답은 모집단의 회귀계수인 B의 값이 0인지 아닌지를 검정하면 알 수 있다.

Cox 회귀 모형에서 공변량의 회귀계수는 maximizing partial likelihood function(= L)으로 구한다. 또한 partial likelihood는 각 사건이 발생한 시점에서 사건발생의 risk와 모든 risk의 product를 구해서 결정된다. Maximizing partial likelihood function인 L에 자연 log를 취한 것을 log likelihood(LL)라고 하고 −2를 곱한 −2LL를 가지고 추정된 모형이 자료를 얼마나 잘 적합시키는지를 보는 척도로 사용한다. −2를 곱해 주는 이유는 지수가 0과 1 사이인 log값은 음(−)의 값을 가지기 때문에 부호를 반대로 해주기 위해서이며, 2배를 해준 것은 log likelihood값이 chi-square 분포에 가깝게 하려고 하기 때문이다. 여기서 −2LL의 값은 작을수록 좋은 모형이며 완전한 모형이면 likelihood function의 값은 1이고 −2LL은 0이 된다. 공변량인 예측변수를 전혀 포함하지 않았을 때 −2LL이 249.145이다. Block 1에서는 공변량을 추가한 후 −2LL의 값이 215.610이다.

다음의 결과에서 보듯이 Cox 모형의 goodness of fit을 보는 coefficient로는 −2 Log Likelihood, Overall(score) 그리고 공변량을 투입하기 전과 후의 Chi-square의 변화량을 보는 세 가지 방법이 있다. 세 가지의 결과가 모두 같게 나오면 문제가 없지만 만약 다르게 나오면 가장 좋은 방법으로 알려진 −Log Likelihood test의 결과를 이용하는 것이 추천된다.

Block 1: Method = Enter

Omnibus Tests of Model Coefficients [a,b]

-2 Log Likelihood	Overall (score)			Change From Previous Step			Change From Previous Block		
	Chi-square	df	Sig.	Chi-square	df	Sig.	Chi-square	df	Sig.
215.610	33.342	9	.000	33.535	9	.000	33.535	9	.000

a. Beginning Block Number 0, initial Log Likelihood function: -2 Log likelihood: 249.145

b. Beginning Block Number 1. Method = Enter

위의 결과에서 change from previous block은 block 0의 −2LL에서 block 1의 −2LL을 minus해 준(249.145 − 215.610 =) 33.535이고 이 값을 likelihood-ratio(LR) test라고 한다. Change from previous step은 stepwise regression procedure를 가리킨다.

Overall(score)도 모형에서 회귀계수 B의 값이 모집단에서 0인지를 검정하는 방법으로 Chi-square 분포를 하며 LR과 거의 비슷하다. Overall score는 또한 global Chi-square 혹은 overall Chi-square라고도 한다.

*df*는 현재 모형에 있는 변수의 개수에서 previous 모형의 변수의 개수를 빼 준 것으로 degree of freedom이고 여기서는 9 − 0 = 9가 된다 Sig는 Chi-square 검정으로 계산한다.

본 예에서 공변량을 전혀 포함하지 않은 block 0의 −2LL과 공변량을 포함하는 block 1의 −2LL의 차이가 33.53이고 sig는 $p < 0.0001$이므로 최소한 모집단의 회귀계수는 0이 아니라고 할 수 있다. Score test도 LR과 같은 결과를 보여 주고 있다. 다음은 Cox regression의 coefficient에 대한 정보이다.

Variables in the Equation

	B	SE	Wald	df	Sig.	Exp(B)	95.0% CI for Exp(B)	
							Lower	Upper
SEX	1.258	.444	8.014	1	.005	3.517	1.472	8.401
SMOKE	1.196	.408	8.586	1	.003	3.306	1.486	7.355
BMI	.067	.034	3.970	1	.046	1.070	1.001	1.143
AGE	.043	.024	3.286	1	.070	1.044	.997	1.093
HTN	-.563	.495	1.296	1	.255	.569	.216	1.502
DM	.706	.442	2.554	1	.110	2.026	.852	4.815
SBP	.020	.013	2.524	1	.112	1.020	.995	1.046
LTG	-.651	.515	1.602	1	.206	.521	.190	1.429
LACR	.412	.109	14.352	1	.000	1.511	1.220	1.870

위의 표에서 B는 추정된 공변량의 회귀계수이고, SE는 B의 표준오차이고 Wald는 Wald 통계량, df는 자유도, Sig는 회귀계수의 통계적 유의성, Exp(B)는 relative hazards 그리고 relative hazards의 95% 신뢰구간을 보여 주고 있다.

다른 회귀모형과 마찬가지로 비례모형에서 추정된 계수의 수치는 변수의 '중요성'을 나타내고 있는 것은 아니다. 회귀계수의 실제 값은 그 변수의 측정단위와 모형에서 다른 변수들과의 관계에 달려있다. 다만 회귀계수가 양수이면 hazard가 증가하는 것이고 음수이면 감소하는 것을 의미한다.

위의 결과로 추정된 모형은 $h(t) = [h_0(t)]^{\exp(1.2 * SEX + 1.1 * SMOKE + 0.06 * BMI 0.04 * age - 0.5 * HTN + 0.7 * DM + 0.02 * SBP - 0.6 * LTG + 0.4 * LACR)}$가 된다. Wald 추정량은 모형에서 각 독립변수가 얼마나 공헌(contribution)하고 있는지의 중요성을 나타내며 $(B/S.E)^2$로 계산한다. 예를 들면 sex 변수의 경우 $(1.258/0.444)^2 = 8.02$가 된다. Wald 추정량이 클수록 모형에서 변수의 공헌도는 크다.

Wald 통계량의 단점은 회귀계수의 절대값이 커지면 추정된 표준오차가 너무 커지게 되고 Wald 통계량은 너무 작게 계산되어 계수가 0이라는 영가설을 기각할 수 없게 된다는 점이다. 그러므로 회귀계수의 절대값이 크면 Wald 통계량 대신 likelihood를 사용하게 된다. 위에서 Wald 통계량으로 봐서 LCAR, SEX, SMOKE 변수의 공헌도가 크다.

종속변수인 CVD가 발생할 때까지 걸리는 시간(time to CVD occurrence)에 의미 있게 영향을 주는 예측인자는 성별($p < 0.005$), 흡연 유무($p < 0.005$), BMI ($p < 0.05$) 그리고 소변의 albumin creatinine ratio값($p < 0.000$)이었다. 즉 성별의 경우 기준집단이 0인 여자에 비해 남자에서 CVD가 발생할 때까지 걸리는 시간의 hazards ratio가 $3.517(= \exp^{1.258})$이고 95% 신뢰구간은 1.472 ~ 8.401이다. 같은 이치로 담배를 피우지 않은(0) 집단에 비해 피우는 집단은 CVD가 발생할 때까지 걸리는 시간의 hazards ratio가 3.306(3.306 − 1 = 2.306, 즉 230% 증가한다는 의미)이고 BMI가 1 증가할 때마다 그리고 urine albumin creatinine ratio에 log를 취한 값이 1 증가할 때마다 CVD가 발생할 때까지 걸리는 시간의 hazards ratio가 각각 1.070(즉 1.070 − 1 = 0.070, 즉 7% 증가한다는 의미), 1.511(즉 1.511 − 1 = 0.511 = 51.1%)배씩 증가한다. 반면 혈압과 혈청 triglyceride의 회귀계수의 값은 minus로 계산되었으므로 고혈압이 없는(0) 집단에 비해 고혈압이 있는(1) 집단은, 그리고 혈청 triglyceride의 값에 log를 취한 값이 1단위 증가할수록 CVD가 발생할 때까지 걸리는 시간의 hazards ratio가 각각 0.569(즉 0.569 − 1 = −0.431, 즉 −43.1% 증가한다는 의미이므로 43.1% 감소한다는 의미이다), 0.521배씩 감소한다. 회귀계수가 양수이면 $\exp^{(B)}$의 값은 1보다 크고, 회귀계수의 값이 음수이면 $\exp^{(B)}$의 값은 1보다 작다. Age나 SBP,

소변 albumin creatinine ratio 그리고 TG와 같이 연속형인 numeric 변수로 coding된 경우의 회귀계수의 해석은 연속형 변수가 한 단위 증가할 때마다 time to event의 relative hazards가 $exp^{(B)}$만큼 증가한다는 의미이다. 나이의 경우 나이가 한 살 증가할 때마다 CVD가 발생할 때까지 걸리는 시간의 hazards ratio가 1.044배 증가한다고 해석이 된다. 그럼 10살 증가하면 $exp^{(B)}$가 1.044 * 10 = 10.44배 증가한다는 것일까? 아니다. 지수함수적으로 $exp^{(B)}$가 증가하므로 10살이 증가하면 relative hazards는 $1.044^{10} = 1.538$배 증가하는 것이다.

Hazards rate가 1보다 크면 reference group에 비해 group of interest는 short time to event가 발생할 hazards가 likely하다는 의미이고, 1보다 작으면 short time to event가 발생할 hazards가 less likely하다는 의미이다.

다음으로 비교하는 범주형 변수의 기준을 바꾸면 결과는 어떻게 나올까? 즉 기준치를 높게 coding한 집단으로 바꾸어서 다시 Cox 회귀를 하면 다음과 같은 결과가 나온다.

Variables in the Equation

	B	SE	Wald	df	Sig.	Exp(B)	95.0% CI for Exp(B)	
							Lower	Upper
SEX	−1.258	.444	8.014	1	.005	.284	119	.679
SMOKE	−1.196	.408	8.586	1	.003	.303	136	.673
BMI	.067	.034	3.970	1	.046	1.070	1 001	1.143
AGE	.043	.024	3.286	1	.070	1.044	997	1.093
HTN	.563	.495	1.296	1	.255	1.756	666	4.632
DM	−.706	.442	2.554	1	.110	.494	208	1.173
SBP	.020	.013	2.524	1	.112	1.020	995	1.046
LTG	−.651	.515	1.602	1	.206	.521	190	1.429
LACR	.412	.109	14.352	1	.000	1.511	1.220	1.870

통계적인 유의성이 있는 변수는 변함이 없으나 B의 부호의 방향이 반대로 변했다. HTN, LTG 변수의 부호가 negative에서 positive로 sex, smoke, DM 그리고 LTG는 positive에서 negative로 바뀌었다. 그러나 BMI, AGE, SBP의 연속형인 numerical value는 바뀌지 않는다. 기준값은 범주형 변수만 해당되는 사항이다. sex인 경우 여자가 기준인 경우의 relative hazards는 3.517이었지만 남자가 기준인 경우에는 relative hazards가 0.284가 되었다. 여자에 비해 남자의 time to occurrence의 relative hazards가 3.517배 높다는 의미이나 남자에 비해 relative hazards가 1/3.517 = 0.284배 높다고 하는 것이나같은 의미이다. 왜냐하면 0.284는 1보다 작으니 실제의 의미는 relative hazards가 낮다는 의미이다.

Cox regression를 할 때 처음 5.6에서 이 자료를 가지고 Kaplan-Meier를 이용해서 sex 변수를 factor로 하여 분석했을 때 성별에 따른 생존율의 차이는 없었다(결과 참조). 그런데 Cox regression에서는 성별에 따라서 CVD가 발생하는 데 걸리는 시간의 relative hazards가 남자에서 높았으며 $p = 0.05$였다. 왜 이런 차이가 나오는 것일까?

다변수분석 방법인 Cox 비례위험 모형은 여러 변수를 동시에 투입한 후 회귀분석을 통하여 다른 변수를 보정하고 성별에 대한 차이를 검정하였기 때문이다. 다른 공변량 없이 sex 변수 하나만으로 Cox 회귀를 하면 다음과 같이 성별 사이에 유의한 차이는 없다고 나오며 Kaplan-Meier와 같은 결과를 보인다.

Variables in the Equation

	B	SE	Wald	df	Sig.	Exp(B)
SEX	-.524	.356	2.172	1	.141	.592

다음은 생명표와 모형에 투입된 각 공변량의 평균에 대한 결과이다. 공변량이 범주형 변수인 sex, smoke, HTN, DM의 평균은 큰 의미가 없다. 생명표에서는 사건이 발생한 관찰시간에(Time) 따라 baseline cumulative hazard와 투입된 공변량의 평균값에 따라 생존율과 표준오차 그리고 cumulative hazard를 보여 주고 있다.

Baseline survival function과 regression coefficient로 공변량의 다른 수치에 대해 cumulative survival function을 추정할 수 있다. 즉 $S(t) = S_0(t)^{\exp(\beta X)}$의 식으로 구한다. 또한 baseline cumulative hazard function으로 $S_0(t) = \exp^{-H0(t)}$의 식에 의해서 baseline cumulative survival function을 구할 수 있다. 만약 covariate가 하나도 없으면 추정된 baseline cumulative survival은 Kaplan-Meier에서 계산된 값과 같다.

Survival Table

Time	Baseline Cum Hazard	At mean of covariates		
		Survival	SE	Cum Hazard
.2	.000	.992	.008	.008
.5	.000	.984	.012	.016
1.1	.000	.976	.015	.025
1.3	.001	.958	.020	.043
1.5	.001	.948	.023	.053
2.0	.001	.938	.025	.064
2.1	.002	.917	.030	.087
2.5	.002	.906	.033	.099
2.6	.002	.895	.035	.111
2.7	.003	.860	.041	.150
2.9	.003	.848	.043	.165
3.0	.003	.835	.045	.180
3.2	.004	.823	.047	.195
3.3	.004	.810	.049	.211
3.6	.004	.796	.051	.228
3.8	.005	.782	.053	.245
4.1	.005	.767	.055	.265
4.2	.005	.751	.057	.286
4.5	.006	.717	.061	.333
4.6	.007	.700	.063	.357
4.9	.007	.683	.064	.382
5.0	.008	.665	.066	.408
5.7	.008	.646	.067	.436
6.1	.009	.627	.069	.467
6.3	.010	.605	.070	.502
6.6	.010	.577	.073	.550
6.8	.011	.547	.075	.603

Covariate Means

	Mean
SEX	.456
SMOKE	.456
BMI	30.094
AGE	63.506
HTN	.397
DM	.441
SBP	128.779
LTG	4.561
LACR	3.497

다음은 위에서 계산된 survival table을 관찰시간에 따라 plot을 보여 주고 있다. Cox regression에서 보여 주는 생존곡선은 모형에 투입된 모든 공변량의 영향을 고려해서(default는 모형에 투입한 모든 공변량의 평균값으로) plot을 한 것이다.

그러므로 생명표방법이나 Kaplan-Meier 방법에서 공변량의 영향을 전혀 보정하지 않고 그린 생존곡선과는 다르게 나온다. 그리고 log minus log function graph는 proportionality의 가정을 점검할 때 사용된다.

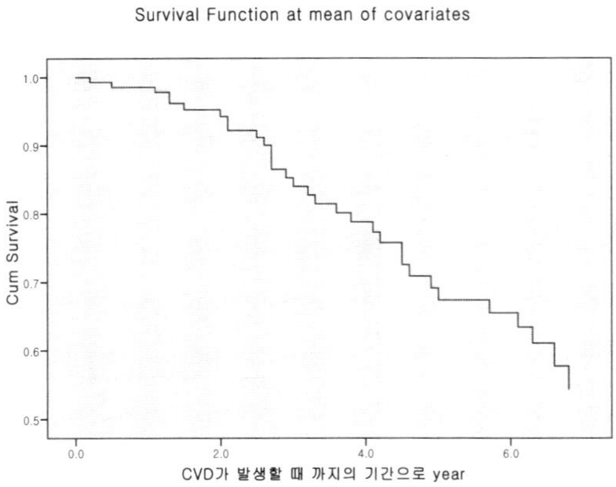

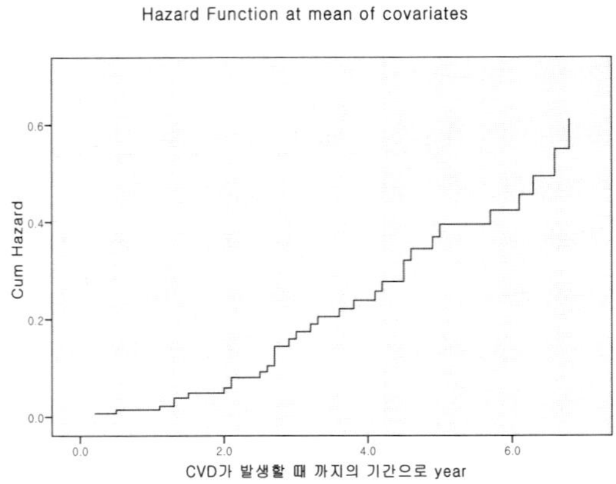

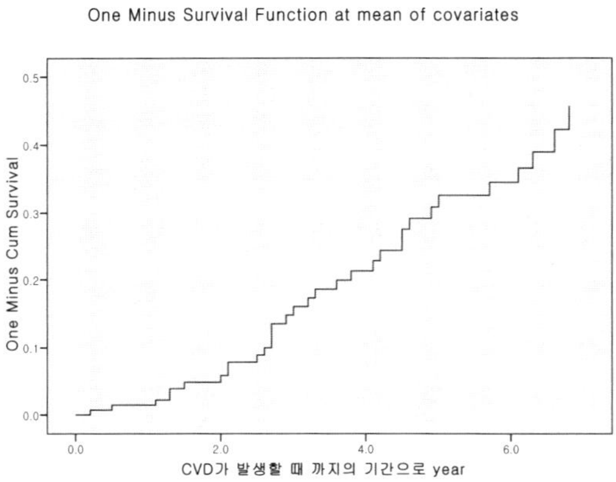

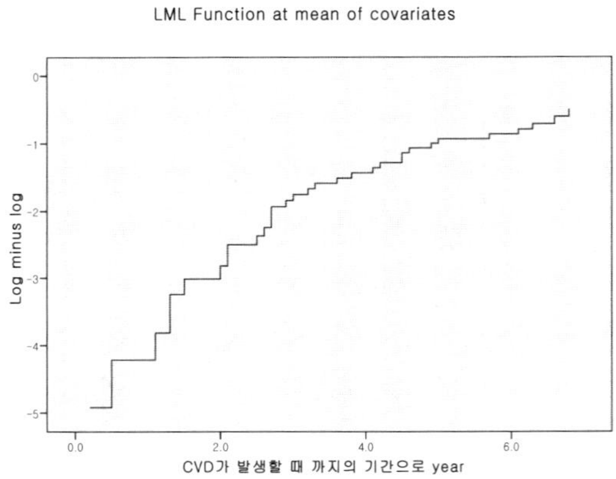

5.6.4 Cox regression에서 예측변수의 투입방법

다음으로 살펴볼 사항은 모형에 변수를 투입하는 방법이다. 위의 예에서는 Enter 방법으로 한 번에 모든 변수를 동시에 투입했다. 다른 변수투입 방법은 다른 결과를 도출할까? 그렇다. 대부분 회귀계수의 값은 다르게 나오며 모형에서 의미 있는 예측변수도 바뀐다. 투입하는 방법뿐 아니라 투입하는 변수의 개수에 따라서도 결과는 대부분 다르게 나온다. 만약 결과가 같다고 나오면 그 모형은 확실한 모형이라고 할 수 있다. 이번에는 모든 조건은 같게 하고 변수투입 방법만 Enter에서 forward: conditional 방법으로 분석을 해보자. 다음은 결과이다.

Block 0: Beginning Block

Variables not in the Equation [a]

	Score	df	Sig.
SEX	2.221	1	.136
SMOKE	.124	1	.724
BMI	2.071	1	.150
SBP	3.590	1	.058
LACR	17.030	1	.000
LTG	.667	1	.414
AGE	2.835	1	.092
HTN	1.061	1	.303
DM	7.601	1	.006

a. Residual Chi Square = 33.342 with 9 df Sig. = .000

Block 0: Beginning Block은 모든 변수를 포함하지 않았을 때의 초기 모형이다. Forward selection은 처음 모형에 변수를 하나도 포함하지 않은 상태에서 시작한다. 위의 residual Chi-square는 모형에 공변량이 하나도 포함되지 않았을 때 모든 변수들의 회귀계수가 0이라는 가설을 검정할 때 사용한다. 자유도가 9일 때 sig가 0.000이므로 모형에 공변량이 전혀 포함되지 않았을 때 모든 변수들의 회귀계수가 0이라는 영가설을 기각한다. 즉 회귀계수는 0이 아니다.

두 번째 column의 Score는 score 통계량을 말하며 모형에서 변수의 기여도를 나타낸다. 그러므로 score 통계량이 가장 큰 LACR 변수가 처음으로 분석에 투입된다.

Block 1: Method = Forward Stepwise(Conditional LR)는 공변량을 포함했을 때이다. 총 5단계에 걸쳐 변수가 모형에 투입되었다. Score 통계량이 가장 큰 LACR이 처음 모형에 투입되었고 다음 순서대로 sex, age, smoke 그리고 DM 변수로 모형에 투입되었다. 모형에 공변량이 하나도 없을 때의 −2LL은 249.145 이었으나 LACR 변수가 투입됐을 때의 −2LL은 236.397이므로 change from previous block은 249.145 − 236.397 = 12.747이 된다. 다음 변수인 sex도 249.145 − 232.360 = 16.785가 된다. 여기서 −2LL의 값은 작을수록 좋은 모형이며 완전한 모형이면 likelihood function의 값은 1이고 −2LL은 0이 된다.

Block 1: Method = Forward Stepwise (Conditional LR)

Omnibus Tests of Model Coefficients [f,g]

Step	-2 Log Likelihood	Overall (score)			Change From Previous Step			Change From Previous Block		
		Chi-square	df	Sig.	Chi-square	df	Sig.	Chi-square	df	Sig.
1[a]	236.397	17.030	1	.000	12.747	1	.000	12.747	1	.000
2[b]	232.360	19.423	2	.000	4.038	1	.044	16.785	2	.000
3[c]	228.530	21.271	3	.000	3.830	1	.050	20.615	3	.000
4[d]	224.888	24.753	4	.000	3.641	1	.056	24.257	4	.000
5[e]	220.899	27.820	5	.000	3.989	1	.046	28.246	5	.000

a. Variable(s) Entered at Step Number 1: LACR

b. Variable(s) Entered at Step Number 2: SEX

c. Variable(s) Entered at Step Number 3: AGE

d. Variable(s) Entered at Step Number 4: SMOKE

e. Variable(s) Entered at Step Number 5: DM

f. Beginning Block Number 0, initial Log Likelihood function: -2 Log likelihood: 249.145

g. Beginning Block Number 1. Method = Forward Stepwise (Conditional LR)

Variables in the Equation

		B	SE	Wald	df	Sig.	Exp(B)
Step 1	LACR	.290	.073	15.937	1	.000	1.336
Step 2	SEX	.752	.377	3.973	1	.046	2.121
	LACR	.335	.081	17.260	1	.000	1.398
Step 3	SEX	.868	.382	5.172	1	.023	2.383
	LACR	.367	.090	16.509	1	.000	1.443
	AGE	.039	.020	3.761	1	.052	1.040
Step 4	SEX	.990	.387	6.528	1	.011	2.690
	SMOKE	.732	.380	3.723	1	.054	2.080
	LACR	.427	.097	19.299	1	.000	1.533
	AGE	.043	.020	4.373	1	.037	1.043
Step 5	SEX	1.096	.400	7.491	1	.006	2.991
	SMOKE	.952	.397	5.744	1	.017	2.590
	LACR	.371	.102	13.261	1	.000	1.449
	AGE	.043	.021	4.233	1	.040	1.044
	DM	.824	.419	3.865	1	.049	2.280

두 번째 단계에서 sex 변수가 세 번째에서 age 변수가 4번째 단계에서 smoke가 5번째 단계에서 DM 변수가 추가되었다. 변수의 score 통계량의 probability가 0.05보다 작다면 모형에 투입되는 것이고 removal statistic(conditional, Wald or likelihood ratio)의 probability가 0.1이상(〉=)이면 모형에서 제거된다. 그러므로 5단계 이후 더 이상 모형에 투입되는 변수는 없다.

다음은 방정식에 포함되지 않은 변수에 대한 정보를 각 단계별로 보여 주고 있다. 처음 단계에서는(step 1) LACR 변수만 투입되었으므로 LACR 변수를 제외하고 나머지 변수들의 score 통계량, 자유도, sig를 보여 주고 있다. Sex 변수의 score 통계량이 가장 크므로 다음에 sex변수가 투입된다. 두 번째 단계에서는 sex와 LACR 변수를 제외한 나머지 변수들의 정보이다. 여기에서는 age 변수의 score 통계량이 가장 크므로 다음으로 age 변수가 투입된다. 계속 같은 방법으로 모형에 남아있게 될 변수가 결정된다.

Variables not in the Equation [a,b,c,d,e]

		Score	df	Sig.
Step 1	SEX	4.149	1	.042
	SMOKE	2.215	1	.137
	BMI	1.442	1	.230
	SBP	1.532	1	.216
	LTG	.047	1	.828
	AGE	2.667	1	.102
	HTN	.571	1	.450
	DM	2.083	1	.149
Step 2	SMOKE	3.149	1	.076
	BMI	1.472	1	.225
	SBP	.869	1	.351
	LTG	.010	1	.920
	AGE	3.868	1	.049
	HTN	.338	1	.561
	DM	2.087	1	.149
Step 3	SMOKE	3.849	1	.050
	BMI	1.923	1	.165
	SBP	.107	1	.743
	LTG	.025	1	.873
	HTN	.086	1	.770
	DM	2.032	1	.154
Step 4	BMI	3.408	1	.065
	SBP	.276	1	.599
	LTG	.023	1	.879
	HTN	.069	1	.793
	DM	3.997	1	.046
Step 5	BMI	2.370	1	.124
	SBP	.079	1	.778
	LTG	.666	1	.414
	HTN	.034	1	.854

a. Residual Chi Square = 20.656 with 8 df Sig. = .008
b. Residual Chi Square = 20.183 with 7 df Sig. = .005
c. Residual Chi Square = 14.939 with 6 df Sig. = .021
d. Residual Chi Square = 10.309 with 5 df Sig. = .067
e. Residual Chi Square = 5.450 with 4 df Sig. = .244

Model if Term Removed

Term Removed		Loss Chi-square	df	Sig.
Step 1	LACR	12.747	1	.000
Step 2	SEX	4.051	1	.044
	LACR	15.3[illegible]1	1	.000
Step 3	SEX	5.254	1	.022
	LACR	15.803	1	.000
	AGE	3.832	1	.050
Step 4	SEX	6.614	1	.010
	SMOKE	3.646	1	.056
	LACR	18.998	1	.000
	AGE	4.455	1	.035
Step 5	SEX	7.632	1	.006
	SMOKE	5.620	1	.018
	LACR	12.957	1	.000
	AGE	4.306	1	.038
	DM	4.002	1	.045

위의 결과에서 Model if term removed는 conditional(변수 선택법에서 conditional을 선택했다) 기준을 사용해서 변수를 제거하는 검정을 하는 것을 도와준다. 단계 1에서 LACR 변수의 sig는 p 〈 0.000이므로 exclusion criteria인 0.10보다 작으므로 모형에서 제외되지 않고 남아있게 된다. 다음 단계도 같은 이치로 해석하면 된다.

Conditional forward 방법으로 변수를 투입시 time to occurrence CVD에 유의하게 영향을 미치는 공변량은 LACR, sex, smoke, age, DM이었다. 같은

변수에 변수투입 방법을 enter로 했을 때는 sex, smoke, BMI 그리고 LACR 값이었다. 즉 forward conditional 방법에서는 age가 의미 있다고 나오고 BMI는 의미 없다고 나왔으며, enter에서는 BMI는 의미 있고 age는 의미 없다고 나왔다.

Variables in the Equation

		B	SE	Wald	df	Sig.	Exp(B)
Step 1	SEX	1.258	.444	8.014	1	.005	3.517
	SMOKE	1.196	.408	8.586	1	.003	3.306
	BMI	.067	.034	3.970	1	.046	1.070
	SBP	.020	.013	2.524	1	.112	1.020
	LACR	.412	.109	14.352	1	.000	1.511
	LTG	-.651	.515	1.602	1	.206	.521
	AGE	.043	.024	3.286	1	.070	1.044
	HTN	-.563	.495	1.296	1	.255	.569
	DM	.706	.442	2.554	1	.110	2.026
Step 2	SEX	1.173	.430	7.427	1	.006	3.231
	SMOKE	1.112	.402	7.640	1	.006	3.040
	BMI	.056	.032	2.952	1	.086	1.057
	SBP	.012	.011	1.326	1	.249	1.012
	LACR	.392	.109	13.026	1	.000	1.480
	LTG	-.510	.502	1.034	1	.309	.600
	AGE	.032	.022	2.111	1	.146	1.033
	DM	.788	.428	3.385	1	.066	2.200
Step 3	SEX	1.191	.425	7.833	1	.005	3.289
	SMOKE	1.040	.400	6.776	1	.009	2.830
	BMI	.056	.033	2.872	1	.090	1.057
	SBP	.008	.010	.737	1	.391	1.009
	LACR	.364	.104	12.176	1	.000	1.439
	AGE	.037	.022	2.715	1	.099	1.038
	DM	.700	.430	2.645	1	.104	2.014
Step 4	SEX	1.220	.425	8.234	1	.004	3.387
	SMOKE	1.002	.392	6.526	1	.011	2.724
	BMI	.045	.029	2.347	1	.126	1.046
	LACR	.382	.102	13.920	1	.000	1.465
	AGE	.043	.021	4.128	1	.042	1.044
	DM	.735	.421	3.049	1	.081	2.086
Step 5	SEX	1.096	.400	7.491	1	.006	2.991
	SMOKE	.952	.397	5.744	1	.017	2.590
	LACR	.371	.102	13.261	1	.000	1.449
	AGE	.043	.021	4.233	1	.040	1.044
	DM	.824	.419	3.865	1	.049	2.280

그리고 LACR, sex, smoke 변수는 양쪽 방법에서 모두 의미 있다고 나왔다. 다른 조건은 같게 하고 변수투입 방법을 backward conditional로 하면 위와 같이 forward conditional과 같은 결과가 나온다.

그러면 어떤 모형을 우리는 선택해야 하는가? Backward selection과 forward selection이 같은 결과를 도출한다면 이것은 모형이 확실하다고 할 수 있는 신호라고 할 수 있다. 그러나 불행하게도 결과는 대부분 항상 다르게 나온다. 본서에서 사용된 예제는 forward conditional과 backward conditional이 같은 결과를 도출했기 때문에 모형이 어느 정도 확실하다고 볼 수 있다. 이 자료는 가상적인 자료로 맞춘 자료이기 때문이지 실제 연구자의 자료가 이렇게 나오기는 쉽지 않다.

그러면 연구자는 변수선택의 방법을 전부 사용해서 결과를 분석해야 하는가? 절대적으로 아니다. 대부분의 연구자들은 변수선택 방법을 사용하는 것은 좋은 방법이 아니라는 사항에 동의를 하고 있다. 모형에 어떤 변수를 투입할 것인가를 결정하는 데는 이론적이거나 경험적인 발견을 기초로 연구자에 의해서 결정되어야 한다. 모든 변수를 모형에 투입하면 outcome에 causal pathway에 있는 변수가 모형에서 제외되거나 또는 선택되지 않을 가능성에 대한 위험을 감수해야 한다. 그러므로 변수선택법의 사용은 다음과 같은 경우에 사용하기를 권장한다.

1) 연구 주제의 질문에 아주 간결한 해답을 찾고자 할 때
2) 자료의 영향을 최소화 하고자 할 때
3) 표본의 크기가 충분하지 않을 때 사용하는 것이 좋다.

또 어떤 변수를 몇 개 투입하느냐에 따라서 공변량의 회귀계수의 값은 바뀐다. 즉 변수가 3개, 5개, 9개 투입할 때마다 유의한 독립변수는 달라진다. 어떤 변수의 모형에서의 중요성 혹은 공헌도는 다른 변수가 모형에서 얼마나 중요하게 공헌하는가를 고려해서 결정이 되기 때문이다. 그럼 어떤 변수를 모형에 투입해야 할까? 다음은 하나의 지침이다. 관심 있는 위험인자와 결과변수와 위험인자 사이의 관계에 잠재적인 혼란변수(confounder)를 모형에 포함시켜야 한다. 그러나 어떤 변수가 연구자의 모형에서 혼란변수인지 결정하기는 항상 쉬운 것만은 아니다. 이질적이고, 과다하며(redundant), 결측자료가 많거나 혹은 결과변수와 위험인자를 중재하는 변수는 모형의 투입에서 제외해야 한다. 또한 연구자는 이론적으로 혹은 과거의 연구에서 혼란변수라고 알려진 모든 변수를 모형에 투입해야 한다. 또한 이론적으로 혹은 과거에 보고된 변수를 포함하는 것 이외에도, 연구자의 자료에서 경험적인 정의에 맞는 모든 변수들을 또한 모형에 투입해야 한다. 보다 엄밀하게 말하면, 독립변수가 위험인자와 결과변수 사

이에서 intervening하지 않다고 생각되면, 이변량분석에서 위험인자와 결과변수 사이에 관계있는 모든 독립변수를 모형에 포함해야 한다.

5.6.5 Cox regression 모형의 진단

LML plot은 비례 모형의 가정을 조사하는 곳에 이용된다. 그 외 Cox 모형을 진단하는 데는 cumulative hazard function(= Cox-Snell residual), partial residual (= Schoenfeld residual), Dfbeta 그리고 X'beta를 이용한다. 그림 5.8에서 모든 항목을 선택하면 계산된 결과가 새로운 변수로 저장되어 자료 SPSS의 입력화면의 오른쪽에 display 된다. 즉 cumulative hazard function(= Cox-Snell residual)은 haz_1로, partial residual은 pr1_1으로, Dfbeta는 dfb1_1로 그리고 X'beta는 xbe_1이라는 변수가 새로 만들어진다. 본 예제에서는 투입된 공변량이 9개이므로 partial residuals과 DfBeta(s)는 각 공변량에 대해 만들어지므로 9개가 만들어진다.

5.6.5.1 Partial residuals: proportionality의 검정

Partial residuals(= Schoenfeld residual)은 시간과는 독립적이다. 그러므로 partial residual을 시간에 대해서 plot을 해보면 비례위험의 가정을 위반하는지를 검정할 수가 있다. Partial residuals은 중도절단 된 대상자에서는 계산이 안 되고 uncensored 대상자에서만 계산이 된다. 공변량에 대한 partial residuals은 대상자의 관찰치와 예측치의 차이이다. 예측치는 현재 대상자가 사건이 발생했을 때, 아직까지 사건이 발생할 위험이 있는 모든 대상자로부터 계산이 된다. 비례가정에 맞으면 partial residual의 값은 0에 가까워진다. 여기서는 age와 시간에 대해서만 partial residual에 대해 scatter plot을 그려보자. 다른 공변량의 partial residual도 같은 방법으로 하면 된다.

SPSS 주화면에서 Graphs ▶ Interactive ▶ Scatter plot……을 선택하여 그림 5.10과 같이 수평축에는 관찰시간인 time을, 수직축에는 age의 partial residuals(pr7_1)을 지정한다.

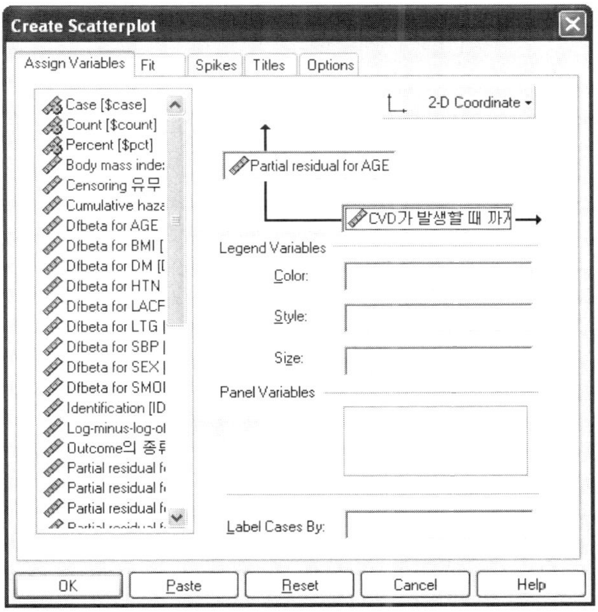

〈그림 5.10〉

OK를 click한다. 다음은 결과이다. 결과를 보면 age에 대한 partial residuals 이 y축에서 0을 중심으로 비교적 균등하게 분포되어 있는 것을 알 수 있다. 이런 경우 공변량 age 변수는 비례모형의 가정에 맞는 것이다.

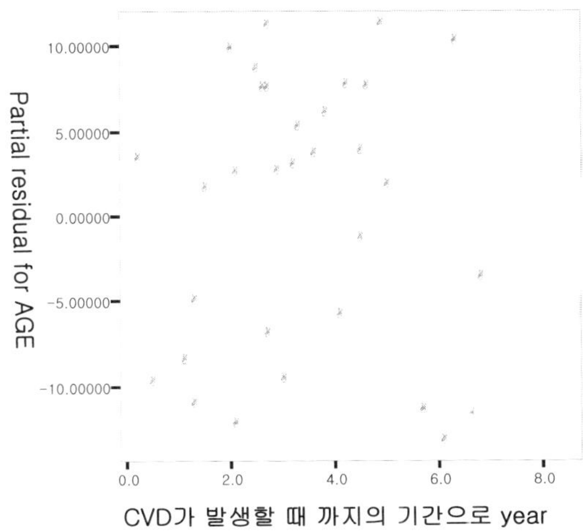

5.6.5.2 Martingale residuals: Log hazard function의 선형성의 조사

다음은 log hazard function의 선형성(linearity)에 대한 사항이다. 이 장의 5.3.2 Cox 모형의 가정에서 $\ln[\frac{h_i(t)}{h_0(t)}] = b_1X_1 + b_2X_2 + \cdots b_kX_k$ 에서 hazard function과 독립변수인 공변량 사이에는 서로 log-linear 관계가 있다고 하였다. 이 가정에 자신의 자료가 맞는지 확인하는 방법은 어떻게 알 수 있을까? 처음에 Cox-Snell residual(= cumulative hazard function)이 선형의 가정을 검정하는 곳에 이용되었으며 지금은 cumulative hazard function으로 martingale residual을 구축하는 표준이 되었다.

Martingale residuals은 SPSS의 Cox 회귀 결과 자동적으로 변수로 저장되지 않지만 다음과 같이 쉽게 계산할 수 있다. 즉 중도절단 된(censored observation) 대상자의 martingale residuals = −haz_1이고, uncensored된, 즉 사건이 발생한 대상자에서 martingale residuals = 1 − haz_1이다. 1 − haz_1은 Transform ▶ Compute Variable……에서 계산한다. 그럼 uncensored(본 예제에서는 1로 coding) 된 대상자의 martingale residuals을 구해 보자.

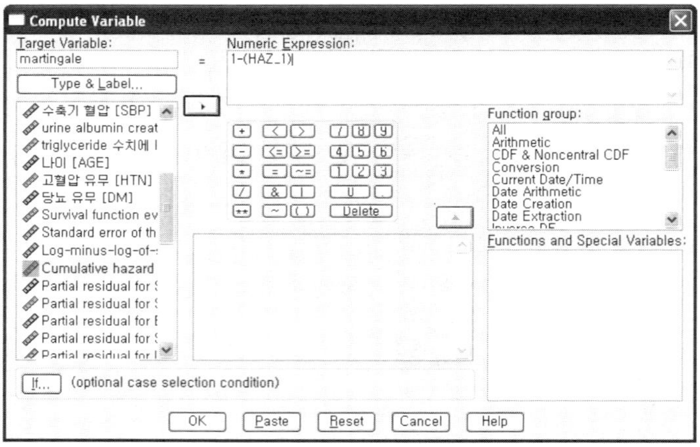

〈그림 5.11〉

먼저 그림 5.11과 같이 Target Variable: 에 본인이 만들고자 하는 변수의 이름을 정하고(여기서는 편의상 martingale로) 오른쪽의 Numeric Expression: 에 1 − (Haz_1)을 지정한다. 다음에 If……를 click하여 그림 5.12와 같이 Cens = 0을 지정해 주고 Continue를 클릭하고 Compute Variable 주화면에서 OK를 누른다.

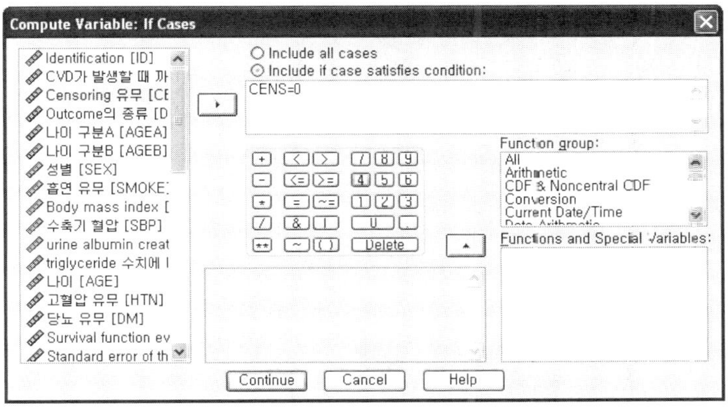

〈그림 5.12〉

그러면 자료입력 화면에 새로운 변수 martingale가 생겼고 Cens가 0인 대상자에 대해서 계산이 되었다. 같은 방법으로 Cens = 0인 대상자는 −(haz_1)로 계산한다. 우리가 대상자의 상태를 나타내는 Cens 변수를 coding할 때 censored = 0으로 event = 1로 coding했다면, martingale residuals은 observed event code − predicted cumulative hazard로 계산되고 이것을 Cox-Snell residual이라고 한다. 즉 본 예에서는 Cens − haz_1로 계산하면 된다. 예를 들면 첫 번째 대상자의 Cens = 0이고 haz_1 = 0.55647이므로 martingale residuals = 0 − 0.55647 = −0.56이 된다.

Martingale residuals을 모두 더하면 0이 되고 가장 큰 가능한 수치는 1이고 0주위에서 대칭적이지 않다. Martingale residuals과 각 예측변수의 수치(여기서는 나이)와 혹은 X'Beta와 scatter plot을 그려 log hazard function의 선형성을 조사한다.

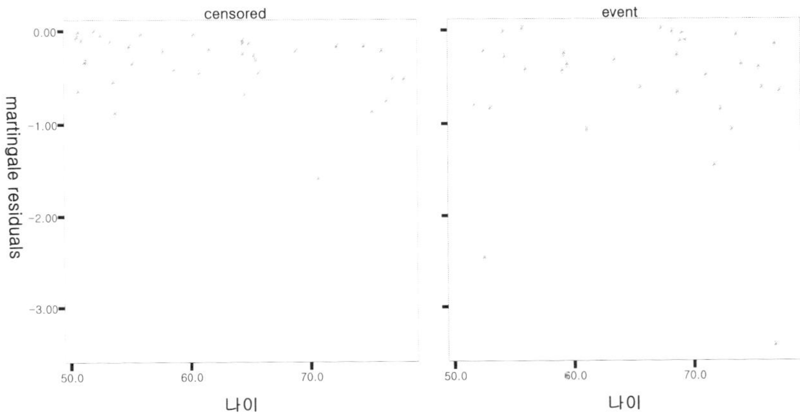

이상적으로 log hazard function의 linearity의 가정에 맞으면 수직축인 martingale residuals의 값 0을 중심으로 horizontal 하게 scatter하여 직선으로 보인다. 본 예에서는 거의 선형의 경향을 보이고 있다. 하지만 censored인 경우는 1명의 대상자에서 martingale residuals이 거의 −2의 값을 event의 경우는 2명에서 −2.5, −3을 보이고 있고 이 대상자는 outlier에 속한다고 볼 수 있다. 다음 결과는 censored, event로 구분하지 않고 모든 대상자에 대한 plot으로 outlier는 7번, 45번 그리고 50번 대상자이고 martingale residuals이 0과 −1 사이에서 대부분 horizontal 하게 scatter하며 선형의 경향을 보이고 있다.

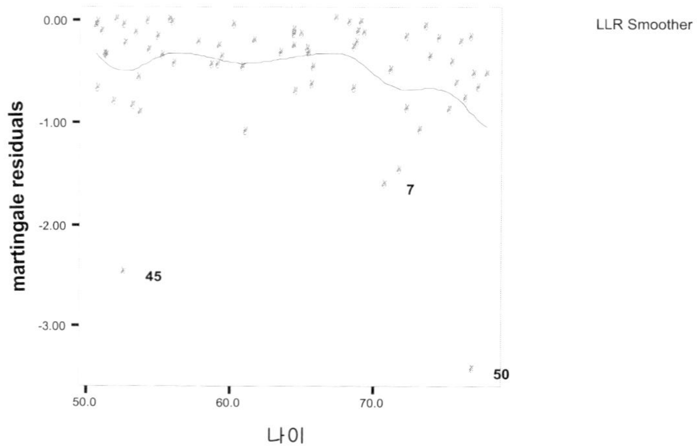

다음은 martingale residual과 linear predictor score인 X'Beta와(DBE_1) scatter plot을 해보면 다음과 같다.

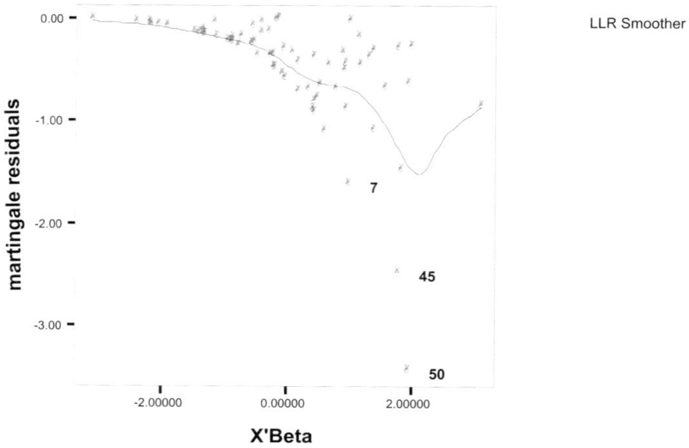

역시 선형의 가정이 맞으면 분포의 양상이 일직선을 그리지만 본 예제에서는 완전한 직선은 아니나 어느 정도 직선의 양상을 보이고 있다. 그럼 linearity를 구분하는 어떤 판단기준이 있는가? 여기서 linearity의 판단은 어느 정도 주관적인 판단이다. Scatter plot이 심하게 선형의 가정에서 어긋나지 않았으면 수용할 수 있다.

모형에 투입되는 예측변수가 continuous 변수인 경우 martingale residual은 예측변수의 수치와 log of hazard가 linear한 관계가 있는지를 check하는 데 유용하다. 그러기 위해서는 linearity를 check하려는 공변량을 모형에서 제외하고 계산한 martingale residual과 check하려는 공변량을 서로 plot을 하여 두 변수 사이의 어느 정도 linear한 관계를 보여야 linearity를 만족한다고 할 수 있다.

5.6.5.3 Influential case

Influential case란 분석결과에 과도하게 영향을 끼치는 대상자를 말한다. 대상자를 분석에 포함했을 때와 제외했을 때 회귀계수의 수치가 심하게 차이가 나는 경우 influential case라고 할 수 있다. Cox proportional hazard 모형은 생존기간을 순서화 한 후 rank한 것을 이용하기 때문에 parametric analysis보다는 outlier가 회귀계수에 미치는 영향이 적다고 할 수 있다.

Cox 회귀에서 influential case의 분석은 martingale residual로 log linear의 가정을 점검하면서 같이 점검할 수 있다. 즉 해당되는 공변량(여기서는 age를 예로)의 Xfbeta(XFB7_1)와 각 개인에 대해서(ID 변수에 해당) scatter plot을 그리서 influential case를 알 수 있다. Xfbeta 통계량은 해당되는 공변량이 모형에 있을 때와 없을 때의 회귀계수의 변화량을 측정한 것이다. 다음은 censored case와 uncensored case로 plot한 결과로 censored 된 대상자의 경우에는 Dfbeta 0에 몰려있는 것을 볼 수 있으며 사건이 발생한 uncensored 된 대상자에서는 Dfbeta에서 멀리 떨어져 있는 대상자도 2명이나 된다. 즉 사건이 발생한 대상자들이 더 influential 하다고 할 수 있다. 즉 Dfbeta 0 주위에 분포하는 대상자는 영향력이 적다고 할 수 있다. 영향력이 큰 대상자가 몇 번째 ID에 해당하는 대상자인지 알아보려면 SPSS 결과에서 그림을 double click하여 chart editor 상태에서 마우스 왼쪽 버튼을 영향력이 큰 대상자에 클릭한 후 다시 마우스 오른쪽 버튼을 클릭해서 Symbol label을 선택하면 의의 그림과 같이 ID 45번과 50번 대상자가 표시가 된다.

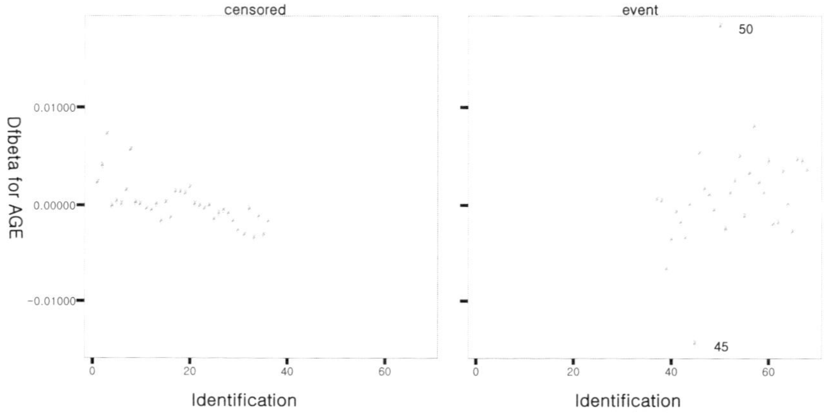

다음 결과는 censored와 uncensored case를 구분하지 않고 전체 대상자로 plot을 한 것이다. 결과는 45번과 50번의 대상자가 Dfbeta for age가 0 주위에서 멀리 떨어져 분포하고 있으므로 influential case라고 할 수 있다.

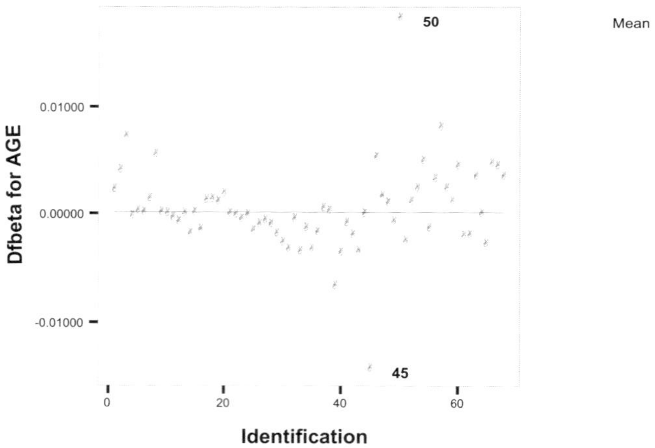

Influential case가 발견되면 먼저 자료 입력시 coding이나 data-entry error가 있는지를 먼저 살펴보아야 하며 error가 없으면 분석의 결과를 발표할 때 influential case가 결과에 미치는 영향을 같이 보고해야 한다.

5.6.5.4 교호작용(interaction)

예를 들어 교호작용을 설명하기 위해서 생명표법에서 사용했던 유방암 환자의 자료인 example1.sav file을 다시 이용한다. 각 변수에 대한 설명은 생명표법을 참조하기 바란다. 이 예제에서 연구자가 찾고자 하는 것은 사망에 대한 short survival time에 대한 예측인자를 결정하는 것이다. Cox regression에서 다음과 같이 변수를 지정해 준다. 변수투입 방법은 Enter로 한다. 범주형 변수의 기준은 전부 First로 지정하였다. 결과는 다음과 같다.

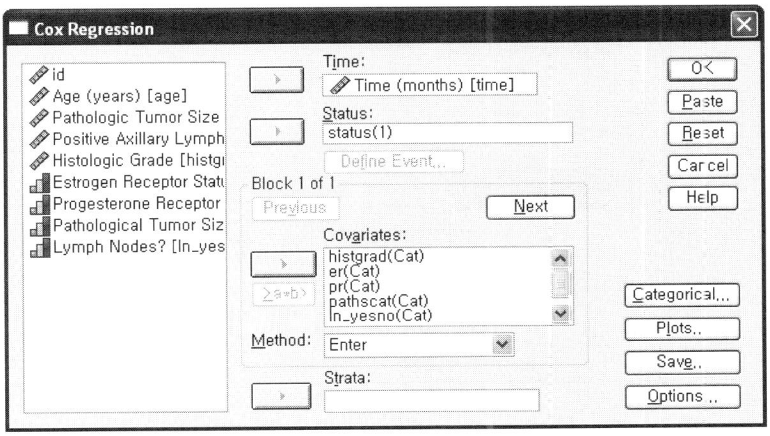

Variables in the Equation

	B	SE	Wald	df	Sig.	Exp(B)
histgrad			.872	2	.647	
histgrad(1)	.778	1.036	.564	1	.453	2.177
histgrad(2)	.942	1.056	.796	1	.372	2.564
er	-.022	.432	.003	1	.959	.978
pr	-.455	.422	1.159	1	.282	.635
pathscat			6.005	2	.050	
pathscat(1)	.638	.336	3.614	1	.057	1.893
pathscat(2)	1.484	.776	3.658	1	.056	4.412
ln_yesno	.724	.337	4.605	1	.032	2.063
age	-.021	.014	2.200	1	.138	.980

Lymph node 양성이면 time to event의 relative hazards가 2.063배 높다. 반면 종양의 크기인 pathscat의 유의성은 p 〉 0.05로 모두 통계적인 유의성에서 조금 벗어나 있다. 이 결과로 유방암 사망의 위험인자로 lymph node 양성만이 의미 있는 예측변수라고 결론을 내릴 수 있을까? 아니다. 여기에는 lymph node 양성/음성과 종양의 크기 사이에 교호작용 효과가 숨어있다. 즉 의에서 분석시 같은 조건에 lymph node * tumor size의 interaction을 포함시켜 다시 분석을 하면 다음과 같은 결과를 얻을 수 있다. 교호작용을 공변량으로 투입하려면 키

보드의 Control 키를 누른 상태에서 교호작용을 보려는 변수를 선택 후 〉a * b 〉버튼을 눌러주면 된다. 두 개 이상도 가능하다. 그러나 두 개 이상의 교호작용의 효과는 해석하기가 어렵다.

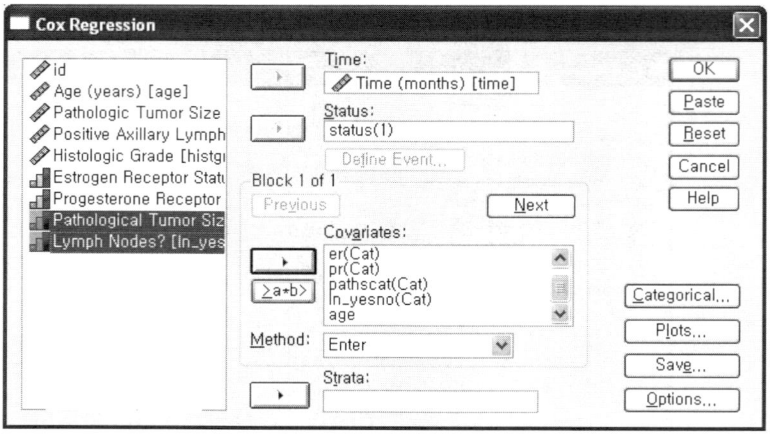

Variables in the Equation

	B	SE	Wald	df	Sig.	Exp(B)
histgrad			1.165	2	.559	
histgrad(1)	1.047	1.067	.962	1	.327	2.848
histgrad(2)	1.161	1.081	1.153	1	.283	3.192
er	-.063	.424	.022	1	.881	.939
pr	-.516	.413	1.556	1	.212	.597
pathscat			8.520	2	.014	
pathscat(1)	-.179	.501	.128	1	.721	.836
pathscat(2)	3.100	1.102	7.904	1	.005	22.189
ln_yesno	.006	.505	.000	1	.990	1.006
age	-.023	.014	2.845	1	.092	.977
ln_yesno*pathscat			8.564	2	.014	
ln_yesno*pathscat(1)	1.670	.707	5.574	1	.018	5.312
ln_yesno*pathscat(2)	-1.847	1.547	1.425	1	.233	.158

교호작용을 첨가한 후의 결과에서는 lymph node의 상태는 더 이상 통계적 유의성이 없다. 반면 종양의 크기(pathscat), lymph node * pathcath의 interaction term이 통계적인 유의성이 있다. 즉 이 결과는 lymph node가 양성인지 음성인지에 관계 없이 종양의 크기가 〉 5cm인 경우에는 사망의 hazards ratio가 22.189배 증가하고, 종양의 크기가 2 ~ 2.5cm인 대상자는 positive lymph node인 경우에 time to death의 hazards ratio가 5.31배 증가한다는 사실을 알려주고 있다.

Nonproportional hazard 모형

(= Identification of Prognostic factors related to Survival Time: Nonproportional Hazards Models)

6장

6.1 서　론

지금까지 다룬 다변수분석 모형인 Cox 비례위험 모형에서 공변량은 주로 시간의 특정한 시점에서 한 번만 측정한 값을 사용하였다. 즉 예측변수인 공변량은 시간과는 독립적이었다. 그러나 사람을 대상으로 하는 장기적인 연구의 경우 연구기간이 지남에 따라 대상자의 독립변수의 수치가 변하는 경우가 흔히 있다. 혈액검사를 병원에 방문할 때마다 여러 번 측정했다든지, 담배를 피우던 대상자가 금연을 하거나, 처음에는 흡연을 안 했는데 연구기간 중에 흡연을 새로 시작한 경우 혹은 연구기간 중에 새로 고혈압이 발생하여 고혈압 약을 복용하기 시작한 경우 또는 새로운 증상이나 질병이 발생한 경우는 처음 시작했을 때와 관찰한 자료의 성격이 달라진다.

시간에 따라 값이 변하는 공변량을 흔히 updated variable이라고 한다. 또한 시간이 지남에 따라 변하는 공변량을 'time dependent variable'이라고도 하는데 이 용어는 모든 관찰시간에서 값이 변하지 않고 고정되어 있는 공변량과, 즉 time independent variable과 대비하여 사용하는 용어로서 단어 의미대로 시간에 의존한다는 의미이다.

어떤 예측변수는 시간에 따라 변하지만 고정된 공변량으로 처리해야 하는 경우도 있다. 대표적인 것이 사람의 나이이다. 나이는 매년 한 살씩 증가한다. 하지만 대상자가 연구에 등록되고 어느 때라도 '정확하게 예측될 수 있기 때문에' 고정된 time independent variable로 처리해야 한다. 그러나 나이도 결과변수의 본질에 따라 updated covariate가 되는 경우가 있다. 예를 들면 여성에서 폐경의 상태를 보는 surrogate로 대상자의 '나이'를 이용할 때, 45세 이하에서 폐경이 생긴 경우, 45 ~ 50세에서 생긴 경우 그리고 50세 이상에서 생긴 경우로 분류했다고 하자. 일단 나이가 들어서 폐경이 생긴 여성의 경우는 다시 폐경 전의 상태로 회복될 수 없는 비가역적인 상태이므로 이 때 나이는 고정된 공변량이 된다.

그러면 이렇게 연구기간 동안 독립변수의 값이 변하여 관찰이 독립적이지 않거나 시간이 지남에 따라 위험도가 달라지는 경우, 즉 Cox proportional 모형에서 proportionality의 가정을 위반하는 경우는 어떻게 분석하는지에 대해서 알아보자. 이를 non-proportional hazard 모형이라고 한다.

6.2 Non-proportional hazard 모형의 개념

Cox proportional 모형에 투입되는 예후인자는 관찰시간과는 독립적이어야 한다. 또한 사건의 발생은 오직 대상자 한 명에게는 한 번의 사건만 발생해야 하며 다른 대상자의 사건발생의 시간과는 상관관계가 없어야 한다. 그러나 실제적으로 공변량은:

1) 연구기간 중 한 번 이상 측정되는 경우도 많고(model with time dependent covariate),
2) 시간에 따라 값이 변하는 경우가 대부분이고(stratified Cox 모형),
3) 한 개 이상의 사건에 의해 혹은 두 개 이상의 원인에 의해 관심 있는 사건이 발생할 수 있고(competing risk 모형),
4) 추적기간에 같은 사건의 발생이 같은 대상자에게 반복적으로 계속 발생될 수도 있고(recurrent event 모형),
5) 관찰한 사건의 발생 시간이 다른 시간 · 시점에서 대상자의 가족 혹은 같은 대상자와 관계(models for related observations) 가 있을 수도 있다

6.3 Time dependent covariate 모형

Cox proportional 모형의 가정은 "어떤 두 대상자에 대한 hazards function 의 비는 시간과는 독립적이고 또한 공변량도 시간에 의해 변하지 않고 일정한 값을 가지는 상수이다"였다. 그러나 실제로 연구를 할 때 time independent covariate와 time dependent covariate를 동시에 가지고 있어 모형에 동시에 투입해야 하는 경우가 대부분이다. 이런 경우 비례 모형의 가정에 위배되므로 Cox 모형에 그대로 적용할 수 없다.

예를 들면 심장병에 대한 장기적인 연구에서 성별이나 인종을 나타내는 변수는 변하지 않고 연구 시작시에 한번 측정하고 추가로 측정하지는 않는다. 그러나 혈중 cholesterol 수치는 관찰시간에 따라 변하게 되어 있고 그러므로 혈중 cholesterol 수치의 측정도 연구 초기에 한 번 실시한 후 반복적으로 측정하는 경우가 흔하다.

아주 간단한 경우에 time-dependent variable의 값은 오직 한 번 변한다. 예를 들면 비흡연자가 흡연을 시작하는 경우 변수의 값이 흡연을 시작하기 전 세 번 측정시 0, 0, 0이지만 흡연을 시작하고 관찰기간이 끝날 때까지 흡연을 계속 했다고 하면 한 번 측정값인 1이 계속 지속되는 것이다. Time dependent variable은 앞뒤로 여러 번 변해도 언제든지 만들 수 있다. 위의 경우 다시 담배를 끊기로 결정하고 끊은 경우 다시 측정시 0으로 coding한다. Time-dependent variable은 binary 변수 뿐 아니라 혈압 같은 continuous covariate도 가능하다. Time dependent covariate값은 모든 관찰된 시점에서 정의되어야 하기 때문에 continuous covariate값은 two measurement time 사이에서 일정한 constant라고 가정할 수 있다. 혈압을 시간 1에서 측정하고 다시 시간 2에서 측정했다면 time 1과 time 2 사이의 혈압수치는 time 1 혹은 time 1과 time 2의 혈압수치의 평균과 같다고 가정한다.

Time-dependent covariate의 장점은 연구자는 time dependent covariate를 이용하여 연구기간 동안 발생한 중요한 사건을 연구에 포함시킬 수 있다는 점이다. 예를 들면 Mayne 등은 HIV에 감염된 남성에서 우울증이 생존율을 감소시키는지를 조사하였다(Arch. Intern. Med 1996; 156: 2233-2238). 본 연구는 1984년에 시작해서 7년 이상 추적 조사하였다. 보통 HIV에 감염된 남성에서 우울증이 생존에 미치는 영향을 보기 위하여 간단하게 연구계획을 세운다면, 1984년에 우울증이 있는 사람을 조사하고 다음에 longitudinal하게 사망한 사람을 조사하여 우울증이 있던 사람과 없던 사람들의 사망률을 비교해 보고 이에 영향을 미치는 공변량을 알아보면 될 것이다. 그러나 이렇게 연구계획을 세우면 다음과 같은 문제점이 있다. 첫째, 연구시작 연도인 1984년에 우울증이 없었던 대상자가 추적기간 중 우울증이 발생한 경우는 어떻게 처리할까? 연구 초기에 우울증이 있던 대상자만을 가지고 분석을 하면 연구 중간에 우울증이 발생한 환자들이 사망률에 미치는 영향을 분석에 포함시키지 않아서 연구를 약화시킨다. 두 번째, 연구 초기에 우울증이 있던 대상자만을 가지고 분석을 하면 연구 초기에 우울증이 있는 사람으로 분류되는 경우가 상대적으로 적으므로 통계적 검정력이 떨어진다. 셋째로 한번 우울증이 있다고 지정된 대상자는 만성적인 상태라기보다는 단기간에만 영향을 미치므로 사망률에 영향을 주지 않을 수도 있기 때문이다. 이런 문제를 해결하기 위해서 연구자들은 6개월마다 대상자들을 추적 조사하였다. 그때마다 우울증이 발생한 대상자의 비율의 값을 가지는 time-dependent variable을 만들었고 0 ~ 100%의 값을 가졌다. 그 결과 우울증이 사망률과 밀접한 관계가 있다는 것을 증명하였다. 또한 각 대상자가 방문할 때마다 각 대상자의 depression index에 대한 실제적인 점수를 표시하는 time dependent variable도 만들었다. 결과는 비슷하였다.

우울증의 발생만 연구기간 중 변하는 것은 아니다. 대상자의 면역기능도 시간이 지남에 따라 변한다. 그래서 연구자는 대상자의 면역기능을 나타낼 수 있는 CD4 count에 대한 time dependent variable을 또 만들었다. 그 결과 면역기능을 보정하고도 우울증은 대상자의 생존율을 유의하게 감소시켰다는 사실을 알았다. 이러한 사실은 우울증이 사망률에 영향을 미치는 기전이 더 빠른 면역기능의 감소에 의한 것은 아니라는 것을 의미한다.

Time dependent covariate의 다른 장점은 비례가정에 맞출 필요가 없다는 것이다. 즉 시간이라는 변수를 분석에 포함시켰으므로 time dependent covariate는 더 이상 시간에 의존적이지 않고 시간에 대해서는 독립적이다.

Time dependent covariate의 단점은 과도하게 보정을(over-adjustment) 한다는 것과 임상의사가 이 모형을 사용하는데 꺼리게 된다는 것이다. 연구의 outcome의 pathway 위에 있는 여러 prognostic marker를 보정하면, 연구자가 연구하고자 하는 효과를 찾아내게 하는 것을 방해할 수가 있다(over-adjustment). 위의 HIV 환자에서 우울증이 생존율에 미치는 영향에서 우울증이 전체적으로 HIV 환자의 사망률을 증가시킨다는 연구결과가 사실이라고 가정하자. 그러나 이런 사실이 발생한 기전이 우울증이 면역기능을 감소시켜서 opportunistic infection이 증가하여 사망률을 증가시켰다고 할 수 있을까? 달리 말하면 면역기능의 변화가 우울증과 사망률 사이의 intervening variable이라고 할 수 있을까? 만약 그렇다면, 면역기능을 측정하는 time dependent covariate를 포함시킨 것은 연구자가 입증하고자 하는, 우울증이 사망률을 증가시킨다는 사실을 없애 버린 것이 된다. 우울증은 사망률과 관계가 없을 것이다. 왜냐하면 면역기능의 변화를 보정하면 연구자가 입증하려고 노력하는 효과를 제거하기 때문이다. 비교하면 초기에 면역기능에 대한 사항만(CD4) 보정했다면, 연구자가 입증하려고 노력하는 효과가 제거되지는 않는다.

임상의사들은 time dependent covariate를 이용하여 도출한 결과의 수치를 사용하기 꺼려하는 경향이 있다. 그 이유는 의사들은 환자들과 상담할 때 바로 상담할 때의 정보로 환자들에게 질병에 대한 설명이나 충고를 해주어야 한다. 임상의사는 미래에 위험인자가 어떻게 변할 줄은 알 수가 없다. 미래의 어떤 특정 시점에서 고혈압이 발생할 수 있는 환자에게 심장발작이 발생할 위험성에 대해 환자에게 설명하는 것은 환자에게 혼란을 주게 된다.

Time-dependent 모형을 이용할 때는 결과가 발생하기 전에 발생한 사건만을 포함시키는 것이 중요하다. 장기적인 연구계획은 단면연구에 비해 원인-결과의 관계를 좀더 지지할 수 있다는 장점을 가지고 있다. 결과의 발생이 아직 없다면, 미래에 위험인자에 의해 결과가 발생할 가능성(즉 결과-원인)도 더 적을 것이다. 단면연구에서는 결과변수와 위험인자를 동시에 측정하지만, 장기적인 연구에서는 보통 위험인자를 먼저 측정하고 결과변수를 추적하기 때문이다. Time -dependent variable을 이용할 때 연구자는 baseline measure- ment보다는 outcome에 좀더 가까운 위험인자를 모형에 포함시킨다. 그러므로 결과-원인의 관계를 밝히기가 더욱 위태롭게 된다. 이것을 해결하는 방법으로 결과가 발생하기 전에 충분히 time dependent variable의 측정을 지체하는(lag) 것이다. 그러나 baseline보다는 나중이어야 한다.

위의 HIV 환자에서 우울증이 사망에 미치는 연구에서도 연구자는 time-dependent variable의 측정을 지체하는 방법을 이용하였다. 즉 우울증이 아직까지도 사망률과 관계있는지 알아보기 위해 outcome으로부터 1, 2, 그리고 3년 간격으로 depression 측정을 지체하였다. 그 결과 우울증은 사망률과 관계가 있었고 이 사실은 우울증이 사망률을 증가시킨다는 사실을 강화시켰고, 우울증이 건강상태를 반영한다는 다른 가설을 약화시켰다.

Time dependent covariate가 있을 때 partial likelihood function은 time이라는 새로운 함수와 변하는 공변량을 결합하여 계산을 한다. 이 결합된 time dependent covariate를 time을 predictor로 모형에 포함해서 non-proportional hazards 모형에 적합시킨다. 또한 time dependent covariate는 공변량이 proportional 가정에 맞는지 검정하는 데도 사용된다. 이 장에서는 시간에 따라 공변량의 값이 변하는 time-dependent explanatory variable을 분석할 수 있는 time dependent Cox regression analysis에 대해 알아보자. Time dependent covariate

를 포함하는 경우의 hazards function은 다음과 같다. 아래의 식에서 B2는 time dependent covariate X1과 T_COV_라는 것과의 product에 대한 회귀계수이다.

$$h(t) = [h_0(t)] \exp^{b1X1 + B2X1 * T\_COV\_}$$

Time dependent covariate에는 두 종류가 있다. 첫째는 사건이 발생하기 전, 연구를 종료하기 전, 혹은 중도절단 된 관찰이 발생하기 이전의 다른 추적검사 시점에서 반복적으로 측정해서 생긴 공변량이다. 두 번째는 알려진 수학적 함수에 의해 시간에 따라 변하는 공변량과 치료나 다른 의학적 상태가 변함에 따라 다른 값을 가지게 되는 공변량이다. 생존분석에서 가장 흔하게 만나게 되는 non-proportional hazards 모형이 두 가지 time dependent covariate이다. 이 모형을 이용하면 Cox 비례위험 모형을 이용하여 분석을 할 때 연구자의 자료가 비례가정에 맞는지도 검정할 수 있다.

Time-dependent variable을 만드는 것은 비교적 간단한 반면, 이를 해석하는 것은 매우 복잡하다. 연구자는 자신이 사용하고 있는 통계 프로그램에서 이를 표현하는 정확한 형식을 찾아보아야 한다.

6.3.1 Time dependent covariate를 이용한 비례위험 가정의 점검

먼저 분석에 사용될 example4.sav file을 연다. 이 자료는 쥐에 leukemia cell을 투여한 후 치료약물인 ICRF − 159(ICRF)의 용량에 따른 쥐의 생존에 대한 자료이다. 다음 Analyze ▶ Survival ▶ Cox w/Time-Dep Cov……를 선택한다(그림 6.1).

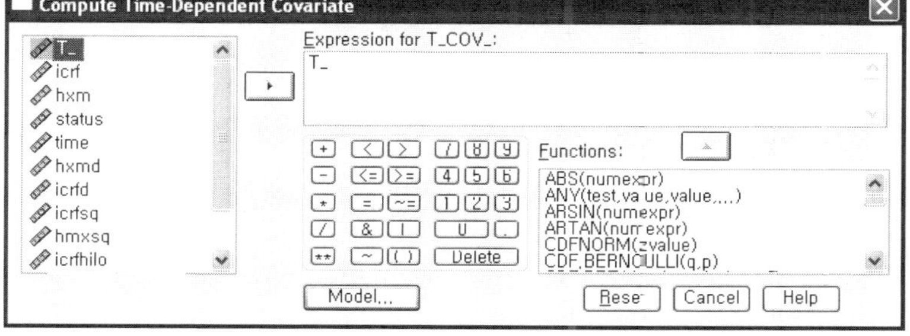

〈그림 6.1〉

그림 6.1의 calculator pad 화면의 왼쪽에 T_라는 변수가 time dependent procedure에 의해 생성되었다. 이는 Time dependent Cox 회귀분석시 SPSS에서 만든 변수로 system variable이며 Time dependent Cox regression analysis를 하려면 T_라는 변수의 이름이 중복되어 있으면(연구자의 자료에 T_라는 변수가 또 있으면 안 된다는 의미) 안 된다. 이 system 변수는 여러 방법으로 전환되어 이용된다. 예를 들면 T_를 오른쪽으로 옮긴 후 12로 나누어주면, T_/12, 이 변수는 years를 측정하는 것이다. 만약 30으로 나누어주면 month를 측정하는 것이다. 그림 6.1의 Dialog box에서 time dependent variable에 대한 정보를 입력하면 변환된 T_COV_라는 변수가 저장된다. 이 변수가 time dependent covariate로 지정되며 현재 menu 방식으로는 하나밖에 지정할 수 없으나 명령문을 이용하면 더 만들 수 있다.

그림 6.1과 같이 T_을 만든 후, Model……을 click하면 그림 6.2가 나오고 왼쪽에 T_COV_변수가 만들어졌다. 그림 6.2는 Plot…… 항목이 없는 것을 제외하고 Cox regression의 화면과 같다. 다음 Covariate에 변수를 지정한다. ICRF 변수에 대한 비례모형의 가정을 검정하기 위한 것이니 ICRF 변수를 포함하여 ICRF와 T_COV_의 interaction(≥ a * b 〉)을 같이 투입한다. Time dependent variable을 포함하여 회귀모형에 interaction term을 모형을 투입할 때는 꼭 interaction term과 interaction을 포함하지 않은 변수를 같이 투입해야 한다.

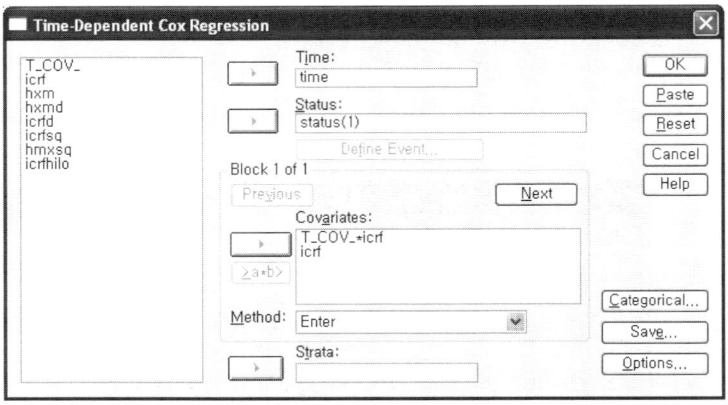

〈그림 6.2〉

OK를 click한 결과는 다음과 같다.

Variables in the Equation

	B	SE	Wald	df	Sig.	Exp(B)	95.0% CI for Exp(B)	
							Lower	Upper
icrf	-.025	.004	44.932	1	.000	.975	.968	.982
T_COV_*icrf	.001	.000	24.675	1	.000	1.001	1.001	1.001

Time dependent procedure는 아직까지 사건이 발생할 risk에 있는 각 대상자에 대해 각 사건발생의 시간에서 공변량의 값을 계산한다. 이 예제에서 T_COV_는 T_라는 값으로 할당되었고 T_는 time variable에서 survival time 이상의 아무것도 아니다. T_COV_ * ICRF의 interaction term의 sig = 0.000으로 icrf by time의 interaction의 회귀계수가 0이라는 귀두가설을 기각하게 되고 이것의 의미는 ICRF 변수는 proportional hazard의 가정을 진짜로 위반했다는 의미인 동시에 Cox 회귀 모형을 이용해서 ICRF 공변량이 결과변수에 미치는 영향을 유효하게 평가하기 위해서는 time dependent covariate T_COV_ * ICRF를 만들 필요가 있다는 것을 의미한다. 반면 예측변수인 covariate와 time과의 interaction term의 회귀계수가 $p > 0.05$이면 이 예측변수는 proportional hazard 가정을 만족하는 것이다.

6.3.2 Segmented time dependent covariates

다른 형태의 time dependent covariate로 segmented time dependent covariate가 있다. 이는 본질적으로 시간과 함께 변하는 변수이다. 어떤 변수는 다른 시간 간격으로 다른 수치를 갖는데 전체적으로는 시간과는 관계 없는 변수가 있다. 이러할 경우 segmented time dependent covariate를 지정해야 하며 logical expression에 사용된다. Logical expression이란 '참'이던 1, '거짓'이면 0을 취하는 것이다. 이런 방법으로 어떤 측정에서 time dependent covariate를 만들 수 있다. 만약 환자의 혈압을 1주 간격으로 4번을 측정하였다면(BP1, BP2, BP3, BP4) 다음과 같이 time dependent covariate를 생성할 수 있다.

$$T\_CoV\_ = (T\_ < 1) * BP1 + (T\_ \geq 1 \ \& \ T\_ < 2) * BP2 + (T\_ \geq 2 \ \& \ T\_ < 3) * BP3 + (T\_ \geq 3 \ \& \ T\_ < 4) * BP4$$

의미는 time이 1 이하면 BP1을 이용하고 time이 1 이상이고 동시에 2 미만이면 BP2를 이용하라는 의미이다. 그 다음도 같이 해석하면 된다. Segmented time dependent covariate를 지정하면 결측값이 한 개라도 있는 대상자는 분석에서는 제외된다. 그러므로 모든 대상자는 공변량에 대해 모든 측정된 시점에서 꼭 수치를 가져야 된다. 즉 어떤 대상자가 2주째 중도절단 되었어도 BP3와 BP4에 대한 값은 0이라는 값을 가지고 있어야 된다.

다른 segment time-dependent covariate를 만드는 예로 종양의 크기를 연구 초기, 1달 후 그리고 3달 후 세 번에 걸쳐 측정했다면(size 0, size 2, size 3) 종양의 크기는 time dependent covariate이다. 이 값을 time과 match하기 위해서는 다음과 같이 time dependent covariate를 지정한다.

T_COV_ = (T_〈 2) * size 0 + (T_ ≥ 2 & T_〈 3) * size 2 + (T_ ≥ 3) * size 3

괄호 안에 표현된 값은 time의 value에 따라서 0 혹은 1의 값을 갖는다. 만약 time이 2달 미만이라면 (T_ 〈 2) = 1이므로, 그리고 (T_ ≥ 2 & T_ 〈 3) = 0, (T_ ≥ 3) = 0이므로 남는 T _COV_ = size 0이 된다. 만약에 time이 2개월보다 크고 3개월보다 작다면 위의 식에서 (T_ ≥ 2 & T_ 〈 3) = 1이고 나머지는 0이므로 T_COV = size 2가 된다.

다음은 실제적인 자료(*example5.sav*)를 가지고 segmented Time dependent covariates의 사용방법을 알아보자. 자료는 http://lib.stat.cmu.edu/datasets/stanford에서도 download 받을 수 있다. 내용은 1977년 Cowley와 Hu는 심장이식연구에서 심장이식을 받은 환자와 받지 않은 환자 사이의 생존율을 비교하였다(그림 6.3).

분석에 사용된 공변량은 심장이식을 받을 때까지의 기간인 waittime, 이식을 받았을 때의 대상자의 나이 age, 그리고 tissue mismatch score인 mismatch 변수였다. 여기서 이식을 받은 대상자와 받지 않은 대상자는 같지 않다는 것이다. 즉 이식을 받을 수 있을 때까지 오래 생존한 대상자만 이식을 받을 수 있는 것이다. 그러므로 생존기간이 길수록 심장이식을 받을 가능성은 높은 것이다. 그러므로 time dependent variable을 indicator로 만들어야 한다. 이식을 받기 전에는 time dependent covariate가 0이고 이식을 받으면 1이 된다. 다음과 같이 명령어 방식을 이용해서 세 개의 time dependent covariate(xplant, xplantage, score)를 만들어야 한다.

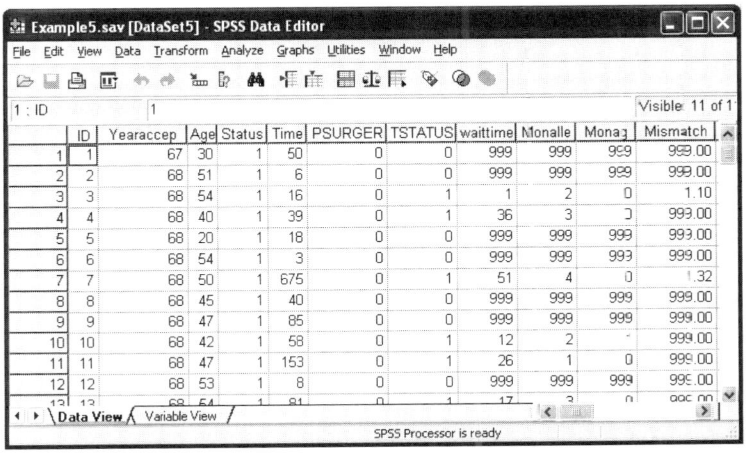

〈그림 6.3〉

```
Time program
Compute xplant = (T_ >= waittime).
If missing (waittime) xplant = 0.
Compute xplantage = (T_ >= waittime) * age.
If missing (waittime) xplantage = 0.
Compute score = (T_ >= waittime) * mismatch.
If missing (waittime) score = 0.
COXREG
   Time /STATUS = Status(1)
   /METHOD = ENTER xplant xplantage score
   /PRINT = CI(95)
   /CRITERIA = PIN(.05) POUT(.10) ITERATE(20).
```

위의 명령어의 의미는 Time program은 time dependent covariate를 만들겠다는 의미이고, Compute xplant = (T_ = waittime)의 의미는 새로 만드는 공변량 xplant는 이식을 받을 때까지 생존기간(변수 이름이 time)이 waittime보다 크거나 같은 경우 1의 값을 갖고 waiting time보다 survival time이 작으면 0의 값을 가진다는 의미이다. If missing(waittime) xplant = 0는 waittime 변수가 missing value를 가지면(여기서는 missing value를 999로 coding하였음), 모두 0의 값을 가진다는 의미이다. 즉 waittime이 생존기간보다 작다고 생각한다.

같은 방법으로 xplantage라는 새로 만드는 time dependent covariate는 이식 전에 waittime보다 작으면 모든 시간에 대해 0의 값을 갖는다. 그리고 xplantage의 값은 waittime보다 크거나 같으면 모든 시간에서 age에 대해 같은 값을 갖는다. If missing(waittime) score = 0의 의미는 이식 전에는 0의 값을 가지고 이식 후에는 mismatch 변수의 값을 가진다는 의미이다. 다른 time dependent covariate인 score 변수는 mismatch 변수에 대한 것이다. Coxreg 이하는 Cox 회귀 명령어이다.

이 명령어를 SPSS에서 실행시키기 위해서는 File ▶ Open ▶ Syntax……에 명령문을 입력한 후 ▶ icon을 누르면 실행이 된다. 명령문의 입력이 어려운 독자는 Cox 회귀에서 조건을 지정한 후 Paste 기능으로 명령문을 만들고 time program에 해당되는 부분만 입력하고 변수 이름만 바꾸어 주면 된다. 다음은 결과이다.

Variables in the Equation

	B	SE	Wald	df	Sig.	Exp(B)	95.0% CI for Exp(B)	
							Lower	Upper
xplant	-2.558	1.644	2.421	1	.120	.077	.003	1.942
xplantage	.038	.032	1.406	1	.236	1.038	.976	1.105
score	.013	.431	.001	1	.976	1.013	.435	2.358

세 가지 time dependent covariate인 xplant, xplantage, score 변수의 $p < 0.05$로 통계적인 유의한 차이를 보이지 않고 있다. 즉 심장이식을 받을 때까지 기다리는 시간과, 환자의 나이 그리고 mismatch score는 대상자의 생존율에 통계적으로 유의한 예측인자는 아니다.

Segmented Time dependent covariates를 만드는 여러 가지 예제 및 결과는 다음을 참고하라. http://www.ats.ucla.edu/stat/spss/examples/alda/chapter15/aldaspssch15.htm

6.4 Stratified proportional hazards 모형

Cox proportional 모형에서 $\frac{H(t)}{H_0(t)} = \exp^{BX}$에서 hazard function의 ratio가 변하면 비례가정을 위반한 것이고, 이런 non-proportional case를 수용하기 위해 Cox 모형은 stratification의 개념을 확장하여 일반화해서 사용할 수 있다. 즉 비례가정에 맞지 않는 공변량은 각 범주형 변수의 값이나 continuous variable

의 grouped value로 baseline hazard function을 분리하여 연구대상자를 stratify하여 분석하는 것이다.

예를 들어 나이가 age 〉= 50 집단과 age 〈 50인 집단의 baseline hazard function이 다르다고 생각이 되면 다음의 식으로 모형을 세울 수 있다.

$$H_i(t \mid x) = H_{0i}(t)\exp^{(b' Xi)}$$

여기서 I = 1, 2이다(두 개의 stratum). 여기서의 가정은 "underlying hazard function인 $H_{0i}(t)$은 두 개의 strata에서는 다르다"라는 것이다. 그러므로 나누어진 baseline hazard function인 $H_{0i}(t)$는 각 stratum에서 추정된다. 그러나 투입되는 covariate의 영향은 strata로 나누어 준 모든 범주(all of the strata)에서 같다고 가정하므로 모든 strata에 대한 회귀계수는 같다. 그러므로 회귀계수가 strata로 나누어서 출력되지 않고 하나로 출력이 된다. 또한 층화를 한 stratification variable은 공변량으로 처리되지 않으므로 stratification variable에 대한 회귀계수도 계산되지 않는다. 즉 대상자에 대한 hazard는 각 strata 안에서 비례적인 관계에 있지만 다른 strata(혹은 level)에서는 비례적인 관계가 아니라는 의미이다.

각 stratum은 자기 자신의 baseline hazards를 가지고 있다. 그러므로 각 stratum은 다른 strata와 시간이 지남에 따라 변하는 요소(component)를 가지게 된다. Stratified Cox 회귀는 다른 범주에 따라 서로 다른 baseline hazards function을 가졌고 또한 비례가정을 검정하는 여러 방법으로 hazards function이 비례가정에 위반되었다고 생각이 들면 하는 것이다. Baseline hazard function이 범주에 따라 달라도 hazard function이 비례적인 관계에 있다면, 범주로 나눈 예측변수를 층화변수로 이용하지 말고 공변량으로 지정을 해야 한다

그러나 stratified proportional hazards 모형은 일반적인 층화분석이 갖는 한계를 그대로 가지게 된다. 즉 층화한 변수의 결과변수에 대한 영향은 평가할 수 없다. 비례가정에 맞지 않은 공변량의 수가 많을 경우에는 층화분석 방법은 매우 복잡해진다.

SPSS에서 stratified proportional hazards analysis를 하려면 Cox regression 항목을 그대로 이용하면 된다. 제5.6에서 사용된 *example3.sav*로 stratified Cox regression을 해보자. 예제의 자료에서 50세 이상 집단의 대상자가 CVD가 발생

하는 risk가 50세 이하의 집단에서 CVD가 발생하는 risk와 비례하지 않아서, 나이를 50세 이하인 집단과 이하인 집단으로 나누어서 stratified Cox regression을 하기로 결정했다고 하자. 먼저 층화하지 않은 경우의 결과는 다음과 같다.

Variables in the Equation

	B	SE	Wald	df	Sig.	Exp(B)	95.0% CI for Exp(B)	
							Lower	Upper
SEX	1.258	.444	8.014	1	.005	3.517	1.472	8.401
SMOKE	1.196	.408	8.586	1	.003	3.306	1.486	7.355
BMI	.067	.034	3.970	1	.046	1.070	1.001	1.143
AGE	.043	.024	3.286	1	.070	1.044	.997	1.093
HTN	-.563	.495	1.296	1	.255	.569	.216	1.502
DM	.706	.442	2.554	1	.110	2.026	.852	4.815
SBP	.020	.013	2.524	1	.112	1.020	.995	1.046
LTG	-.651	.515	1.602	1	.206	.521	.190	1.429
LACR	.412	.109	14.352	1	.000	1.511	1.220	1.870

나이 50 이하인 집단과 이하인 집단을 층화해서 분석하려면 그림 6.4와 같이 AGEA 변수를(이 변수는 50세 이하는 0, 50세 이상은 1로 coding한 변수)를 Strata: 에 지정한다.

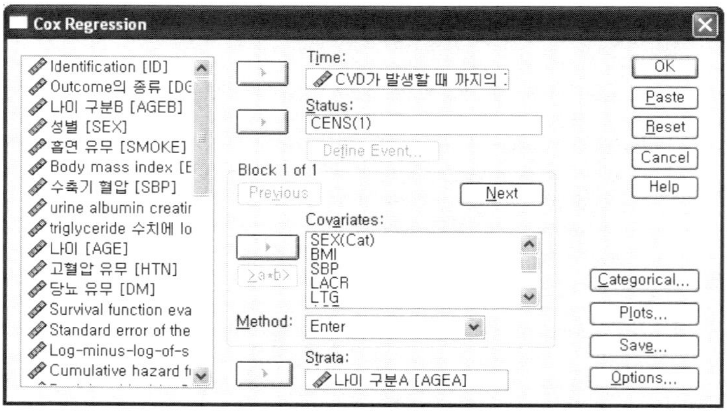

〈그림 6.4〉

다음은 결과이다. 결과를 보면 층화하지 않을 때와 유의한 예측변수는 차이가 없다. 그 이유는 다른 변수들은 age 변수를 보정한 후 회귀계수를 구하기 때문이다.

Variables in the Equation

	B	SE	Wald	df	Sig.	Exp(B)	95.0% CI for Exp(B)	
							Lower	Upper
SEX	1.134	.439	6.666	1	.010	3.109	1 314	7.353
BMI	.066	.034	3.815	1	.051	1.068	1 000	1.141
SBP	.020	.013	2.442	1	.118	1.021	995	1.047
LACR	.401	.116	11.878	1	.001	1.493	1 189	1.875
LTG	-.532	.507	1.101	1	.294	.588	218	1.587
AGE	.040	.040	1.021	1	.312	1.041	963	1.125
HTN	-.586	.511	1.315	1	.251	.557	205	1.515
DM	.617	.447	1.908	1	.167	1.853	772	4.446
SMOKE	1.075	.403	7.102	1	.008	2.930	1 329	6.461

다음은 sex를 strata: 에 지정해서 Cox 회귀를(sex-stratified Cox regression) 하면 다음과 같은 결과를 얻는다. 이 결과에서의 유의한 예측변수는 BMI, LACR, smoke로 층화하지 않았을 때의 sex, LACR, smoke, BMI 에서 층화한 sex 변수만 제외되었다. 이는 sex 변수를 층화하는 것은 아무런 분석에 도움이 안 된다는 의미이다.

Variables in the Equation

	B	SE	Wald	df	Sig.	Exp(B)	95.0% CI for Exp(B)	
							Lower	Upper
BMI	.070	.035	4.066	1	.044	1.073	1 002	1.148
SBP	.024	.013	3.432	1	.064	1.025	999	1.052
LACR	.401	.110	13.349	1	.000	1.493	1 204	1.852
LTG	-.713	.526	1.841	1	.175	.490	175	1.373
AGE	.041	.024	2.946	1	.086	1.042	994	1.091
HTN	-.675	.507	1.772	1	.183	.509	188	1.376
DM	.674	.444	2.308	1	.129	1.963	822	4.684
SMOKE	1.203	.415	8.397	1	.004	3.330	1 476	7.512

그럼 남자와 여자를 나누어서 sex-specific proportional hazard 모형을 구해보면 어떨까? 다음은 결과이다. SEX : 여자는 = 0, 남자는 = 1로 coding하였으므로 남녀의 Cox 회귀의 결과는 다음과 같다.

Variables in the Equation male=1

	B	Sig.	Exp(B)
SMOKE	2.128	.005	8.396
BMI	.117	.053	1.124
SBP	.013	.514	1.013
LACR	.679	.003	1.971
LTG	-.829	.229	.436
AGE	.090	.022	1.094
HTN	-.629	.347	.533
DM	1.047	.092	2.849

Variables in the Equation female=0

	B	Sig.	Exp(B)
SMOKE	.755	254	2.127
BMI	.053	276	1.054
SBP	.039	022	1.040
LACR	.293	035	1.341
LTG	-.643	498	.525
AGE	.024	.506	1.024
HTN	-.833	.300	.435
DM	.831	.262	2.296

남자에서는 흡연유무, LACR 그리고 Age가 의미 있는 예측변수이고, 여자에서는 SBP, LACR이 의미 있는 결과에 대한 예측변수이다. 또한 아래의 남녀의 strata에 따라 여러 공변량의 평균에 대한 LML곡선도 평형을 보이므로 이 자료를 sex로 층화하는 것은 더 이상의 정보를 제공하지 못한다. 그러므로 이 경우는 sex specific Cox 모형이 더 많은 정보를 제공하고 있다.

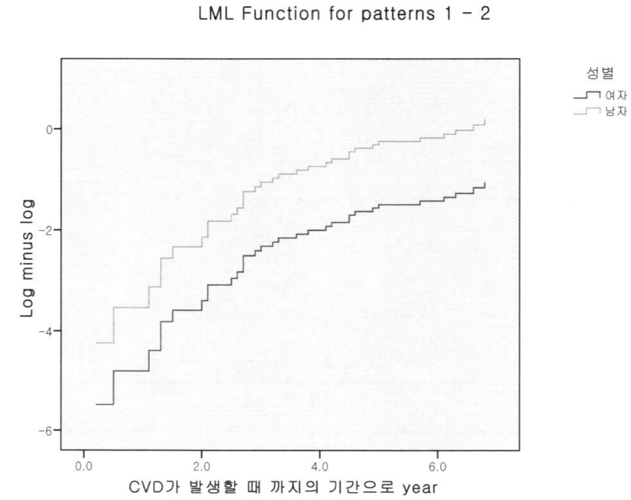

층화를 하여 분석하는 것은 1) 다른 strata로부터 관찰을 했을 때 대상자가 독립인 경우, 층화변수에 대해 조건적일 경우 2) 결과변수에 대하여 층화변수 자체에 관심이 있는 것이 아니고 모형에서 다른 공변량과 층화변수 사이의 interaction에 관심이 있는 경우 3) 그리고 interaction의 정확한 형태를 모를 때 유용한 방법이다. 각 stratum의 표본의 크기가 큰 경우, strata가 다른 대상자를 stratum으로 분리해서 모형을 세우는 것은 단순히 stratification이나 unstratification했을 때 보다 더 많은 정보를 주는 것은 확실한 사실이다.

6.5 Competing risks 모형

Cox 모형에서 각 연구대상자에 대한 failure time은 한 가지 형태로 나타났을 때 처리할 수 있었다. 대부분 경우에서 이러한 사실은 완전하게 적용될 수 있다. 그러나 어떤 경우 대상자에서 failure는 확실한 여러 가지 이유로 발생할 수 있다. 예를 들면 심장이식이 생존율에 미치는 효과를 연구하는 경우에 연구자는 심부전에 의한 사망은 사고나 악성종양에 의한 사망과는 다르게 처리하기를 원할 것이다. 보통 사망에 대한 연구에서 심장병, 당뇨병, 암 그리고 다른 모든 원인에 의한 사망을 구분해서 연구를 한다. 이런 다른 원인에 의한 failure를 competing event라고 하고 competing risk라는 개념으로 설명을 한다. 여러 원인에 의하여 사건의 발생이 생기는 경우 발생하는 문제를 competing risk problem이라고 한다. Competing risk analysis에서는 일반적으로 추론방법을 요구하지 않는다. 여기서는 Cox 모형을 이용하여 competing risk가 있는 경우 예후인자를 찾는 방법을 알아볼 것이다.

제5.6장의 Cox regression 예제 file인 *example3.sav*을 보면 DG 변수가 있는데 이는 결과 발생의 결과를 구분해 놓은 것이다. 즉 DG = 0은 사건의 발생이 non-CVD(cerebrovascular disease)의 형태이고, DG = 1은 stroke, DG = 2는 coronary heart disease(CHD)이고, DG = 3은 other CVD이다. 만약 연구자의 연구 초점이 stroke, CHD, 혹은 다른 CVDs인지 관계 없이 모든 CVD가 연구의 초점이라면, competing risk 모형은 general CVD event 모형으로 축소할 수 있다 즉 DG = 1, 2, 3은 uncensored event이고 DG = 0은 censored event가 된다. 만약 연구자의 연구 초점이 오직 CHD에 의한 것이라면 DG = 2인 경우만 uncensored event이고 나머지 DG = 0, 1, 3은 censored event가 된다. 여기서 DG = 1(stroke)인 경우만을 가지고 모형을 세울 때 이것을 marginal model for stroke라고 하고 DG = 2(CHD)인 경우만을 가지고 모형을 세우면 marginal models for CHD라고 한다. 일단 모든 CVD에 대해 모형을 세우려면 먼저 하던 데로 Cox regression을 하고 Status: 에 투입되는 변수를 CENS 대신 DG를 투입한다. 그리고 Define Event……에서 다음과 같이 지정해 준다.

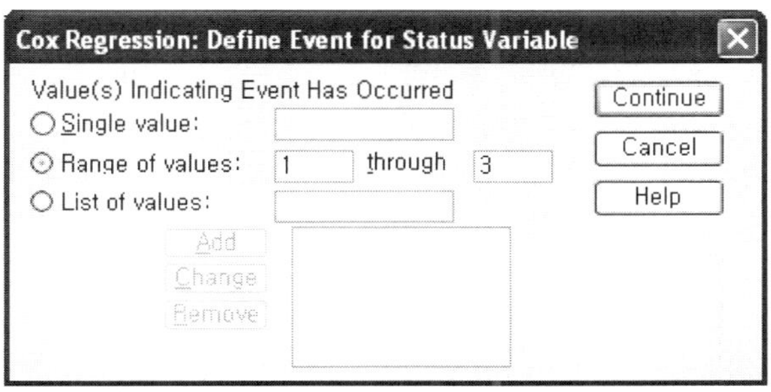

즉 Range of values: 1 through 3을 지정해서 CVD에 관계되는 사건이 발생한 대상자로 Cox 회귀를 하겠다는 것이다. 변수투입 방법은 Enter이고 나머지 조건은 Cox 회귀에서 했던 것과 같다. 다음은 models for all CVD에 대한 결과이다.

Variables in the Equation

	B	SE	Wald	df	Sig.	Exp(B)	95.0% CI for Exp(B)	
							Lower	Upper
BMI	.072	.034	4.597	1	.032	1.075	1.006	1.148
SBP	.020	.013	2.666	1	.102	1.021	.996	1.046
LACR	.404	.107	14.133	1	.000	1.498	1.213	1.849
LTG	-.608	.508	1.432	1	.231	.544	.201	1.474
AGE	.039	.023	2.844	1	.092	1.040	.994	1.088
HTN	-.589	.486	1.470	1	.225	.555	.214	1.438
DM	.672	.435	2.386	1	.122	1.959	.835	4.596
SMOKE	1.268	.404	9.871	1	.002	3.554	1.611	7.838
SEX	-1.298	.438	8.779	1	.003	.273	.116	.645

모든 형태의 CVD의 time to event에 대한 모형에서는 BMI, LACR, SMOKE, 그리고 SEX 변수가 유의한 예측변수이다. 다음은 stroke에 대한 time to event에 대한 모형인 marginal model for stroke를 하려면 다음과 같이 Define event: 해준다.

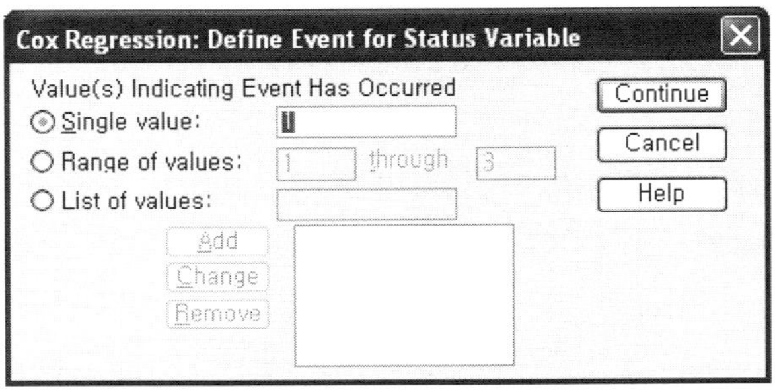

다음은 결과이다. SBP, LACR, HPT가 의미 있는 예측변수이다.

Variables in the Equation

	B	SE	Wald	df	Sig.	Exp(B)	95.0% CI for Exp(B)	
							Lower	Upper
BMI	.062	.070	.785	1	.376	1.064	.927	1.221
SBP	.077	.025	9.360	1	.002	1.081	1.028	1.135
LACR	.475	.183	6.720	1	.010	1.608	1.123	2.303
LTG	-1.403	.978	2.057	1	.151	.246	.036	1.672
AGE	.042	.037	1.238	1	.266	1.043	.969	1.122
HTN	-3.388	1.252	7.320	1	.007	.034	.003	.393
DM	-1.002	.841	1.421	1	.233	.367	.071	1.908
SMOKE	.825	.673	1.502	1	.220	2.281	.610	8.532
SEX	-.768	.643	1.430	1	.232	.464	.132	1.634

그럼 marginal model for stroke or other CVD의 경우에는 어떻게 지정을 하면 될까? 다음과 같이 지정을 하면 된다. List of values: 에 1을 기록하고 Add를 클릭하고 다시 3을 기록하고 Add해 준다.

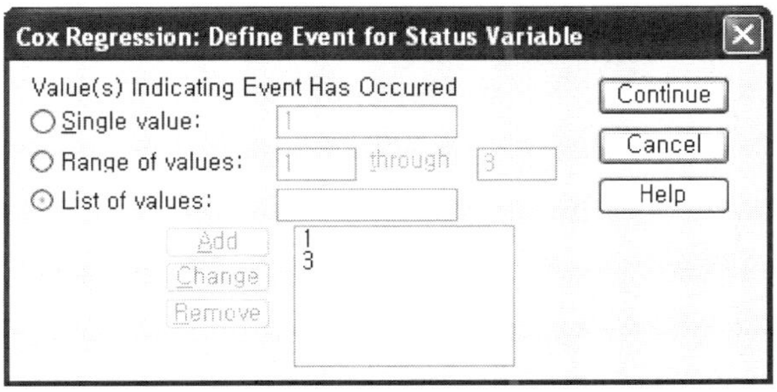

다음은 결과이다. 여기서는 SBP, LACR, SMOKE, 그리고 SEX가 의미 있는 예측변수가 된다.

Variables in the Equation

	B	SE	Wald	df	Sig.	Exp(B)	95.0% CI for Exp(B)	
							Lower	Upper
BMI	.074	.047	2.487	1	.115	1.077	.982	1.181
SBP	.037	.016	4.994	1	.025	1.037	1.005	1.071
LACR	.535	.137	15.208	1	.000	1.707	1.305	2.234
LTG	-.990	.652	2.305	1	.129	.372	.104	1.334
AGE	.043	.029	2.234	1	.135	1.044	.987	1.104
HTN	-1.097	.652	2.833	1	.092	.334	.093	1.198
DM	-.251	.576	.190	1	.663	.778	.252	2.406
SMOKE	1.187	.518	5.240	1	.022	3.277	1.186	9.052
SEX	-1.273	.537	5.630	1	.018	.280	.098	.801

6.6 Recurrent event 모형

Cox 비례 모형에서 결과의 발생은 한 번만 발생해야만 한다는 것이 기본 가정이다. 동일 대상에서 결과가 반복적으로 발생하는 것은 독립적이지 않다. 일반적으로 결과가 한 번 발생한 대상자의 경우는 동일 결과가 다시 발생할 가능성이 더 높다. 반대로 연구기간 동안 결과가 발생하지 않은 대상자의 경우는 앞으로 그 결과가 발생할 가능성은 낮다고 할 수 있다. 그러므로 한 대상자에서 사건의 발생이 재발하는 경우에는 Cox 모형의 기본적인 가정인 "관찰이 독립적이다”라는 가정에 위배하게 되므로 Cox 모형을 적용할 수가 없게 된다.

예를 들면 뇌종양 수술 후에 뇌종양이 재발한 경우라든지 혹은 중풍과 심장발작과 같이 전혀 다른 형태의 사건이 연속적으로 발생할 수가 있다. 여기서 중풍과 심장발작은 형태는 다르지만 근본적으로는 cerebrovascular disease이므로 같은 사건의 발생이라고 간주하는 것이 옳다.

재발하는 사건이 포함된 자료가 있을 때 비례위험 모형은 수학적으로 아주 복잡하게 된다. 이런 경우 적용할 수 있는 방법으로 비례위험 모형을 일반화한 counting process formulation과 marginal approach for proportional hazard analysis가 있다. Counting process theory는 이 책의 범위에서는 다루기 어렵고 recurrent event 모형으로 많은 회귀 모형이 개발되었다.

이 중에서 Prentice, Williams and Peterson이 제안한 PWP 모형(1981)과 Anderson and Gill이 제안한 AG 모형(1982) 그리고 marginal approach를 이용하여 1989년 Wei, Lin and Weissfeld가 제안한 WLW 모형이 가장 흔히 한 대상자에서 재발된 사건에 대한 생존자료의 분석에 이용되고 있다. 반면에 counting process formulation과 marginal approach for proportional hazard analysis에서는 반복된 결과발생의 결과가 확실히 새로운 사건(episode)의 발생이어야 하며, 새로운 사건의 발생은 첫 사건의 재발이 아닌 경우에 이용한다.

또한 Anderson Gill 모형과 PWP 모형은 같은 대상자에서 결과가 반복적으로 발생되었을 때 적용할 수 있는 모형이고, 반면에 marginal analysis approach인 WLW analysis는 같은 형태의 multiple event와 다른 형태의 multiple events 모두에서 사용될 수 있다.

1) Prentice et al.모형

1981년 Prentice, Williams와 Peterson(PWP)이 재발하는 사건에 적용할 수 있는 두 가지 모형을 제안하였다. 한 가지는 재발된 기간의 처음과 끝의 기간을 그대로 이용하는, 즉 두 번 재발한 대상자가 처음 재발은 3개월째 두 번째 재발은 5개월에 재발한 경우 관찰기간을 (0, 3), (3, 5) 이런 식으로 기간을 그대로 이용하는 모형과, 다른 하나는 관찰기간의 차이, 즉 (3 − 0) = 3, (5 − 3) = 2로 해서 3개월과 2개월을 종속변수로 이용하는 gap 모형이다. 두 가지 PWP모형 전부 사건발생의 재발된 횟수나 시간에 의해 정의된 strata를 이용하는 stratified Cox regression의 확장된 개념이다.

다음의 예로 PWP 모형에 대해 알아보자. 예제로 사용될 file은 example5.sav 이다(그림 6.5).

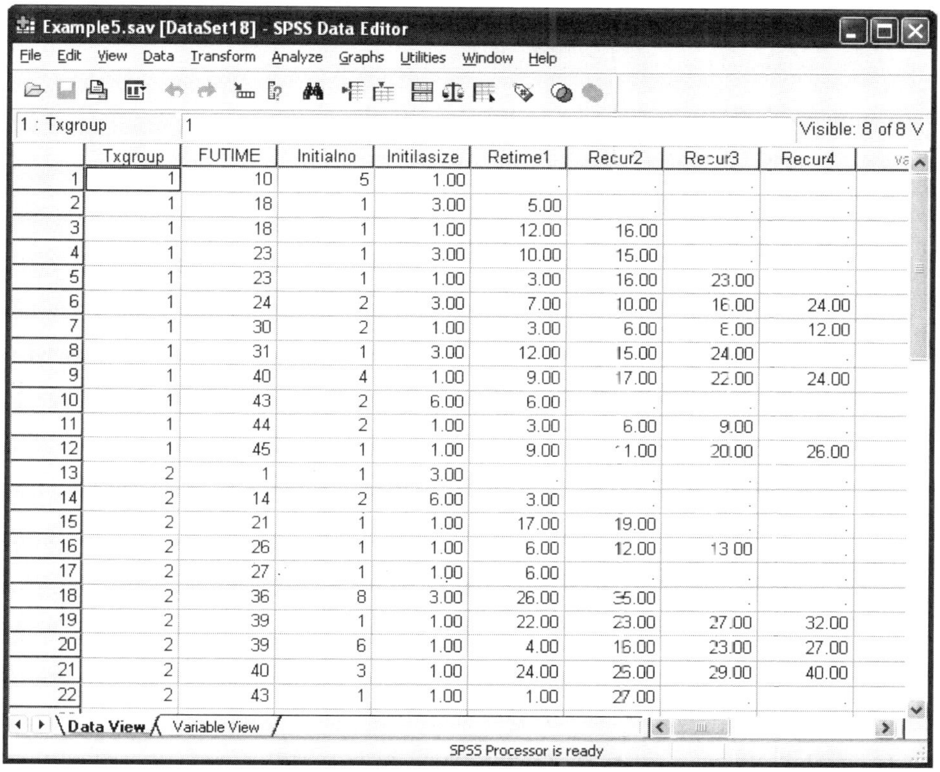

Example5.sav [DataSet18] - SPSS Data Editor

	Txgroup	FUTIME	Initialno	Initilasize	Retime1	Recur2	Recur3	Recur4
1	1	10	5	1.00	.	.	.	.
2	1	18	1	3.00	5.00	.	.	.
3	1	18	1	1.00	12.00	16.00	.	.
4	1	23	1	3.00	10.00	15.00	.	.
5	1	23	1	1.00	3.00	16.00	23.00	.
6	1	24	2	3.00	7.00	10.00	16.00	24.00
7	1	30	2	1.00	3.00	6.00	8.00	12.00
8	1	31	1	3.00	12.00	15.00	24.00	.
9	1	40	4	1.00	9.00	17.00	22.00	24.00
10	1	43	2	6.00	6.00	.	.	.
11	1	44	2	1.00	3.00	6.00	9.00	.
12	1	45	1	1.00	9.00	11.00	20.00	26.00
13	2	1	1	3.00	.	.	.	.
14	2	14	2	6.00	3.00	.	.	.
15	2	21	1	1.00	17.00	19.00	.	.
16	2	26	1	1.00	6.00	12.00	13.00	.
17	2	27	1	1.00	6.00	.	.	.
18	2	36	8	3.00	26.00	35.00	.	.
19	2	39	1	1.00	22.00	23.00	27.00	32.00
20	2	39	6	1.00	4.00	16.00	23.00	27.00
21	2	40	3	1.00	24.00	25.00	29.00	40.00
22	2	43	1	1.00	1.00	27.00	.	.

〈그림 6.5〉

자료는 방광암 환자의 재발에 대한 자료로 초기 연구에 투입될 때 모든 환자는 방광의 표면에만 종양이 있었다. 수술로 종양을 제거한 후 환자를 무작위로 두 집단으로 나누어 placebo와 thiotepa를 투여하였다. 추적기간 동안에 많은 대상자에서 한 개 혹은 그 이상의 방광 종양이 재발하였다. 재발된 종양을 발견하는 즉시 수술로 제거하였다. 최대 4회까지 재발한 시간을 조사하였다.

자료에서 ID는 대상 환자의 identification, Txgroup 변수는 치료방법(1 = placebo 2 = thiotepa)이고, FUTIME은 follow up time을 개월로 표시하였으며, Initialno는 처음 종양 발견 당시 종양의 개수를, Initialsize는 초기 종양의 크기를 cm으로 표시한 것이고, Recur1, Recur2, Recur3, Recur4는 재발시간을 나타

내고 있고(Recur1이 blank이면 종양 제거 후 재발은 없는 것) 각 재발시간은 처음 치료의 날짜 이후로부터 계산된 것이다. 즉 ID = 15인 대상자는 4번 종양이 재발하였다. 처음 재발은 7개월째, 두 번째 재발은 10개월째, 즉 처음 재발 후 3개월 후에, 세 번째 재발은 16개월 째, 즉 두 번째 재발 후 6개월 후에, 첫 번째 재발 후 9개월 후에 재발한 것을 나타내고 있다.

위의 자료를 Cox proportional hazards 모형으로 분석할 수는 없을 것이다. 즉 어떤 대상자는 한 번만 종양이 발생하여 재발이 없는 경우도 있었던 반면, 어떤 대상자는 네 번까지 종양이 재발했기 때문에 종양의 발생이 독립적이지 않기 때문이다. 그러므로 이 예제의 경우 관심 있는 사건은 종양의 재발이 되고, 재발한 횟수가 문제가 되므로 종양이 재발한 횟수를 strata로 생각해서 분석을 해야 한다. 즉 종양이 재발한 횟수인 stratum의 형식에 맞게 자료를 재배열해야 한다. 최대 4회까지가 최대 재발 횟수이므로 stratum이 4개가 생기게 된다.

그럼 위의 자료를 어떻게 다시 배열해서 coding을 해야 할까? 설명의 편의를 위해 위의 자료 중 치료방법에 따라서 12명, 10명씩 총 22명을 추출하여 이 자료를 가지고 어떻게 자료를 strata에 의해 재배열하는지 알아보자.

자료를 재배열해야 할 때 두 가지를 고려해야 한다. 즉 종양의 재발이 없는 ID가 5, 49번인 대상자는 한 명의 대상자가 되고, 종양이 한 번 재발한 ID가 9, 37번 같은 대상자는 1번 재발한 경우를 한 번 발생한 사건으로 분리해서 coding을 하므로 두 명의 대상자가 된다. 같은 방법으로 두 번 재발한 대상자는 세 명으로 분리해서 각각의 방광 종양의 재발을 하나의 사건의 발생으로 간주해서 대상자를 나누는 것이다.

두 번째는 strata에 대한 것으로 사건의 재발 횟수가 총 4회까지 관찰했으므로 stratum도 4개가 된다. 그러므로 치료를 했는지 하지 않았는지를 나타내는 변수, 초기의 방광암의 개수를 나타내는 변수, 초기 방광 종양의 크기를 나타내는 변수를 각각 4개의 strata로 나누어서 각각 방광 종양의 재발 횟수로 나누어준 대상자에 대해 일일이 stratum을 지정해 주어야 한다.

그럼 다음과 같이 stratum에 따라 각각 변수를 4개씩 만들어서 표를 만들어보자.

NR	TL	TR	CS	T1	T2	T3	T4	N1	N2	N3	N4	S1	S2	S3	S4

NR 변수는 number of recurrence로 재발의 횟수를 나타내고, 1이면 처음 재발한 것이고 4이면 4회 재발했다는 것이다. TL과 TR은 각각 Left and Right end of time interval로, 종양 재발이 없는 ID = 1번 대상자는 TL은 0, TR은 10이 되고, 종양이 4번 재발한 ID = 15번 대상자의 경우는 TL, TR이 각각 재발할 때마다 표시하면 (0, 7), (7,10), (10, 16), (16, 24)와 같이 표시한다. CS는 중도절단(0)인지 사건의 발생(1)인지를 나타내며, T1에서 T4까지는 치료를 했는지(1) 안 했는지를(0), N1에서 N4까지는 초기 종양의 숫자를 나타내고, S1부터 S4까지는 초기 종양의 크기를 나타낸다. 즉 다음 표의 형식에 맞게 모든 대상자를 다시 coding을 해야 한다.

먼저 ID = 1 대상자 같이 재발이 없는 대상자는 NR은 event(1)가 아닌 censor(0)가 된다. TL과 TR은 추적시간이 10이므로 (0, 10)이 되고 CS는 재발은 한 것이 아니라 중도절단 된 것이므로 0으로, 그리고 치료를 한 것이므로 처음 치료의 유무인 T1만 1이고, 그 이후는 관계 없으므로 T2, T3, T4는 모두 0이 된다. 초기 종양 개수인 N1은 5개이므로 N1 = 5이고 그 이후인 N2, N3, N4는 모두 0이 된다. 초기 종양의 크기인 S1은 1cm이므로 1이 되고 S2, S3, S4는 모두 0이 된다. 그래서 ID = 1인 대상자는 다음과 같이 coding이 된다.

NR	TL	TR	CS	T1	T2	T3	T4	N1	N2	N3	N4	S1	S2	S3	S4
1	0	10	0	1	0	0	0	5	0	0	0	1	0	0	0

ID = 9인 대상자는 한 번 재발하였다. 재발하기 전의 처음 상태의 NR은 1회가 되고, TL과 TR은 처음 재발할 때까지가 걸린 기간이 5개월이므로 (0, 5)가 되고 CS는 censor(0)가 아닌 event(1)가 된다. 그리고 치료를 한 것이므로 처음 치료의 유무인 T1만 1이고, 그 이후는 관계 없으므로 T2, T3, T4는 모두 0이 된다. 초기 종양 개수인 N1은 1개이므로 N1 = 1이고 그 이후인 N2, N3, N4는 모두 0이 된다. 초기 종양의 크기인 S1은 3cm이므로 3이 되고 S2, S3, S4는 모두 0이 된다. 그래서 ID = 9대상자의 1회 재발하기 전 처음 대상자의 상태는 다음과 같이 coding이 된다.

NR	TL	TR	CS	T1	T2	T3	T4	N1	N2	N3	N4	S1	S2	S3	S4
1	0	5	1	1	0	0	0	1	0	0	0	3	0	0	0

ID = 9인 대상자가 첫 번째 재발했을 때는 NR은 2회가 되고, TL과 TR은 처음 재발 이후의 기간인 5개월이므로 (5, 18)이 되고 CS는 0이 된다. 그리고 재발해서도 치료를 한 것이므로 처음 치료의 유무인 T1은 0이고 T1 = 1, T3, T4는 모두 0이 된다. 초기 종양 개수인 N1 = 0이고 N2 = 1이고 N3, N4는 모두 0이 된다. 초기 종양의 크기인 S1 = 0, S2 = 3, S3, S4는 모두 0이 된다. 그러므로 1회 재발했을 때의 ID = 9의 대상자는 다음과 같이 coding이 된다.

NR	TL	TR	CS	T1	T2	T3	T4	N1	N2	N3	N4	S1	S2	S3	S4
2	5	18	0	0	1	0	0	0	1	0	0	0	3	0	0

그러므로 결국 1회 재발한 대상자인 ID = 9번인 대상자는 다음과 같이 2 cases가 된다.

NR	TL	TR	CS	T1	T2	T3	T4	N1	N2	N3	N4	S1	S2	S3	S4
1	0	5	1	1	0	0	0	1	0	0	0	3	0	0	0
2	5	18	0	0	1	0	0	0	1	0	0	0	3	0	0

같은 방법으로 두 번 재발한 ID = 10인 대상자는 다음과 같이 3명으로 나누어져서 coding이 된다.

NR	TL	TR	CS	T1	T2	T3	T4	N1	N2	N3	N4	S1	S2	S3	S4
1	0	12	1	1	0	0	0	1	0	0	0	1	0	0	0
2	12	16	1	0	1	0	0	0	1	0	0	0	1	0	0
3	16	18	0	0	0	1	0	0	0	1	0	0	0	1	0

세 번 재발한 ID = 27번인 대상자는 다음과 같이 4명으로 나누어져서 coding이 된다.

NR	TL	TR	CS	T1	T2	T3	T4	N1	N2	N3	N4	S1	S2	S3	S4
1	0	12	1	1	0	0	0	1	0	0	0	3	0	0	0
2	12	15	1	0	1	0	0	0	1	0	0	0	3	0	0
3	15	24	1	0	0	1	0	0	0	1	0	0	0	3	0
4	24	31	0	0	0	0	1	0	0	0	1	0	0	0	3

종양이 네 번 재발한 ID = 15번인 대상자도 다음과 같이 4명으로 coding이 된다. 세 번 재발한 경우와 같이 4명으로 coding된다. 마지막 추적한 24개월에 재발되었기 때문에 CS = 1이 된다.

NR	TL	TR	CS	T1	T2	T3	T4	N1	N2	N3	N4	S1	S2	S3	S4
1	0	7	1	1	0	0	0	2	0	0	0	3	0	0	0
2	7	10	1	0	1	0	0	0	2	0	0	0	3	0	0
3	10	16	1	0	0	1	0	0	0	2	0	0	0	3	0
4	16	24	1	0	0	0	1	0	0	0	2	0	0	0	3

ID = 33번인 9번째 대상자는 다음과 같이 CS가 4번째는 censored(0)가 된다. 왜냐하면 마지막 재발한 시점(Recur4 = 24)은 24개월이지만 follow up time이 40개월이므로 마지막 상태는 censored가 된다. ID = 15번과의 차이를 이해해야 한다.

NR	TL	TR	CS	T1	T2	T3	T4	N1	N2	N3	N4	S1	S2	S3	S4
1	0	9	1	1	0	0	0	4	0	0	0	1	0	0	0
2	9	17	1	0	1	0	0	0	4	0	0	0	1	0	0
3	17	22	1	0	0	1	0	0	0	4	0	0	0	1	0
4	22	24	0	0	0	0	1	0	0	0	4	0	0	0	1

다음은 placebo로 치료를 한 집단 중 재발을 한 번도 안한 ID = 49번 대상자의 coding이다.

NR	TL	TR	CS	T1	T2	T3	T4	N1	N2	N3	N4	S1	S2	S3	S4
1	0	1	0	0	0	0	0	1	0	0	0	3	0	0	0

치료를 하지 않고 한 번 재발한 ID = 55번 대상자는 다음과 같다. 치료를 하지 않았으므로 T1, T2, T3, T4가 모두 0이 된다.

NR	TL	TR	CS	T1	T2	T3	T4	N1	N2	N3	N4	S1	S2	S3	S4
1	0	3	1	0	0	0	0	2	0	0	0	6	0	0	0
2	3	14	0	0	0	0	0	0	2	0	0	0	6	0	0

치료를 하지 않고 두 번 재발한 ID = 60번 대상자는 다음과 같이 coding이 된다.

NR	TL	TR	CS	T1	T2	T3	T4	N1	N2	N3	N4	S1	S2	S3	S4
1	0	17	1	0	0	0	0	1	0	0	0	1	0	0	0
2	17	19	1	0	0	0	0	0	1	0	0	0	1	0	0
3	19	21	0	0	0	0	0	0	0	1	0	0	0	1	0

치료를 하지 않고 세 번 재발한 ID = 65번 대상자는 마지막 재발 13개월 이후 26개월까지 추적되었으므로 CS의 4번째는 censoring(0)이 된다.

NR	TL	TR	CS	T1	T2	T3	T4	N1	N2	N3	N4	S1	S2	S3	S4
1	0	6	1	0	0	0	0	1	0	0	0	1	0	0	0
2	6	12	1	0	0	0	0	0	1	0	0	0	1	0	0
3	12	13	1	0	0	0	0	0	0	1	0	0	0	1	0
4	13	26	0	0	0	0	0	0	0	0	1	0	0	0	1

치료를 하지 않고 네 번 재발한 ID = 70번 대상자는 마지막 재발 32개월 이후 39개월까지 추적되었으므로 CS의 4번째는 censoring(0)이 된다.

NR	TL	TR	CS	T1	T2	T3	T4	N1	N2	N3	N4	S1	S2	S3	S4
1	0	22	1	0	0	0	0	1	0	0	0	1	0	0	0
2	22	23	1	0	0	0	0	0	1	0	0	0	1	0	0
3	23	27	1	0	0	0	0	0	0	1	0	0	0	1	0
4	27	32	0	0	0	0	0	0	0	0	1	0	0	0	1

그러나 ID = 72번 대상자는 40개월까지 추적했고 40개월에 4번째 재발이 있었으므로 NR = 4에서 CS는 0이 아닌 1이 된다.

NR	TL	TR	CS	T1	T2	T3	T4	N1	N2	N3	N4	S1	S2	S3	S4
1	0	24	1	0	0	0	0	3	0	0	0	1	0	0	0
2	24	26	1	0	0	0	0	0	3	0	0	0	1	0	0
3	26	29	1	0	0	0	0	0	0	3	0	0	0	1	0
4	29	40	1	0	0	0	0	0	0	0	3	0	0	0	1

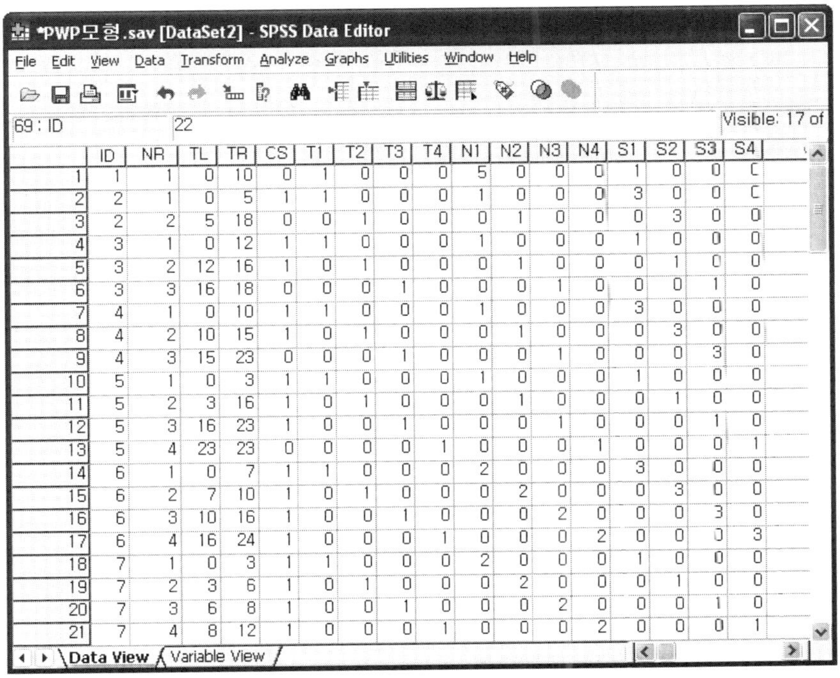
*PWP모형.sav [DataSet2] - SPSS Data Editor

File Edit View Data Transform Analyze Graphs Utilities Window Help

69 : ID 22 Visible: 17 of

	ID	NR	TL	TR	CS	T1	T2	T3	T4	N1	N2	N3	N4	S1	S2	S3	S4
1	1	1	0	10	0	1	0	0	0	5	0	0	0	1	0	0	C
2	2	1	0	5	1	1	0	0	0	1	0	0	0	3	0	0	C
3	2	2	5	18	0	0	1	0	0	0	1	0	0	0	3	0	0
4	3	1	0	12	1	1	0	0	0	1	0	0	0	1	0	0	0
5	3	2	12	16	1	0	1	0	0	0	1	0	0	0	1	0	0
6	3	3	16	18	0	0	0	1	0	0	0	1	0	0	0	1	0
7	4	1	0	10	1	1	0	0	0	1	0	0	0	3	0	0	0
8	4	2	10	15	1	0	1	0	0	0	1	0	0	0	3	0	0
9	4	3	15	23	0	0	0	1	0	0	0	1	0	0	0	3	0
10	5	1	0	3	1	1	0	0	0	1	0	0	0	1	0	0	0
11	5	2	3	16	1	0	1	0	0	0	1	0	0	0	1	0	0
12	5	3	16	23	1	0	0	1	0	0	0	1	0	0	0	1	0
13	5	4	23	23	0	0	0	0	1	0	0	0	1	0	0	0	1
14	6	1	0	7	1	1	0	0	0	2	0	0	0	3	0	0	0
15	6	2	7	10	1	0	1	0	0	0	2	0	0	0	3	0	0
16	6	3	10	16	1	0	0	1	0	0	0	2	0	0	0	3	0
17	6	4	16	24	1	0	0	0	1	0	0	0	2	0	0	0	3
18	7	1	0	3	1	1	0	0	0	2	0	0	0	1	0	0	0
19	7	2	3	6	1	0	1	0	0	0	2	0	0	0	1	0	0
20	7	3	6	8	1	0	0	1	0	0	0	2	0	0	0	1	0
21	7	4	8	12	1	0	0	0	1	0	0	0	2	0	0	0	1

Data View / Variable View

〈그림 6.6〉

이렇게 모든 사람을 다시 coding하면 결국 22명이 69명으로 된다. 그림 6.6은 위의 22명 중 7명만 다시 coding한 자료이다(*Example6.sav*).

결국 recurrent 모형은 이 모형에 맞게 원 자료를 재배열해서 Cox 회귀를 다시 하는 것이다. 이 자료로 Cox 회귀를 하게 되면 stratum specific coefficient를 계산하게 된다. 이 자료는 다른 strata에서 각 대상자에 대한 회귀계수의 중요성과 재발된 사건이 다른 대상자에 대한 회귀계수의 중요성을 계산하기 위한 표이다. 즉 PWP models with Stratums-specific coefficient라고 할 수 있다.

SPSS로는 stratum specific PWP 모형을 이용할 수 없다. 왜냐하면 stratum specific PWP 모형에서 time to tumor recurrence가 시작과 끝으로 즉 (0, 6) 같이 표시되기 때문이다. SPSS의 Cox 회귀에서는 time to event는 기간으로 지정하는 것이 아니고 관찰 시작과 사건 발생의 시간의 차이인 range를 지정해야 하기 때문이다.

SAS를 이용하고 있는 독자는 다음의 SAS 명령어를 이용하면 stratum specific coefficient를 구할 수 있다. 즉 위의 그림과 같은 변수를 포함하는 PWP.DAT라는 파일이 C:\PWP.DAT라고 있다고 가정했을 때 다음과 같은 SAS 명령어를 이용하면 결과를 얻을 수 있다.

```
DATA W1;
        Infile 'C:\PWP.DAT' missover;
        Input NR TL TR CS T1 T2 T3 T4 N1 N2 N3 N4 S1 S2 S3 S4;
Run;
Title 'PWP model with stratified coefficients';
Proc phreg data=W1;
        Model (TL,TR) * CS(0) = T1 T2 T3 T4 N1 N2 N3 N4 S1 S2 S3 S4 / ties=efron;
        Where TL<TR;
        Strata NR;
RUN;
```

다음은 결과이다.

The PHREG Procedure

Analysis of Maximum Likelihood Estimates

Variable	DF	Parameter Estimate	Standard Error	Chi-square	Pr > Chi-square	Hazard Ratio
t1	1	0.65983	0.63416	1.0826	0.2981	1.934
t2	1	1.20515	0.71111	2.8721	0.0901	3.337
t3	1	0.99390	1.27234	0.6102	0.4347	2.702
t4	1	−14.56221	2465	0.0000	0.9953	0.000
n1	1	−0.24645	0.16346	2.2730	0.1316	0.782
n2	1	0.03799	0.15461	0.0604	0.8059	1.039
n3	1	0.22659	0.28276	0.6422	0.4229	1.254
n4	1	−0.02170	2003	0.0000	1.0000	0.979
s1	1	0.11202	0.18965	0.3489	0.5547	1.119
s2	1	−0.57594	0.27206	4.4815	0.0343	0.562
s3	1	−0.58597	0.49526	1.3999	0.2367	0.557
s4	1	16.12958	2627	0.0000	0.9951	10115463

S2를 제외하고는 p 〉 0.05로 유의한 차이를 보이지 않고 있다. 즉 S2를 제외하곤 어떤 stratum에서도 치료에 따른 재발(time to recurrence)의 기간과는 통계적인 유의한 차이가 없었고 초기 종양의 크기도(S1)도 종양의 재발기간과는 유의한 차이가 없었다.

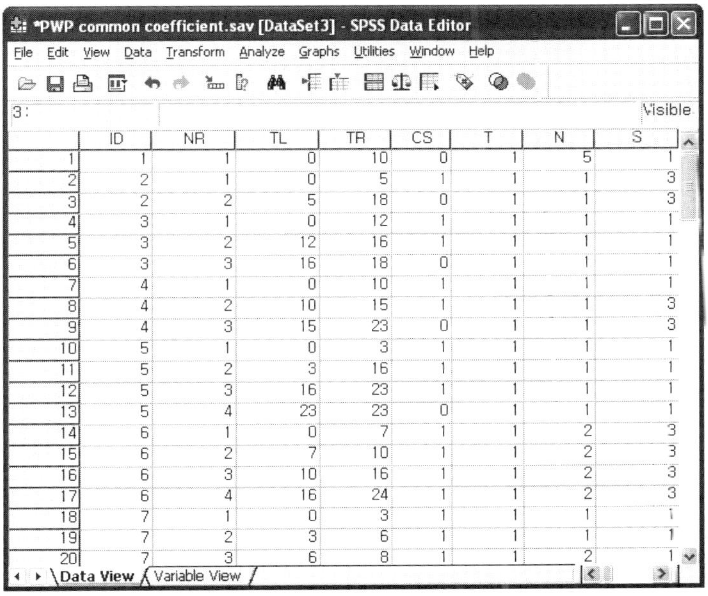

	ID	NR	TL	TR	CS	T	N	S
1	1	1	0	10	0	1	5	1
2	2	1	0	5	1	1	1	3
3	2	2	5	18	0	1	1	3
4	3	1	0	12	1	1	1	1
5	3	2	12	16	1	1	1	1
6	3	3	16	18	0	1	1	1
7	4	1	0	10	1	1	1	1
8	4	2	10	15	1	1	1	3
9	4	3	15	23	0	1	1	3
10	5	1	0	3	1	1	1	1
11	5	2	3	16	1	1	1	1
12	5	3	16	23	1	1	1	1
13	5	4	23	23	0	1	1	1
14	6	1	0	7	1	1	2	3
15	6	2	7	10	1	1	2	3
16	6	3	10	16	1	1	2	3
17	6	4	16	24	1	1	2	3
18	7	1	0	3	1	1	1	1
19	7	2	3	6	1	1	1	1
20	7	3	6	8	1	1	2	1

〈그림 6.7〉

만약 연구자의 연구의 초점이 종양의 재발의 여부와는 관계 없이 공변량의 전체적인 중요성에 대한 것이라면 또는 공변량의 중요성이 재발의 횟수와는 독립적이라면 T1 ~ T4를 T라는 하나의 변수로(마찬가지로 N1 ~ N4와 S1 ~ S4도 N과 S로) 만들어서 그림 6.7과 같이 coding을 하고(*Example7.sav*) 다음과 같은 SAS 명령어를 이용하면 된다. 단 다음과 같은 변수를 가진 PWP.DAT file이 C:\에 있다고 가정한다.

```
DATA W1;
        Infile 'C:\pwp.dat' missover;
        Input id nr tl tr cs t n s;
Run;

Proc phreg data=W1;
        Model (TL,TR) * CS(0) = t n s / ties=efron;
        Where TL<TR;
        Strata NR;
RUN;
```

다음은 결과이고 이것을 common coefficient 모형이라고 한다. Stratum을 무시한 common coefficient 모형의 결과도 stratum specific coefficient와 같은 결과이다.

The PHREG Procedure

Analysis of Maximum Likelihood Estimates

Variable	DF	Parameter Estimate	Standard Error	Chi-square	Pr > Chi-square	Hazard Ratio
t	1	0.60324	0.39971	2.2777	0.1313	1.828
n	1	−0.05164	0.09853	0.2747	0.6002	0.950
s	1	−0.19431	0.15347	1.6030	0.2055	0.823

PWP 모형의 다른 형태는 gap time 모형이다. 즉 TR에서 TL을 빼준 Time이라는 gap time을 의미하는 변수를 만들어서 분석을 하는 것이다. Gap time 모형도 T1 ~ T4, N1 ~ N4, S1 ~ S4로 stratum을 나누어서 stratum specific coefficient를 계산할 수도 있고 또한 T1 ~ T4는 T 한 개로, N1 ~ N4와 S1 ~ S4도 N과 S 한 개로 만들어서 common coefficient 모형의 두 가지로 분석할 수 있다. 단지 gap 모형에서는 time to recurrence만 TL에서 TR을 빼준 기간을 사용한다. Gap 모형은 SPSS에서 stratified Cox 모형으로 분석을 하면 된다. 그림

6.8은 PWP 모형에서 gap 모형으로 common coefficient를 구하기 위해 coding 한 자료이다.

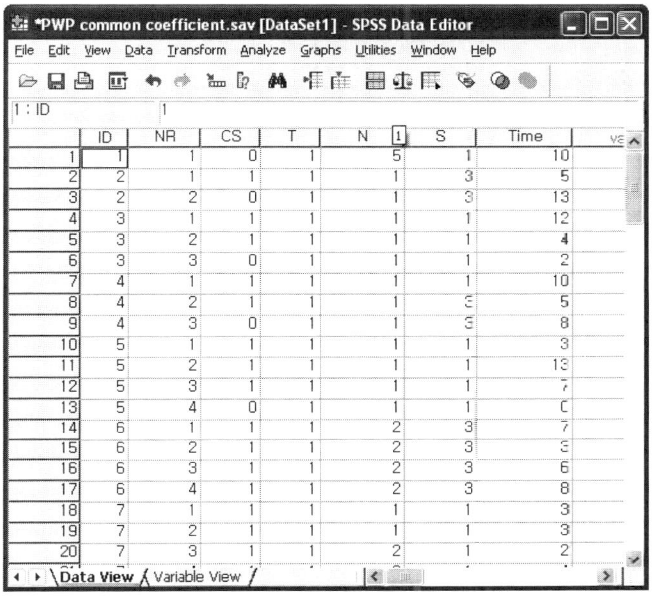

〈그림 6.8〉

이 자료를 가지고 Cox 회귀를 하기 위해서는 다음과 같이 지정을 해준다. Time: 에 TL − TR값인 Time 변수를, Status에 TR 변수를, 공변량에 T, N, S를 지정하고 T는 범주형 변수로 지정을 해준다. 그리고 Strata: 에 재발의 횟수를 나타내는 NR 변수를 지정하고 변수투입 방법은 Enter로 해준다.

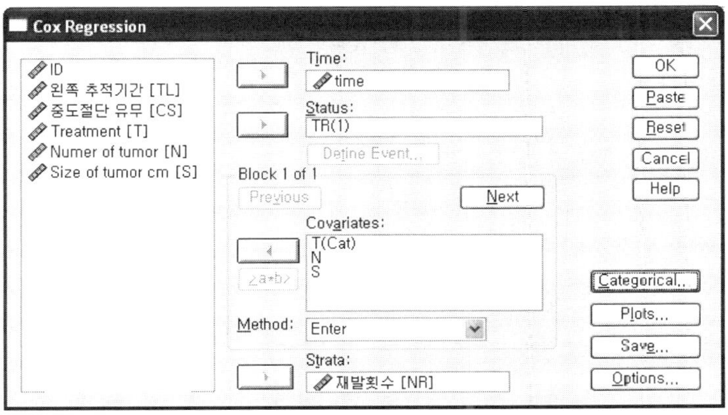

다음은 결과이다.

Variables in the Equation

	B	SE	Wald	df	Sig.	Exp(B)
T	-12.115	316.525	.001	1	.969	.000
N	-4.672	94.939	.002	1	.961	.009
S	-.155	.541	.082	1	.774	.856

2) Anderson-Gill 모형

1982년 Anderson과 Gill에 의해 제안된 모형으로(AG 모형) 비례위험 모형을 응용한 방법이다. 여기서의 가정은 모든 사건의 발생은 같은 형태의 사건의 발생이고 서로 독립적이라는 것이다. 같은 형태라는 것은 방광 종양의 재발은 방광에만 재발되는 것이고, 종양이 전이가 되어 뼈나 폐에 재발하는 것은 같은 형태가 아니라는 의미이다. 또한 독립적이라는 것은 재발은 했지만 각각의 재발은 처음 발생과는 독립적이라는 의미이다.

AG 모형에서 subjects는 연구 시작 randomization을 할 때부터 처음 사건이 발생할 때까지, 처음 사건에 대해 risk가 있다고 생각한다. 처음 사건의 발생부터 두 번째 사건이 발생할 때까지 subject는 두 번째 사건에 대해 risk가 있다고 생각한다. 이런 식으로 계속 생각해서 모든 결과와 모든 person-time을 연구에 포함시킬 수 있고 같은 대상자 사이에서 발생한 같은 사건에 대하여 correlation을 계속 고려할 수 있게 해준다. 그리고 한 명의 환자에서 여러 사건에 대한 risk의 correlation의 가능성을 평가하기 위해 robust variation estimate를 이용한다.

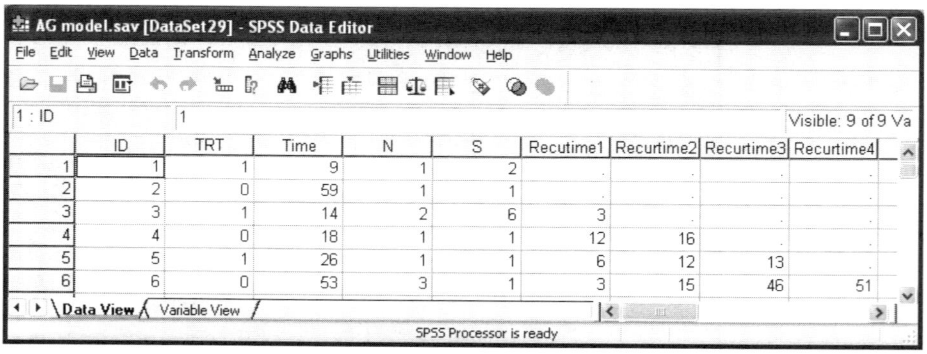

	ID	TRT	Time	N	S	Recutime1	Recurtime2	Recurtime3	Recurtime4
1	1	1	9	1	2	.	.	.	.
2	2	0	59	1	1	.	.	.	.
3	3	1	14	2	6	3	.	.	.
4	4	0	18	1	1	12	16	.	.
5	5	1	26	1	1	6	12	13	.
6	6	0	53	3	1	3	15	46	51

〈그림 6.9〉

AG 모형을 이용하려면 역시 원 자료를 다시 AG 모형에 맞게 재배열해야 한다. 설명의 편의를 위하여 방광 종양 자료 중 다음과 같이 6명만 추출하여 자료를 AG 모형에 맞게 재배열해 보자(그림 6.9)

ID는 환자의 ID, TRT는 치료 유무(0 = placebo, 1 = thiopental), Time은 추적관찰 기간을 개월로 표시, N은 초기 방광암의 개수, S는 방광 종양의 크기, 그리고 recurrence time은 재발한 횟수에 따른 추적관찰 기간이다.

위의 6명의 자료를 다시 AG모형에 맞게 coding을 하면 다음과 같다(그림 6.10). TL과 TR은 각각 Left and Right end of time interval, CS는 사건의 발생 유무(0 = censored, 1 = event), TRT는 치료 유무를 나타낸다. 재발이 없는 ID = 1, 2인 대상자는 각각 1명의 대상자로 coding이 된다. 반면 1회 재발을 한 ID = 3인 대상자는 각각 재발한 것을 한 개의 사건으로 생각하여 2 cases로 coding이 되며, 2회 재발을 하면 총 3 cases로, 3회 재발을 하면 총 4 cases로 그리고 전체 4회까지만 추적관찰을 했을 때 4회까지 재발한 대상자는 3회 재발한 대상자와 같이 4 cases로 coding이 된다.

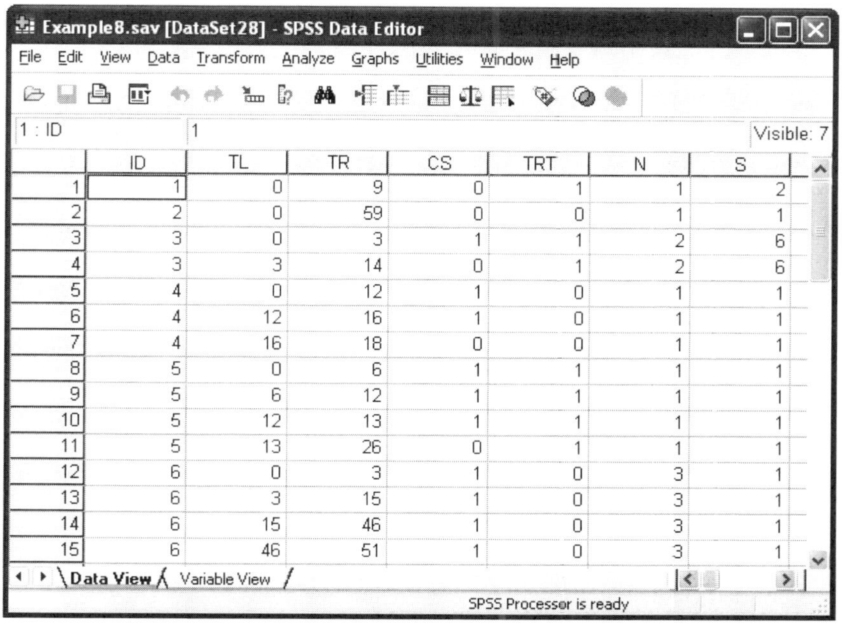

	ID	TL	TR	CS	TRT	N	S
1	1	0	9	0	1	1	2
2	2	0	59	0	0	1	1
3	3	0	3	1	1	2	6
4	3	3	14	0	1	2	6
5	4	0	12	1	0	1	1
6	4	12	16	1	0	1	1
7	4	16	18	0	0	1	1
8	5	0	6	1	1	1	1
9	5	6	12	1	1	1	1
10	5	12	13	1	1	1	1
11	5	13	26	0	1	1	1
12	6	0	3	1	0	3	1
13	6	3	15	1	0	3	1
14	6	15	46	1	0	3	1
15	6	46	51	1	0	3	1

〈그림 6.10〉

SPSS는 AG 모형을 이용할 수 없고 다음과 같이 SAS 명령어를 이용하면 된다. 단 file name이 PWP.DAT인 file이 C:\에 있다고 가정한다.

```
DATA W1;
      Infile 'C:\PWP.DAT' missover;
      Input TL TR CS TRT N S;
Run;
Title 'AG model';
Proc phreg data=W1;
      Model (TL,TR) * CS(0) = TRT N S / ties=efron;
      Where TL<TR;

RUN;
```

3) Wei et al.모형

Marginal approach를 이용하여 1989년 Wei, Lin과 Weissfeld가 recurrence failure의 분석에 이용할 수 있는 WLW 모형을 제안하였다. 여기서 failure는 같은 종류의 사건의 재발이거나 또는 어떻게 stratification을 정의하는 것에 따라서 다른 성질의 사건의 재발일 수도 있다. 같은 형태의 반복적인 failure의 시간에 의해 stratum이 정의되었다면 PWP 모형과 같이 strata를 정의해서 분석하면 된다.

PWP 모형과 WLW 모형의 차이는 WLW에서는 각 사건의 발생을 분리된 과정으로 취급하고 각 stratum-specific(marginal) partial likelihood를 분리해서 취급한다. 그림 6.9의 자료를 WLW의 모형에 맞도록 두 가지 방법으로 다시 coding해 보자.

1. 재발횟수로 색인을 한 회귀계수(NR-Indexed Coefficient): Example9.sav file

위의 예에서 최대로 재발을 많이 한 대상자는 총 4회까지이므로 한 번, 두 번, 세 번 재발한 모든 대상자를 네 번 재발한 대상자에 맞추어서 4회까지 모두 재발하여 추적한 것으로 생각하여 coding을 한다. 첫 번째와 두 번째 대상자는 재발은 하지 않았고 한 번 종양이 발생하였으므로 CS는 모두 censored(0)이다. 세 번째 대상자는 1회 재발했을 때만 사건의 발생(1)이고 나머지는 전부 censored된 것이다. 그러므로 4회 재발한 여섯 번째 대상자의 CS는 모두 사건이 발생한 것이다(그림 6.11).

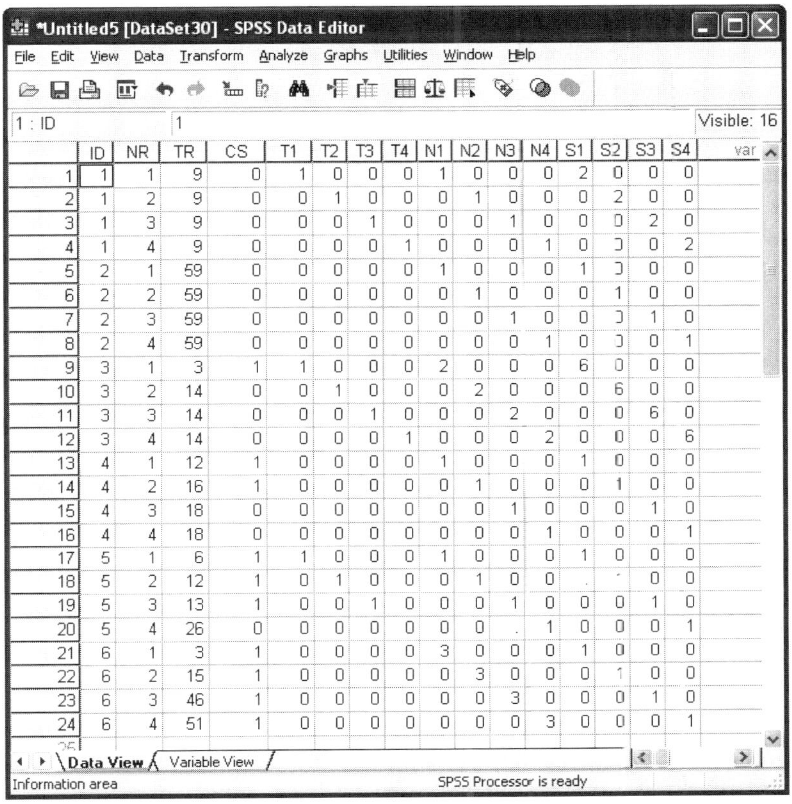

	ID	NR	TR	CS	T1	T2	T3	T4	N1	N2	N3	N4	S1	S2	S3	S4	var
1	1	1	9	0	1	0	0	0	1	0	0	0	2	0	0	0	
2	1	2	9	0	0	1	0	0	0	1	0	0	0	2	0	0	
3	1	3	9	0	0	0	1	0	0	0	1	0	0	0	2	0	
4	1	4	9	0	0	0	0	1	0	0	0	1	0	0	0	2	
5	2	1	59	0	0	0	0	0	1	0	0	0	1	0	0	0	
6	2	2	59	0	0	0	0	0	0	1	0	0	0	1	0	0	
7	2	3	59	0	0	0	0	0	0	0	1	0	0	0	1	0	
8	2	4	59	0	0	0	0	0	0	0	0	1	0	0	0	1	
9	3	1	3	1	1	0	0	0	2	0	0	0	6	0	0	0	
10	3	2	14	0	0	1	0	0	0	2	0	0	0	6	0	0	
11	3	3	14	0	0	0	1	0	0	0	2	0	0	0	6	0	
12	3	4	14	0	0	0	0	1	0	0	0	2	0	0	0	6	
13	4	1	12	1	0	0	0	0	1	0	0	0	1	0	0	0	
14	4	2	16	1	0	0	0	0	0	1	0	0	0	1	0	0	
15	4	3	18	0	0	0	0	0	0	0	1	0	0	0	1	0	
16	4	4	18	0	0	0	0	0	0	0	0	1	0	0	0	1	
17	5	1	6	1	1	0	0	0	1	0	0	0	1	0	0	0	
18	5	2	12	1	0	1	0	0	0	1	0	0	.	.	0	0	
19	5	3	13	1	0	0	1	0	0	0	1	0	0	0	1	0	
20	5	4	26	0	0	0	0	0	0	0	.	1	0	0	0	1	
21	6	1	3	1	0	0	0	0	3	0	0	0	1	0	0	0	
22	6	2	15	1	0	0	0	0	0	3	0	0	0	1	0	0	
23	6	3	46	1	0	0	0	0	0	0	3	0	0	0	1	0	
24	6	4	51	1	0	0	0	0	0	0	0	3	0	0	0	1	

SPSS에서 다음과 같이 지정하면 NR-Indexed Coefficient의 값을 구할 수 있다.

Analyze ▶ Survival ▶ Cox Regression

Time: TR, Status: CS (1)

Covariates: T1,T2,T3,T4,N1,N2,N3,N4,S1,S2,S3,S4

Categorical…… T1, T2, T3, T4

Method: Enter

Strata: NR

2. Common coefficient: Example10.sav file

T1 ~ T4, N1 ~ N4, S1 ~ S4를 T, N, S하나로 생각하여 common coefficient를 구하려면 다음과 같은 형식으로 자료를 다시 coding한다.

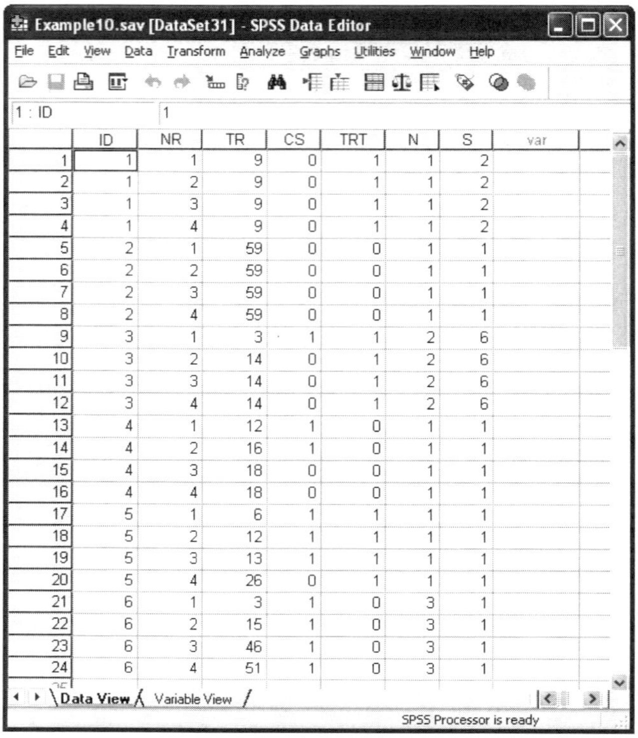

	ID	NR	TR	CS	TRT	N	S	var
1	1	1	9	0	1	1	2	
2	1	2	9	0	1	1	2	
3	1	3	9	0	1	1	2	
4	1	4	9	0	1	1	2	
5	2	1	59	0	0	1	1	
6	2	2	59	0	0	1	1	
7	2	3	59	0	0	1	1	
8	2	4	59	0	0	1	1	
9	3	1	3	1	1	2	6	
10	3	2	14	0	1	2	6	
11	3	3	14	0	1	2	6	
12	3	4	14	0	1	2	6	
13	4	1	12	1	0	1	1	
14	4	2	16	1	0	1	1	
15	4	3	18	0	0	1	1	
16	4	4	18	0	0	1	1	
17	5	1	6	1	1	1	1	
18	5	2	12	1	1	1	1	
19	5	3	13	1	1	1	1	
20	5	4	26	0	1	1	1	
21	6	1	3	1	0	3	1	
22	6	2	15	1	0	3	1	
23	6	3	46	1	0	3	1	
24	6	4	51	1	0	3	1	

SPSS에서 다음과 같이 지정하면 common coefficient의 값을 구할 수 있다.

Analyze ▶ Survival ▶ Cox Regression

Time: TR, Status: CS (1)

Covariates: TRT, N, S

Categorical…… TRT

Method: Enter

Strata: NR

6.7 Related observation에 대한 모형

Cox 비례위험 모형이나 다른 회귀 모형에서의 중요한 가정은 관찰된 생존시간이나 사건의 발생 시간은 독립적이라는 것이다. 그러나 많은 실제적인 경우

failure time이 관계 있는 개인이나 연속적인 recurrent event 또는 같은 대상자에서 failure로 관찰될 수 있다. 예를 들면 심장병의 역학적 연구에서 연구에 참여한 대상자가 같은 가족에서 동시에 등록될 수 있다. 이런 경우는 독립적이라고 할 수 없다. 동시에 연구에 참여한 가족을 cluster라고 한다. 이런 경우 지금까지 사용된 회귀분석은 적용할 수 없고 새로운 모형의 적용이 필요하다. 이런 경우에 적용할 수 있는 많은 모형이 Andersen et al(1993), Liang et al(1995), Klein and Moeschberger(1997)와 Ibrahim et al(2001) 등에 의해 소개되었다. 이 중 가장 많이 알려진 모형이 frailty 도형이다.

Frailty 모형에서의 가정은 hazards function에 unmeasured random variables인 frailty가 있다는 것이다. 이 random variable이 cluster 안에서 대상자들 간의 variation이나 heterogeneity를 설명한다. 또 다른 가정은 "frailty와 censoring과는 독립적이다"이라는 것이다. 다음에서 n을 연구에 참여한 전체 대상자의 숫자일 때 그들 중 어느 정도의 숫자는 서로 연관(relate)이 되어 있고 cluster를 형성하게 된다. 다음은 vi를 unknown random variable인 frailty라고 하면 vi는 i번째 cluster와 1 〈 = I 〈 n 관계가 있다. Cox 비례 모형과 관계있는 frailty 모형은 log hazards function으로 다음과 같이 표현된다.

$$\log[h_{ij}(t;\mathrm{x}_{ij}|\mathrm{v}_i)] = \log[h_0(t)] + v_i + \mathrm{b}'\mathrm{x}_{ij}$$

$1 \le j \le m$ and $1 \le i \le n$이고 b는 알려지지 않은 회귀계수의 $p \times 1$ column vector이고, x_{ij}는 i번째 cluster에서 j번째 대상자의 covariate vector이고 m_i는 i번째 cluster에 있는 대상자의 수이며 $h_0(t)$는 모르는 underlying hazards function이다. Cox 비례 모형과의 차이는 random effect인 v_i의 차이다. 여기서 i번째 cluster에서 v_i는 같으므로 이 모형의 각 cluster 안에서 failure와 공변량의 관계는 대칭적인 구조를 갖는다는 가정이 된다. 가족을 대상으로 하는 연구에서 이 모형은 cluster로 각 family에 처치를 한 후 sibling에서 failure time을 측정하는 경우에 사용될 수 있는 모형이다. 이 가족연구의 모형은 Vaupel et al(1975)에 의해 처음 제안되었고 Clayton과 Cuzick(1985)에 의해 발전되었으며 여기서의 중요한 가정은 v_i는 parametric distribution을 따른다는 것이다.

Frailty는 time dependent covariate로도 사용될 수 있다[v_i를 $\mathrm{v}_i(t)$로 치환]. 그

래서 v_i를 포함한 frailty 모형은 6.6에서 다른 recurrent 모형의 대안으로 successive 혹은 recurrent failure time의 모형으로 사용될 수 있다. 또한 각 cluster에 하나 이상의 frailty가 있는 경우에도 적용될 수 있다.

Frailty 모형에서 추론은 likelihood function이나 partial likelihood function을 기초로 한다. Frailty 모형은 모수적 분포에 대한 가정을 포함하므로 likelihood function이나 partial likelihood function을 계산하기가 매우 복잡하다.

Frailty 모형은 기본적으로 광범위하게 사용되지 못하고 있다. 이유는 상업적으로 이용 가능한 software가 적기 때문이다. SAS macro가 gamma frailty 모형에 대해서 이용 가능하다(http://www.biostat.mcw.edu/software/SoftMenu.html). SPSS에서는 이 모형을 이용할 수는 없고 또한 인터넷에서도 만들어는 frailty 모형에 대한 macro를 찾을 수 없었다. 그러나 S-plus에서는 frailty 모형에 대한 통계적인 방법을 제공하고 있다.

S-Plus를 이용한 frailty 모형의 이용

S-Plus 7.0은 www.s-plus.co.kr 에서 30일간 사용할 수 있는 trial version을 download 할 수 있다. Frailty 모형의 예제로 사용될 파일은 S-Plus에서 예제 파일로 제공된 rats 파일이다.

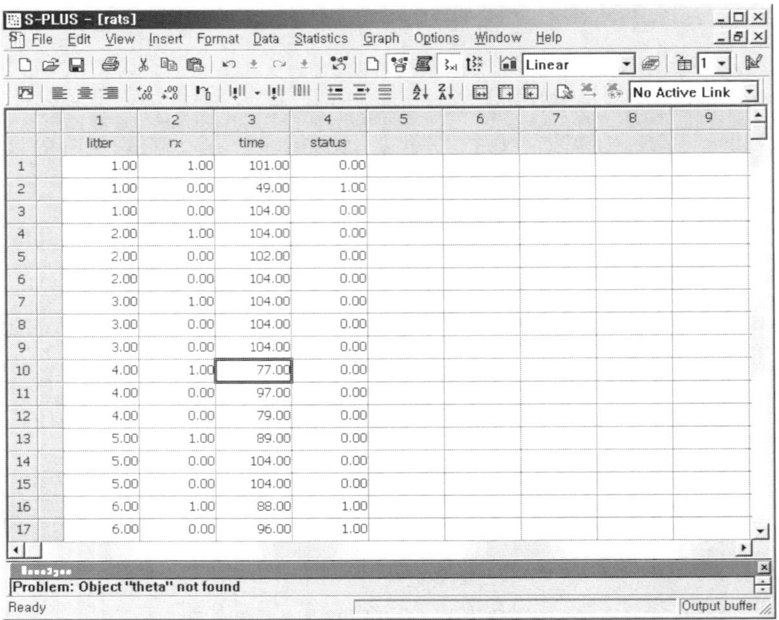

	1	2	3	4
	litter	rx	time	status
1	1.00	1.00	101.00	0.00
2	1.00	0.00	49.00	1.00
3	1.00	0.00	104.00	0.00
4	2.00	1.00	104.00	0.00
5	2.00	0.00	102.00	0.00
6	2.00	0.00	104.00	0.00
7	3.00	1.00	104.00	0.00
8	3.00	0.00	104.00	0.00
9	3.00	0.00	104.00	0.00
10	4.00	1.00	77.00	0.00
11	4.00	0.00	97.00	0.00
12	4.00	0.00	79.00	0.00
13	5.00	1.00	89.00	0.00
14	5.00	0.00	104.00	0.00
15	5.00	0.00	104.00	0.00
16	6.00	1.00	88.00	1.00
17	6.00	0.00	96.00	1.00

위에서 보듯이 다른 50마리의 어미 쥐에서(litter가 50가지 있게 된다. 여기서 litter의 뜻은 동물의 한 배에서 태어난 새끼를 의미한다) 각각 태어난 3마리의 형제 쥐들 중(litter 1마리당 3마리의 새끼가 태어난 것이다) 1마리에게 발암성 물질을 투여한 후(즉 각 litter당 1마리에게만 발암성 물질을 투여, rx = 1이면 발암성물질을 투여한 쥐, rx = 0이면 투여하지 않은 쥐), 추적조사하여 종양의 발생 유무(status = 1이면 종양 발생, 0이면 발생 안함)와 추적기간(time)에 대한 자료이다.

같은 형제 쥐들에 대한 자료이므로 frailty 모형을 이용하여 time to event에 대한 분석을 한다. S-Plus에서 생존분석을 하기 위해서는 Statistics ▶ Survival ▶ Cox proportional Hazards……를 선택하면 다음과 같은 화면이 나온다. 물론 명령어 창에서 직접 명령어를 이용해도 되지만 여기서는 pop-up 윈도우에서 명령어를 만드는 방법을 이용한다.

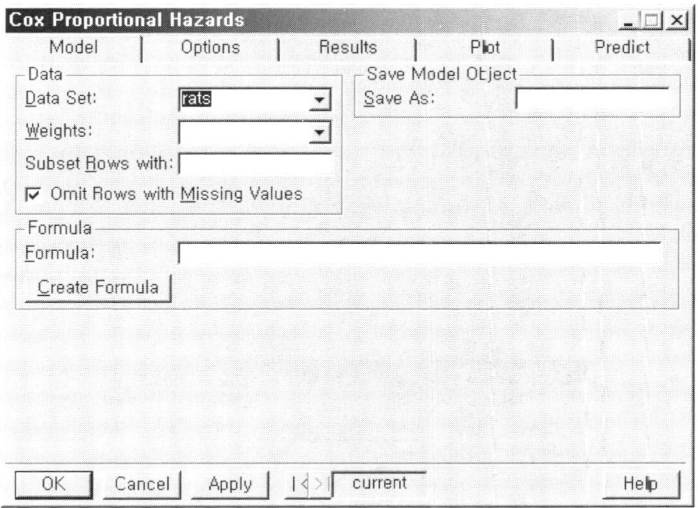

Formula에 명령어를 입력하면 되는데 명령어를 만들기 위해 Create Formula 클릭하면 다음과 같은 윈도우가 나온다. S-Plus는 여기에서 Cox proportional hazards 모형의 각 항목을 대부분 지정하게 된다.

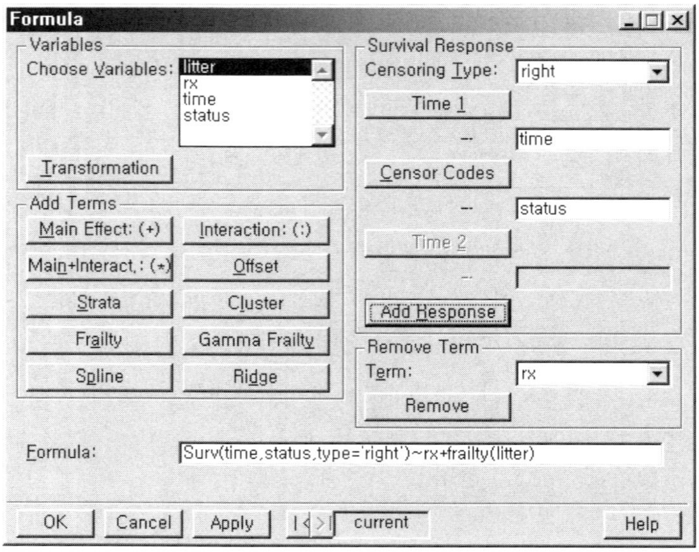

Time1에 time 변수를, Censor Codes에 status를, Main Effects(+)에 rx를, Frailty에 litter 변수를 지정한다. Choose Variables: 에서 지정할 변수를 선택한 후 해당되는 항목을 클릭하면 된다. 모두 지정했으면 꼭 Add Response 버튼을 클릭한다. 그래야 Formula: 에 지정한 항목에 대한 S-Plus 명령어가 위와 같이 생성이 된다. 전부 지정했으면 OK를 누른다. 그러면 다시 주화면으로 돌아오게 된다.

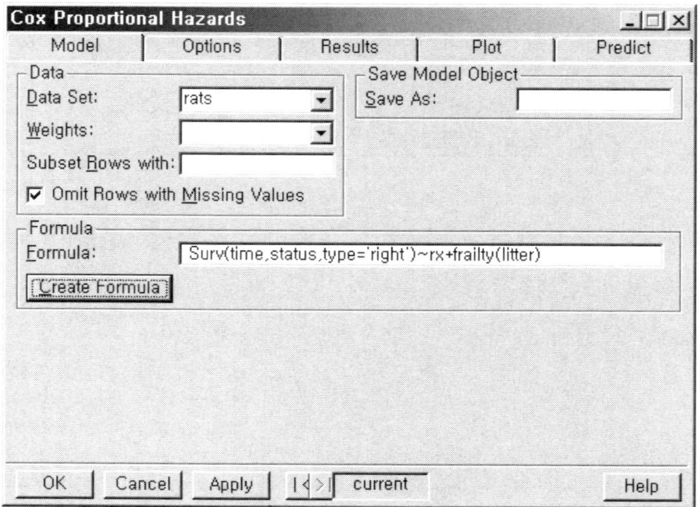

그러면 Formula: 에 명령어가 생성되었다. Options에서 Ties method를 선택하고 여기서는 efron을 선택하였다. OK를 누르면 다음과 같은 결과가 나온다.

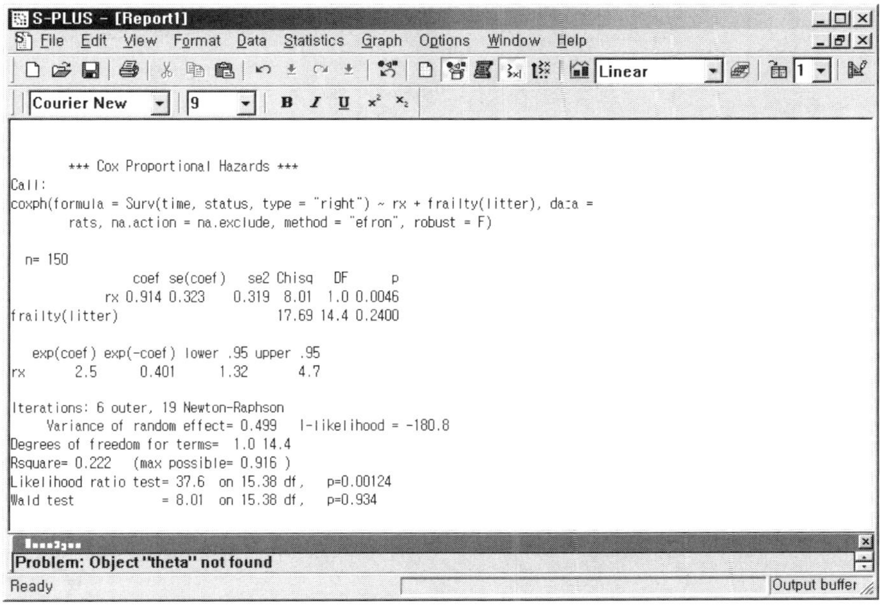

Frailty로 지정한 litter 변수에 대한 sig = 0.240으로 통계적인 의미는 없었다. 반면 종양의 발생은 sig = 0.0046으로 발암성 물질을 처치한 쥐에서 종양의 발생의 relative hazard가 2.5배 높았고 통계적인 유의성이 있었다.

모수적 방법을 이용한 생존자료의 분석

(Parametric Methods for Regression Models Fitting and Identification of Prognostic Factors)

7장

7.1 지수분포(exponential distribution)

7.2 Weibull distribution

7.3 Log-normal distribution

7.4 그 외의 모수적 모형

7.5 NCSS 2007을 이용한 모수적 생존분석의 이용

Cox proportional hazards 모형이 어떤 이론적인 분포에 근거하지 않고 경험적으로 생존함수를 추정하는 방법이었다면, 생존함수 $S(t)$에 관한 모형인 이론적인 생존곡선의 공식을 미리 설정해 놓고 관측된 자료를 이용하여 그 모형의 모수를 추정하여 $S(t)$의 모양을 확정짓는 방법을 parametric survival analysis 라고 한다. 즉 연구자의 time to event에 대한 자료의 분포가 어떤 특정한 모수적인 분포(parametric distribution)를 하고 있다는 것을 알고 있다면 모수적 모형을 이용한다.

그러나 일반적으로 임상적인 자료의 경우 생존시간에 대한 분포를 알 수 없는 경우가 많으므로 임상연구에서는 모수적인 모형은 제한적으로 이용하고 있다. ANOVA나 t-test 같은 여러 통계학적인 분석방법은 정규성의 가정에 위배되었다고 하더라도 표본의 크기가 어느 정도 크면 분석시, 가정의 위반에 대해 영향을 적게 받는다(robust). 그러나 모수적 생존분석에서는 생존시간의 분포가 특정 분포를 따르지 않는다면, 즉 특정 분포의 가정에 위배되면 계산된 추정치의 error가 크게 된다.

모수적인 모형은 생존자료에서 생존시간이 어떤 알려진 특정한 분포에 따르는 것으로 간주하여 생존기간에 영향을 미치는 예후인자의 영향을 평가하는 방법이다. 모수적 생존분석 모형으로는 지수분포(exponential distribution), Weibull distribution, Log-normal distribution, Gamma and generalized gamma distribution, Gompertz distribution, log-logistic 그리고 linear exponential이 있다. 이 중에서 지수분포, 와이블분포 그리고 lognormal distribution은 생존함수와 위험함수가 비교적 간단한 형태를 갖기 때문에 가장 많이 쓰인다.

임상연구에서 대부분의 경우 생존시간에 대한 분포를 알기가 어렵기 때문에, 모수적 모형은 제한적으로 사용되므로 여기서는 가장 많이 사용되는 모수적인 방법의 개념적인 사항만 정리하고 자세한 내용은 전문서적을 참고하기 바란다.

SPSS는 parametric survival modeling을 지원하지 않는다. 간단한 parametric proportional hazards 모형은 general log-linear 모형을 이용해서 제한적으로 사용할 수 있다. 모수적 모형을 지원하는 통계 프로그램으로는 SAS, BMDP, S-Plus, Eipcure, Egret, Limdep, Statistica 그리고 NCSS 등이 있다. S-Plus나 NCSS등은 평가판이 있으므로 모수적 생존분석이 필요한 독자는 위 프로그램을 해당 사이트에서 다운로드 받아서 이용하기 바란다. 여기서는 NCSS를 이용해서 모수적 모형을 이용한다.

7.1 지수분포(exponential distribution)

생존시간은 시간이 지남에 따라 여러 가지 형태로 나타난다. 시간이 지남에 따라 증가할 수도 있고, 감소할 수도 있으며 초기에는 증가하며 평형을 이루다가 다시 증가할 수도 있다. 또한 시간이 지나면서 일정한 상수의 값을 취하고 변하지 않는 경우도 있다. 어떤 특정한 상황에서 어떤 특정한 집단에 속해 있는 개인 각자의 hazard rate가 일정하다고 가정하면 지수분포를 이용할 수 있다.

Hazards function인 $H(t)$와 survival function인 $S(t)$의 관계는 다음과 같다.

$$h(t) = -\frac{d}{dt}[\log S(t)] \qquad \text{식 7.1}$$

식 7.1에서 hazard가 시간 t와 함께 변하지 않는다고 하면 식 7.2와 같이 표현된다. 여기서 λ = constant이고 hazards rate가 된다.

$$h(t) = \lambda \qquad \text{식 7.2}$$

여기서 λ는 값이 변하지 않은 일정한 상수이므로 survival function $S(t)$는 다음과 같이 표현할 수 있다.

$$S(t) = \exp^{-\lambda t} \qquad \text{식 7.3}$$

식 7.3을 지수분포의 생존함수라고 한다. 즉 constant hazard rate λ와 λ의 parameter만으로 구성된다. 여기서 λ가 크면 사망의 위험이 크거나 생존기간이 짧은 것이고 작으면 반대이다.

그림 7.1에 λ의 값에 따라 survivor function, probability density function 그리고 hazard function을 보여 주고 있다.

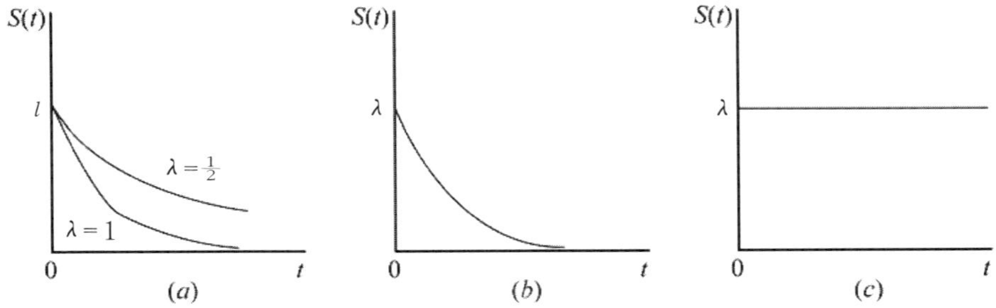

(*a*) survivorship function ; (*b*) probability density function ; (*c*) hazard function

〈그림 7.1〉 Exponential distribution

Hazard rate가 일정하다는 것은 지수분포의 고유한 성질이고 이런 이유로 지수분포는 생존자료를 표현하는 데 중요한 역할을 한다. $S(t) = e^{-\lambda t}$의 모양을 hazard rate $\lambda = 0.25$ per months라는 특정 수치로 표현하면 다음 그림 7.2와 같다.

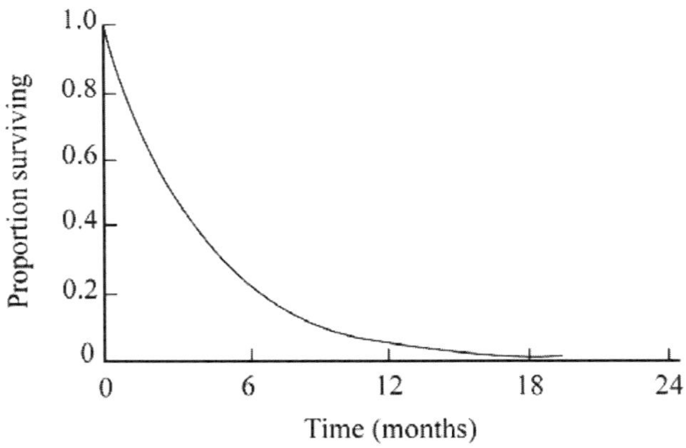

〈그림 7.2〉 The exponential survival function with a constant hazard $\lambda = 0.25$ per months

그림에서 보면 관찰 6개월에 0.2, 즉 20%만이 생존하였고 12개월에서는 1% 정도만이 생존하였다. 관찰 18개월 이후에 생존자는 거의 없다. Hazard rate가 0.25이므로 어떤 주어진 시간에서 1/4은 사망하는 것이므로 당연한 결과이다. Hazard rate가 0.25보다 크면 곡선은 지금보다 위쪽으로 표시되고, 0.25보다 작으면 아래쪽으로 표시된다. Hazard rate가 일정하다는 것은 날마다 사망의 확률이 일정하다는 의미이다. 이 생각을 좀더 확장하면 모든 시간 간격에서 사망의 확률은 오직 구간의 폭에만 달려 있다고 할 수 있다. 그러므로 시간 간격이 클수록 그 간격에서 사망의 확률은 커진다(간격의 폭에 결정되므로). 반면에 간격의 시작과 끝은 사망률에 영향을 주지 않는다. 모수적인 방법을 이용하면 관찰기간이 긴 경우에도 생존율을 예상할 수 있다. 위의 그림 7.2에서 자료가 위의 분포를 따른다면 관찰시간을 12개월까지만 해도 hazard rate가 일정하므로 그 이후의 값은 graph로 정확하게 예상할 수가 있다.

그러면 hazard rate인 λ는 어떻게 계산하는 것일까? 다음의 24명의 Dukes' C colon cancer 환자의 예를 가지고 hazard rate를 구해보자. 예) 생존시간 3+, 6, 6, 6, 6, 8, 8, 12, 12, 12+, 15+, 16+, 18+, 18+, 20, 22+, 24, 28+, 28+, 28+, 30, 30+, 33+, 42개월이었다. 단 +는 중도절단을 의미하고 Dukes' C colon cancer 환자의 사망률은 일정하다고 가정한다.

전체 24명 중 12명에서 사건이 발생했고(d), 12명은 중도절단 되었다. 사건이 발생한 대상자의 전체 생존기간인 f = 6 + 6 + 6 + 6 + 8 + 8 + 12 + 12 + 20 + 24 + 30 + 42 = 180개월이다. 중도절단 된 대상자의 전체 생존기간인 F = 3 + 12 + 15 + 16 + 18 + 18 + 22 + 28 + 28 + 28 + 30 + 33 = 251개월이고 둘을 합한 전체 생존기간은 180 + 251 = 431개월이다. 그럼 hazard rate인 λ = d/f + F = 12/431 = 0.0278이다. 그러므로 1년 기준으로 일정한 λ = 0.0278 * 12 = 0.3336 즉 33%가 된다. 즉 그 해 초에 생존해 있던 대상자의 1/3은 그 해가 끝나는 달에 사망한다는 것을 의미한다. 만약 중도절단이 없고 모든 대상자가 사망했다면 λ = 24/431 = 0.055이다.

그러면 주어진 생존자료가 constant hazard rate의 가정을 만족하는지 어떻게 평가할까? 식 7.3의 양변에 log를 취하면 다음과 같고 생존함수에 로그를 취한 log[S(t)]는 시간 t에 대해 선형적인 관계가 된다.

$$\log[S(t)] = -\lambda t \text{ 또는 } -\log[S(t)] = \lambda t \qquad \text{식 7.4}$$

식 7.4의 양변에 또 log를 취하면

$$\log\{-\log[S(t)]\} = \log\lambda + \log t \qquad \text{식 7.5}$$

식 7.5는 1차 함수인 $y = a + bx$의 형태이다. 즉 $y = \log\{-\log[S(t)]\}$에 해당하고 $a = \log \lambda$에 해당하는 절편이고, $b = 1$은 곡선의 기울기에 대한 계수이고 $x = \log x$가 된다. 그러므로 Kaplan-Meier 방법으로 각 연속적인 사망시간 t에서 생존함수의 추정값 $S(t)$으로 $-\log[S(t)]$의 값을 구한 다음 이 값과 관찰시간 t의 $\log t$값과 graph를 그려서 대략 직선의 관계를 보인다면 constant hazard rate의 가정에 맞는다고 할 수 있다.

수직축(y)의 절편값은 수평축(x)의 x값이 0, 즉 $\log t = 0$일 때의 값이다. $y = a + bx$에서 bx가 0이 되려면 $t = 1$이 되어야 한다. 왜냐하면 $\log 1 = 0$이기 때문이다. 그러므로 $t = 1$에서 수직축의 값인 절편의 값은 $\log \lambda$의 추정값이다. 전체적으로 $-\log[S(t)]$의 값과 $\log t$값 사이에 직선의 관계가 없으면 λ는 일정하지 않은 것이다. 이런 경우 hazard rate는 시간 t에 의존하고 시간에 따라서 변하는 것이다.

이제 위의 Dukes' C colon cancer 환자의 자료로 SPSS에서 Kaplan-Meier로 $S(t)$를 구해보자. Kaplan-Meier 방법에서 Hazard function과 survival function이 새로운 변수로 자동적으로 자료 입력창에 SUR_1과 HAZ_1이라는 변수로 저

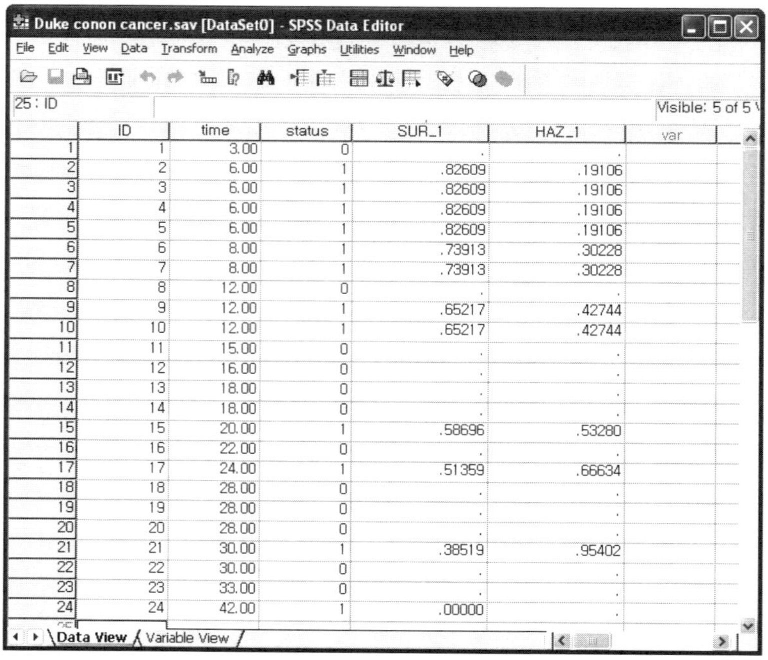

Duke conon cancer.sav [DataSet0] - SPSS Data Editor

	ID	time	status	SUR_1	HAZ_1	var
1	1	3.00	0	.	.	
2	2	6.00	1	.82609	.19106	
3	3	6.00	1	.82609	.19106	
4	4	6.00	1	.82609	.19106	
5	5	6.00	1	.82609	.19106	
6	6	8.00	1	.73913	.30228	
7	7	8.00	1	.73913	.30228	
8	8	12.00	0	.	.	
9	9	12.00	1	.65217	.42744	
10	10	12.00	1	.65217	.42744	
11	11	15.00	0	.	.	
12	12	16.00	0	.	.	
13	13	18.00	0	.	.	
14	14	18.00	0	.	.	
15	15	20.00	1	.58696	.53280	
16	16	22.00	0	.	.	
17	17	24.00	1	.51359	.66634	
18	18	28.00	0	.	.	
19	19	28.00	0	.	.	
20	20	28.00	0	.	.	
21	21	30.00	1	.38519	.95402	
22	22	30.00	0	.	.	
23	23	33.00	0	.	.	
24	24	42.00	1	.00000	.	

〈그림 7.3〉

장이 된다. Kaplan-Meier 방법에서 hazard function과 survival function은 사건이 발생한 시점에서만 구해진다. 결과는 그림 7.3과 같다.

다음은 각 시간의 log t를 구하려면 Analyze ▶ Transform ▶ Compute Variables……에서 그림 7.4와 같이 지정한다.

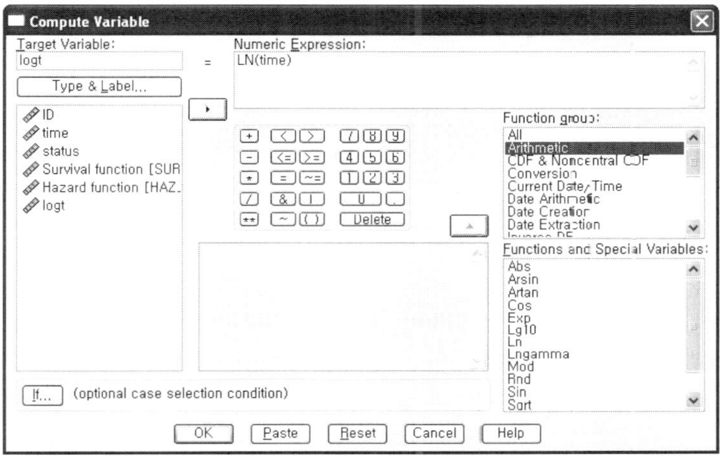

〈그림 7.4〉

Target variable: 에 log t라는 변수를 만들겠다고 지정하고 Function group: 에서 Arithmetic을 선택한 후 Functions and Special Variables: 에서 Ln(자연로그)을 선택해서 Numeric expression: 에 옮기고 LN(변수)의 형태를 만들고 OK를 누르면 자료 입력창에 log t 변수가 계산되어 있다. 같은 방법으로 log{−log[$S(t)$]}에 대한 값을 구한 후 loglog 변수라고 지정하자. 새로 만든 log t 변수를 x축으로 loglog 변수를 y축으로 graph를 그려보자. Analyze ▶ Graphs ▶ Interactive ▶ Scatter plot……를 선택 후 수평축에 log t를 수직축에 loglog를 옮긴 후 Fit 항목에서 Method는 Regression을 그리고 constant 포함을 선택하고 Prediction line은 선택하지 않고 Fit line for: total로 지정한 후 확인 버튼을 누르면 다음과 같은 결과를 볼 수 있다.

관찰구간은 모두 6개로 이루어졌다. 즉 사건이 발생한 시점은 6, 8, 12, 20, 24. 30개월 구간에서만 있었기 때문에 그 구간에서만 survival function을 계산하므로 다음 그림에서 보면 ●가 6개만 있다. 이 graph를 보면 서로 거의 평행을 보이므로 이 자료는 constant hazard rate의 가정에 맞는다고 할 수 있다.

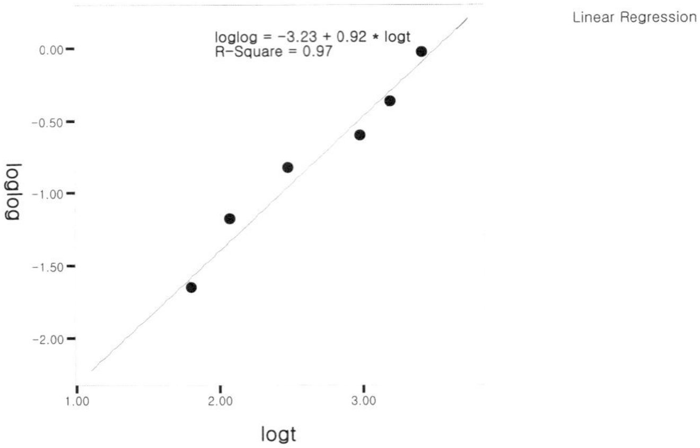

또한 밑의 graph에 1차 방정식으로 표시된 회귀식으로 $\log\{-\log[S(t)]\} = \log\lambda + \log t$의 형식으로 표현하면 $\log\{-\log[S(t)]\} = -3.23 + 0.92 \log t$가 된다. 즉 y축 절편인 $\log\lambda$의 값은 -3.23이고 이 값은 $\log t = 1$일 때의 값이다. 그래서 hazard rate $\lambda = \exp^{(-3.24)} = 0.0392$로 약 0.04이고 이 값은 앞에서 수기로 계산해서 구한 hazard rate 0.0278과 약간 차이가 있다. 차이가 나는 이유는 가장 처음의 ● 이하의 곡선은 추정한 값이고 이 값이 y축과 거리가 좀 멀고, 자료의 50%정도 많은 양의 중도절단이 있었고 tied observation이 있기 때문이다.

그러므로 회귀곡선으로 구하는 λ보다는 d/(f + F)의 공식으로 구하는 것이 중도절단 된 자료와 tied observation을 모두 이용하므로 선호되는 방법이다. 그럼에도 불구하고 graph로 λ를 구하는 것도 적당한 방법이라고 할 수 있다. 위에서 회귀방정식의 slope은 0.92인데 이 값이 1에 가까울수록 exponential distribution을 한다고 할 수 있다.

그럼 hazard rate λ의 신뢰구간은 어떻게 구할까? 흔히 신뢰구간을 구하는 공식과 크게 차이가 없다. 즉 95% 신뢰구간의 값은 다음과 같이 구한다.

$$\lambda - 1.96\ \mathrm{SE}(\lambda) \text{ to } \lambda + 1.96\ \mathrm{SE}(\lambda)$$

SE는 표준오차이고 중도절단이 없는 경우는 $\mathrm{SE}(\lambda) = \lambda / \sqrt{n}$이고 중도절단이 있으면 $\mathrm{SE}(\lambda) = \lambda / \sqrt{(d-1)}$이고 d는 관찰된 사건이 발생한 수이다.

7.1.1 Log-linear 모형을 이용한 parametric survival analysis

Log-linear 모형을 이용해서 생존자료에 대한 parametric survival 모형을 세울 수 있다. 그 이유는 다음과 같다. 즉 proportional hazard 모형은(Cox proportional 모형이 아니고 proportional hazard 모형이다) 예측변수 X와 시간 t 모두에 영향을 주는 hazard rate인 $\lambda(t, X)$는 다음과 같이 쓸 수 있다.

$$\lambda(t, X) = \lambda_0(t) * h(X)$$

여기서 $h(X)$는 예측변수 X들이 hazard rate인 $\lambda(t, X)$와 갖는 관계에 따라서 여러 형태가 가능한데 그 중 $\ln h(X) = B_1X1 + X2 + \cdots BpXp$와 같이 log-linear의 관계를 가지는 공식 $\lambda(t, X) = \lambda_0(t) * \exp^{(B1X1 + X2 + \cdots BpXp)}$을 Cox's proportional hazard 모형이라고 한다. 그러므로 loglinear 모형을 이용하면 parametric survival analysis를 이용할 수 있다.

다음은 parametric 모형 중 exponential 분포인 경우 loglinear 모형을 이용하는 예를 설명한다. 생존시간의 분포가 exponential 분포를 하고 hazard rate $= \lambda =$ constant인 경우 Cox 모형의 hazard function은 식 7.3에 의해 다음과 같이 표현할 수 있다.

$$h(X) = \lambda \exp^{\beta x}$$

여기서 X는 설명변수의 set이고 β는 transposed matrix이다. 대상자 i에 대해 time at risk(t_i)와 hazard function의 product를 사건의 예상수로(expected number of count = m_i)로 표시하면 다음과 같다.

$$m_i = t_i \lambda \exp^{\beta x} \qquad \text{식 7.6}$$

식 7.6의 양변에 자연 log를 취하면 다음과 같다.

$$\ln(m_i) - \ln(t_i) = \ln(\lambda) + \beta x \qquad \text{식 7.7}$$

여기서 $\ln(t_i)$를 offset이라고 하고 log-linear 모형에서는 structure 변수로 이용된다.

다음은 SPSS의 log-linear 모형으로 exponential 분포에 의한 parametric survival analysis를 해보자. 예제 file인 *example2.sav* file을 열고 그림 7.5와 같이 coding을 다시 한다(*example11.sav*). 즉 raw data에 ID라는 변수를 만들고 비교하려는 covariate인 chemo 변수를 기준으로 대상자를 ID라는 code로 나누어서 1부터 coding을 하였다. 주의할 점은 chemo 변수 1, 0으로 각각 ID가 새로운 1로 시작한다는 것이다. 여기서 survival time은 지수분포를 한다는 것이고 hazard rate는 일정하다고 가정한다.

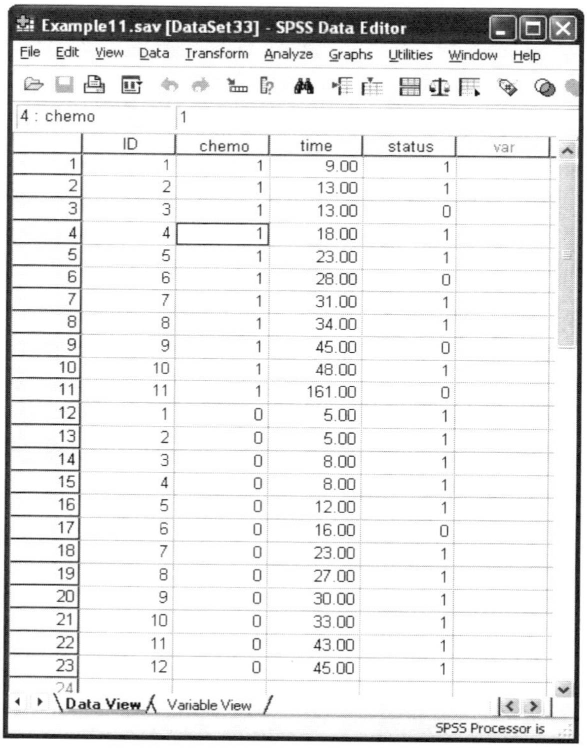

	ID	chemo	time	status	var
1	1	1	9.00	1	
2	2	1	13.00	1	
3	3	1	13.00	0	
4	4	1	18.00	1	
5	5	1	23.00	1	
6	6	1	28.00	0	
7	7	1	31.00	1	
8	8	1	34.00	1	
9	9	1	45.00	0	
10	10	1	48.00	1	
11	11	1	161.00	0	
12	1	0	5.00	1	
13	2	0	5.00	1	
14	3	0	8.00	1	
15	4	0	8.00	1	
16	5	0	12.00	1	
17	6	0	16.00	0	
18	7	0	23.00	1	
19	8	0	27.00	1	
20	9	0	30.00	1	
21	10	0	33.00	1	
22	11	0	43.00	1	
23	12	0	45.00	1	
24					

〈그림 7.5〉

먼저 log-linear 모형에서는 사건이 발생(여기서는 status변수)한 숫자를 count 한 것이 종속변수이고, 그리고 count 된 자료는 가중치를 주어야 하므로 status

를 Data ▶ Weight cases by status, 가중치를 준다. 다음 Analyze ▶ Loglinear ▶ General……를 선택하고 그림 7.6과 같이 지정한다.

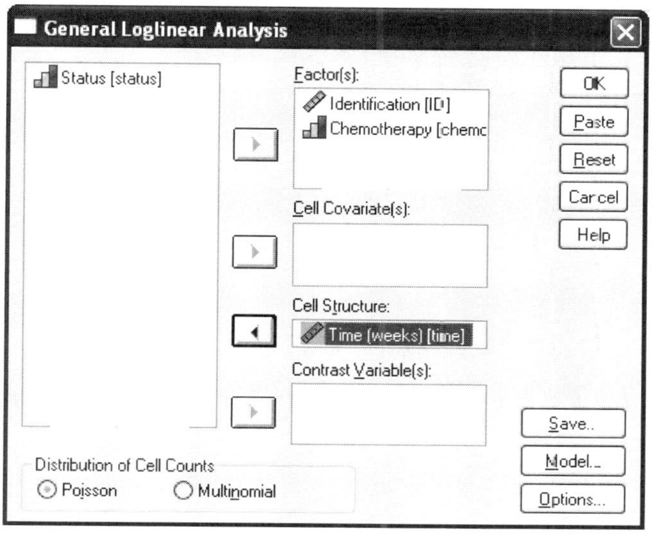

〈그림 7.6〉

그림 7.6의 Model……에서 Custom을 선택하고 그림 7.7과 같이 지정한다.

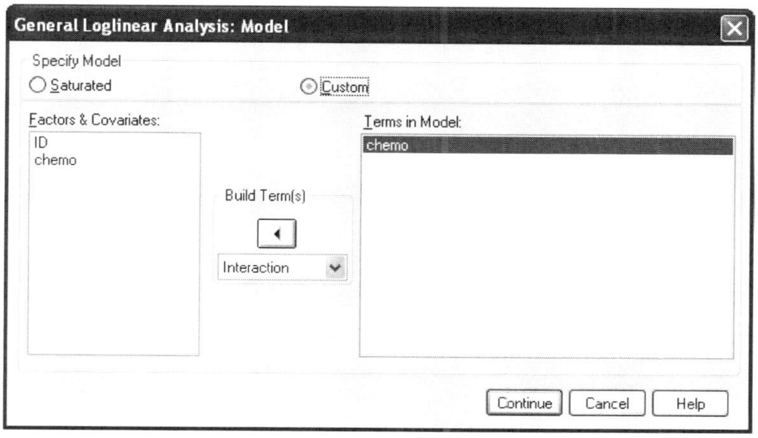

〈그림 7.7〉

그림 7.6의 Options…… Display에서 Estimate를 선택하고 OK를 click하면 결과가 나온다.

Parameter Estimates [b,c]

Parameter	Estimate	Std. Error	Z	Sig.	95% Confidence Interval	
					Lower Bound	Upper Bound
Constant	-3.652	.302	-12.112	.000	-4.243	-3.061
[chemo = 0]	.595	.417	1.427	.154	-.223	1.414
[chemo = 1]	0[a]	.	.	.	.	.

a. This parameter is set to zero because it is redundant.
b. Model: Poisson
c. Design: Constant + chemo

즉 chemo를 받은 집단에 비해 받지 않은 집단에서 사건이 발생할 hazard ratio = $e^{0.595}$ = 1.81배이다.

Loglinear 모형으로 parametric survival analysis를 하는 데는 위와 같이 제한점이 많이 있다. Exponential distribution만 이용할 수 있고 공변량을 모형에 투입하는 데도 제한점이 많고 survival function curve를 그릴 수도 없고 단지 hazard ratio만 계산을 할 수 있다.

7.2 Weibull distribution

Weibull 분포는 지수분포를 일반화한 것이다. 즉 지수분포는 Weibull 분포의 한 형태이다. 그러나 지수분포 같이 hazard rate가 일정하다는 가정을 하지 않기 때문에 좀더 다양하게 모형을 적용할 수 있게 해준다.

지수분포는 생존율이 일정한 상수의 값을 가지고 있거나, 일정하게 고정되어 있거나, 생존율이 시간과는 무관한 경우에 사용할 수 있는 유용한 방법이다. 그러므로 이런 경우 시간이 지남에 따라 연속적인 시간 간격에서의 사망률은 변하지 않는다(그림 7.8).

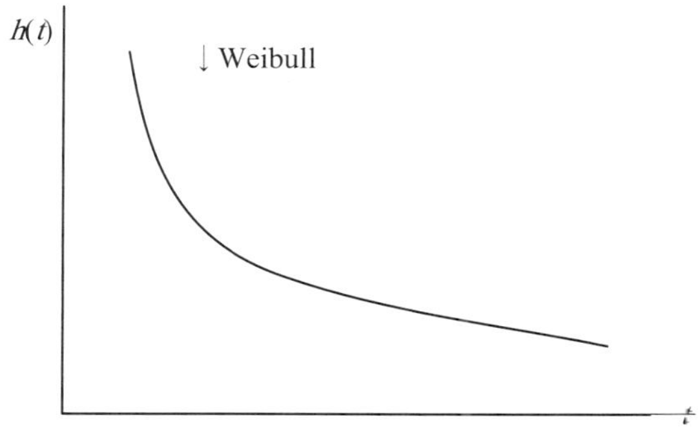

〈그림 7.8〉 $h(t)$ for person recovering from surgery

그러나 hazard rate가 시간에 의존하는 경우가 있는데 수술환자에서 사망의 위험은 처음 수술에 의한 위험으로 높아졌다가 수술이 성공적으로 되었으면 사망의 위험이 낮아진다든지, 담배를 피우면 폐암에 걸릴 위험이 증가하지만 끊으면 어느 정도 위험이 감소하는 등 여러 가지에서 사망의 위험이 시간에 의존하는 경우가 있는데 이런 경우에 생존시간의 분포는 Weibull 분포를 한다고 할 수 있다.

Hazard rate가 시간에 따라 변하는 경우의 생존함수는 exponential survival function의 식을 가지고 다음과 같이 표현할 수 있다.

$$S(t) = \exp^{-(\lambda t)^{\kappa}} \qquad \text{식 } 7.8$$

여기서 λ는 = constant이고 hazards rate이며, κ는 상수이고 항상 0보다는 큰 값이다. 식 7.8을 와이블분포의 생존함수식이라고 하며, κ가 1이면 이 식은 지수분포의 생존함수식인 7.3과 같아진다. 그림 7.4에서 κ값에 따른 와이블분포의 hazard를 보여 주고 있다. 즉 $\kappa = 1$이면 시간이 지나도 hazard가 일정하고 이런 경우가 지수분포와 같은 모형이며, $\kappa > 1$이면 시간이 지남에 따라 hazard가 증가하고 $\kappa < 1$이면 시간이 지남에 따라 hazard가 감소한다.

식 7.8 양변에 자연 log를 취하면 $\ln[S(t)] = -(\lambda t)^{\kappa}$가 된다. 그리고 또한 $h(t) = \frac{d}{dt}[\log S(t)]$ 이므로 $h(t)$는 다음과 같이 쓸 수 있다.

$$h(t) = \kappa\lambda(\lambda t)^{\kappa-1} \qquad \text{식 7.9}$$

식 7.9를 와이블분포의 hazard function이라고 하고 식 7.9에서 보면 확실히 시간 t에 따라 hazard function은 변하는 것을 알 수 있다. 또 $\kappa = 1$이면 $(\lambda t)^{\kappa-1} = (\lambda t)^{1-1} = (\lambda t)^0 = 1$이므로 $h(t) = \lambda$이 된다. 즉 exponential 분포와 같은 형태가 된다.

와이블분포의 hazard function은 두 개의 모수로 특정화 할 수 있는데 κ와 λ이며, κ의 값은 hazard rate로 분포곡선의 모양을 결정하고 λ의 값은 분포곡선의 크기를 결정한다. 그래서 κ를 shape parameter, λ를 scale parameter라고 한다(그림 7.9).

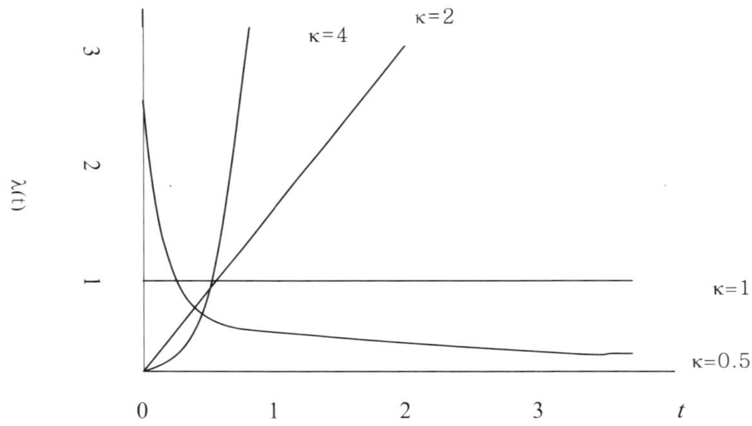

〈그림 7.9〉 Hazard function of Weibull distribution with varying value of κ

Weibull 모형을 적용하려면 사건이 발생할 확률이 일정할 필요는 없지만 시간에 따라 매끄럽게 증가하거나 감소해야 적용할 수 있다.

7.3 Log-normal distribution

생존시간이 정규분포를(normal distribution) 할 때는 normal distribution을 이용할 수 있다. 그러나 정규분포는 $-$에서 $+$의 모든 값을 취할 수 있으나 생존시간은 음의 값을 가질 수 없으므로 정규분포를 이용한 모수적인 생존분석은 거의 사용되지 않는다. 그러나 생존시간에 log를 취하면 음의 수가 모두 양의 수로 바뀌므로 이 분포는 모수적인 생존분석에 이용할 수 있게 되고 reliability work에 적용할 수 있는 분포가 된다.

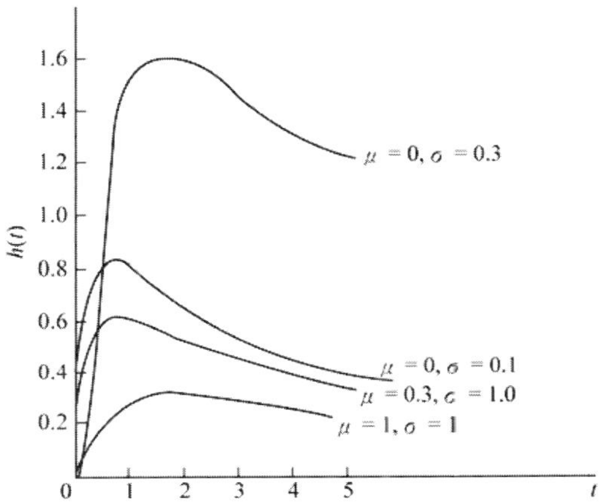

〈그림 7.10〉 Hazard of the lognormal distribution of different parameter

생존시간 T에 log를 취한 값, 즉 log T가 평균 μ와 분산 σ^2를 갖는 정규분포를 할 때 T가 log-normal distribution을 한다고 하며, 여기서 평균 μ와 분산 σ^2은 log-normal distribution의 평균과 분산이 아니라는 것을 명심하라. 그림 7.10에 다른 parameters의 값에 따라 log-normal distribution의 hazard function을 보여 주고 있다. Hazard function이 초기에 급격히 증가하다가 median을 지나자마자 감소하여 시간이 지남에 따라 점차 감소하는 양상을 보여 주고 있다.

그러므로 log-normal distribution은 hazard function이 초기에 증가하다가 시간이 지남에 따라 감소하는 양상을 보이는 생존자료의 분석에 적합한 모형이다. 예를 들면 결핵에 처음 이환 되면 사망의 hazard가 증가한다. 그러나 항결핵제를 투여 받기 시작하면 사망의 hazard는 감소하게 된다. 이런 경우에 사망의 hazard는 다음 그림 7.10과 같은 여러 형태의 log-linear distribution을 하게 된다.

7.4 그 외의 모수적 모형

흔히 사용되지는 않지만 그 외에도 extreme value distribution, logistic distri- bution, log logistic distribution, Gompertz, generalized gamma을 이용한 방법이 있다. 이에 대한 자세한 설명은 생략한다.

7.5 NCSS 2007을 이용한 모수적 생존분석의 이용

SPSS는 모수적 생존분석을 지원하지 않으므로 다른 프로그램을 이용해서 모수적 생존분석을 해보자. SAS, Stata, 그리고 S-Plus 모두 모수적 생존분석이 가능하지만 여기서는 쉽게 구할 수 있고 강력한 통계 프로그램인 NCSS 2007을 이용하여 모수적 생존분석을 해보고자 한다. 먼저 http://www.ncss.com에서 시험판을 download 받는다. 이 시험판은 7일간 무료로 사용할 수 있고 분석할 수 있는 표본의 수가 100개로 제한되어 있는 것 외에는 상용판과 기능상의 차이는 없다.

이 NCSS는 일반적인 모든 통계적 분석방법을 지원하고 있다. 또한 생존분석 항목에서도 비모수적 생존분석뿐 아니라 모수적 방법도 모두 지원하고 있다. 또한 NCSS를 설치하면 PASS(Power Analysis and Sample Size)라는 power analysis를 할 수 있는 프로그램뿐만 아니라, GESS(Gene Expression Statistical System for Microarrays)라는 프로그램도 같이 제공된다. Microarray는 유전자 자료를 분석하기 위해서 개발된 새로운 방식의 분석기술이다. NCSS는 기본적으로 윈도우 환경으로, 모든 분석은 메뉴방식으로 구성되어 있다.

분석에 사용자료는 exponential 분포에서 예제로 사용되었던 24명의 Dukes' C colon cancer 환자의 자료이다. 변수의 설명은 time은 생존시간, status는 0은 중도절단을, 1은 사망의 발생을 의미하고, sex는 0은 남자, 1은 여자를 의미한다. NSCC 2007 주화면에 다음의 자료를 입력한다. 입력방법은 SPSS와 같다. 자료 입력화면 왼쪽 밑의 Variable Info를 선택해서 변수이름 및 설명을 지정한다.

Time	Status	SEX	Time	Status	Sex
3	0	0	18	0	0
6	1	1	18	0	0
6	1	0	20	1	1
6	1	1	22	0	0
6	1	1	24	1	1
8	1	1	28	0	1
8	1	1	28	0	0
12	1	1	28	0	0
12	1	1	30	1	1
12	0	1	30	0	0
15	0	0	33	0	0
16	0	1	42	1	1

먼저 위의 자료를 여러 parametric distribution 중 어떤 모수적 분포에 적합시키는 것이 좋은지부터 살펴보자. 그러기 위해서 Analysis ▶ Survival / Reliability ▶ Distribution(Weibull) fitting을 선택한다(그림 7.11).

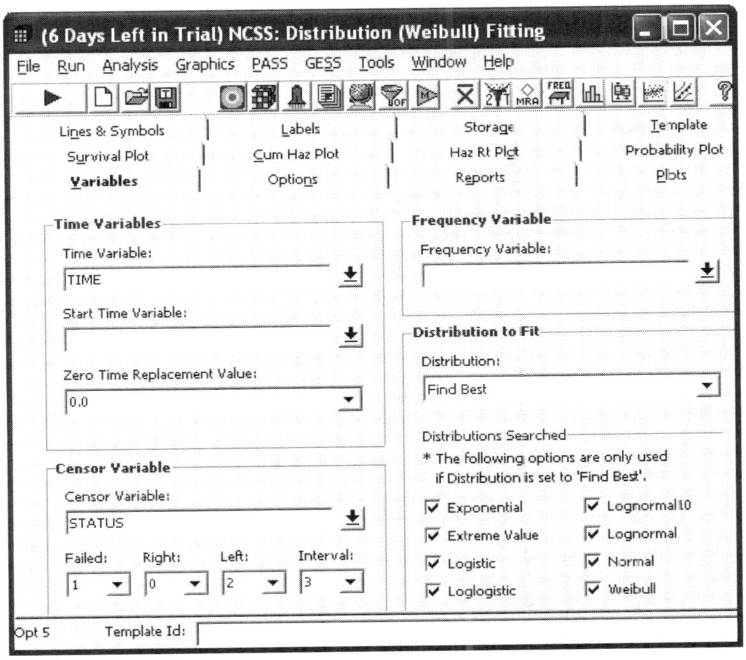

〈그림 7.11〉

Time variables: 의 ↓에 들어가서 생존시간인 time 변수를, Censor Variable에는 사건의 발생 유무를 설명하는 status 변수를 지정해 준다. Censoring의 종류에 따라 각각 다르게 지정할 수 있다. 우리는 사건의 발생을 1로 coding했으니 Failed: 1이 되어 있으므로 그대로 둔다. Group variables은 strata로 나눈 변수를 지정하면 된다. 본 예에서는 남녀에 따라 달리 모형의 적합성을 보고자 할 때 지정하면 된다. 모수적 생존분석에서도 공변량 및 범주형의 예측인자를 모형에 Cox 회귀에서와 같이 투입할 수 있다.

Distribution to Fit에서 적합할 모수적 분포의 종류를 선택할 수 있다. 만약 여기서 FIND BEST를 선택하면 프로그램이 자동으로 밑의 Distribution search에서 선택한 모형 중 적당한 probability distribution을 선택해 준다. 다음 plots에 가서 모든 plot을 선택한다. 다른 것은 Default로 둔다. 지금까지 선택한 것을 실행하려면 왼쪽 위에 있는 ▶를 클릭한다. 다음은 결과이다.

Distribution Fit Summary Section

Distribution	Likelihood	Shape	Scale	Threshold
Lognormal10	-53.38057	1.361964	0.4122012	0.0
Lognormal	-53.38057	3.136037	0.9491283	0.0
Loglogistic	-53.99959	3.147804	0.5841193	0.0
Weibull	-54.02222	1.432178	31.20214	0.0
Exponential	-54.97442	1	35.91667	0.0
Normal	-56.54898	25.01441	14.90295	0.0
Logistic	-57.324	24.8293	9.315916	0.0
Extreme Value	-57.83492	31.10271	12.26783	0.0

각 모수적 분포에 자료를 적합했을 때의 Likelihood, shape, scale의 값을 보여 주고 있다. 와이블분포의 log-normal10, log-normal, logistic의 likelihood가 가장 크다(값이 음수이므로 작을수록 큰 것이다). 그러므로 본 예제는 log-normal10, log-normal, logistic 분포로 적합시키는 것이 가장 적당하다. Weibull 분포에서 shape parameter는 overall parameter라고도 하며 density function의 전체 모양을 결정하고 0에서 8 사이의 값을 나타낸다. 이 값이 1이면 Weibull 분포는 exponential 분포와 똑같은 것이고 2면 Raileigh 분포와 똑같은 것이고, 2.5면 log-normal 분포에 근접한 분포를 하며, 3.6이면 정규분포에 근접한 분포를 한다고 할 수 있다.

Shape parameter의 값이 2보다 커야 표준오차와 신뢰구간이 같이 계산되어 나온다. Scale parameter는 시간의 축을 따라 density function의 scale에 따라

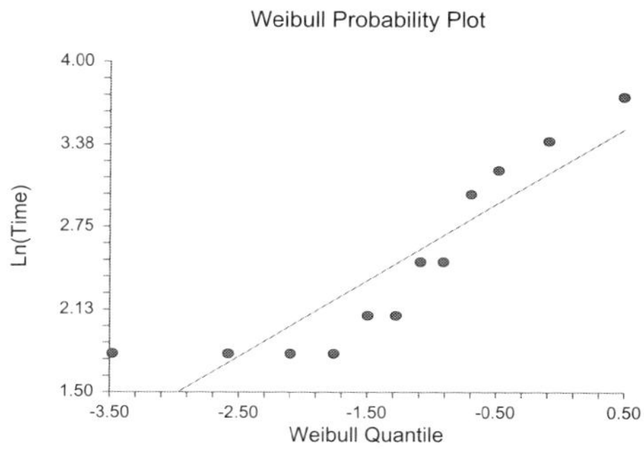
Weibull Probability Plot
Ln(Time)
4.00
3.38
2.75
2.13
1.50
-3.50
-2.50
-1.50
-0.50
0.50
Weibull Quantile

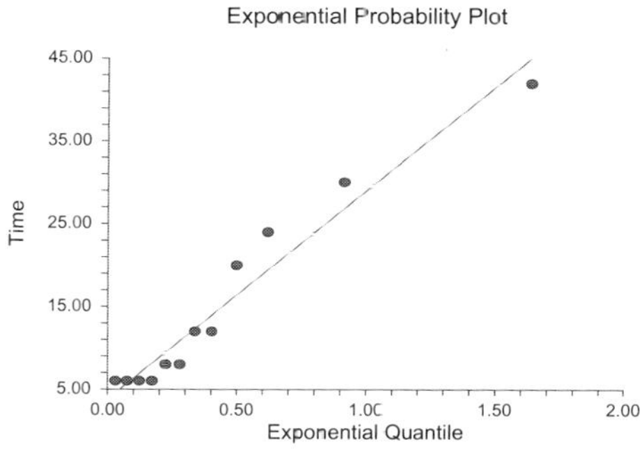
Exponential Probability Plot
Time
45.00
35.00
25.00
15.00
5.00
0.00
0.50
1.00
1.50
2.00
Exponential Quantile

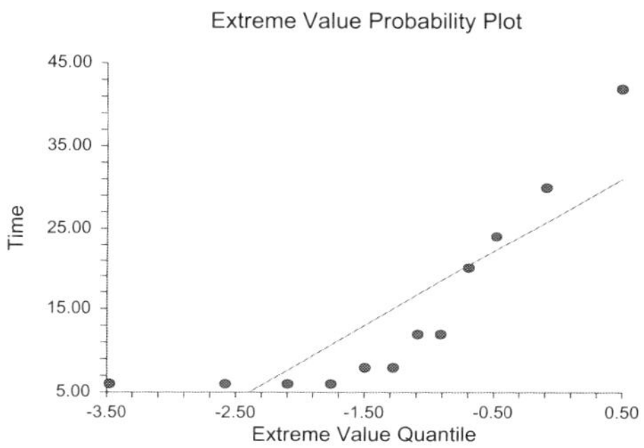
Extreme Value Probability Plot
Time
45.00
35.00
25.00
15.00
5.00
-3.50
-2.50
-1.50
-0.50
0.50
Extreme Value Quantile

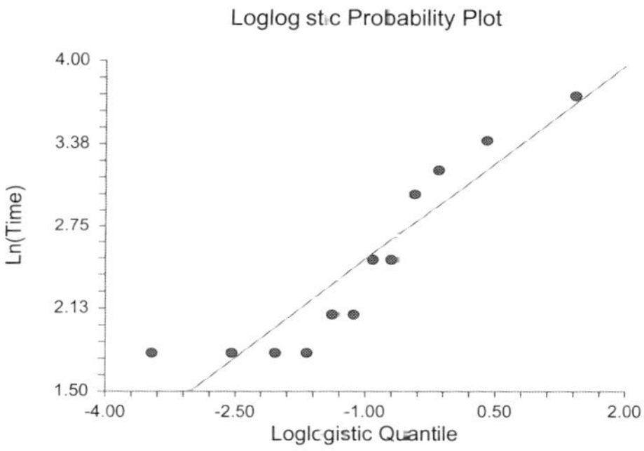
Loglogistic Probability Plot
Ln(Time)
4.00
3.38
2.75
2.13
1.50
-4.00
-2.50
-1.00
0.50
2.00
Loglogistic Quantile

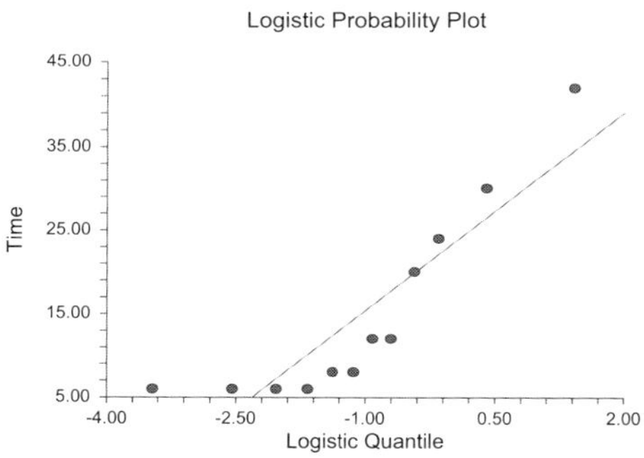
Logistic Probability Plot
Time
45.00
35.00
25.00
15.00
5.00
-4.00
-2.50
-1.00
0.50
2.00
Logistic Quantile

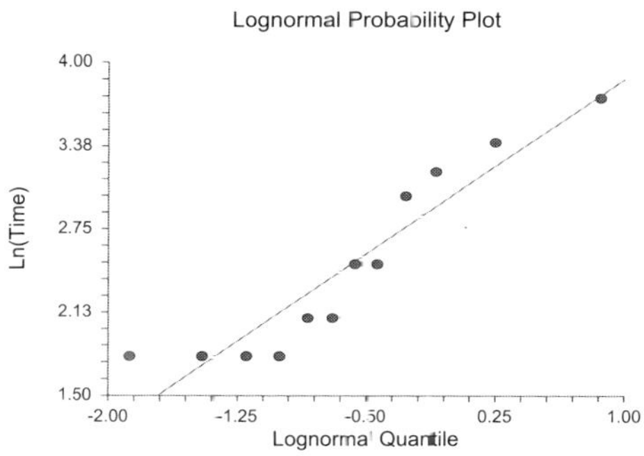
Lognormal Probability Plot
Ln(Time)
4.00
3.38
2.75
2.13
1.50
-2.00
-1.25
-0.50
0.25
1.00
Lognormal Quantile

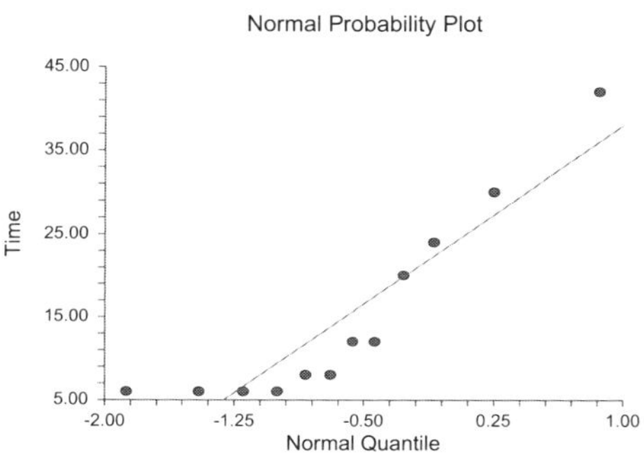
Normal Probability Plot
Time
45.00
35.00
25.00
15.00
5.00
-2.00
-1.25
-0.50
0.25
1.00
Normal Quantile

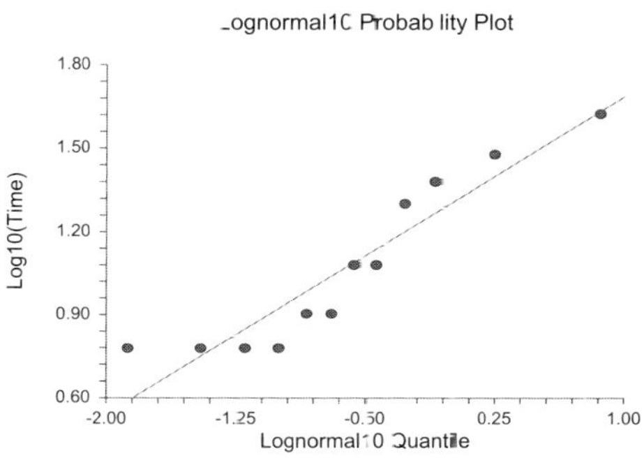
Lognormal10 Probability Plot
Log10(Time)
1.80
1.50
1.20
0.90
0.60
-2.00
-1.25
-0.50
0.25
1.00
Lognormal10 Quantile

변한다. 그러므로 이 값이 변하면 time scale 안에서 변화는 것 같이 분포에 같은 영향을 미치게 된다. 그러나 scale parameter는 분포의 실제 모양을 변화시키지는 않는다. 위 그림은 각 분포의 plot이다.

다음은 본 예제 자료를, 가장 많이 사용되는 모수적 분포인 Weibull 분포에만 적합 시켜 보자. 다른 것은 똑같이 지정하고 Distribution to Fit에서 적합할 모수적 분포의 종류를 Weibull로 지정한다.

다음은 결과로 Probability plot과 Maximum likelihood(MLE)로 추정된 shape 및 scale parameter의 값 및 95% 신뢰구간의 값을 보여 주고 있다.

Weibull Parameter Estimation Section

Parameter	Probability Plot Estimate	Maximum Likelihood Estimate	MLE Standard Error	MLE 95% Lower Conf. Limit	MLE 95% Upper Conf. Limit
Shape	1.403608	1.432178	0.3446879	0.8935832	2.295403
Scale	29.47647	31.20214	6.619472	20.5875	47.28954
Threshold	0	0			
Log Likelihood		-54.02222			
Mean	26.85474	28.34109			
Median	22.70239	24.15699			
Mode	12.12932	13.51661			
Sigma	19.3897	20.08356			

Differential Evolution Iterations	36
Newton Raphson Restart	1
Newton Raphson Iterations	6

Weibull Variance Covariance Matrix

Parameter	Shape	Scale
Shape	0.1188098	-0.7115868
Scale	-0.7115868	43.81741

다음은 Kaplan-Meier 방법으로 계산한 survival function, hazard function을 보여 주고 있다.

Kaplan-Meier Product-Limit Survival Distribution

Failure Time	Survival	Lower 95% C.L.	Upper 95% C.L.	Hazard Fn	Lower 95% C.L.	Upper 95% C.L.	Sample Size
3.0+							24
6.0	0.9565	0.8732	1.0000	0.0445	0.0000	0.1356	23
6.0	0.9130	0.7979	1.0000	0.0910	0.0000	0.2258	22
6.0	0.8696	0.7319	1.0000	0.1398	0.0000	0.3121	21
6.0	0.8261	0.6712	0.9810	0.1911	0.0192	0.3987	20
8.0	0.7826	0.6140	0.9512	0.2451	0.0501	0.4877	19
8.0	0.7391	0.5597	0.9186	0.3023	0.0849	0.5804	18
12.0	0.6957	0.5076	0.8837	0.3629	0.1236	0.6781	17
12.0	0.6522	0.4575	0.8468	0.4274	0.1663	0.7819	16
12.0+							15
15.0+							14

다음은 비모수적인 방법으로 구한 hazard rate와 Weibull 방법으로 구한 hazard rate를 각 사건의 발생 시점에서 보여 주고 있다.

Nonparameteric Hazard Rate Section

Failure Time	Nonparametric Hazard Rate	Std Error of Hazard Rate	95% Lower Conf. Limit of Hazard Rate	95% Upper Conf. Limit of Hazard Rate
3.0	0.0162	0.0071	0.0069	0.0382
6.0	0.0316	0.0115	0.0155	0.0645
9.0	0.0335	0.0120	0.0166	0.0674
12.0	0.0273	0.0102	0.0131	0.0568
15.0	0.0182	0.0091	0.0068	0.0483
18.0	0.0192	0.0107	0.0064	0.0574
21.0	0.0185	0.0131	0.0046	0.0743
24.0	0.0324	0.0195	0.0100	0.1056
27.0	0.0589	0.0506	0.0109	0.3169

Weibull Hazard Rate Section

Failure Time	Weibull Hazard Rate	95% Lower Conf. Limit of Hazard Rate	95% Upper Conf. Limit of Hazard Rate
3.0	0.0167	0.0092	0.0303
6.0	0.0225	0.0124	0.0408
9.0	0.0268	0.0148	0.0487
12.0	0.0304	0.0167	0.0551
15.0	0.0334	0.0184	0.0607
18.0	0.0362	0.0199	0.0656

다음은 Weibull 방법으로 구한 survival rate와 failure rate를 각 구간에서 보여 주고 있다.

Weibull Failure Distribution Section

Failure Time	Prob Plot Estimate of Failure	Max Like Estimate of Failure	95% Lower Conf. Limit of Failure	95% Upper Conf. Limit of Failure
3.0	0.0397	0.0343	0.0077	0.1459
6.0	0.1015	0.0900	0.0313	0.2439
9.0	0.1723	0.1551	0.0685	0.3299
12.0	0.2467	0.2247	0.1155	0.4100
15.0	0.3212	0.2955	0.1679	0.4870

Weibull Reliability Section

Failure Time	Prob Plot Estimate of Survival	Max Like Estimate of Survival	95% Lower Conf. Limit of Survival	95% Upper Conf. Limit of Survival
3.0	0.9603	0.9657	0.8541	0.9923
6.0	0.8985	0.9100	0.7561	0.9687
9.0	0.8277	0.8449	0.6701	0.9315
12.0	0.7533	0.7753	0.5900	0.8845
15.0	0.6788	0.7045	0.5130	0.8321
18.0	0.6063	0.6346	0.4382	0.7782

다음은 plot에 대한 결과이다.

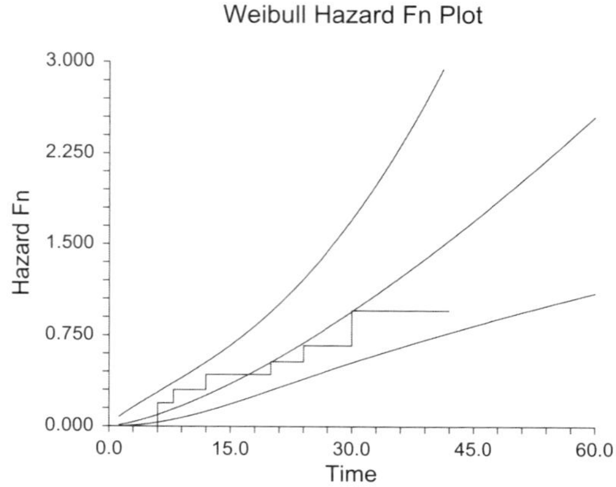

시간에 대한 hazard function의 plot이다. 계단 모양은 Kaplan-Meier로 계산한 값으로 plot한 것이고 가운데 곡선이 Weibull 곡선이고 양쪽은 95% 신뢰구간의 곡선이다. Kaplan-Meier 방법으로는 관찰된 구간인 42개월까지의 hazard function을 plot하고 있으나 모수적 방법인 Weibull 분석은 마지막 관찰구간 이상도 plot을 해주고 있기 때문에 분석하려는 자료가 모수적인 분포를 따른다면 미래의 결과를 어느 정도 예측할 수 있다는 것이 비모수적인 방법보다 우수한 장점이라고 할 수 있다.

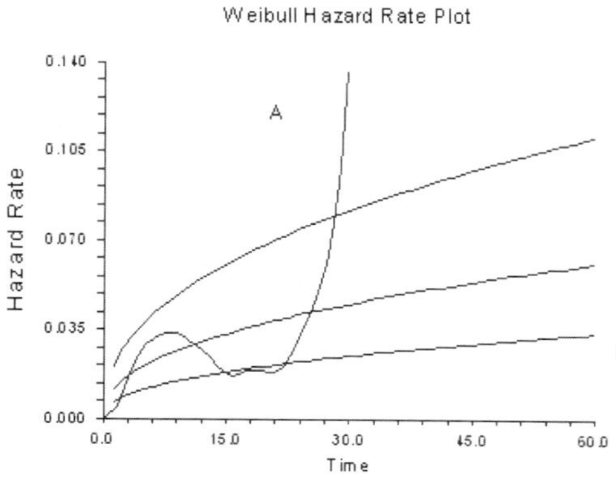

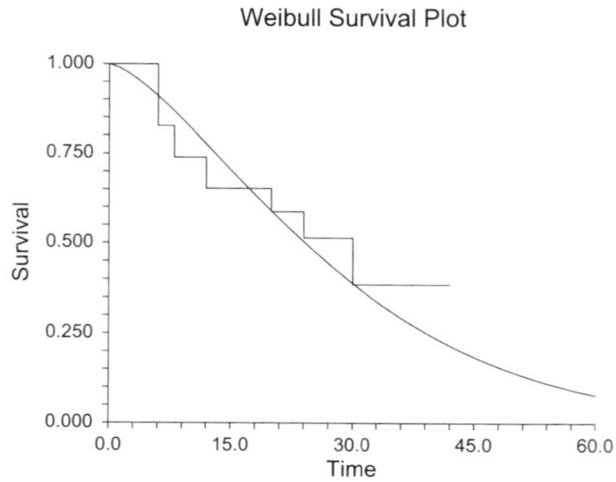

왼쪽은 Weibull hazard rate와 시간과의 plot이고 오른쪽은 생존율과 시간과의 plot이다. 그림 왼쪽의 hazard rate와 관찰시간 사이의 관계에 대한 graph에

서, A가 실제 자료의 hazard rate와 시간과의 관계를 보여 주는 것이고, B는 Weibull 분포를 따른다고 할 때의 graph이고 C, D는 신뢰구간을 나타낸다. 실제 예제의 자료의 hazard rate인 A를 보면 관찰 7~8개월까지 증가하다가 다시 감소한 후 다시 25개월 전후 급격하게 증가하고 있다. 원 자료를 보면 30개월에 1명 중도절단 되었고, 또한 1명에서 사건이 발생하였고, 관찰 33개월에 중도절단 그리고 마지막으로 42개월에 사건이 발생하여 사망하였으므로 A와 같은 graph를 보이게 되는 것이다. 오른쪽 graph는 Kaplan-Meier 방법으로 구한 생존곡선과 Weibull 분포의 생존곡선을 동시에 보여 주고 있다. 두 개의 곡선이 비교적 잘 일치한다고 할 수 있다.

지금까지는 공변량 없이 모형을 세웠지만 공변량과 factor도 된 예측변수를 포함하여 모수적 생존분석을 할 수 있다. 본 예제에서 성별에 따른 생존율의 차이는? Weibull 방법을 이용해서 알아보자. NCSS에서는 Analysis ▶ Survival / Reliability ▶ Parametric Survival Regression 혹은 Analysis ▶ Survival / Reliability ▶ Weibull Regression을 이용하면 된다. 다른 것은 그대로 입력하고 Independent Variable에 sex 변수를 지정한다. 다른 투입하고 싶은 공변량도 이 항목에 지정을 하면 된다. 다음은 결과이다.

Maximum Likelihood Parameter Estimation Section

Parameter Name	Parameter Estimate	Standard Error	Z Value	Prob Level	Lower 95.0% C.L.	Upper 95.0% C.L.
Intercept	-2416.685	0.6302277	-3834.6209	0.000000	-2417.92	-2415.449
Status	663.0496	0				
Sex	1.097998	0.6614215	1.6601	0.096894	-0.1983649	2.39436
EV-Scale	0.628224	0.1375415	4.5675	0.000002	0.4090299	0.9648817
W-Shape	1.591789	0.3485015	4.5675	0.000002	1.036397	2.444809

R-Squared	0.000000
Log Likelihood	-42.3532
Iterations	60

Sex 변수에 의한 $p = 0.09$로 $p > 0.05$이므로 남녀 간에 생존율의 차이는 통계적으로 차이가 없다고 할 수 있다. 다음 생존곡선에서도 보듯이 남자(A)와 여자(B) 사이에 생존율의 차이는 없어 보인다.

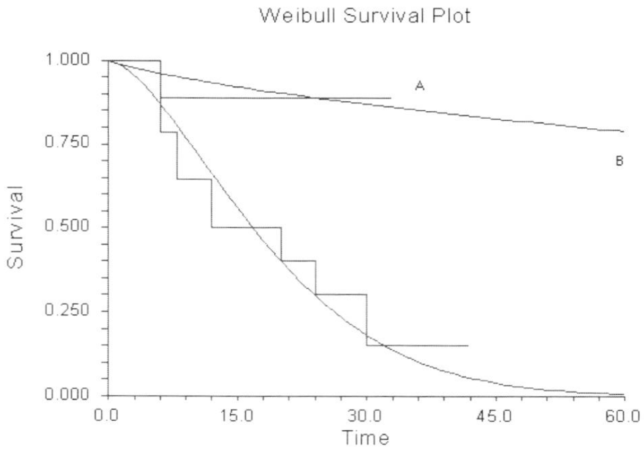
Weibull Survival Plot
1.000
0.750
0.500
0.250
0.000
Survival
0.0
15.0
30.0
45.0
60.0
Time
A
B

이분형 혹은 다항의 결과변수가 있을 때 위험인자의 영향을 분석하는 방법

(Identification of Risk Factors related to Dichotomous and Polychotomous Outcomes)

8장

이 장에서는 결과변수가 binary dichotomous 변수이거나 그 이상인 세 가지 이상의 형태로 구성되었을 경우, 위험인자가 결과변수에 미치는 영향을 알아보는 방법에 대해 알아본다. 결과변수가 단지 이분형인 경우에는 multiple linear logistic regression을 그리고 결과변수의 세 가지 이상의 범주형인 경우는 polychotomous logistic regression을 이용하고 짝지어진(matched) 환자-대조군 자료를 분석하는 conditional logistic regression에 대해 알아본다. 결과변수의 형태가 세 가지 범주 이상으로 되어있고, 또한 결과변수가 순서(ordinal)의 형태를 가진다면 ordinal logistic regression을 이용한다.

8.1 로지스틱 회귀분석(Logistic Regression Analysis)

8.1.1 서 론

의학연구에서의 결과는 생존/사망 혹은 재발/비-재발과 같이 단지 두 가지 형태로 나타나는 경우가 많다. 또한 어떤 사건이 발생할 것인지 예측을 하거나 또는 어떤 사건의 발생 유무를 예측할 때 어떤 예측변수가 사건의 발생에 중요한 역할을 하는지 알아보는 것도 의학연구에서는 굉장히 중요하다.

다음과 같은 의문을 가져본 적이 있을 것이다. 왜 어떤 사람은 특정한 질병에 걸리고 어떤 사람은 걸리지 않을까? "흡연하는 사람은 흡연을 하지 않은 사람에 비해 폐암이 발생할 odds ratio가 3.5배가 높다고 하는데 여기서 3.5라는 숫자는 무엇을 가지고 어떻게 계산한 것인가? 이런 의문에 해답을 통계적으로 구하기 위해 우리는 logistic regression analysis을 이용한다.

일반적으로 두 변수 사이에 관계(주로 선형적인 관계)가 존재하는지를 보는 통계적인 방법은 상관분석을 이용한다. 그러나 상관분석에서는 구체적으로 두 변수가 어떠한 함수관계에 있는지 알 수는 없다. 즉 어떤 한 변수의 값으로 다른 변수의 값을 추정할 수는 없다.

다음에 생각할 수 있는 방법이 (multiple) linear regression analysis이다. 두 개의 변수가 있을 때 어느 변수가 원인이고 어떤 변수가 결과인지 판단이 서지 않을 때 서로의 의존도를 정량화하기 위해 상관분석을 한다. Regression analysis는 두 개의 연속형 변수를 다루는 면에서는 상관분석과 같지만, 한 변수는 종속변수로 다른 변수는 독립변수로 하여 독립변수가 변함에 따라 종속변수가 어떻게 변화하는가를 평가하는 방법이다.

독립변수와 종속변수 모두 범주형의 자료인 경우에는 Chi-square 분석을 한다. Logistic regression 분석은 binary outcome이 있을 때 사용하는 다변수분석 방법이다. 여기서 독립변수, 즉 공변량으로 사용될 수 있는 자료의 형태는 등간자료, 비율자료, 이분형 자료 모두 가능하다. 명목자료나 순위자료는 dummy 변수로 변환한 후에 사용할 수 있다. 결국 logistic regression 분석에서는 모든 형태의 변수들이 독립변수로 사용될 수 있다.

8.1.2 선형회귀분석의 이해

Logistic regression 분석을 이해하려면 선형회귀분석을 이해하는 것이 중요하다. 회귀분석은 상관분석과 분산분석의 확장된 개념이다. 회귀분석의 목적은 독립변수 x와 종속변수 y의 관계를 1차 방정식으로 표시하여 독립변수의 변화에 따른 종속변수의 변화를 예측하는 데 있다.

$$y = \beta_0 + \beta_{1x} + \beta_{2x} + \cdots + \varepsilon$$

독립변수(x)는 연속형 변수이거나 적어도 값이 여러 개인 순위변수이어야 하고 종속변수(y)는 반드시 연속형 변수이어야 한다. 위의 식에서 ε는 error(오차항)로 실제 관찰된 값과 추정된 회귀식의 값과는 아무리 정확하게 추정을 해도 가상적인 완전한 자료가 아닌 이상 오차가 존재하게 되는데 이 오차를 'ε'라고 표시한다. 자료를 임의로 만들지 않는 한 실제 관찰된 값이 추정된 회귀식을 100% 설명할 수 없는데 이것을 error라고 생각하면 된다. 오차항은 모집단의 회귀직선에서 설명할 수 없는 부분을 나타내고, 잔차(residuals)는 표본집단에서 표본의 회귀직선으로 설명할 수 없는 부분을 나타낸다.

회귀분석에서 식의 β_0, β_1을 추정하는 방법으로 least square method(최소 제곱법)을 이용하며 이는 오차들의 제곱의 합을 최소로 하는 회귀계수를 추정하는 방법이다. 추정된 회귀모형의 적합성을 판단하기 위하여 사용되는 것이 분산분석표와 F 검정이다. 이것은 자료의 전체적인 변동(SST: Sum of Square of

Total)을 회귀직선에 의해 설명되는 변동(SSR: Sum of Square of Regression)과 설명되지 않은 변동[SSE: Sum of Square of Error 즉 우연에(chance) 의해 발생하는 부분]으로 분해해서 추정된 회귀직선이 유의한지를 보는 방법이다.

회귀분석을 이용하려면 자료가 회귀분석의 가정을 만족해야만 할 수 있다. 가정을 만족시키지 못하면 회귀분석을 해야 되는지 재검토가 필요하다. 다음은 회귀분석의 가정이다. 첫째, 정규성(normality)과 등분산성(equality of variance)의 가정으로 이는 독립변수 x의 고정된 어떤 값에 대하여 종속변수 Y는 정규분포를 따르며 독립변수 x의 값에 관계 없이 종속변수 y의 분산은 일정하다는 것이다. 둘째, 독립성(independence)으로 종속변수 y는 통계적으로 서로 독립이어야 한다는 것이다. 즉 하나의 관측 값이 다른 관측 값들에 영향을 받아서는 안 된다는 의미이다. 셋째, 선형성(linearity)으로 독립변수 x와 종속변수 y 사이의 관계는 선형의 관계에 있다는 것이다.

8.1.3 이분형 결과변수의 분석에 logistic regression이 필요한 이유는?

예를 들어서 다음의 가상적인 자료를 보자. 나이가 심장병의 발생에 미치는 영향을 알아보려고 한다. 표 8.1의 AGEC는 실제 대상자의 나이를 20세까지는 1로, 20 ~ 30세는 2로, 30 ~ 40세는 3, 이런 식으로 원래 나이를 범주형으로 나누어 준 후 다시 coding한 것이다. 사건의 발생은 이분형으로 0은 심장병이 발생하지 않은 것이고 1은 발생한 경우를 의미한다.

표 8.1의 자료에서 결과변수인 사건의 발생을 나타내는 심장병의 발생 유무와 위험인자인 나이 사이의 관계를 보려면 linear regression을 이용해서 분석할 수 있다. 그 전에 먼저 위험인자인 나이와 심장병의 발생인 결과변수와의 관계를 scatter plot으로 그려보자. SPSS 주화면에서 Graphs ▶ Interactive ▶ Scatters……을 선택한다. 수평축에 위험인자인 나이(age)를 수직축에 결과변수인 심장병 발생 유무를 나타내는 변수(event)를 투입하고 확인을 누르면 다음과 같은 graph가 출력된다.

〈표 8.1〉 나이에 따른 심장병의 발생 유무

ID	Age	AGEC	Event
1	35.0	1	0
2	33.0	1	0
3	38.0	1	0
4	39.0	1	1
5	40.0	2	0
6	44.0	2	0
7	47.0	2	0
8	49.0	2	0
9	51.0	3	0
10	58.0	3	0
11	59.0	3	1
12	60.0	4	0
13	64.0	4	1
14	65.0	4	1
15	67.0	4	1
16	69.0	4	0
17	71.0	5	1
18	73.0	5	1
19	75.0	5	1

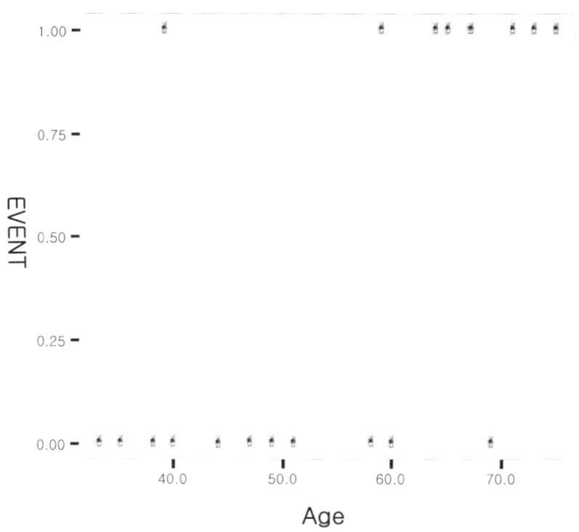

위의 scatter plot은 보통의 scatter plot과는 다르게 보인다. 즉 종속변수 y의 event 값이 0과 1의 두 개의 평행선상에만 위치하고 다른 값은 포함하고 있지 않다. 그러므로 이 scatter plot으로는 독립변수인 나이와 종속변수인 심장병의 발생 유무에 대한 상관성을 알기가 어렵다. 이렇게 종속변수가 이분형인 경우에는 linear regression을 이용해서는 분석할 수 없다. 즉 이분형의 결과변수가 있는 경우는 linear regression의 기본 가정인 정규성, 등분산성, 독립성 그리고 선형성에 맞지 않으므로 linear regression 분석을 할 수 없다.

결과변수가 이분형 변수일 때 linear regression 분석에서 발생하는 문제점을 극복하기 위한 방법으로 독립변수에서 구간을 설정하고 각 구간에서의 평균질병 발생률을 구하여 이를 scatter plot으로 표현하는 방법이 있다. 즉 나이를 구간별로 범주로 나눈(30 ~ 39 = 1, 40 ~ 49 = 2, etc.) 후 사건이 발생한 frequency와 percent를 계산하는 방법으로 표 8.1의 자료를 변환하여 표 8.2와 같이 만들었다.

〈표 8.2〉 심장병의 발생과 연령 군에 의한 도수분포

		Frequency	Percent	Valid Percent	Cumulative Percent
Valid	30 ~ 39	4	21.1	21.1	21.1
	40 ~ 49	4	21.1	21.1	42.1
	50 ~ 59	3	15.8	15.8	57.9
	60 ~ 69	5	26.3	26.3	84.2
	5	3	15.8	15.8	100.0
	Total	19	100.0	100.0	

표 8.2로 다시 나이의 범주에 따른 심장병 발생의 frequency 혹은 percent로 scatter plot을 그리면 어떻게 될까? 다음은 나이 범주에 따른 심장병 발생의 percent를 scatter plot으로 그린 것이다. 같은 자료를 분류만 다시 하여 scatter plot을 그렸는데 처음과는 모양이 많이 달라졌다. 일단 수평축과 수직축의 관계는 선형의 양의 상관관계가 있어 보인다. 즉 그림은 처음에 비하여 일반적인 선형회귀 모형에 많이 접근하여 있다.

이러한 모양의 곡선을 충족시켜 주는 함수 중에서 매우 탄력성이 많고 쉽게 사용할 수 있고 결과를 생물학적으로 해석하기에 용이하다는 점 때문에 logistic function을 사용하게 된다. 일반 회귀모형에서는 수평축 x의 범위가 $-\infty$에서 $+$

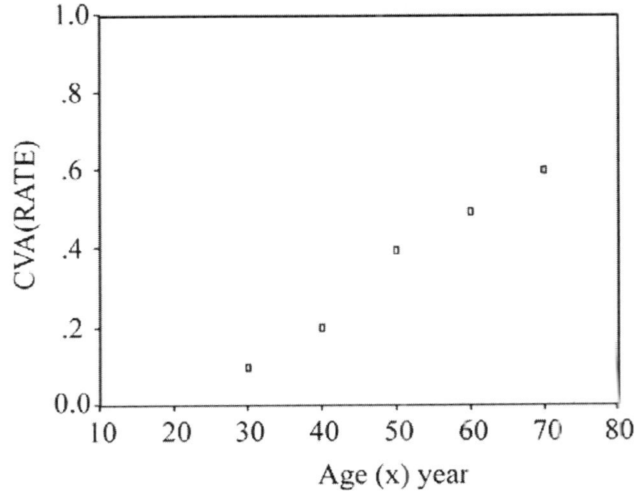

∝에 위치하면 y의 범위 역시 $-\infty$에서 $+\infty$까지 위치지만, 위의 그림에서는 y의 범위가 0에서 1까지의 범위에만 있다. 왜냐하면 발생 빈도나 비율은 음수로 측정될 수 없고 항상 양수로 측정되기 때문이다.

Logistic regression은 판별분석과 비슷하나 중요한 것은 가정이 다르다. 즉 판별분석은 독립변수가 정규분포를 해야 한다는 가정이지만 logistic regression에서는 독립변수가 정규분포를 따라야 한다는 가정은 없다. 단지 logistic 모형을 따른다는 가정이 있을 뿐이다.

8.1.4 Logistic regression 모형의 개념

Logistic regression은 어떤 사건이 발생할 확률을 직접적으로 추정하기 위해서 고안된 통계기법이고 로짓(logit)회귀 모형이라고도 한다. 사건이 일어날 확률은 다음의 식으로 표시할 수 있다.

$$prob(\text{Event}) = \frac{e^{z}}{1+e^{z}} = \frac{1}{1+e^{-z}}$$

여기서 Z는 linear combination으로 다음과 같이 표시할 수 있다. 또한 X_p는 독립변수이고 B_p는 독립변수의 회귀계수이다.

$$Z = B_0 + B_1X_1 + B_2X_2 + \cdots + B_pX_p$$

사건이 일어나지 않을 확률은 1에서 일어날 확률을 빼 주면 된다.

$$\text{Prob (No event)} = 1 - \text{Prob (Event)}$$

Logistic 곡선은 sigmoid 모양이며(S자 모양) 독립변수와 일어날 확률과는 비선형(nonlinear)의 관계에 있고, Z값에 관계 없이 probability는 항상 0과 1 사이에 있다. 비선형모형인 logistic regression 모형이 선형모형인 linear regression 모형과 다른 점은 우선 odds를 사용하여 분석한다는 것이다. Odds는 다음과 같이 정의된다.

$$\text{odds} = \frac{P}{1-P}$$

P는 사건이 일어날 확률(probability)

즉 odds는 사건이 일어날 확률과 일어나지 않을 확률의 ratio이다. 그런데 위의 식에서 p는 확률이므로 0과 1 사이의 값을 가지는 반면 odds는 $p=0$이면 0이 되고 $p=1$이면 $+\infty$(양의 무한대)의 값을 가진다. 즉 비대칭적인 구조를 갖게 된다. 이를 극복하기 위하여 양 변에 자연 log(natural log)를 취한다(자연 log는 ln이라고 쓴다). 다음의 표를 보자.

Probability	Odds	ln
0에서 0.5의 범위	0에서 1의 범위	$-\infty$에서 0의 범위
0.5에서 1의 범위	1에서 $+\infty$의 범위	0에서 $+\infty$의 범위

확률이 0에서 0.5의 범위의 값을 가질 때 odds는 0에서 1의 값을 가지고 여기에 자연 log인 ln을 취하면 $-\infty$(음의 무한대)에서 0의 범위를 가진다. 또한 확률이 0.5에서 1의 범위의 값을 가질 때 odds는 1에서 $+\infty$의 값을 가지고 여기에 자연 log인 ln을 취하면 0에서 $+\infty$의 범위를 가지게 된다. 결국 odds에 자연 log인 ln을 취한 ln(odds)는 $-\infty$에서 $+\infty$의 값을 가지게 되므로 회귀분석에서 y의 값이 $-\infty$에서 $+\infty$의 가지는 것과 같은 형태가 된다.

Logistic regression 모형은 다음과 같은 회귀방정식에 기반하고 있다.

$$\ln [\text{odds} = [\frac{p}{1-p}] = b_0 + b_1 X + C$$

즉 logistic regression 모형은 독립변수인 공변량과 odds에 자연로그를 취한 값인 ln(odds)가 선형의 관계에 있다고 가정하는 것이다 (독립변수와 관찰된 종속변수간 사이가 아니라). 이 때 위의 식 좌변에 있는 $\ln [\text{odds} = \frac{p}{1-p}]$를 logit이라 부른다

확률 p와 log(odds)간의 관계를 보여 주는 logistic 확률분포를 단순화하면 아래의 그림과 같이 Sigmoid 모양으로 나타내진다.

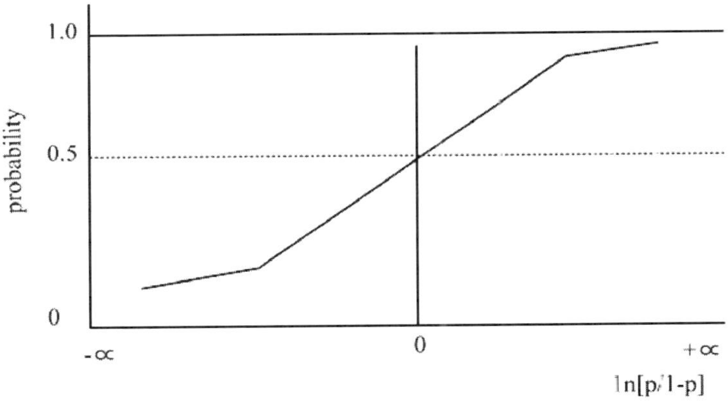

〈그림 8.1〉 Logistic distribution

Logit값이 $+\infty$에 갈수록 확률값은 1에 가까워지고 반대로 $-\infty$에 갈수록 확률 값은 0에 가까워진다. 또한 logit값이 0일 경우 확률 0.5에서 대칭적인 분포를 가지고 있다. Logistic regression을 이용할 경우 독립변수의 단위당 변화에 따른 종속변수의 변화량을 정확하게 알아낼 수 없다. 위의 그림 8.1에서도 쉽게 알 수 있는데, log odds, 즉 logit이 0에 가까워질수록 확률값의 변화가 급격하게 일어나고, 이에 반해 logit이 $+\infty$에서 $-\infty$의 양극단으로 갈수록 확률값의 변화가 완만하게 이루어지기 때문이다. 그러므로 회귀계수 값을 독립변수 단위당 종속변수의 변화량으로 그대로 사용하는 선형회귀와는 달리 logistic regression에서는 불가능하다. 이유는 logistic regression 회귀에서의 종속변수는 관찰값 Y가 아닌 logit(Y), 즉 $\ln[\text{odds} = \frac{p}{1-p}]$이기 때문이다. 앞에서 언급한 데로 logit(Y)와 Y와의 관계는 비선형의 관계에 있음을 확인하였기에 단위당 변화량이 일정하게 나타나지 않는다. 따라서 독립변수의 변화에 따른 관찰값 Y의 변화량을 확인하기 위해서는 logit(Y)를 Y의 값(확률값)으로 전환시켜야 한다.

8.1.5 Logistic regression 모형의 모수의 추정 및 의미

선형회귀에서 모형에서의 모수의 추정은 종속변수의 관찰치와 예측치 사이의 smallest sum of square를 이용한 least square method(최소자승법)로 추정했지만 logistic regression에서 모수의 추정은 maximum likelihood method로 추정한다. Maximum likelihood method는 다양한 모집단 수치에서 관찰된 표본을 얻을 수 있는 확률이 가장 높은 모수를 선택하는 방법이다.

Logistic regression 분석에서 계산된 회귀계수는 특별한 수치를 가지고 있다. 즉 logistic regression 분석에서 계산된 회귀계수에 antilogarithm을 취하면 odds ratio를 구할 수 있다. Antilogarithm을 취하면 조금 계산이 어려우니 상수 e(e =2.713)를 이용하여 다음과 같이 구할 수 있다.

$$\text{Odds ratio or relative hazards} = e^{\text{coefficient}}$$

Logistic regression에서 odds ratio는 독립변수가 한 단위 변할 때마다 결과변수의 likelihood가 얼마나 변하는지를 알려주는 수치이다

8.1.6 SPSS를 이용한 logistic 회귀의 실제 분석

다양한 원인에 의한 급성 신부전으로 중환자실에 입원하는 환자의 경우 치료로는 혈액투석(Hemodialysis = HD)이나 Continuous Renal Replacement Therapy (CRRT) 치료를 받는다. 흔히 상태가 더 안 좋은 환자는 CRRT를 받게 되는 경우가 많은데 두 군의 결과를 비교하면 HD 치료집단에서 더 좋게 나오는 경우가 많다. 왜냐하면 CRRT 치료집단은 환자의 상태가 안 좋은 경우 더 선택되는 치료이기 때문이다.

다음은 HD와 CRRT를 받은 집단의 자료를 후향적으로 조사하여 작성된 가상의 자료이다(Example12.sav)

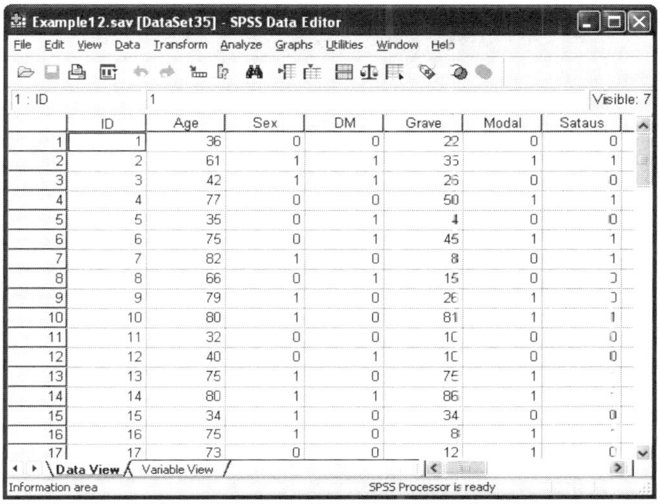

	ID	Age	Sex	DM	Grave	Modal	Sataus
1	1	36	0	0	22	0	0
2	2	61	1	1	35	1	1
3	3	42	1	1	26	0	0
4	4	77	0	0	50	1	1
5	5	35	0	1	4	0	0
6	6	75	0	1	45	1	1
7	7	82	1	0	8	0	1
8	8	66	0	1	15	0	0
9	9	79	1	0	26	1	0
10	10	80	1	0	81	1	1
11	11	32	0	0	10	0	0
12	12	40	0	1	10	0	0
13	13	75	1	0	75	1	
14	14	80	1	1	86	1	
15	15	34	1	0	34	0	0
16	16	75	1	0	8	1	
17	17	73	0	0	12	1	0

Age는 대상자의 나이, Sex는 성별로 남자는 0, 여자는 1로 coding, DM은 대상자 당뇨병의 유(1), 무(0), GRAVE는 환자의 심한 정도를 보기 위해 몇 가지 점수를 합한 것으로, 높을수록 초기 환자상태가 중한 것을 의미한다. Modal은 HD(0)로 치료했는지 CRRT(1)로 치료했는지, Status는 마지막 환자의 상태로 사망(0), 생존(1)을 나타낸다. 이 자료를 가지고 환자의 사망을 예측할 수 있는 모형을 logistic regression 분석을 이용해서 구해보자.

연구가설이 사망을 예측하는 모형이므로 대상자의 사망을 나타내는 변수의 coding시 사망을 지정하는 숫자를 꼭 크게 coding해야 한다. 즉 생존을 0으로 coding했으면 사망은 0보다 큰 수인 1로 coding해야 하며, CRRT 처치를 받게 되는 예측 모형이라면 CRRT를 지정하는 coding을 HD(0)보다 높게 coding(1)해야 한다. 이유는 **SPSS에서는 항상 크게 coding한 수치가 기준치가 되기 때문이다**. 반면 SAS는 낮게 coding한 수치가 기준치가 된다.

SPSS에서 logistic regression을 할 때 예측변수로 투입되는 독립변수의 기준치는 분석메뉴 항목에서 조건을 주어 기준을 바꿀 수 있지만, 종속변수의 기준치는 바꿀 수 없다. 즉 결과변수는 항상 높게 coding한 집단을 기준으로 한다. 이것은 굉장히 중요한 사항이다. Coding을 잘못하면 결과는 완전히 반대로 나올 수도 있기 때문이다.

SPSS에서 logistic regression을 하려면 주화면에서 Analyze ▶ Regression ▶ Binary logistic을 선택한다.

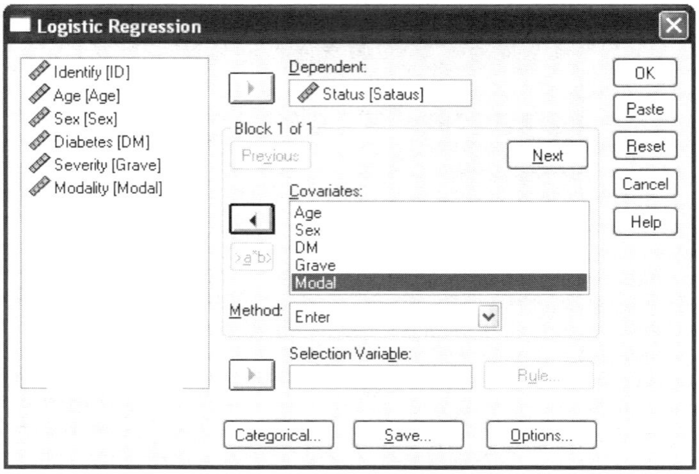

그림과 같이 종속변수에는 status를 Covariate: 에 독립변수 혹은 예측변수를 지정해 준다. 여기서는 모든 예측변수를 전부 투입하였다.

Method: 는 변수선택법을 지정해 주는 항목이다. 여기서는 편의상 모든 변수를 강제로 전부 투입하는 Enter를 선택하였다. 나머지 forward 그리고 backward 방법으로 변수를 투입할 수 있고 Block마다 변수의 투입방법을 달리하면서, 즉 block 1에서는 Age, Sex 변수는 Enter로 강제 투입하고 Next를 눌러서 block 2에는 DM, Grave, Modal은 backward 방법으로 지정할 수 있다.

항목 〉 a * b 〉는 교호작용(interaction)의 항목을 지정하는 것이다. DM과 Age의 교호작용을 보려면 DM 변수와 Age 변수를 동시에 선택하고(키보드에서 Ctrl key를 누른 상태에서 하나씩 마우스로 선택) 〉 a * b 〉를 누르면 된다. Selection Variables: 은 분석대상을 특정한 대상자만 국한해서 하고 싶을 때, 예를 들면 남자에 국한해서 하고 싶으면 Sex 변수를 Selection Variables: 에 투입하고 Rule……에서 남자로 coding한 0을 지정하면 된다. 여기에 들어가는 변수는 동시에 공변량으로 들어갈 수 없다. 교호작용 변수를 모형에 포함시킬지의 여부는 그 교호작용 변수를 모형에 투입했을 때, 다른 변수들의 계수의 유의성을 감소시키지 않으면서, 포함된 교호작용 변수가 모형에서 통계적으로 유의한 계수를 갖게 되면 모형에 투입해야 한다.

Categorical……에서 다음 그림과 범주형 변수는 Categorical Covariates: 에 지정한다. 연속형 변수는 그대로 둔다. 그래서 dummy 변수를 만드는 것이다. 필요시 예측변수의 기준집단을 변경한다. 여기서는 기준집단을 낮은 수로 coding 한 First로 변경하였다.

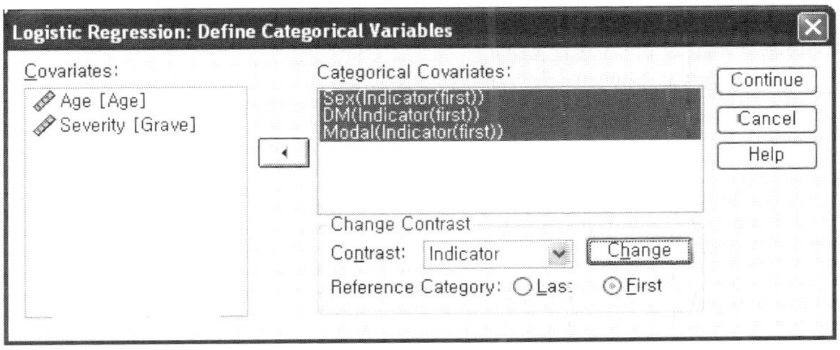

범주형 변수를 부호화 하는 방법으로 indicator, deviation, simple, Helmert, reverse Helmert, polynomial, orthogonal, repeated이 있다. 일반적으로 많이 사용되는 방법은 indicator 방식이고 우리가 dummy 변수를 만들어 사용하는 것과 동일하다. Reference category는 Deviation, Simple, Indicator를 선택시에만 바꿀 수 있다.

다음은 SAVE……를 클릭하여 보자. Default는 하나도 선택하지 않은 경우이다.

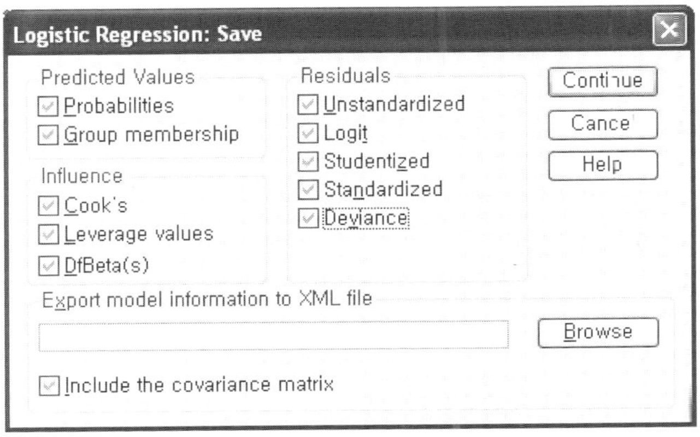

□ **Probabilities**는 PRE_1이라는 변수로 생성되며 이는 각각의 대상자에서 결과변수를 크게 coding한(여기서는 1로 coding한 사망) 사건이 발성할 predicted probability를 나타낸다. 즉 ID 1인 대상자의 pre_1은 0.004인데 이 대상자가 사망할 predicted probability는 0.004로 거의 사망할 가능성이 없다는 의미이다.

□ **Group membership**이란 위의 probabilities를 기초로 probabilities 〈 0.5면 결과변수를 0으로 coding한(여기서는 생존을 0으로 coding하였다) 집단으로 분류하고, probabilities 〉 0.5면 결과변수를 1로 coding한(여기서는 사망을 1로 coding하였다) 집단으로 분류하여 대상자가 어떤 group membership 속하는지를 PGR_1이란 변수로 저장하며 자료 입력창에 도시된다.

대상자의 영향력(Influence)을 보는 척도로 Cook's distance, Leverage value, Dfbeta(s)가 있다.

□ **Cooks**는 Cooks distance를 말하며 각 대상자의 영향력을 측정하는 것이다. COO_1이란 변수로 저장된다.

□ **Leverage value**는 모형의 적합성에 관한 각 observed value의 상대적인 영향력이다. Logistic 회귀분석에서 leverage value는 종속변수의 score와 design matrix 모두에 영향을 받고 0과 1로 경계 지어진다. LEV_1이란 변수로 저장된다.

□ **DfBeta(s)**는 대상자가 모형에서 제거될 때 logistic 회귀계수의 변화를 말한다. 예를 들면 대상자 i가 모형에서 제외될 때 처음 회귀계수의 변화는 다음과 같이 정의된다.

$$\text{DfBeta}(B1(i)) = B1 - B1(i)$$

B1은 모든 대상자가 포함될 때의 회귀계수의 값이고 $B1(i)$은 i번째 대상자가 제외될 때의 회귀계수의 값이다. 우리가 투입한 독립변수가 5개이므로 상수까지 합쳐 6개의 변수가 새로 생성되어 저장된다. DFB0_1(constant에 대한 것), DFB1_1, DFB2_1, DFB3_1, DFB4_1, DFB5_1는 각각의 변수에 대한 것을 말한다.

다음은 잔차분석(residual analysis)에 필요한 항목이다. 여기서 계산되어 새로 저장된 변수를 이용하여 나중에 잔차분석을 한다.

□ **Residual**(잔차)은 사건발생의 observed probability와 predicted probability

의 차이이다. 만약 본 예에서 사망한 사람의 predicted probability가 0.8이면 잔차는 0.2가 된다. RES_1이란 변수로 저장된다.

□ **Standardized residual**은 잔차를 표준편차로 나누어 준 값을 말한다. 표본의 크기가 커지면 Standardized residual은 정규분포를 따르게 된다. ZRE_1이란 변수로 저장된다.

□ **Deviance**(이탈도)는 model deviance에 기초하여 만든 잔차이다. 이 수치가 크면 클수록 모형이 잘 안 맞는다는 의미다. DEV_1이란 변수로 저장된다. 각 대상자에 대한 studentized residual은 대상자가 모형에서 제외되었을 때 model deviance의 변화를 말한다. Deviance와 studentized residual의 차이를 가지고 unusual case를 알 수 있다. SRE_1이란 변수로 저장된다.

□ **Logit**은 logit residual로 모형이 logit scale에서 예측될 때의 잔차를 말한다. LRE_1이란 변수로 저장된다.

다음은 Options……을 클릭한다.

□ Classification plots: 추정된 확률의 히스토그램을 보여준다.

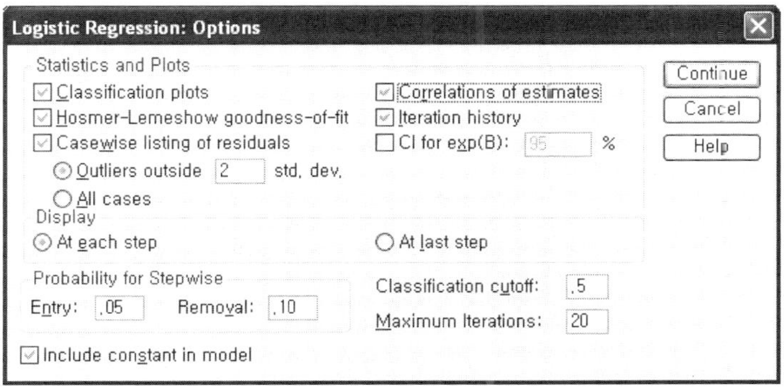

□ **Hosmer-Lemeshow goodness of fit**: 모형의 goodness of fit을 검증하는 통계치로 많이 사용되는 것이 Pearson x^2 goodness of fit과 Hosmer-Lemeshow goodness of fit이다. Pearson x^2 goodness of fit는 covariate pattern에 의해 정의되는 cell에 기반하여 종속변수의 기대값과 관찰값을 계산한 뒤, 그 값들의 비교를 통해 얻어진다. 하지만 개별화 된 사례(individualized cases)의 경우, 공변수 유형의 수가 관찰사례의 수에 근접해 있기 때문에 이 값이 반드시 부적절한 것은 아니나 값이 의심스러울 수 있다. Hosmer & Lemeshow는 모형 적합

성 검증치의 계산을 위해 예측 확률값을 서열화하여 각 집단별로 다시 분류하는 방법을 제안하였다. 예를 들어, 표본의 사례들을 예측 확률값에 따라 10개의 동일한 규모를 가진 집단으로 재구성하는 것이다. 이러한 방법은 개별화된 사례의 형태를 가진 표본에 대해 보다 정확한 모형 적합성 검증을 수행할 수 있다는 장점을 가지고 있다. 하지만 재분류한 집단에 속한 사례들의 수가 차이가 날 경우, 즉 집단들 간의 사례수가 차이가 날 경우에는 Hosmer-Lemeshow goodness of fit도 신뢰하기 힘들 수 있고 오히려 Pearson x^2 goodness of fit 가 더 나은 선택일 수 있다.

□ **Casewise listing of residual**: Unstandardized residual, predicted probability, 그리고 observed and predicted group membership을 구한다.

□ **Correlation of estimates**: 추정치의 상관계수를 표시해 준다.

□ **Iteration history**: Parameter estimation의 과정에서 각 반복(iteration)에서의 coefficient와 log likelihood를 나타낸다.

□ **Display**

◎ At each step: 각 단계에서 plot, table, statistic을 나타낸다.

◎ At last step: 한 block에 대한 final model에 대해 plot, table, statistic을 나타낸다.

□ **CI for exp(B)**: Odds ratio의 신뢰구간을 표시해 준다.

□ **Probability for stepwise**: Stepwise variable selection을 위한 투입과 제거의 기준을 설정하는 것으로 기본 설정은 어떤 변수의 score statistics의 probability가 0.05보다 작다면 모형에 투입되는 것이고, removal statistic(conditional, Wald or likelihood ratio)의 probability가 0.1 이상이면 모형에서 제거된다.

• Maximum Iteration: 20

Maximum likelihood coefficient는 iterative process에서 예측되어 계산된다. 만일 one iteration에서 next iteration까지 parameter estimates(모수추정치)에서의 변화가 0.001보다 작거나 log likelihood가 0.01보다 적게 감소한다면 모형은 convergence(수렴)에 도달된다. 만일 default값인 20에 도달되면 수렴 전에 iteration이 종료된다. 다른 maximum iteration을 정의하기 위해서는 정수를 입력하여 준다.

• Include constant in model: Default값으로 모형은 상수(constant로 여기

서는 y절편이다)를 포함한다. 상수를 해제하고 원점(origin)을 통과하는 회귀방정식을 구하기 위해서는 이를 해제한다. 본 예제에서는 default값만 선택하였다.

다음의 결과는 전체적인 요약을 보여주고 있다. 대상자는 56명이고 결측된 대상자는 없다.

Case Processing Summary

Unweighted Cases [a]		N	Percent
Selected Cases	Included in Analysis	56	100.0
	Missing Cases	0	.0
	Total	56	100.0
Unselected Cases		0	.0
Total		56	100.0

a. If weight is in effect, see classification table for the total number of cases.

종속변수의 coding을 보여 주는 것으로 중요한 결과이다. 즉 1로 coding한 것이 사망을 나타내며 기준치가 된다. 큰 숫자로 coding한 것이 SPSS에서는 기준값으로 이용된다.

Dependent Variable Encoding

Original Value	Internal Value
live	0
death	1

상수만을 가지고 세운 모형을 Block 0에서 보여 주고 있다. 관측된 자료를 얼마나 잘 분류하였는지 보면 logistic 모형이 자료를 얼마나 잘 설명하고 있는지를 평가할 수 있다. 모형의 적합도(goodness of fit)를 보는 다른 방법으로 모수의 추정값이 주어졌을 때 표본에서 결과가 실제로 얼마나 발생하는지를 검사하는 방법이 있다. 모수의 추정값이 주어졌을 때 관측된 결과의 확률을 likelihood function으로 표현한다. Likelihood function의 값은 1보다 작다. 그러므로 여기에 log를 취하고 −2를 곱한 −2LL(Log Likelihood)로 추정된 모형이 자료를 얼마나 잘 적합시키는지를 보는 척도로 사용한다. −2를 곱해 주는 이유

는 지수가 0과 1 사이인 log값은 음(−)의 값을 가지기 때문에 부호를 반대로 해주기 위해서이며, 2배를 해준 것은 log likelihood값이 Chi-square 분포에 가깝게 하려고 하기 때문이다. −2LL의 값이 작을수록 좋은 모형이다. 완전한 모형이면 likelihood function의 값은 1이고 −2LL은 0이 된다. 즉 공변량(예측변수를 전혀 포함하지 않았을 때 −2LL이 75.042인데 다음에 공변량을 추가 혹은 제거하면서 −2LL이 변하는 값을 보자.

Block 0: Beginning Block

Iteration History [a,b,c]

Iteration		-2 Log likelihood	Coefficients
			Constant
Step 0	1	75.042	-.429
	2	75.041	-.435
	3	75.041	-.435

a. Constant is included in the model.
b. Initial -2 Log Likelihood: 75.041
c. Estimation terminated at iteration number 3 because parameter estimates changed by less than .001.

다음은 공변량을 포함한 Block 1을 보여 주고 있다. 변수투입 방법은 모든 예측변수를 한 번에 동시 투입하는 Enter이다.

Block 1: Method = Enter

Iteration History [a,b,c,d]

Iteration		-2 Log likelihood	Coefficients					
			Constant	Age	Sex(1)	DM(1)	Grave	Modal(1)
Step 1	1	32.035	-4.567	.042	.137	.420	.043	.556
	2	22.997	-7.640	.069	.420	.857	.077	.720
	3	20.195	-10.372	.094	.643	1.282	.110	.746
	4	19.653	-12.144	.112	.722	1.573	.132	.764
	5	19.615	-12.718	.117	.724	1.668	.141	.782
	6	19.614	-12.770	.118	.723	1.676	.141	.785
	7	19.614	-12.771	.118	.723	1.676	.141	.785

a. Method: Enter
b. Constant is included in the model.
c. Initial -2 Log Likelihood: 75.041
d. Estimation terminated at iteration number 7 because parameter estimates changed by less than .001.

7번 반복하였고 −2LL이 초기 75.041에서 변수를 포함할 때마다 줄어들어 모형의 적합성이 향상되고 반복 7회에 모수 추정치가 < 0.01이어서 중단하였다.

Omnibus Tests of Model Coefficients

		Chi-square	df	Sig.
Step 1	Step	55.427	5	.000
	Block	55.427	5	.000
	Model	55.427	5	.000

Model Summary

Step	-2 Log likelihood	Cox & Snell R Square	Nagelkerke R Square
1	19.614[a]	.628	.851

a. Estimation terminated at iteration number 7 because parameter estimates changed by less than .001.

모든 예측변수를 포함한 모형의 −2LL은 75.04에서 19.614로 줄어들어 모형의 적합이 향상되었다. Step 1의 Step에 해당되는 Chi-square값은 모형 선정시 연속적인 단계 사이의 −2LL의 변화이다. 이것은 마지막 단계에서 추가된 변수들의 계수가 모두 0이라는 가설을 검정한다. Step 1의 block에 해당되는 Chi-square값은 55.427(= 75.04 − 19.614)이다. Step 1에서 Models에 해당되는 Chi-square값은 가정한 모형의 절편항을 제외한 모든 계수들이 0이라는 귀무가설을 검정한다. 즉 sig가 0.0000이므로 상수를 제외한 현재의 모형은 공변량의 회귀계수가 0이라는 귀무가설은 기각한다. 이것은 회귀분석에서 F test와 비슷한 개념이다. 즉 $Y = B_0 + B_1X_1 + \cdots + B_pX_p$의 회귀식에서 상수인 B_0을 제외하고 나머지 모든 변수들의 회귀계수가 0이라면, 이 식은 y만 존재하니 회귀곡선을 만들 수 없다. 위에서는 귀무가설을 기각하였으니 회귀곡선에 들어가는 독립변수(여기서는 Age, Sex, DM……)의 회귀계수는 0이 아니라는 뜻이다.

여기서 Step 1의 step, Block, Model의 Chi-square값이 모두 같은 것은 Block이 한 개이기 때문이며 Block을 두 개 이상으로 지정하면 다르게 나온다. R square는 전체 변량 중에서 설명된 변량이 차지하는 비율을 의미하며 linear regression 분석에서의 R square는 전체모형의 적합성을 판단하는 데 유용한 통계치이다. 일반적으로 R square가 클수록 모형의 설명력이 크다고 생각한다. 모형요약에서 Cox Snell R square와 Nagelkerke R square값이 각각 0.628과

0.851이다. Nagelkerke R square값 0.851, 즉 결과변수 안에서 변이의 85.1%가 이 모형에 의해 설명된다고 할 수 있다. 다음은 Hosmer and Lemeshow test이다.

Hosmer and Lemeshow Test

Step	Chi-square	df	Sig.
1	8.574	7	.285

Contingency Table for Hosmer and Lemeshow Test

		Status = live		Status = death		Total
		Observed	Expected	Observed	Expected	
Step 1	1	6	5.992	0	.008	6
	2	6	5.954	0	.046	6
	3	6	5.917	0	.083	6
	4	6	5.750	0	.250	6
	5	6	5.254	0	.746	6
	6	2	4.314	4	1.686	6
	7	2	.694	4	5.306	6
	8	0	.107	6	5.893	6
	9	0	.018	8	7.982	8

위의 표는 observed probabilies와 predicted probabilities가 얼마나 연관이 있는지 알려준다. 여기서의 귀무가설은 모형은 적합되었고 $p > 0.05$이다. 결과는 $p = 0.285$로, $p > 0.05$이므로 모형은 적합하다고 할 수 있다. 즉 귀무가설을 기각할 수 없다. Hosmer and Lemeshow test의 단점은 표본의 크기에 의존한다는 것이다. 표본의 크기가 작을 경우에도 표본의 크기가 클 때와 같이 모형이 잘 적합한다고 나온다. 다음은 분류표이다.

Classification Table [a]

			Predicted		
			Status		Percentage Correct
	Observed		live	death	
Step 1	Status	live	32	2	94.1
		death	3	19	86.4
	Overall Percentage				91.1

a. The cut value is .500

이 모형이 사망을 예측하는 전체적인 정확성은 분류표에 의하면 기준절단값이 〈 0.5일 때 약 91%이다. Sensitivity는 19 ÷ (19 + 3) = 86.4%, specificity는 32 ÷ (32 + 2) = 94.1%이고 positive predictive value는 19 ÷ (19 + 2) = 90.5%, negative predictive value는 32 ÷ (32 + 3) = 91.4%이다. 이 정보를 어떻게 이용하는 것일까? Variables in equation에서 같이 설명을 할 것이다.

다음은 correlation matrix이다.

Correlation Matrix

		Constant	Age	Sex(1)	DM(1)	Grave	Modal(1)
Step 1	Constant	1.000	-.915	-.129	-.695	-.364	-.333
	Age	-.915	1.000	-.125	.571	.219	.268
	Sex(1)	-.129	-.125	1.000	.155	.004	-.056
	DM(1)	-.695	.571	.155	1.000	-.029	.455
	Grave	-.364	.219	.004	-.029	1.000	-.410
	Modal(1)	-.333	.268	-.056	.455	-.410	1.000

종속변수와 각 독립변수 간의 partial correlation을 보여 주는 표이다. 이 표로 각 독립변수들 간의 multicollinearity(다중공선성)를 알아볼 수 있다. 다중공선성을 간단히 주관적으로 알아보는 방법은 독립변수의 표준오차를 보면 알 수 있다. 표준오차의 값이 0.001 ~ 5 사이에 있으면 다중공선성이 없을 가능성이 높다. 즉 표준오차가 50 ~ 100 이상의 값을 보이면 다중공선성이 있는 것이니 이때는 다중공선성이 높은 변수들을 표준오차가 0.001 ~ 5 사이에 있을 때까지 하나씩 제외해야 한다. 다음에 설명할 variables in equation표에서 각 독립변수의 표준오차는 모두 0.001 ~ 5 사이이므로 다중공선성은 없는 것으로 추정되고 위의 correlation matrix에서도 DM과 Age의 $r = 0.571$을 제외하고는 전부 $r = 0.5$이다. 다음은 classification plot이다.

```
                   Step number: 1

                   Observed Groups and Predicted Probabilities

       20 +                                                            +
          |                                                            |
          |l                                                           |
F         |l                                                           |
R      15 +l                                                           +
E         |l                                                           |
Q         |l                                                           |
U         |l                                                          d|
E      10 +l                                                          d+
N         |l                                                          d|
C         |l                                                          d|
Y         |l                                                          d|
        5 +l                                                          d+
          |l                                                         dd|
          |lll     ll   d                                            dd|
          |llllll lll  dl  d                  d   l          l    ddddd|
Predicted ---------------+--------------+--------------+---------------
  Prob:   0             .25             .5            .75             1
  Group:  llllllllllllllllllllllllllllllldddddddddddddddddddddddddddddd

          Predicted Probability is of Membership for death
          The Cut Value is .50
          Symbols: l - live
                   d - death
          Each Symbol Represents 1.25 Cases.
```

Option에서 classification plots을 선택하면 위의 추정된 확률의 histogram을 보여 준다. 양쪽 y축은 l과 d의 빈도를 표시하고 있고 x축은 predicted probability를 나타낸다. 여기서 l은 생존(즉 0으로 coding)한 것을 d는 사망(즉 1로 coding)한 것을 나타내고 있다. Status 변수의 label에서 0 = live로, 1 = death로 표시했기에 d, l로 표시되고 alphabet 문자로 표시가 어려울 땐 숫자로 coding한 값으로(0, 1과 같이) classification plot에 표시된다. 심볼(symbol) d, l이 각각 1.25case를 나타낸다고 결과에 나와 있다. 우리가 두 집단을 완전히 구분하는 모형을 가졌다면 사건이 일어나는 경우는 예측확률 0.5의 오른쪽에 분포해야 하고 사건이 일어나지 않는 경우는 0.5의 왼쪽에 분포해야 한다. 즉 양쪽 끝으로 밀집될수록 좋다. 위 그림에서 0.5 오른쪽에는 l이 2개(1.25 * 2 = 2.5, 즉 분류표에는 2명으로 나와 있음)이므로 2명을 제외하고는 l로 정확히 분류되었고 0.5 왼쪽에는 d가 3개(1 * 3 = 3.75로 분류표에는 3명으로 나와 있음)로 3명이 잘못 분류되었다. 다음은 logistic 모형의 추정값이다. 이 표가 의미하는 것은 무엇일까?

Variables in the Equation

		B	S.E.	Wald	df	Sig.	Exp(B)	95.0% C.I.for EXP(B)	
								Lower	Upper
Step 1[a]	Age	.118	.049	5.829	1	.016	1.125	1.022	1.238
	Sex(1)	.723	1.334	.293	1	.588	2.060	.151	28.157
	DM(1)	1.676	1.684	.990	1	.320	5.346	.197	145.158
	Grave	.141	.059	5.839	1	.016	1.152	1.027	1.292
	Modal(1)	.785	1.537	.261	1	610	2.192	.108	44.627
	Constant	-12.771	4.238	9.082	1	.003	.000		

a. Variable(s) entered on step 1: Age, Sex, DM, Grave, Modal.

Wald 추정량은 모형에서 각 독립변수가 얼마나 모형에 공헌하고 있는지의 중요성을 나타내며 $(B/S.E)^2$로 계산한다. 예를 들면 Age 변수의 경우 $(0.118/0.049)^2 = 5.8$이 된다. Wald 추정량이 클수록 공헌도는 크다. Wald 통계량의 단점은 회귀계수의 절대값이 커지면 추정된 표준오차가 너무 커지게 되고 Wald 통계량은 너무 작게 계산되어 계수가 0이라는 영가설을 기각할 수 없게 된다는 점이다. 그러므로 회귀계수의 절대값이 크면 Wald 통계량 대신 likelihood를 사용하게 된다. 위에서 Wald 통계량으로 봐서 age, grave 변수의 공헌도가 크다.

각 독립변수의 회귀계수는 전부 양의 값으로 계산되었다. 회귀계수가 양의 수면 $\exp^{(B)}$의 값은 항상 1보다 크고 음수이면 1보다 작게 나온다. 회귀계수가 양수이면 독립변수의 값이 증가함에 따라 종속변수의 사건의 발생이 증가한다는 의미이고 음수이면 반대로 감소한다는 의미이다. 대상자의 나이가 증가할수록, 당뇨가 있으면, grave 수치가 증가할수록 그리고 치료방법이 CRRT이면 사망의 odds ratio는 증가한다. Logistic 회귀에서 $\exp^{(B)}$가 odds ratio이다. Age 변수의 odds ratio는 $\exp^{0.118} = 1.125$로 계산되며 95% 신뢰구간 1.02 ~ 1.93이다. 나이는 연속변수이므로 나이가 한 살 증가할 때마다 사망의 odds ratio가 1.125배, 즉 12.5%(1 − 1.125 = 0.125이고 이는 12.5%)가 증가하게 된다. 위의 예에서 통계적인 유의성은 나이와 Grave만 있었다.

새로운 환자가 발생했을 때 이 모형을 이용하여 환자의 사망에 대한 예측을 할 수 있다. 다음과 같이 black box가 있다고 하자. 나이, 성별, 당뇨의 유무, 중한 정도, 치료방법을 변수로 투입하면 대상자가 사망할 확률을 구할 수 있다.

〈그림 8.2〉 The logistic regression model

이 black box 안에 들어갈 방정식은 다음과 같다.

$$\text{Probability (death)} = \frac{1}{1+\exp^{-z}}$$

여기서 Z는 위의 variables in the equation에서 구한 각 독립변수의 회귀계수의 값과 상수로 표현할 수 있다.

$$Z = -12.771 + 0.118 * \text{Age} + 0.723 * \text{sex}(1) + 1.676 * \text{DM}(1) + 0.141 * \text{Grave} + 0.785 * \text{Modal}(1)$$

만약 나이가 36세인 남자(0)로 당뇨가 없고(0) grave score가 22인 대상자가 HD(0)치료를 받았다면 $z = -12.771 + 0.118 * 36 + 0.723 * 0 + 1.676 * 0 + 0.141 * 22 + 0.785 * 0 = -5.42$이다. 그러므로 $\exp^{-Z} = \exp^{5.42} = 2.718^{5.42} = 225.7$이고, probability(사망) $= \frac{1}{1+225.7} = 0.004$가 되고 negative predictive value가 분류표에서 91.4%이므로 91.4%의 확신을 가지고 사망의 확률이 0.004 * 100 = 4%라고 말할 수 있다. 반면 나이 80세 여자(1)이고 당뇨(1)가 있고 grave score가 86이고 CRRT(1)를 받은 경우에는 $z = -12.771 + 0.118 * 80 + 0.723 * 1 + 1.676 * 1 + 0.141 * 86 + 0.785 * 1 = 12.01$이고 $2.718^{-12.01} = 6.09$이며 probability(사망) $= \frac{1}{1+6.09} = 0.999$로 사망할 가능성은 거의 99.9%이고 positive predictive value가 90.5%이므로 90.5%의 확신을 가지고 99.9% 사망한다고 예측할 수 있다.

위의 모형에서 $\exp^{(B)}$는 odds ratio라고 했으니 위의 Z 대신에 다음으로 표현할 수 있다. 즉,

Log(odds of having death) = −12.771 + 0.118 * Age + 0.723 * sex(1) + 1.676 * DM(1) + 0.141 * Grave + 0.785 * Modal(1)

그런데 odds = $\frac{p}{1-p}$이고 p = $\frac{odds}{1+odds}$가 된다. 만약 나이가 36세인 남자(0)로 당뇨가 없고(0) grave score가 22인 대상자가 HD(0)치료를 받았다면 log(odds) = −12.771 + 0.118 * 36 + 0.723 * 0 + 1.676 * 0 + 0.141 * 22 +0.785 * 0 = −5.42이다. 그러므로 odds(death) = $\exp^{-5.42}$ = 0.0044이고 probability (death) = $\frac{0.0044}{1+0.0044}$ = 0.0004이고 똑같은 대상자가 HD 대신 CRRT를 받았다면 log(odds) = −12.771 + 0.118 * 36 + 0.723 * 0 + 1.676 * 0 + 0.141 * 22 + 0.785 * 1 = −4.635이고 odds(death) = $2.718^{-4.635}$ = 0.0097이고 probability (death)= $\frac{0.0044}{1+0.0044}$ = 0.0096이다. 그러므로 사망의 odds ratio는 0.0044/0.0097 = 0.45가 된다.

Area under the ROC curve는 0에서 1의 값을 가지며 분류표와 같이 모형 식별(discrimination)을 평가할 수 있다. ROC값이 0.5이면 모형 식별을 하는 데 전혀 가치가 없고 1에 가까울수록 결과가 발생하지 않은 대상자와 발생한 대상자를 잘 식별할 수 있다. 이제는 ROC 곡선을 그려보자. 주화면에서 Analyze ▶ ROC curve……

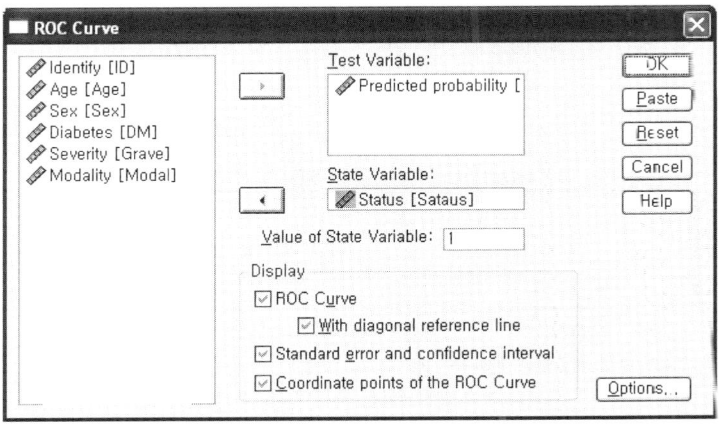

Test variables에 새로 Save된 PRE_1 변수를 State Variable: 에 종속변수인 Status를 지정하고, 보고자 하는 것이 사망이므로 Value of State Variable : 에 1을 지정한다. 다음은 결과이다.

Case Processing Summary

Status [b]	Valid N (listwise)
Positive [a]	22
Negative	34

Larger values of the test result variable(s) indicate stronger evidence for a positive actual state.

a. The positive actual state is death.

b. The test result variable(s): Predicted probability has at least one tie between the positive actual state group and the negative actual state group.

ROC Curve

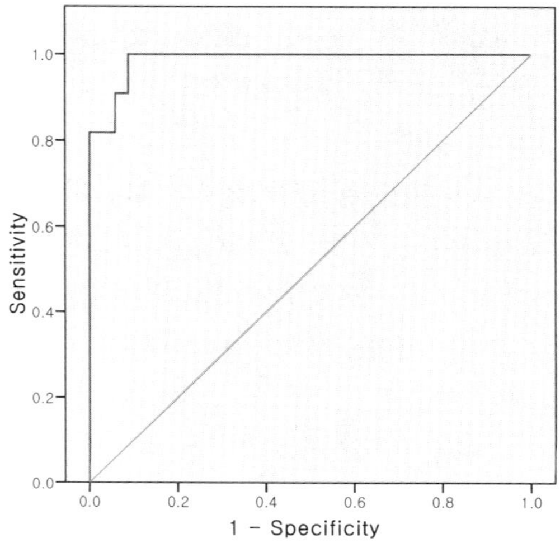

Area Under the Curve

Test Result Variable(s): Predicted probability

Area	Std. Error [a]	Asymptotic Sig. [b]	Asymptotic 95% Confidence Interval	
			Lower Bound	Upper Bound
.987	.011	.000	.966	1.007

a. Under the nonparametric assumption

b. Null hypothesis: true area = 0.5

ROC 곡선의 면적이 0.987로 상당히 좋은 discrimination을 보여 주고 있다. 본 예제에서 사망한 대상자(1)는 22명, 생존한 대상자는 34명으로 22 * 34 = 748가지의 서로 다른 종속변수의 값을 가지는 pair가 존재한다. 이 중 한쪽은 사망하고 한쪽은 생존한 pair를 가지는 대상자의 738pairs(748 * 0.987)는 이 모형으로 사망의 가능성이 높다는 쪽으로 할당할 수 있다는 의미이다.

8.1.7 Event trial 자료의 분석

Logistic regression은 공변량의 값이 주어졌을 때, 종속변수의 값 대신 어떤 사건이 발생할 확률로 주어진 경우도 분석할 수 있다.

X1	X2	r	n
0	0	2	5
0	1	1	3
1	0	0	5
1	1	3	1

즉 위의 예제에서 첫 번째 행은 X1, X2라는 공변량의 값들이 존재하는 경우 다섯 번을 시행하여 두 번의 사건이 발생하였다(즉 세 번은 발생하지 않았다). 이렇게 event trial의 형식으로 자료가 주어졌을 때는 자료를 다음과 같이 다시 coding해 주어야 한다.

X1	X2	Y	trial
0	0	1	2
0	0	0	3
0	1	1	1
0	1	0	5
1	0	0	5
1	1	1	3
1	1	0	1

즉 r은 발생의 유무가 되므로 결과변수 Y로 만들어서 발생했으면 1, 발생하지 않았으면 0으로 coding을 하고, n은 총 시행 횟수이므로 임의로 trial이란 변수를 만들다. 그러므로 첫 번째 행은 전체 다섯 번 중, 두 번 사건이 발생하였으므로 Y = 1, trial = 2와 Y = 0, trial = 3으로 나누어서 다시 coding을 해준다. 세 번째 행은 다섯 번 시행해서 0번의 사건발생이 있었다. 그러므로 Y = 0, trial = 5가 된다.

다음 변환된 표를 logistic regression 분석을 하려면 trial 변수는 전체 횟수를 나타내는 것이므로 분석하기 전에 미리 trial 변수에 가중치를 부여해야 한다 (Data ▶ Weight Case). 다음 logistic regression 주화면에서 Y변수를 종속변수에 그리고 X1, X2는 공변량에 지정을 해주면 된다.

8.1.8 Two by (n) 표와 logistic 모형의 회귀계수인 exp(B), β의 관계

Logistic regression 분석에서 구한 회귀계수에 $\exp^{coefficient}$의 형태를 취하면 odds ratio를 구할 수 있고, logistic regression에서 구한 odds ratio는 독립변수가 한 단위 변할 때마다 결과변수의 likelihood가 얼마나 변하는지를 알려주는 수치이다.

결과변수의 형태가 이분형의 경우에 우리는 흔히 2 by 2 표를 이용한 Chi-square 분석을 하게 된다. 일단 Chi-square 분석에서 중요한 가정은 첫째, 모든 관찰은 독립적이어야 한다. 이 뜻은 각 관찰은 표의 어느 곳에서든지 한 번만 관찰되어야 한다는 의미이다. 좋아하는 차의 색깔을 선택하라고 했을 때 대상자는 오직 한 색깔만을 선택해야 한다. 두 번째 가정은 범주로 나눈 category에 overlap이 있어서는 안 된다. 즉 나이를 범주화할 때 20세 이하, 25~40 그리고 35~50 이런 식으로 겹쳐서 범주를 하면 안 된다는 의미이다. 세 번째는 각 cell의 expected count는 5보다 커야 되며(observed count가 아니고 expected count이다) 어떤 cell에서도 1 이하인 경우는 없어야 한다. 만약 cell의 expected count가 〈 5인 경우는 Pearson chi-square 대신 Fisher's exact test를 해야 한다.

그럼 2 × 2 표에서 구하는 odds ratio와 logistic regression 분석에서 구하는 odds ratio와는 어떤 관계가 있을까? 다음의 예를 가지고 알아보자. 나이에 따른(60세 이하 = 2로 coding) 심장병(MI)의 발생(1 = 발생)에 대한 자료이다.

〈표 8.3〉 나이에 따른 심장병 발생자료(*Example14.sav*)

Age	MI	Age 60	Age	MI	Age 60	Age	MI	Age 60
41	2	2	61	2	1	55	2	2
45	2	2	42	2	2	48	2	2
53	2	2	77	1	1	76	1	1
55	1	2	53	2	2	49	1	2
63	1	1	75	1	1	72	2	1
75	1	1	82	1	1	62	2	1
48	2	2	66	1	1	56	1	2
45	2	2	79	1	1	77	1	1
53	2	2	80	1	1	78	1	1
65	2	1	52	2	2	54	1	2
59	2	2	40	2	2	40	2	2
45	2	2	75	1	1	75	1	1
78	1	1	80	1	1	77	1	1
80	1	1	43	2	2	47	2	2
45	2	2	75	1	1	66	1	1
75	1	1	73	2	1	69	2	1

우리는 위와 같이 되어 있는 자료를 나이가 60서 이상인 집단과 미만인 집단으로 나누어 심장병의 발생유무를 다시 표로 작성한 것이 다음 표이다.

심장병 발생 유무 * 60세로 나누어 분류 Crosstabulation

Count

		60세로 나누어 분류		Total
		〉= 60	〈 60	
심장병 발생 유무	Yes	20	4	24
	No	6	18	24
Total		26	22	48

자료는 위와 같이 원래의 자료로 주어줄 수도 있고 counting을 해서 위와 같이 n by m 표의 형태로 주어줄 수도 있는데 이 경우 SPSS에서 분석하는 방법이 다르다. 통계적 방법이 다르다는 것이 아니고 분석시 변수를 지정하는 것이 다르다는 의미이다. 먼저 원자료가 있는 경우 Chi-square를 하려면 Analyze

▶ Descriptive Statistics ▶ Crosstabs……에서 다음과 같이 선택하고 Statistics ……에서 Chi-square를 선택하면 검정을 할 수 있다.

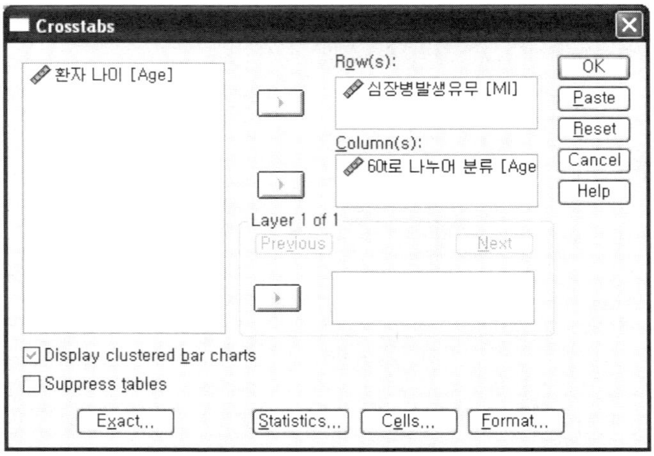

즉 원자료를 가지고 분석할 때는 본래의 통계적 방법을 따르면 된다. 결과는 다음과 같다. 나이 60세 이하인 집단과 이상인 집단의 심장병의 발생에는 차이가 있다. Pearson Chi-square의 p = 0.000이다. 밑의 foot note를 보면 본 자료의 경우 cell의 expected value가 〈 5인 경우는 없다. 최소 expected value가 11이므로 Pearson Chi-square를 선택한다. 만약 cell의 expected value(observed value가 아니고)가 〈 5인 경우가 있으면 Fisher's Exact Test를 이용한다. Fisher's exact test는 one side와 2 sides가 있고 SPSS에서 모두 구할 수 있다.

Continuity correction은 Pearson Chi-square를 변형한 것이나 대부분의 경우 변형은 필요 없이 무시하면 된다. Likelihood ratio도 Pearson chi square와 매우 비슷한 것이고 표본의 크기가 크면 Pearson chi square 통계량과 likelihood ratio 통계량은 거의 같게 계산된다.

Linear-by-linear association은 row와 column 사이에 선형의 관계가 있는지를 본다. 즉 Chi-square for trend(= Mantel-Haenszel trend test)를 보는 것으로 Row와 column 변수가 순서를 가지고 작은 것에서부터 큰 것으로 범주가 되었을 경우에만 사용할 수 있다. 또한 최소한 2 by 3 이상의 표의 형태를 가지고 있어야 되며 2 × 2 표인 경우는 의미가 없다.

Chi-Square Tests

	Value	df	Asymp. Sig. (2-sided)	Exact Sig. (2-sided)	Exact Sig. (1-sided)
Pearson Chi-Square	16.448[b]	1	.000		
Continuity Correction[a]	14.182	1	.000		
Likelihood Ratio	17.589	1	.000		
Fisher's Exact Test				.000	.000
Linear-by-Linear Association	16.105	1	.000		
N of Valid Cases	48				

a. Computed only for a 2x2 table

b. 0 cells (.0%) have expected count less than 5. The minimum expected count is 11.00.

그럼 표의 형태로 주어진 경우에는(위의 60세를 기준으로 구분한 표) 어떤 방법으로 어떻게 할까? 일단 자료를 다음과 같이 입력해야 한다. 즉 심장병의 발생유무에 대한 변수(MI)를 만들고 나이 60으로 구분하는 변수(AGE60)와 발생 횟수에 대한 변수(count)를 만들어서 다음 그림과 같은 형식으로 입력을 해야 한다.

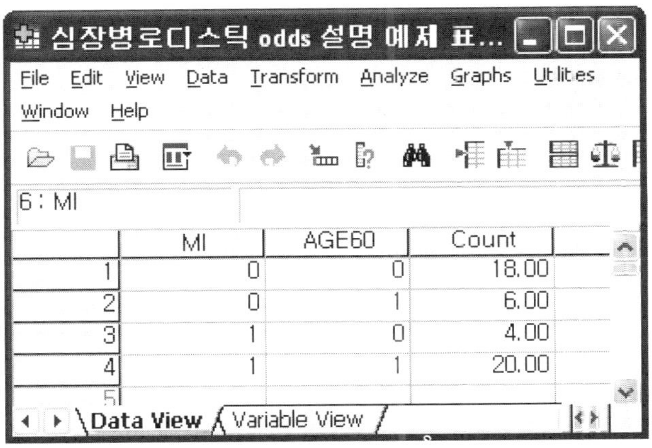

다음 분석을 하려면 SPSS에서는 이렇게 원자료가 아닌 계산된 자료의 분석을 할 때는 미리 count를 표시하는 변수에 꼭 가중치(weight value)를 주어야 한다. 가중치를 주기 위해서 Analyze ▶ Data ▶ Weight Cases……에서 다음과 같이 가중치를 준다.

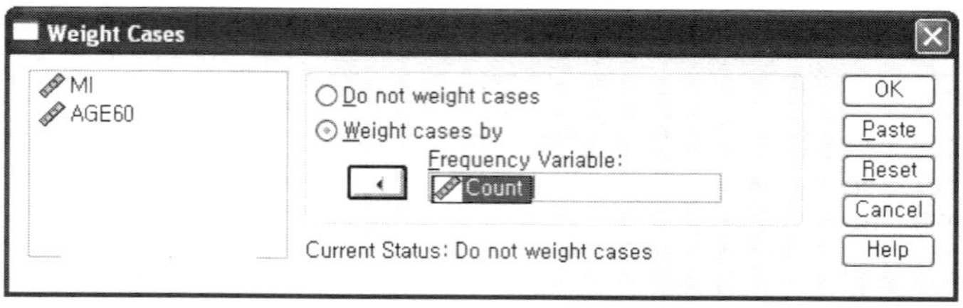

다음 Analyze ▶ Descriptive Statistics ▶ Crosstabs……에서 다음과 같이 선택하고 Statistics……에서 Chi-square를 선택하면 검정을 할 수 있다. 주의할 것은 2 × 2표의 Chi-square를 하기 위해 SPSS 주화면에서 Nonparametric Tests ▶ Chi-square를 선택하면 안 된다.

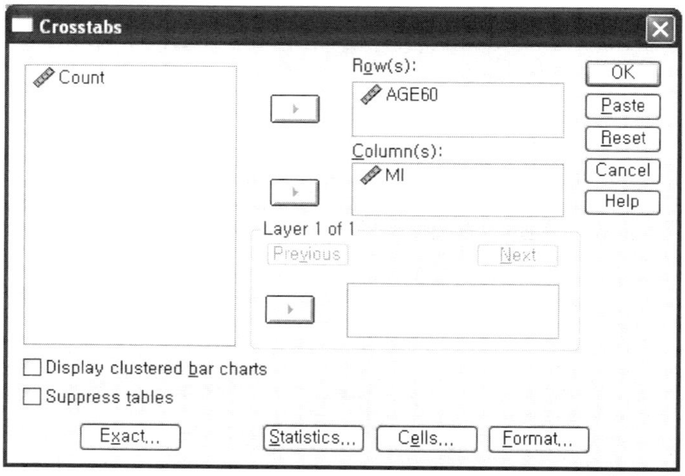

Chi-square 검정으로 우리는 odds ratio나 relative risk를 구할 수는 없다. 다음의 표를 가지고 odds ratio를 구해보자.

심장병발생유무 * 60세로 나누어 분류 Crosstabulation

Count

		60세로 나누어 분류		Total
		>= 60	< 60	
심장병발생유무	Yes	20	4	24
	No	6	18	24
Total		26	22	48

위의 표에서 60세 미만인 군에 비하여 60세 이상의 군에서 심장병이 발생할 위험도인 odds ratio = 20 * 18/4 * 6 = 360/24 = 15이다. 의미는 나이가 61세 이상인 집단은 60세 미만인 집단에 비하여 심장병이 발생할 odds ratio가 15배 높다는 의미이다. 다음은 위 표의 원래 자료를 가지고 logistic 회귀를 해보자. 다음과 같이 60세를 기준으로 나눈 이분형 변수를 공변량에 지정하고 Categorical……에서 기준을 first로 바꾸어 준다.

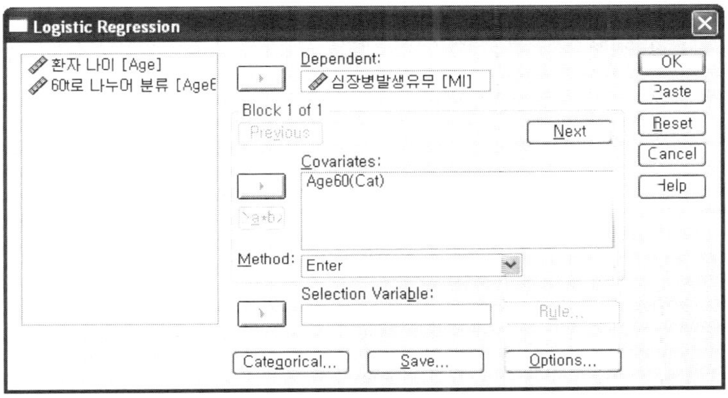

다음은 결과이다.

Variables in the Equation

		B	S.E.	Wald	df	Sig.	Exp(B)	95.0% C.I.for EXP(B) Lower	Upper
Step 1[a]	Age60(1)	2.708	.723	14.043	1	.000	15.000	3.639	61.832
	Constant	-1.504	.553	7.404	1	.007	.222		

a. Variable(s) entered on step 1: Age60.

나이 60세로 범주를 나눈 변수 age 60에 의한 회귀계수는 2.708이고 Exp(B)인 odds ratio는 15로 2 × 2 표에서 구한 odds ratio와 같다. 그럼 범주가 세 개 이상으로 나누어진 경우는 어떨까?

예를 들어 위의 심장병 연구에서 인종을 나타내는 변수 RACE는 Asian, Black, White의 세 종류의 범주로 나누어져 있고 각 인종에 따른 심장병의 발생빈도가 다음과 같다고 가정하였을 때 수기로 odds ratio를 구하는 방법과 logistic 회귀분석으로 추정된 회귀계수와의 관계를 알아보자. 표 맨 아래 칸에 각 인종을 기준으로 심장병이 발생할 odds ratio를 보여 주고 있다.

MI	Black	White	Asian	합 계
Yes (1)	15	10	5	50
No (0)	10	10	20	50
합계	25	20	25	100
Odds ratio	6.0	4.0	1	
Odds ratio	1.5	1	0.25	
Odds ratio	1	0.6	0.16	

예를 들어 Asian을 기준으로 했을 때, White의 심장병 발생의 odds ratio = (10 * 20)/(5 * 10) = 4.0이고 Black의 경우는 (15 * 20)/(5 * 10) = 6이다. 만약 기준을 White로 하면 Asian의 심장병 발생의 odds ratio는 (5 * 10)/(20 * 10) = 0.25가 되고 Black의 경우는 (15 * 10)/(10 * 10) = 1.5가 된다. Black을 기준으로 하면 White의 경우 odds ratio = (10 * 10)/(15 * 10) = 2/3 = 0.6이고 Asian의 경우는 (5 * 10)/(15 * 20) = 1/6 = 0.16이 된다. Asian에 비해 White의 심장병 발생의 odds가 4배 높다는 것과 White에 비해 Asian의 심장병 발생의 odds ratio가 1/4 = 0.25배라고 말하는 것과 같은 뜻이다. 이러한 모양의 표로 자료가 주어진 경우에 odds ratio를 구하는 것이나 logistic 회귀를 이용해서 exp(B)로 odds ratio를 구하는 것과는 같은 것이다. 단 표의 형태는 연속형 수치로 측정된 자료의 경우 1단위 증가할 때마다 결과변수의 odds ratio는 구할 수 없고 logistic 회귀로 구해야 한다.

그럼 다음과 같이 범주형 변수가 순서를 가지는 경우는 어떨까? 위에서 나이를 더 자세히 구분하여 30 ~ 40세, 41 ~ 50세, 51 ~ 60세, 61세 이상의 4집단으로 구분하여 심장병의 발생횟수를 기록한 것이 다음과 같다고 가정하자.

Heart disease	30 ~ 40	41 ~ 50	51 ~ 60	≥ 61	합 계
Yes (1)	3	8	11	21	43
No (0)	22	19	10	6	57
합 계	25	27	21	27	100
Odds ratio	1.0	3.1	8.1	25.7	

표에서 보는 바와 같이 심장병 발생의 위험도가 기준연령 30~40세인 집단에 비하여 연령이 증가하면서 점차 높아지는 것을 보여 주고 있다. 그렇다면 이러한 심장병 발생이 나이가 증가함에 따라 선형의 관계가 있는지를 알아보는 방법은? SPSS에서 Chi-square test를 이용하면 된다. 일단 위의 자료를 다음과 같이 입력한다. MI는 심장병 발생 유무, AGEC는 나이를 네 개의 변주로 나눈 것, count는 발생자 수를 나타낸다. 다음 count에 가중치를 부여하고 Analyze ▶ Descriptive Statistics ▶ Crosstabs……

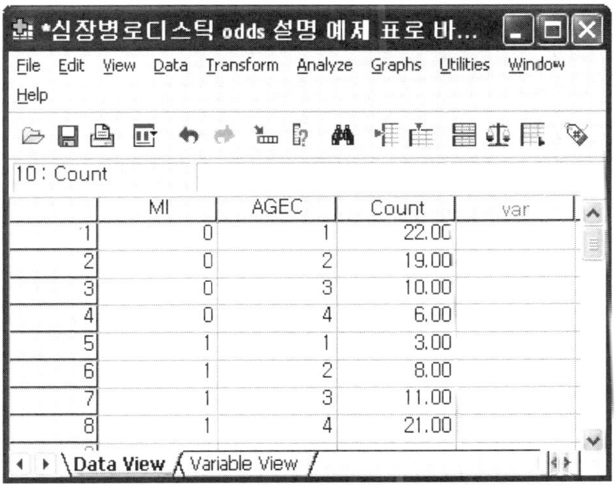

결과를 보면

Chi-Square Tests

	Value	df	Asymp. Sig. (2-sided)
Pearson Chi-Square	25.849[a]	3	.000
Likelihood Ratio	27.833	3	.000
Linear-by-Linear Association	25.433	1	.000
N of Valid Cases	100		

a. 0 cells (.0%) have expected count less than 5. The minimum expected count is 9.03.

두 변수간의 linear-by-linear association의 sig는 0.000으로 직선의 관계가 있다고 할 수 있다. 즉 나이가 증가할수록 심장병의 탈생 가능성이 높아진다고 할 수 있다. 그러나 liner by linear association으로는 구체적으로 어떤 나이 범주와 심장병의 발생비율이 관계가 있는지는 알 수 없다. 전체적인 나이의 증가와 심장병 발생과는 서로 양의 증가 관계가 있는 것만 알 수 있다. 만약 각 나이 범주와 심장병 발생과의 관계를 구체적으로 검정하려면 log-linear 모형을 이용하면 알 수 있다. Log-linear 모형을 SPSS에서 이용하는 방법은 『임상자료의 분석』(송경일 · 최종수 공저, 한나래출판사, 2008)을 참조하기 바란다.

8.2 Polychotomous logistic regression analysis

지금까지 우리는 종속변수가 두 개의 범주로 분류되었을 때 사용하는 logistic 회귀분석에 대하여 살펴보았다. 또한 종속변수가 세 개 이상의 범주로 분류된 자료일 경우에도 logistic regression을 확장한 polychotomous logistic regression 혹은 multinomial logistic regression을 이용한다. 결과변수가 세 개 이상으로 분류될 때 polychotomous 혹은 polytomous라고 한다. 또 결과변수의 종류에 따라 nominal, 즉 명목형일 경우(예를 들면 심장병의 종류)와 ordinal, 즉 서열이 있는 경우(예를 들면 different level of glucose intolerance)로 나눈다. 결과변수가 명목형일 때는 nominal polychotomous outcome(=generalized logistic regression model)을 그리고 서열이 있는 경우는 ordinal regression을 이용한다. 여기서는 nominal polychotomous outcome만 다룬다. SPSS에서 polychotomous logistic regression을 하려면 주화면에서 Analyze ▶ Regression ▶ Multinomial logistic ……을 그리고 ordinal regression은 Analyze ▶ Regression ▶ Ordinal……을 선택해서 한다.

먼저 예제 file인 example14.sav file을 연다. 예제는 나이, 혈압, 소변으로 배설되는 단백질의 양, HDL 콜레스테롤 수치, 흡연유무에 따라 당뇨병이 없는지. 당뇨병 전단계인지 당뇨병인지를 예측하기 위한 가상적인 자료이다. AGE는 대상자의 나이, SEX는 성별로 남자는 0, 여자는 1, SBP와 DBP는 수축기 및 이완기 혈압으로 단위는 mmHg, LACR은 소변의 albumin/creatinine ratio에 log를 취한 값, HDL은 HDL 콜레스테롤 그리고 DMS는 1은 정상, 2는 impaired glucose tolerance 그리고 3은 overt diabetes를 의미한다.

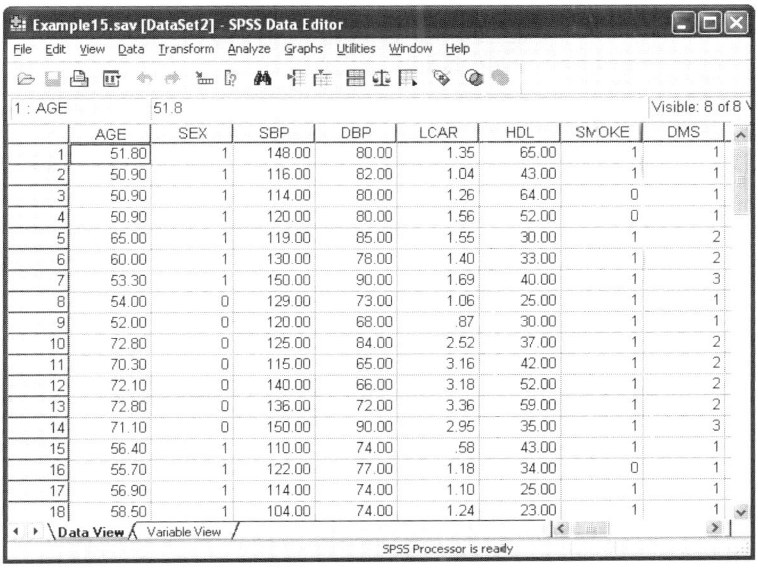

	AGE	SEX	SBP	DBP	LCAR	HDL	SMOKE	DMS
1	51.80	1	148.00	80.00	1.35	65.00	1	1
2	50.90	1	116.00	82.00	1.04	43.00	1	1
3	50.90	1	114.00	80.00	1.26	64.00	0	1
4	50.90	1	120.00	80.00	1.56	52.00	0	1
5	65.00	1	119.00	85.00	1.55	30.00	1	2
6	60.00	1	130.00	78.00	1.40	33.00	1	2
7	53.30	1	150.00	90.00	1.69	40.00	1	3
8	54.00	0	129.00	73.00	1.06	25.00	1	1
9	52.00	0	120.00	68.00	.87	30.00	1	1
10	72.80	0	125.00	84.00	2.52	37.00	1	2
11	70.30	0	115.00	65.00	3.16	42.00	1	2
12	72.10	0	140.00	66.00	3.18	52.00	1	2
13	72.80	0	136.00	72.00	3.36	59.00	1	2
14	71.10	0	150.00	90.00	2.95	35.00	1	3
15	56.40	1	110.00	74.00	.58	43.00	1	1
16	55.70	1	122.00	77.00	1.18	34.00	0	1
17	56.90	1	114.00	74.00	1.10	25.00	1	1
18	58.50	1	104.00	74.00	1.24	23.00	1	1

주화면에서 Analyze ▶ Regression ▶ Multinomial logistic……을 선택하고 다음 그림과 같이 Dependent: DMS를 그리고 factor와 covariate에 보고자 하는 예측변수를 구분해서 지정한다. Polychotomous logistic regression에서는 종속변수의 기준값을(reference) 바꾸어 줄 수 있다. Binary logistic regression에서는 종속변수의 기준값을 바꿀 수 없었다. 역시 default는 last value이고 여기서는 기준집단을 정상인인 first로 바꾸기 위해 Reference Category……에서 바꾸어주고 Category order는 ascending으로 지정한다.

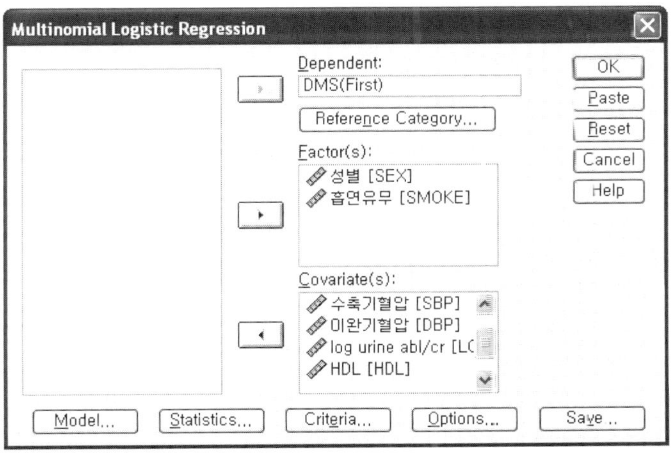

다음은 Model……을 클릭하여 독립변수의 효과를 검정하는 방법을 지정한다. Main effect는 독립변수의 주효과만을 검정하며 interaction은 검정하지 않는다. Full factorial은 독립변수의 주효과와 모든 가능한 interaction을 포함해서 검정하며, Customs/Stepwise는 본인이 직접 보고자 하는 변수를 선택해서 지정할 수 있다. 여기서는 main effect를 이용하였다.

다음은 Statistics……를 클릭하여 다음과 같이 지정한다.

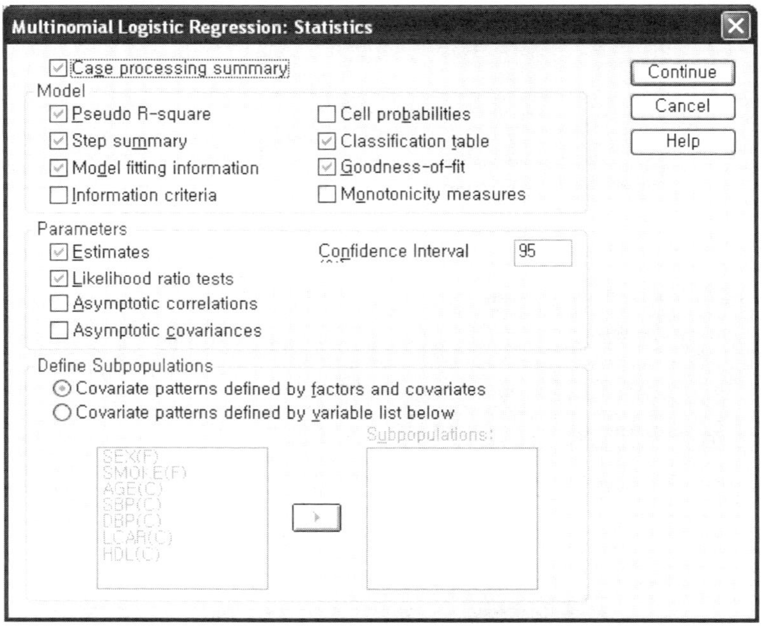

Options……과 Save……는 default로 지정하고 OK를 클릭하면 다음의 결과를 볼 수 있다.

Warnings

There are 104 (66.7%) cells (i.e., dependent variable levels by subpopula with zero frequencies.

Case Processing Summary

		N	Marginal Percentage
ADA 분류	Normal	23	44.2%
	IGT	18	34.6%
	DM	11	21.2%
성별	여자	37	71.2%
	남자	15	28.8%
흡연유무	No	13	25.0%
	Yes	39	75.0%
Valid		52	100.0%
Missing		0	
Total		52	
Subpopulation		52[a]	

a. The dependent variable has only one value observed in 52 (100.0%) subpopulations.

연속형 독립변수 4개와 범주형 변수 2개를 합해서 6개의 변수를 포함하는 모형에서, 하위집단의 cell에 할당되는 빈도가 zero인 cell이 104개 있다는 경고이다. 이 모형에서 전체 하위집단은 52 + 104 = 156개이다.

Classification

Observed	Predicted			
	Normal	IGT	DM	Percent Correct
Normal	20	3	0	87.0%
IGT	5	11	2	61.1%
DM	1	3	7	63.6%
Overall Percentage	50.0%	32.7%	17.3%	73.1%

분류표를 보면 이 모형은 당뇨가 없는 정상 집단은 정상을 예측하는 데는 적당하나 IGT와 당뇨병을 예측하는 모형으로는 어느 정도 적당하다는 것을 보여 주고 있다.

Model Fitting Information

Model	Model Fitting Criteria	Likelihood Ratio Tests		
	-2 Log Likelihood	Chi-Square	df	Sig
Intercept Only	109.890			
Final	70.612	39.278	14	.000

모형의 적합성이 상수만을 포함했을 때보다 독립변수를 포함했을 때 −2LL이 109.890에서 70.612로 작아져서 적합성이 향상되었다($p < 0.05$).

Goodness-of-Fit

	Chi-Square	df	Sig.
Pearson	86.989	88	.510
Deviance	70.612	88	.913

Pearson Chi-square 통계량은 관측도수와 기대도수(예측도수) 사이의 차이(discrepancy)를 평가하는데 사용된다. 즉 Pearson Chi square 통계량이 클수록 모형이 적합하지 않는다는 의미이다. Deviance Chi square는 현재 가정한 모형을 full factorial 모형과 비교하여 −2LL의 변화를 보는 것이다. −2LL의 값이 작아야 모형이 잘 적합된 것이다. 결과는 모형이 잘 적합되었다는 귀무가설을 기각할 수 없다($p > 0.05$). 즉 잘 적합되었다고 볼 수 있다.

Pseudo R-Square

Cox and Snell	.530
Nagelkerke	.603
McFadden	.357

Nagelkerke R square값으로 이 모형이 분산의 60.3%를 설명한다고 볼 수 있다.

Likelihood Ratio Tests

Effect	Model Fitting Criteria: -2 Log Likelihood of Reduced Model	Likelihood Ratio Tests: Chi-Square	df	Sig.
Intercept	70.612[a]	.000	0	.
AGE	76.454	5.842	2	.054
SBP	71.414	.802	2	.670
DBP	71.364	.752	2	.687
LCAR	84.751	14.140	2	.001
HDL	75.116	4.505	2	.105
SEX	72.924	2.312	2	.315
SMOKE	71.303	.691	2	.708

The chi-square statistic is the difference in -2 log-likelihoods between the final model and a reduced model. The reduced model is formed by omitting an effect from the final model. The null hypothesis is that all parameters of that effect are 0.

a. This reduced model is equivalent to the final model because omitting the effect does not increase the degrees of freedom.

각 독립변수의 likelihood ratio test를 보면 LCAR 변수가 고형에 가장 중요한 공헌을 하고 그 다음은 AGE 변수이며 그 다음은 모수 추정값이다.

Parameter Estimates

ADA 분류[a]		B	Std. Error	Wald	df	Sig.	Exp(B)	95% Confidence Interval for Exp(B)	
								Lower Bound	Upper Bound
IGT	Intercept	-3.959	5.586	.502	1	.478			
	AGE	.097	.045	4.675	1	.031	1.102	1.009	1.204
	SBP	.017	.022	.594	1	.441	1.017	.974	1.063
	DBP	-.046	.075	.371	1	.543	.955	.824	1.107
	LCAR	.838	.490	2.920	1	.087	2.312	.884	6.046
	HDL	-.043	.030	2.035	1	.154	.958	.903	1.016
	[SEX=0]	-.521	1.022	.260	1	.610	.594	.080	4.403
	[SEX=1]	0[b]	.	.	0	.	.	.	.
	[SMOKE=0]	-.712	.934	.582	1	.446	.491	.079	3.059
	[SMOKE=1]	0[b]	.	.	0	.	.	.	.
DM	Intercept	-3.689	7.897	.218	1	.640			
	AGE	.007	.075	.009	1	.926	1.007	.870	1.166
	SBP	.010	.030	.112	1	.737	1.010	.952	1.071
	DBP	.018	.093	.037	1	.848	1.018	.848	1.221
	LCAR	2.604	.882	8.709	1	.003	13.518	2.398	76.207
	HDL	-.109	.069	2.486	1	.115	.897	.784	1.027
	[SEX=0]	-2.272	1.593	2.036	1	.154	.103	.005	2.338
	[SEX=1]	0[b]	.	.	0	.	.	.	.
	[SMOKE=0]	-.071	1.206	.003	1	.953	.931	.088	9.907
	[SMOKE=1]	0[b]	.	.	0	.	.	.	.

a. The reference category is: Normal.

b. This parameter is set to zero because it is redundant.

모수 추정표는 기준집단인 정상(0)을 제외하고 IGT(1)와 DM(2) 집단의 모수를 보여 주고 있다. 결과를 보면 먼저 표를 위 아래 두 개로 나누어서 위를 먼저 보자. 정상인에 비해 IGT의 발생은, 나이와 수축기 혈압 그리고 LCAR의 값이 증가함에 따라 증가한다(회귀계수가 양수). 그리고 수축기 혈압 HDL 수치는 감소함에 따라 정상인에 비해 IGT의 발생은 증가한다(회귀계수가 음수). 그리고 여자에 비해 남자에서, 담배 피는 사람에 비해 피우지 않은 집단에서, 정상인에 비해 IGT의 발생은 감소한다. 통계적으로 의미 있는 것은 나이로, 나이가 한 살씩 증가할 때마다 정상인에 비해 IGT가 발생할 odds ratio는 1.102이다(p = 0.031, 95% 신뢰구간 1.009 ~ 1.204). 남자는 여자에 비해 IGT가 발생할 가능성이 낮다(odds ratio 0.594). 반대로 말하면 여자는 남자에 비해 IGT가 발생할 가능성이 높고 이때의 odds ratio는 1/0.954 = 1.048이 된다.

아래쪽도 같은 방법으로 해석한다. 정상인에 비해 당뇨(DM)가 발생할 가능성은, 나이와 수축기 이완기 혈압 그리고 LCAR의 값이 증가함에 따라 증가한다. 그리고 HDL 수치는 감소함에 따라 정상인에 비해 DM의 발생은 증가한다. 그리고 여자에 비해 남자에서, 담배 피는 사람에 비해 피우지 않은 집단에서 정상인에 비해 DM의 발생은 감소한다(회귀계수가 음수). 통계적으로 의미 있는 변수는 성별이었다.

8.3 Conditional logistic regression analysis

짝지은 환자 대조군 연구(matched case control study)의 분석방법인 비모수통계 검정인 McNemar test를 다변수분석 방법으로 확장을 한 것이 conditional logistic regression이다. Multinomial logistic regression으로 한 개씩 짝지어진 1 : 1 matching의 자료를 분석할 수 있다. 또한 1 : 1 이상인 n : m으로 짝지은 자료도 분석이 가능하다. 짝지은 자료의 conditional logistic regression은 자료의 입력방법이 중요하다. 다음의 자료에서 사망한 사람(dead)과 생존한 사람(alive)을 4개의 변수에 따라 분류해 놓은 것이고 서로 나이와 성별에 따라 1 : 1로 짝지은 자료이다. X1과 X2는 연속변수인 공변량이고 Diabetes(D)가 있으면 1, 없으면 0 그리고 race는 1은 Asian(A), 2는 black (B) 그리고 3은 white(W)를 나타낸다.

〈표 8.4〉 Matched case-control study: outcome

Dead				Alive			
X1	X2	Diabetes	Race	X1	X2	Diabetes	Race
84	82.1	1	1	84	73.2	0	1
83.1	86.4	1	3	86.1	81.1	1	1
84.6	87	1	2	87.3	76.8	0	3
84	78.8	0	2	84.2	71.4	1	1
83.5	88.2	1	2	83.2	7.37	1	1

위의 자료를 가지고 SPSS에서 multinomial logistic으로 conditional logistic을 하려면 다음과 같이 다시 coding을 하여야 한다. 범주로 되어있는 경우는 dummy 변수를 만들어야 한다. Race인 경우 3개의 분류로 되어 있어서 기준을 1인 Asian으로 한다면 다음의 표와 같이 다시 만든다. 즉 환자군과 대조군의

변수의 차이를 계산하며 outcome 변수는 사망을 결정하는 요인을 보려는 것이므로 dead 집단을 기준으로 각 변수의 차이(alive − dead)를 계산한다.

〈표 8.5〉 Matched case-control study: variables

outcome	X1_diff	X2_diff	D_diff	B_dead	W_dead	B_live	W_live	B_diff	W_diff
1	0	8.9	1	0	0	0	0	0	0
1	−3	5.3	0	0	1	0	0	0	1
1	−2.7	10.2	1	1	0	0	1	1	−1
1	−0.2	7.4	−1	1	0	0	0	1	0
1	0.3	14.5	0	1	0	0	0	1	0

다음 화면에서 Analyze ▶ Regression ▶ Multinomial logistic……을 선택해서 Dependent에는 outcome을 지정하고 Reference Category는 그냥 둔다. Last, 즉 1이 기준이 된다. 그리고 차이를 나타내는 변수는 모두 Covariate(s)에 지정을 한다. Factors에 지정하는 것이 아니다. 위의 예에서 age와 sex로 짝지었는데 이 짝지은 변수는 모형에 투입하지 않는다. 단 모형의 interaction을 보고자 한다면 투입할 수 있다. 다음은 Models을 클릭해서 binary logistic regression에서 지정하는 것과 같이 지정한다.

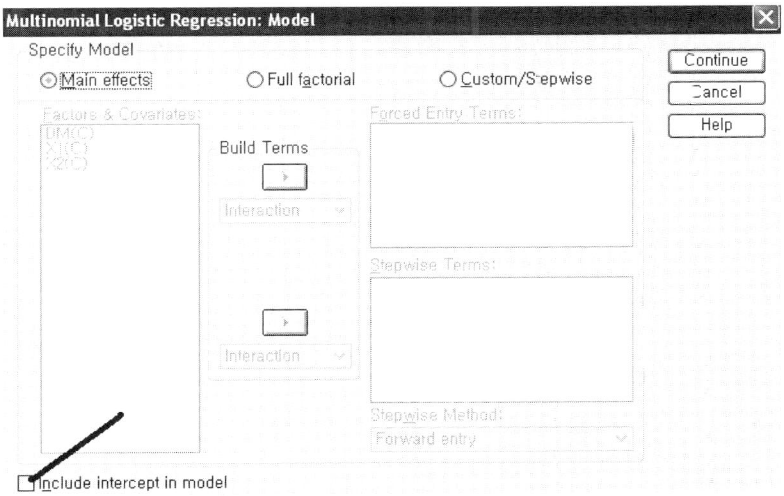

여기서 중요한 점은 Include intercept in model을 check하면 안되고 꼭 비

활성화시켜야 한다는 점이다. 활성화 되어 있으면 분석의 진행이 안 되고 경고만 계속 출력된다.

위에서 보듯이 범주가 diabetes같이 2개로 되어 있는 경우는 dummy변수를 만들지 않아도 되지만 race같이 범주가 3개만 돼도 dummy변수를 여섯 개 만들어야 하며 범주가 늘어날수록 dummy 변수를 만들기가 쉽지 않다. 그래서 Cox regression을 이용하면 1 : 1 matching뿐 아니라 n : m matching도 쉽게 conditional logistic regression할 수 있다. 즉 Cox regression으로 conditional logistic regression을 하면 차이를 계산하지 않고 원자료를 가지고 그대로 이용할 수 있고 dummy 변수를 개인이 일일이 만들 필요도 없다.

표 8.4를 표 8.6과 같이 다시 coding해 보자. 즉 matching이라는 변수는 case와 control을 link 시키기 위해 만들고 연속변수는 그대로 두고 사망한 사람은 1로 생존한 사람은 0으로, diabetes가 발생했으면 1로, 발생하지 않았으면 0으로 coding한다. Race도 dummy 변수를 만들 필요 없이 그대로 이용한다. 다음은 time이라는 변수를 새로 만들어서 연구자가 보고자 하는 종속변수를 새로 지정해 준다. 사망한 사람은 전부 1로, 생존한 사람은 전부 2로 coding한다. 이렇게 해서 새로 coding한 자료가 다음의 표 8.6이다.

〈표 8.6〉 Conditional logistic regression(1 : 1 matching) using Cox regression option

matching	X1	X2	Dead	Diabetes	Race	Time
1	84	82.1	1	1	1	1
1	84	73.2	0	0	1	2
2	83.1	86.4	1	1	3	1
2	86.1	81.1	0	1	1	2
3	84.6	87.0	1	1	2	1
3	87.3	76.8	0	0	3	2

이제 1 : 1로 짝지은 자료의 conditional logistic regression을 하려면 Analyze ▶ Survival ▶ Cox regression을 선택한다.

다음과 같이 변수를 지정해 준다. Time에 새로 만든 time 변수를 Status에 death 혹은 live를 나타내는 변수를 그리고 Define Event……로 들어가서 death를 1로 지정해 준다. Covariates: 에 독립변수를 그리고 Strata: 에 n : m으로

matching을 했다는 것을 표시해 주는 matching 변수를 지정한다.

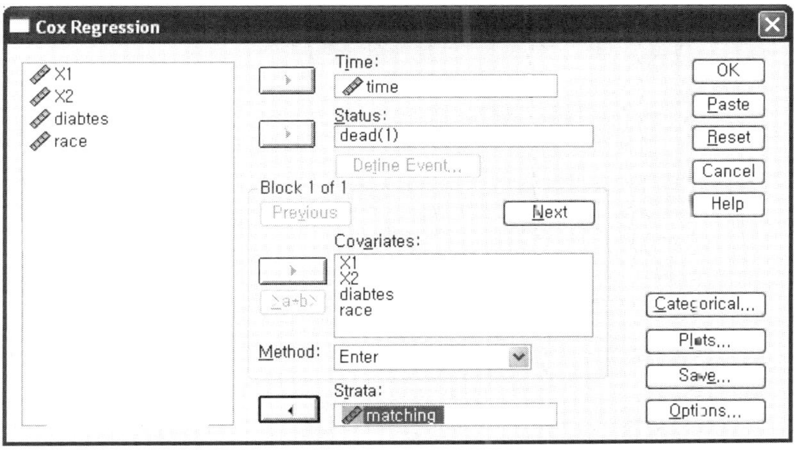

Method는 Enter를 이용하고 Categorical……에서 diabetes와 race를 categorical 변수로 지정해 준다. Cox regression은 n : m으로 matching 되어 있어도 쉽게 할 수 있다. 다음은 n : m의 matching의 예이다.

Matching by age	Outcome Case=1, control=0		Time
16	Case	Relevant variables	1
16	Control		2
16	Control		2
16	Control		2
17	Case		1
17	Case		1
17	Control		2
17	Control		2
17	Control		2

다음의 자료는 당뇨병이 발생한 환자와 발생하지 않은 환자의 BMI, 당뇨병의 가족력, 그리고 physical activity에 대한 자료로, 앞에서 2명씩은 1 : 1로 짝

지워진 자료이다(Example16.sav)

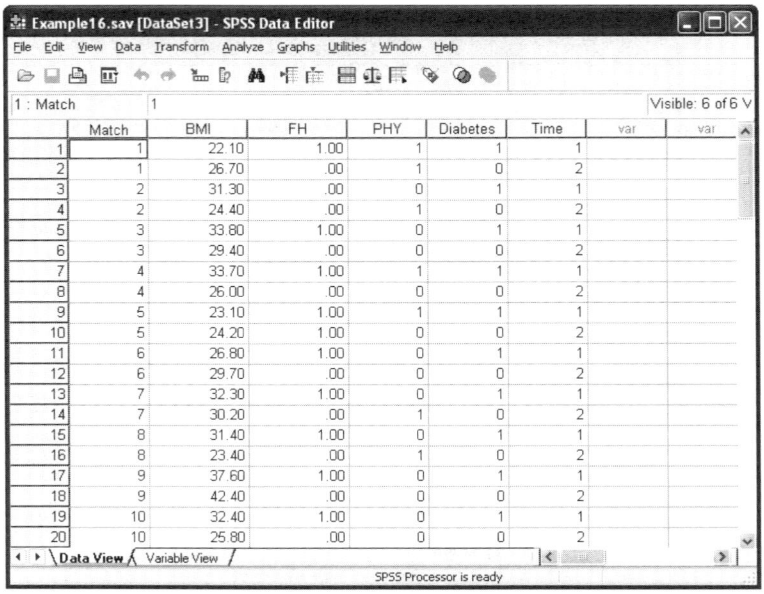

	Match	BMI	FH	PHY	Diabetes	Time
1	1	22.10	1.00	1	1	1
2	1	26.70	.00	1	0	2
3	2	31.30	.00	0	1	1
4	2	24.40	.00	1	0	2
5	3	33.80	1.00	0	1	1
6	3	29.40	.00	0	0	2
7	4	33.70	1.00	1	1	1
8	4	26.00	.00	0	0	2
9	5	23.10	1.00	1	1	1
10	5	24.20	1.00	0	0	2
11	6	26.80	1.00	0	1	1
12	6	29.70	.00	0	0	2
13	7	32.30	1.00	0	1	1
14	7	30.20	.00	1	0	2
15	8	31.40	1.00	0	1	1
16	8	23.40	.00	1	0	2
17	9	37.60	1.00	0	1	1
18	9	42.40	.00	0	0	2
19	10	32.40	1.00	0	1	1
20	10	25.80	.00	0	0	2

Match 변수는 환자군, 즉 당뇨가 발생한 사람과 대조군으로 당뇨가 발생하지 않은 사람을 짝지은 것이고, BMI는 body mass index를, FH는 당뇨의 가족력으로 없으면 = 0, 있으면 = 1로, PHY는 physical activity score sedentary = 0, active = 1로 coding하였다. DM은 당뇨가 발생했으면 1, 발생하지 않았으면 0으로, time은 당뇨가 발생했으면 1로, 발생하지 않았으면 2로 coding하였다. Cox regression에서 다음과 같이 지정한다.

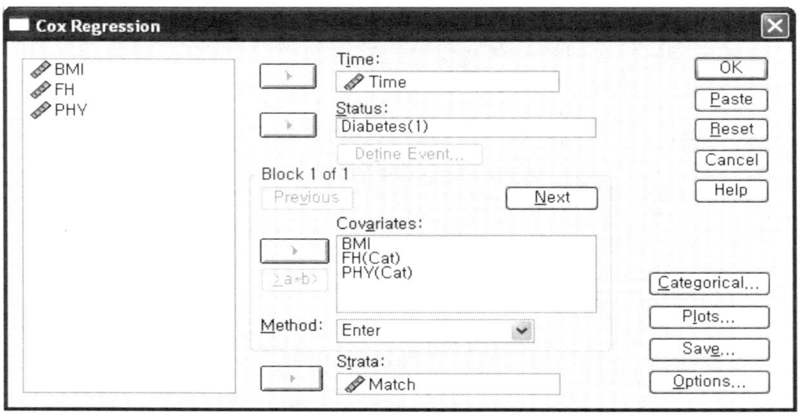

다음은 Categorical……로 가서 FH와 PHY를 범주형 변수로 지정하고 기준을 first로 바꾸어준다. 다음은 결과이다.

Variables in the Equation

	B	SE	Wald	df	Sig.	Exp(B)
BMI	.090	.065	1.906	1	.167	1.094
FH	.968	.588	2.711	1	.100	2.633
PHY	-.563	.541	1.084	1	298	.569

BMI가 증가할수록, FH가 있으면 그리고 PHY가, 즉 physical activity score가 sedentary일수록 당뇨병이 발생할 가능성이 높았으나 통계적인 유의성은 없었다.

Generalized Linear 모형을 이용한 생존자료의 분석

9장

9.1 서　　론

보통 생존에 관한 자료는 event free period, censoring 유무 등과 사건과 관계 있는 예측변수를 측정하여 survival analysis를 이용해서 분석한다. 그리고 결과가 binary 형태이고 censoring이 없는 경우는 logistic regression을 이용해서 예측변수가 결과변수에 미치는 영향을 분석하였다. 그러나 표 9.1과 같이 count나 혹은 rate(deaths/risk at year = rate)로 주어지는 경우는 어떻게 분석을 할까? Duration은 흡연기간, cigarettes는 흡연량, riskyears는 담배를 피우는 사람을 그리고 deaths는 사망한 사람을 나타낸다.

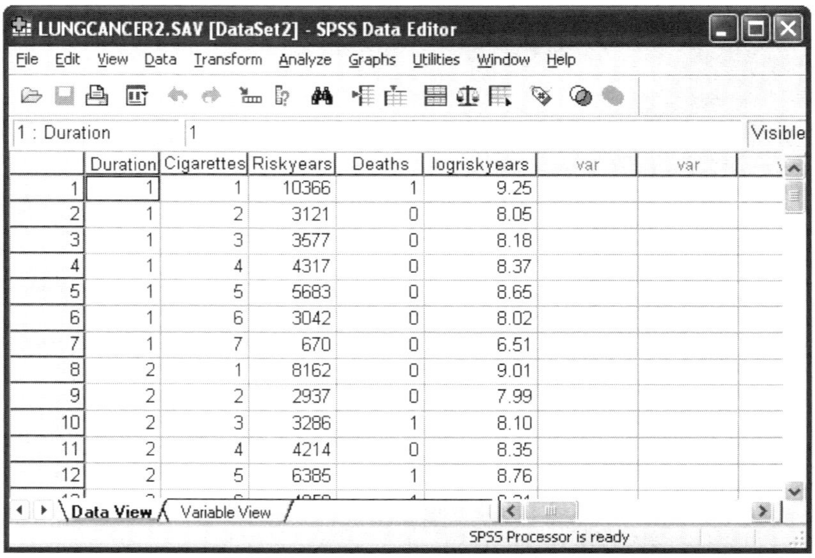

	Duration	Cigarettes	Riskyears	Deaths	logriskyears	var	var
1	1	1	10366	1	9.25		
2	1	2	3121	0	8.05		
3	1	3	3577	0	8.18		
4	1	4	4317	0	8.37		
5	1	5	5683	0	8.65		
6	1	6	3042	0	8.02		
7	1	7	670	0	6.51		
8	2	1	8162	0	9.01		
9	2	2	2937	0	7.99		
10	2	3	3286	1	8.10		
11	2	4	4214	0	8.35		
12	2	5	6385	1	8.76		

〈표 9.1〉

표 9.1은 사망한 숫자를 count해서 각각의 위험인자인 흡연기간과 흡연량에 따라서 표로 만들어진 것이고 또한 사건의 발생인 사망자 수는 전체 위험에 있는 대상자에 비해 사건의 발생이 굉장히 드물게 발생한 특징이 있다. 이런 자료를 분석하는 데는 Poisson regression을 이용한다. Poison regression을 알려면 log-linear 모형을 알아야 하고, log-linear 모형을 이해하려면 generalized linear 모형을 이해해야 한다.

9.2 Generalized linear 모형

대표적인 다변량분석 방법인 linear regression은 general linear 모형(GLM)을 이용하여 분석을 하는 것이다. GLM에서의 기본가정은 관찰의 독립성, 독립변수와 종속변수는 선형(linearity)으로 결합되어 있어야 하며 결과변수의 분포는 정규분포(normality)를 이루고 분산은 같아(constant variance)야 한다는 것이다. Regression 뿐 아니라 ANOVA 그리고 ANCOVA도 모두 GLM을 이용한 방법이다.

그러나 실제로는 이런 가정에 위반되는 자료가 흔히 있다. 예를 들면 종속변수의 값이 모든 값을 갖는 것이 아니고 표 9.1과 같이 항상 양수의 값을 가지는 경우 결과변수가 정규분포를 해야 한다는 GLM의 가정을 위반하게 된다. 또한 결과변수가 binary 변수인 경우 분산은 평균의 함수이므로 분산이 일정해야 된다는 가정에도 위배된다. 또한 결과변수와 예측변수가 선형의 관계가 아니기 때문에 GLM을 사용하지 못하고 logistic regression, probit analysis, survival analysis 그리고 log-linear 모형을 이용하여 nonlinear의 관계에 있는 결과변수와 예측변수의 관계를 분석하게 된다.

Generalized linear 모형(general에 ed가 붙어서 generalized)은 general linear model(GLM)을 확장한 것으로, 결과변수의 normality, linearity 그리고 constant variance에 대한 엄격한 가정을 없애고 분석하는 방법이다. 그러므로 logistic regression, probit analysis 그리고 log-linear 모형은 generalized linear 모형의 특별한 경우라고 할 수 있다. 즉 generalized linear 모형을 가지고 logistic regression, probit analysis 그리고 log-linear 모형을 분석할 수 있다. 그리고 generalized linear 모형으로 correlated observation이나 repeated measure가 있어 cluster 되어 있는 자료를 분석하기 위해서 generalized linear 모형을 확장한 방법이 generalized estimating equation(10.2장 참조) 모형이다.

9.3 Generalized linear 모형의 이해

General liner 모형은 다음과 같이 $Y = X'\beta + \mathcal{E}$로 표현된다. 여기서 Y는 반응변수 혹은 종속변수를, $X'\beta$는 예측변수와 unknown coefficient의 linear combination 그리고 $\mathcal{E}$는 error(오차)로 평균이 0이고 constant variance를 가지며 정규분포를 한다고 가정한다. 특정 예측변수들이 있을 때 예측되는 Y의 값인 conditional mean은 μ라고 하고 systemic component인 $X'\beta$는 흔히 η라고 표시한다.

Generalized linear 모형은 systemic component와 error component가 있다. 반응변수의 평균은 예측변수와 link function인 $g(\mu) = X'\beta$를 통하여 선형으로 결합되어 있다.

Generalized linear 모형이 GLM보다는 덜 엄격한 가정을 요구하지만 그래도 종속변수의 분포에 대해서는 여전히 엄격한 가정이 있다. 즉 exponential probability에서 독립된 관찰을 가져야 한다. Exponential distribution은 dispersion에 대한 평균과 scale parameter라는 2개의 parameter로 특정화 된다. 정규분포, inverse normal, gamma, Poisson, binominal 그리고 multi-nominal 분포 모두 exponential family에 속한다. Negative binominal 분포도 generalized linear 모형으로 추정되지만 추가로 negative binominal dispersion parameter를 가지고 있고 이 parameter는 자료로부터 추정되는 것이 아니므로 엄격하게는 exponential family에 속하지 않는다.

9.4 Generalized linear 모형에서 반응변수의 분포 선택

모든 통계분석에서와 같이 generalized linear 모형에서도 자료의 분포는 특정한 분포에서 왔다고 가정한다. 그러므로 generalized linear 모형에서 처음 할 일은 반응변수의 분포를 결정하는 것이다. 예측변수의 분포에 대해서는 관여하지 않는다. 반응변수의 분포에 대한 결정은 반응변수가 count data의 형태인지 continuous data 형태인지에 따라 결정된다.

9.4.1 Count data

Independent trial의 고정된 number인 'event'의 count로 자료를 기록할 때 number of event는 binomial distribution을 한다. Poisson distribution은 binomial distribution과 밀접한 관계가 있다. Poisson distribution은 사건의 발생이

드문 경우나 count로 주어졌을 때 사용하는 분포이다.

또한 Poisson 분포와 밀접하게 관계 있는 분포는 negative binomial 분포이다. Poisson distribution에서 모든 experimental units는 사건이 발생할 확률은 전부 같다고 가정한다. Negative binomial은 예측된 사건의 발생보다 사건의 발생이 많이 cluster 되었을 경우 이용한다. Poisson 분포와 차이는 dispersion parameter인 κ가 더 있다는 차이이다. Poisson 분포에서 분산과 평균(μ = mean)은 같지만 negative binomial에서는 분산은 $\mu + \kappa\mu^2$이다. 그러므로 $\kappa = 0$이면 negative binomial 분포는 Poisson 분포와 같다. 만약 κ를 알고 있다면 generalized linear 모형을 이용해서 negative binomial 모형을 적합시킬 수 있다.

9.4.2 Continuous data

연속형 자료인 경우 결과변수의 분포로 normal distribution을 선택하면 link function을 지정할 필요가 없다. 왜냐하면 normal distribution은 이미 결과변수와 예측변수가 선형으로 결합되어 있기 때문이다. 즉 자료가 정규분포를 하고 constant variance라면 GLM을 이용하는 것과 같다.

Inverse Gaussian distribution(= Wald distribution)은 positive skewed인 오직 양수만을 가지고 있을 때 사용하기에 유용한 분포이다. Generalized linear 모형에서 이 분포를 선택하면 0의 값을 갖거나 음의 값을 갖는 대상자는 missing으로 처리된다.

Gamma distribution도 positive skewed인 양수만을 가지고 있을 때 사용하는 분포이다. Gamma distribution은 n exponentially distributed random variable의 합(sum)이고 Poisson process에서 n번째 사건이 발생하기까지 걸린 시간을 분석하기에 유용한 분포이다. 그러므로 life data는 gamma distribution을 이용하여 분석될 수 있다. Generalized linear 모형에서 이 분포를 선택하면 0의 값을 갖거나 음의 값을 갖는 대상자는 missing으로 처리된다.

9.5 Generalized linear 모형에서 link function의 선택

반응변수의 분포를 결정한 후 link function을 선택해서 parameter μ을 변형

해주어야(종속변수가 모형에서 추정값을 갖도록 변환)한다. 그래야 g(μ)와 μ의 변환된 수치와 η 사이에 선형의 관계가 유지될 수 있다. Link function의 종류는 다음과 같다.

Identity는 f(x) = x의 형태이다. 종속변수는 변환되지 않으며 이 연결함수는 어떤 분포를 지정해도 사용할 수 있다. Complementary log-log의 연결함수는 f(x) = log[−log(1 − x)]의 형태이고 종속변수가 이분형인 경우로 종속변수가 이항분포를 하는 경우에만 이용할 수 있다. Log 연결함수는 f(x) = log(x)의 형태이다. 이 연결함수는 종속변수가 어떤 분포를 하든지 관계 없이 사용할 수 있다. Log complement 연결함수는 f(x) = log(1−x)의 형태이다. 종속변수가 이항분포를 할 때만 유용하다. Logit 연결함수는 f(x) = log[x/(1 − x)] 형태이다. 종속변수가 이항분포를 할 때만 유용하다. Negative Binomial 연결함수는 f(x) = log[x/(x + k^{-1})]의 형태이다. 여기서 k는 negative binomial distribution의 ancillary parameter이다. 종속변수가 negative binomial distribution을 하는 경우에만 적당한 방법이다. Negative log-log 연결함수는 f(x) = −log[−log(x)]의 형태이며 역시 종속변수가 이항분포를 할 때만 유용하다. Odds power 연결함수는 $\alpha \neq 0$면 $f(x) = [(x/(1-x))^{\alpha} - 1]/\alpha$의 형태이며, $\alpha = 0$면 f(x) = log(x)가 된다. 여기서 α는 required number specification이고 real number여야 한다. 역시 종속변수가 이항분포를 할 때만 유용하다. Probit 연결함수는 $f(x) = \Phi^{-1}(x)$이고 여기서 Φ^{-1}는 inverse standard normal cumulative distribution function이다. 종속변수가 이항분포를 할 때만 유용하다. Power 연결함수는 $\alpha \neq 0$면 $f(x) = x^{\alpha}$, $\alpha = 0$면 f(x) = log(x)이다. 여기서 α는 required number specification이고 real number여야 한다. 종속변수가 어떤 분포를 하든지 상관없이

〈표 9.2〉 Link and inverse link function

Link name	Link function	Inverse link	Distribution
Log	μ	η	All
Logit	ln(μ / (1 - μ))	$e^{\eta} / (1 + e^{\eta})$	Binomial
Complementary log-log	ln(-ln(1 - μ))	$1 - \exp^{(-\exp(-\eta))}$	Binomial
Negative binomial	$\ln\left[\frac{\mu}{\mu+1/k}\right]$	$\frac{e^{\eta}}{k(1-e^{\eta})}$	Negative binomial

사용될 수 있다. 임상자료의 분석에 많이 사용되는 link function에 대해 간단히 정리하였다(표 9.2).

Distribution은 distribution의 canonical link인 natural parameter와 짝지어진다. Canonical link는 distribution이 exponential로 표현되었을 때 parameter η을 canonical parameter θ와 같게 만든다. 표 9.3은 흔히 사용되는 분포에 대한 canonical link이다.

〈표 9.3〉 Canonical links

Distribution	Canonical link
Normal	Identity
Binomial	Logit
Inverse Gaussian	Power(-2)
Poisson	Log
Gamma	Power(-1)
Negative binomial	Negative binomial

다음 표 9.4에는 여러 가지 link function을 이용하여 SPSS에서 이용할 수 있는 procedures를 보여 주고 있다.

〈표 9.4〉

Distribution	Link function	Models	Procedures
Normal	Identity	Linear regression	Regression, GLM
Binomial	Logit	Logistic regression	Logistic regression, NOMREG, PLUM
Poisson	Log	Loglinear	Genlog
Binomial	Probit	Probit	Probit, PLUM

9.6 Fitting a Poisson Rate 모형

Poisson distribution으로 count data를 분석할 때 actual number of data 혹은 rate를 이용할 수 있다. Rate를 이용할 경우에는 offset term을 모형에 투입

해야 한다. 다음 자료는 흡연기간과 흡연량에 따라서 사망한 폐암환자에 대한 자료이다(*Example17.sav*).

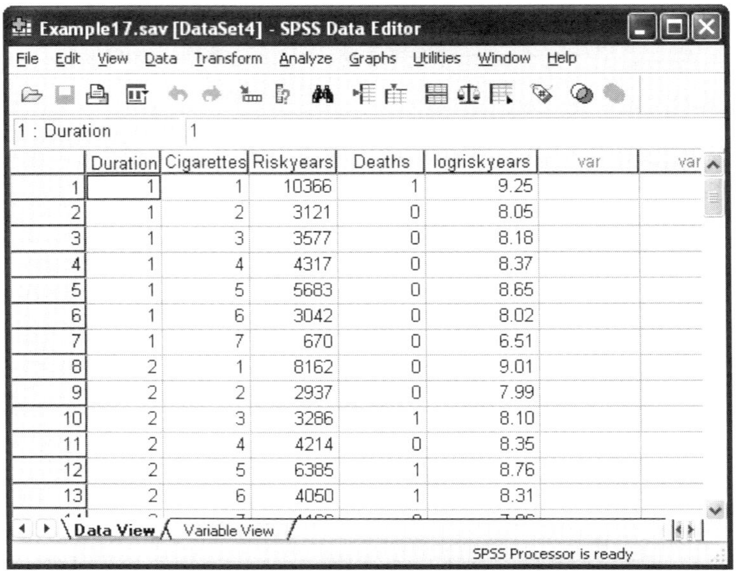
Example17.sav [DataSet4] - SPSS Data Editor

	Duration	Cigarettes	Riskyears	Deaths	logriskyears	var	var
1	1	1	10366	1	9.25		
2	1	2	3121	0	8.05		
3	1	3	3577	0	8.18		
4	1	4	4317	0	8.37		
5	1	5	5683	0	8.65		
6	1	6	3042	0	8.02		
7	1	7	670	0	6.51		
8	2	1	8162	0	9.01		
9	2	2	2937	0	7.99		
10	2	3	3286	1	8.10		
11	2	4	4214	0	8.35		
12	2	5	6385	1	8.76		
13	2	6	4050	1	8.31		

여기서 Duration은 흡연기간으로 9 = 55 ~ 59년, 8 = 50 ~ 54, 7 = 45 ~ 49, 6 = 40 ~ 44, 5 = 30 ~ 34, 4 = 25 ~ 29, 3 = 20 ~ 24, 2 = 15 ~ 20 그리고 1 = 15년 이하를 나타낸다. Cigarettes는 흡연량으로 수치가 올라갈수록 흡연량이 많은 것이다(1은 비-흡연). Death는 사망한 사람이고 riskyears는 duration과 cigarettes에 속한 모든 사망의 위험이 있는 대상자의 수이다. Logriskyyear는 riskyear에 자연 log를 취한 값이다.

위와 같이 결과의 발생이 드물거나(〈 5%), 결과의 발생이 횟수 혹은 비율로 주어졌을 때, proportional hazard 모형으로 분석하는 것은 타당하지 않다. 이럴 경우에는 Poisson regression으로 분석을 한다. Poisson regression은 한 번 이상 발생하는 사건의 횟수(counts)를 분석하는 통계기술이다. 비율(rates)과 횟수가 본질적으로 다른 개념이지만 비율은 단순히 횟수를 시간의 간격으로 나누어 준 것이다.

9.6.1 Poisson 분포의 특징

1. 결과변수는 음수를 가질 수는 없다.
2. 분포가 오른쪽으로 치우쳐 있다(right skewed).
3. 결과변수(count)의 분산은 평균과 같다(equidispersion).
4. 관심의 대상이 되는 작은 단위시간에서 사건이 발생할 확률은 작다. 즉 사건이 발생할 확률은 구간의 길이에 비례한다. 이 뜻은 "한 단위 시간 내에서의 사건의 발생횟수는 다른 단위시간에서의 사건의 발생횟수와 서로 독립적"이라는 것이고 질병 발생이 연구기간이 지남에 따라 증가하면 안 된다는 것이다.

9.6.2 Poisson 모형

Poisson regression은 사건 발생횟수에 자연로그를 취한 값을 종속변수로 하여 범주형 변수인 독립변수와 선형의 함수로 모형을 세운다. 그래서 Poisson regression은 log-linear 모형이라고도 한다. Poisson regression을 하면 회귀계수, rate ratios 그리고 95% 신뢰구간을 계산해 준다.

Poisson regression을 할 때 사건의 발생횟수인 count 분산의 값이 count의 평균보다 상당히 큰 경우를 발견할 수 있다. 이런 것을 overdispersion이라고 한다. Overdispersion은 Poisson regression 회귀계수에 대한 표준오차를 과소평가하게 된다. 이런 것을 극복하기 위해 평균보다 분산이 어느 정도 큰지 평가하는 추정치에 대한 모수를 포함하여 overdispersed Poisson 모형을 이용할 수 있다. 이 모수는 표준오차를 교정하는 데 사용된다. 다른 방법으로 negative binominal regression을 사용할 수도 있다. 이것은 Poisson regression의 한 형태이다.

9.6.3 Poisson regression 방법

위에서 Poisson regression은 "log-linear model이다"라고 했으므로 먼저 log-linear 모형을 이용하여 분석해 보자. Log-linear 모형에서 종속변수는 cell 안의 log of number이고, 독립변수는 categorical variable과 categorical variable의 interactions이다. Observed cell count 안에서 variability는 main effect와 독립

변수의 interaction에 의해 설명이 된다.

먼저 count 변수에 가중치를 준 다음 Analyze ▶ Loglinear ▶ General…… 에서 다음과 같이 변수를 지정해 준다.

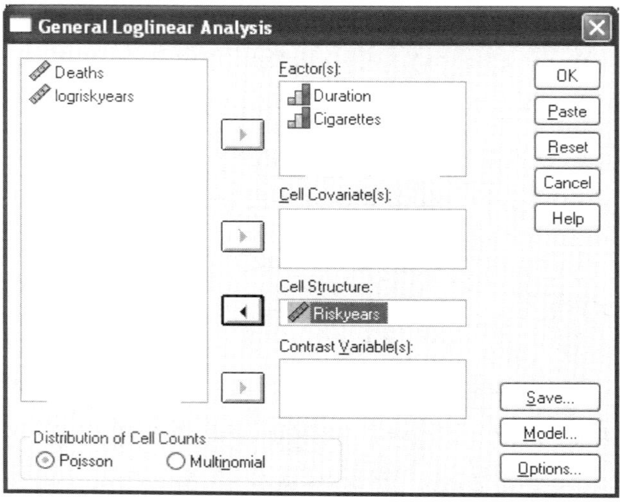

다음은 Model……에서 다음과 같이 지정을 해준다.

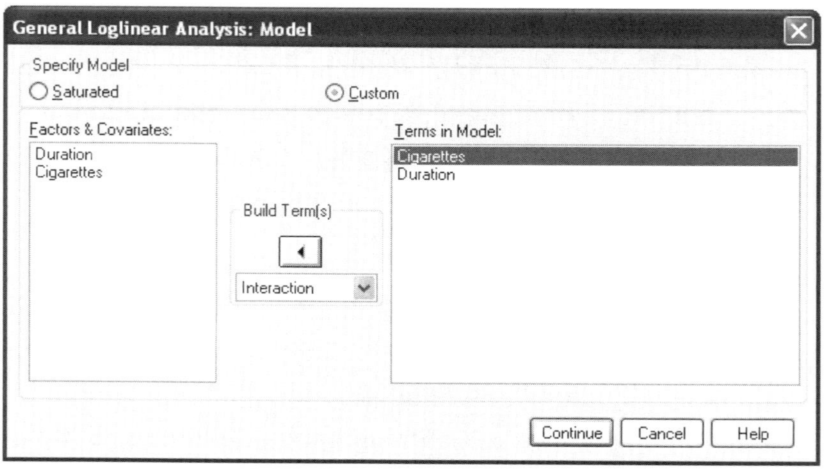

Options…… 추가로 estimates를 선택하고 OK를 click하면 다음의 결과를 볼 수 있다. 다른 것은 생략하고 모수 추정치만 보면,

Parameter Estimates[b,c]

Parameter	Estimate	Std. Error	Z	Sig.	95% Confidence Interval	
					Lower Bound	Upper Bound
Constant	-3.559	.277	-12.840	.000	-4.102	-3.016
[Cigarettes = 1]	-3.606	.605	-5.962	.000	-4.791	-2.420
[Cigarettes = 2]	-2.386	.447	-5.336	.000	-3.262	-1.509
[Cigarettes = 3]	-1.507	.322	-4.680	.000	-2.138	-.876
[Cigarettes = 4]	-1.297	.313	-4.137	.000	-1.911	-.683
[Cigarettes = 5]	-.705	.229	-3.085	.002	-1.153	-.257
[Cigarettes = 6]	-.490	.225	-2.179	.029	-.930	-.049
[Cigarettes = 7]	0[a]	.	.	.	.	.
[Duration = 1]	-5.413	1.024	-5.287	.000	-7.420	-3.407
[Duration = 2]	-4.466	.618	-7.229	.000	-5.677	-3.256
[Duration = 3]	-3.712	.464	-8.000	.000	-4.621	-2.802
[Duration = 4]	-2.210	.298	-7.416	.000	-2.795	-1.626
[Duration = 5]	-2.171	.311	-6.988	.000	-2.780	-1.562
[Duration = 6]	-1.205	.274	-4.395	.000	-1.742	-.667
[Duration = 7]	-.966	.286	-3.375	.001	-1.527	-.405
[Duration = 8]	-.509	.297	-1.715	.086	-1.090	.073
[Duration = 9]	0[a]	.	.	.	.	.

a. This parameter is set to zero because it is redundant.

b. Model: Poisson

c. Design: Constant + Cigarettes + Duration

회귀계수에 대한 해석은 일반적인 회귀분석과 같다. 그리고 interaction이 없을 때는 회귀계수의 해석이 간단하지만 interaction term이 포함되면 해석은 복잡해진다. Log-linear 모형에서 구한 회귀계수로는 log odds ratio값을 계산하게 된다. Cigarettes의 회귀계수가 negative이므로 흡연량이 가장 많은 cigarettes = 7 집단에 비해 death rate는 모든 집단에서 낮다. Log-linear 모형에서는 $\exp^{(B)}$는 계산해 주지 않지만 비-흡연집단인 cigarettes = 1의 사건(사망)이 발생할 log odd ratio = $\exp^{-3.608}$ = 0.027로 비-흡연 폐암으로 사망할 predicted death rate = 2.7%라고 해석이 된다. Log-linear 모형을 이용한 Poisson 회귀는 Poisson 회귀의 중요한 가정인 equidispersion에 대한 검정을 할 수 없다. 그러므로 Poisson 회귀를 완전하게 하기 위해서는 generalized linear 모형을 이용해야 한다.

위의 자료를 generalized linear 모형으로 분석해 보자. Poisson rate 모형은 다음과 같이 표현할 수 있다.

$$\frac{\text{events}}{\text{Number at risk}} = \exp^{x'\beta}$$

이 식의 양변에 자연 log를 취하면

$$\ln(\text{events}) - \ln(\text{number at risk}) = X'\beta$$

이 식은 $-\ln(\text{number at risk})$가 있는 것을 제외하고는 generalized linear 모형과 같다. 여기서 $-\ln(\text{number at risk})$을 offset term이라고 하고 generalized linear 모형에서는 offset term은 추정된 회귀계수를 가지고 있지 않고, 각 대상자에 대한 offset term 회귀계수 = 1이고, offset term을 포함한 general linear 모형은 다음과 같이 표현한다.

$$g(\mu) = X'\beta + O$$

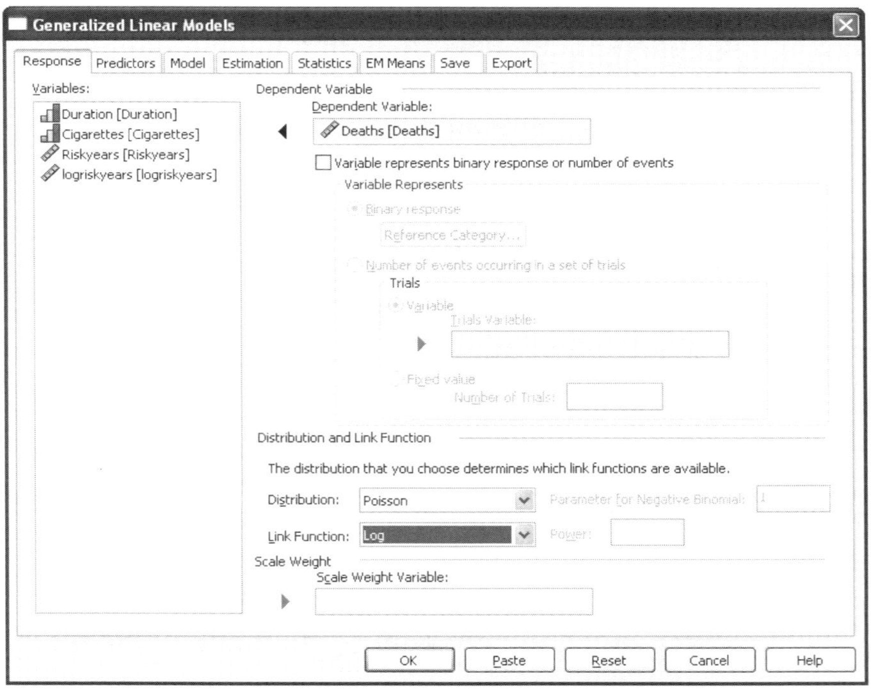

〈그림 9.1〉

본 예에서 offset term은 전체 발생위험 가능한 사람의 수인 riskyears 변수의 ln(riskyears)이다. 그러므로 Compute Variable……을 이용하여 ln(riskyears) 값(riskyears 변수에 자연 log를 취한 값)을 미리 계산해 놓은 것이다. 다음 Generalized linear model ▶ Generalized linear model……에서 그림 9.1과 같이 지정을 해준다.

결과변수에는 사망자 수를 나타내는 변수를, Distribution은 Poisson으로 Link function은 log로 지정을 한다. 다음 그림 9.1에서 Predictors……을 click하여 다음 그림 9.2와 같이 지정을 한다.

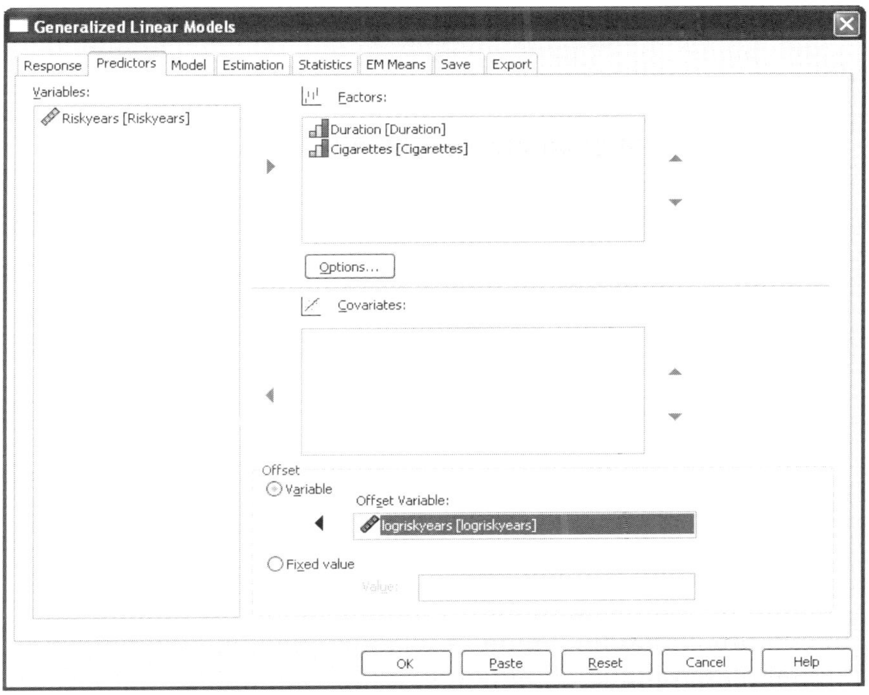

〈그림 9.2〉

Factors: 에는 categorical 변수를 지정하고 Covariates: 에는 연속형 수치로 측정된 covariate를 모형에 투입할 때 지정을 한다. 본 예에서 covariate는 없다. Offset variable에 logriskyears 변수를 지정한다.

다음 그림 9.1에서 Model……을 click하여 그림 9.3과 같이 cigarette와 duration 변수를 Model: 지정해 준다. 여기서는 주효과만을 보므로 main effect

를 선택한다. 만약 예측변수의 interaction을 보려면 Build Term(s)에서 type을 바꾸어 주면 된다.

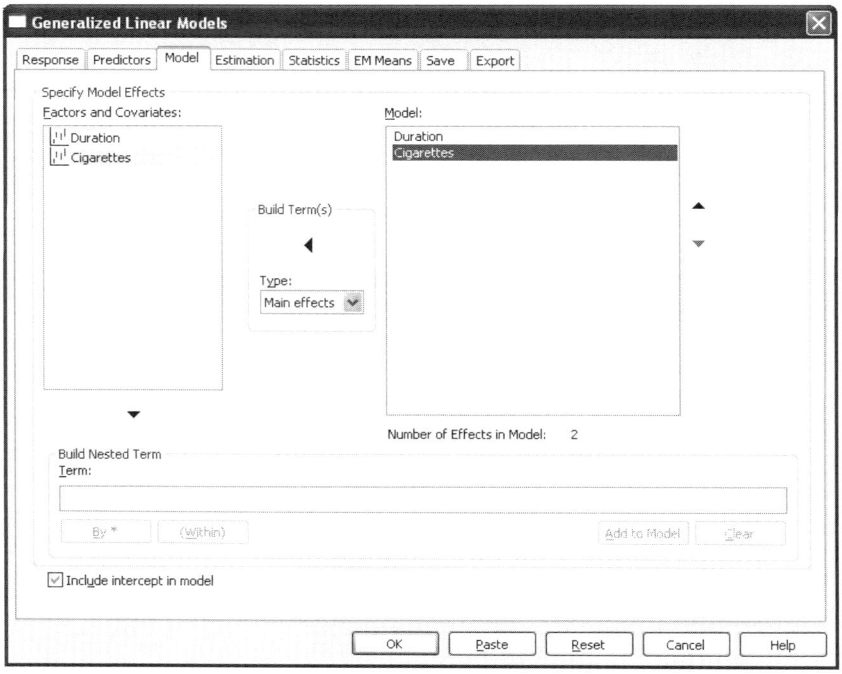

〈그림 9.3〉

다음 그림 9.1에서 Statistics……을 click하여 Default 외에 Include exponential parameter estimates를 선택한다.

다음은 결과이다. 처음 모형에 대한 정보를 보여 주고 있다. 그림 9.1에서 지정한 내용이다.

Model Information

Dependent Variable	Deaths
Probability Distribution	Poisson
Link Function	Log
Offset Variable	logriskyears

다음은 goodness of fit test 결과이다.

Goodness of Fit [b]

	Value	df	Value/df
Deviance	51.471	48	1.072
Scaled Deviance	51.471	48	
Pearson Chi-Square	65.661	48	1.368
Scaled Pearson Chi-Square	65.661	48	
Log Likelihood [a]	-85.657		
Akaike's Information Criterion (AIC)	201.313		
Finite Sample Corrected AIC (AICC)	211.526		
Bayesian Information Criterion (BIC)	233.460		
Consistent AIC (CAIC)	248.460		

Dependent Variable: Deaths
Model: (Intercept), Duration, Cigarettes, offset = logriskyears

a. The full log likelihood function is displayed and used in computing information criteria.

b. Information criteria are in small-is-better form.

〈결과 9.1〉

〈결과 9.1〉에서 Deviance / degree of freedom, Pearson Chi-square / degree of freedom ratio값이 각각 1.0, 1.3으로 계산되어 있다. 이 수치가 1보다 크면 overdispersion을, 1보다 작으면 underdispersion을 걱정해야 한다. 그리고 1에 가까울 수록 equidispersion을 의미하며 Poisson 모형에 적합하다고 할 수 있다. 본 예에서는 1에 근접하므로(절대적인 수치의 기준값은 없다) Poisson 모형에 적합하다고 할 수 있다.

Omnibus Test [a]

Likelihood Ratio Chi-Square	df	Sig.
393.628	14	.000

Dependent Variable: Deaths
Model: (Intercept), Duration, Cigarettes, offset = logriskyears

a. Compares the fitted model against the intercept-only model.

Omnibus test는 모든 예측변수의 coefficient가 0인지를 검정한다. 결과는 p = 0.000이므로(p 〈 0.05) 모든 예측변수의 coefficient가 0이라는 귀무가설을 기각한다.

Parameter Estimates

Parameter	B	Std. Error	95% Wald Confidence Interval Lower	95% Wald Confidence Interval Upper	Hypothesis Test Wald Chi-Square	Hypothesis Test df	Hypothesis Test Sig.	Exp(B)	95% Wald Confidence Interval for Exp(B) Lower	95% Wald Confidence Interval for Exp(B) Upper
(Intercept)	-3.559	.2772	-4.102	-3.016	164.866	1	.000	.028	.017	.049
[Duration=1]	-5.413	1.0239	-7.420	-3.407	27.953	1	.000	.004	.001	.033
[Duration=2]	-4.466	.6178	-5.677	-3.256	52.263	1	.000	.011	.003	.039
[Duration=3]	-3.712	.4640	-4.621	-2.802	63.997	1	.000	.024	.010	.061
[Duration=4]	-2.210	.2981	-2.795	-1.626	54.996	1	.000	.110	.061	.197
[Duration=5]	-2.171	.3107	-2.780	-1.562	48.830	1	.000	.114	.062	.210
[Duration=6]	-1.205	.2741	-1.742	-.667	19.315	1	.000	.300	.175	.513
[Duration=7]	-.966	.2861	-1.527	-.405	11.392	1	.001	.381	.217	.667
[Duration=8]	-.509	.2966	-1.090	.073	2.940	1	.086	.601	.336	1.076
[Duration=9]	0[a]	.	.	.	.	.	.	1	.	.
[Cigarettes=1]	-3.606	.6048	-4.791	-2.420	35.545	1	.000	.027	.008	.089
[Cigarettes=2]	-2.386	.4472	-3.262	-1.509	28.469	1	.000	.092	.038	.221
[Cigarettes=3]	-1.507	.3220	-2.138	-.876	21.902	1	.000	.222	.118	.417
[Cigarettes=4]	-1.297	.3135	-1.911	-.683	17.119	1	.000	.273	.148	.505
[Cigarettes=5]	-.705	.2286	-1.153	-.257	9.515	1	.002	.494	.316	.773
[Cigarettes=6]	-.490	.2247	-.930	-.049	4.749	1	.029	.613	.395	.952
[Cigarettes=7]	0[a]	.	.	.	.	.	.	1	.	.
(Scale)	1[b]									

Dependent Variable: Deaths
Model: (Intercept), Duration, Cigarettes, offset = logriskyears

a. Set to zero because this parameter is redundant.

b. Fixed at the displayed value.

모수 추정값은 log-linear 모형으로 계산한 값과 같다. 다만 log odds ratio와 95% CI를 같이 계산해 주고 있다. 해석방법도 log-linear 방법과 같다.

Goodness of Fit[b]

	Value	df	Value/df
Deviance	28.468	48	.593
Scaled Deviance	28.468	48	
Pearson Chi-Square	37.296	48	.777
Scaled Pearson Chi-Square	37.296	48	
Log Likelihood [a]	-105.652		
Akaike's Information Criterion (AIC)	241.303		
Finite Sample Corrected AIC (AICC)	251.516		
Bayesian Information Criterion (BIC)	273.450		
Consistent AIC (CAIC)	288.450		

Dependent Variable: Deaths
Model: (Intercept), Duration, Cigarettes, offset = logriskyears

a. The full log likelihood function is displayed and used in computing information criteria.

b. Information criteria are in small-is-better form.

〈결과 9.2〉

Standard Poisson 회귀의 문제점은 Standard Poisson regression과 over-dispersed Poisson regression을 비교할 수 있는 formal test가 없다는 점이다. 그러나 다음과 같은 방법으로 overdispersion을 알 수 있다. 먼저 Standard Poisson regression의 결과인 〈결과 9.1〉에서 Log Likelihood의 값은 −85.6이다. 다음 모든 조건을 똑같이 주고 distribution만 negative binomial로 지정을 해서 generalized linear 모형을 해보면 〈결과 9.2〉와 같은 goodness of fit test를 볼 수 있다.

즉 negative binomial distribution을 이용해서 구한 Log Likelihood 값은 −105로 표준 Poisson 회귀로 구한 Log Likelihood의 값 −85.6보다 더 작아졌다(negative이므로 더 작아진 것임). 이런 경우 overdispersion에 대한 걱정은 안 해도 된다.

Overdispersion을 검정할 수 있는 다른 방법은 Lagrange multiplier test를 이용하는 방법이다. Negative binomial distribution과 Poisson 분포와 차이는 dispersion parameter인 κ가 더 있다는 것이다. Poisson 분포에서 분산과 평균(μ = mean)은 같지만, negative binomial에서는 분산은 $\mu + \kappa\mu^2$이다. 그러므

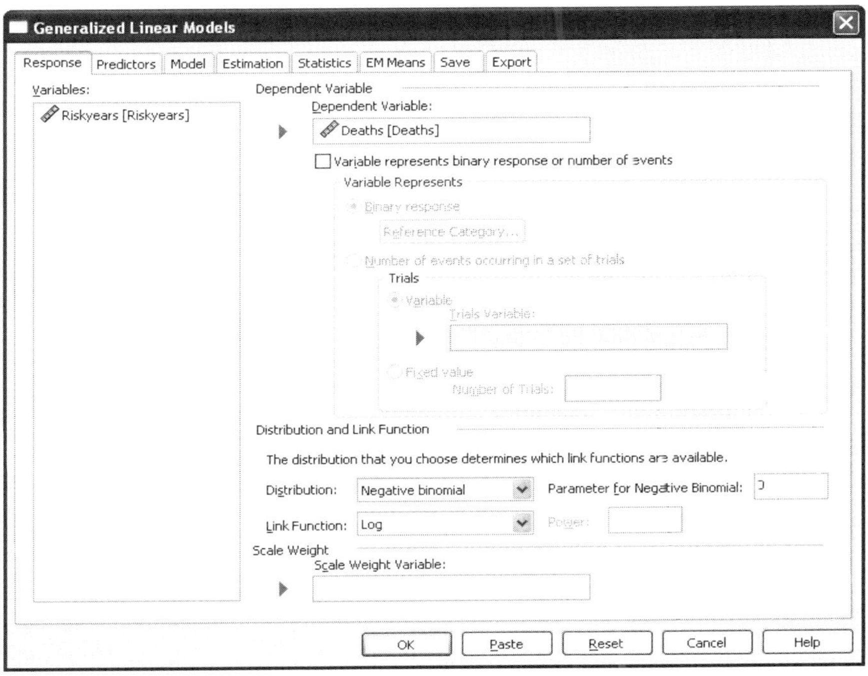

〈그림 9.4〉

로 $\kappa = 0$이면 negative binomial 분포는 Poisson 분포와 같다. 만약 κ를 알고 있다면 generalized linear 모형을 이용해서 negative binomial 모형을 적합시킬 수 있다. 즉 negative binomial distribution에 대한 κ의 값이 0인지를 검정하는 Poisson 분포의 overdispersion을 검정하는 것과 같다. 그림 9.1에서 위의 그림 9.4와 같이 지정을 한다.

즉 Distribution: Negative binomial, Link Function: Log, 그리고 Parameter for Negative Binomial = 0으로 지정을 한다. 즉 Negative binomial 분포에서 κ의 값이 0인지를 검정하겠다는 의미이다. 다음 그림 9.4에서 Statistics……을 선택해서 그림 9.5와 같이 Lagrange multiplier test for scale parameter or ancillary parameter for negative binomial을 선택한다. 여기서 한 가지 SPSS 15는 Lagrange multiplier test for scale parameter or ancillary parameter for negative binomial의 significance인 p-value에 bug가 있다고 한다. 그러므로 www.spss.com에 접속하여 SPSS 15의 patch file로 SPSS 15를 patch해서 SPSS 15.01로 사용해야 이 error를 교정할 수 있다. 정식판만 patch가 되고 evaluation version은 patch가 되지 않는다.

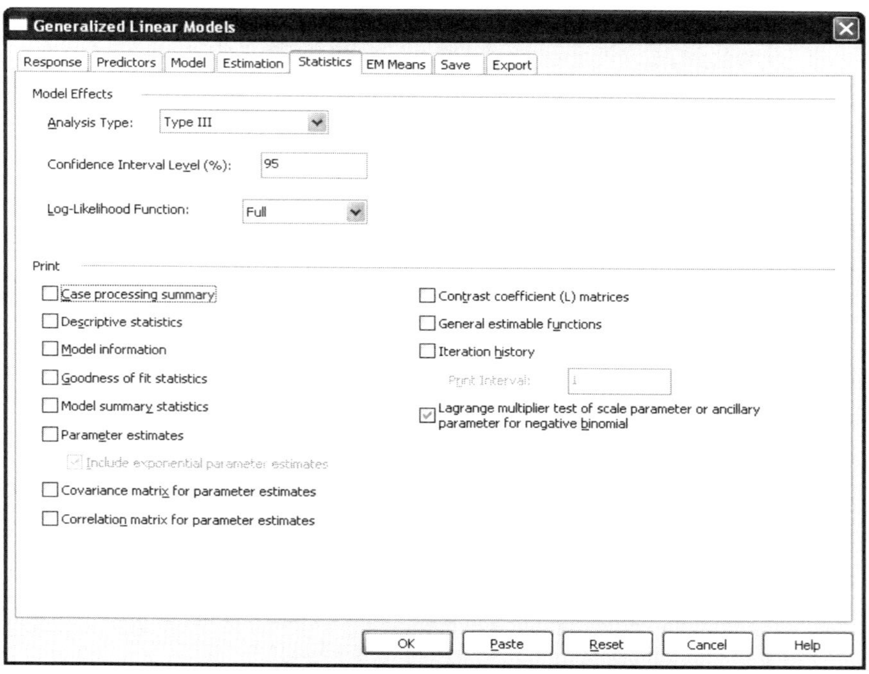

〈그림 9.5〉

다음은 SPSS 15.01에서 Lagrange multiplier test의 결과이다

Lagrange Multiplier Test

	z	Sig.
Ancillary Parameter[a]	−3.617	1.000

a. Tests the null hypothesis that the negative binomial distribution ancillary parameter equals 0

다음은 SPSS 15 evaluation version으로 분석한 결과 SPSS 15.01의 p = 1.000과는 다르지만 다행히 결과의 차이는 없다.

Lagrange Multiplier Test

	z	Sig.
Ancillary Parameter[a]	-3.617	.914

a. Tests the null hypothesis that the negative binomial distribution ancillary parameter equals 0

Lagrange multiplier test 결과 "$\kappa = 0$"이라는 귀무가설을 기각할 수 없다. 즉 $\kappa = 0$이고 Poisson 분포를 만족하고 overdispersion하지 않는다고 할 수 있다. 만약 overdispersion을 확인하는 방법 두 가지에서 모두 overdispersion이 의심되면 negative binomial distribution으로 분석을 한다.

9.7 Generalized linear 모형을 이용한 interval-censored survival data의 분석

Interval censoring이 있는 생존자료에서 event of interest의 정확한 시간은 알 수 없고, 단지 주어진 interval 사이에서 발생했다는 사실만 알 수 있다. 이런 경우 complementary log-log regression 모형으로, 간격(interval) 안에서 발생한 사건의 hazard에 대해 Cox 모형을 적용할 수 있다.

다음의 자료는 위궤양의 재발을 방지하기 위한 두 가지 치료 약제의 효과를 비교하기 위한 자료이다(*Example18.sav*). ID는 대상자의 고유번호를, age는 대상자의 나이(year)를, duration은 duration of disease로 1 = 5년 이하를 2 = 5 ~ 10년 사이를, treatment는 치료의 종류로 0 = A, 1 = B 그리고 time은 마지막으로 병원에 방문한 시간으로 months로 표시하였고 최대 1년까지 추적한 것이다. Result는 결과로 0 = no ulcer detected, 1 = ulcer detected를 나타낸다.

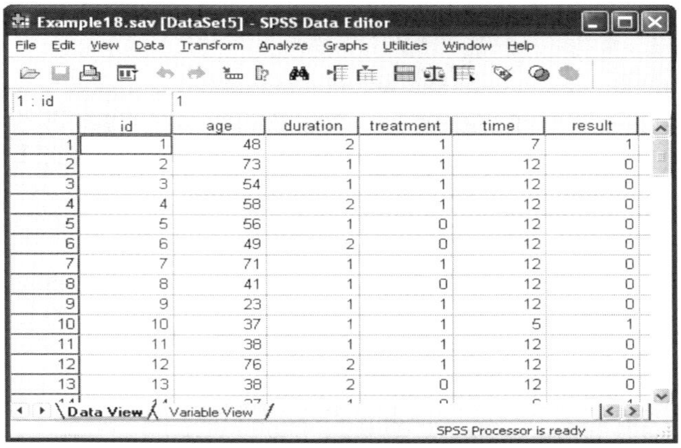

먼저 1년 안에 재발할 확률에 대한 모형을 generalized linear 모형을 이용해서 세워보자. 그림 9.1의 주화면에 다음과 같이 지정을 한다(그림 9.6).

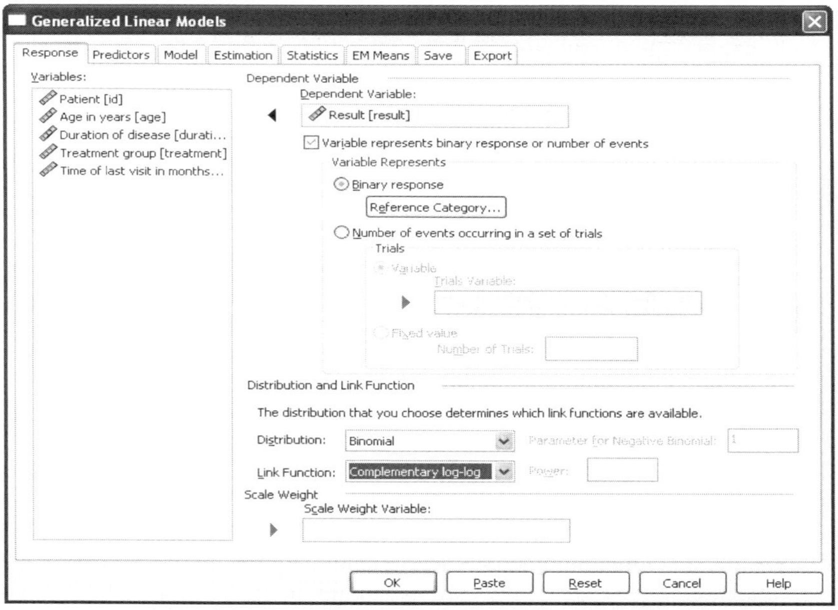

〈그림 9.6〉

종속변수에는 결과의 발생을 나타내는 result 변수를 지정하고 결과변수는 재발/비-재발로 단지 두 가지 형태이므로 Variable represents binary response or number of events를 선택하고, Binary responses의 Reference category……에

서 기준범주를 default인 last에서 first인 궤양이 재발한 대상자를 기준으로 바꾸었다.

다음 그림 9.6에서 Predictors를 click하여 그림 9.7과 같이 Factors: 에는 범주형 독립변수인 duration, treatment 그리고 대상자의 ID를, Covariates에는 연속형 독립변수인 age를 지정을 해준다.

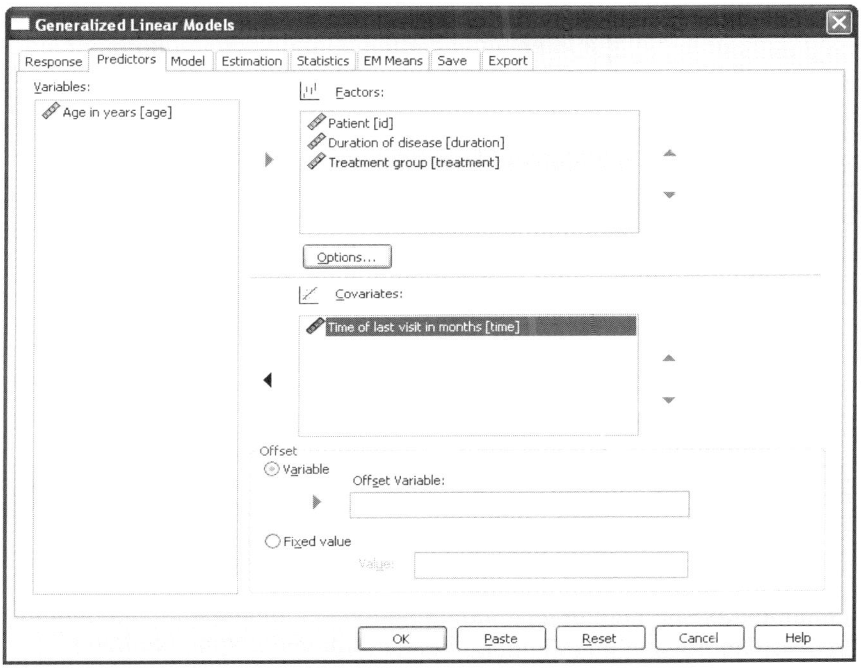

〈그림 9.7〉

대상자의 ID 변수를 모형에 투입하고 싶지는 않지만 반응 변수가 binomial인 경우, 위의 모형은 deviance와 chi-square goodness-of-fit statistics를 선택된 predictors의 observed value의 cross-tabulation에 의해 계산을 한다. ID 변수를 지정해 줌으로써 각 대상자는 나누어져서 deviance와 chi-square goodness-of-fit statistics를 계산하는 데 공헌하게 된다. 그림 9.7에서 Option……을 선택하여 다음과 같이 지정을 한다.

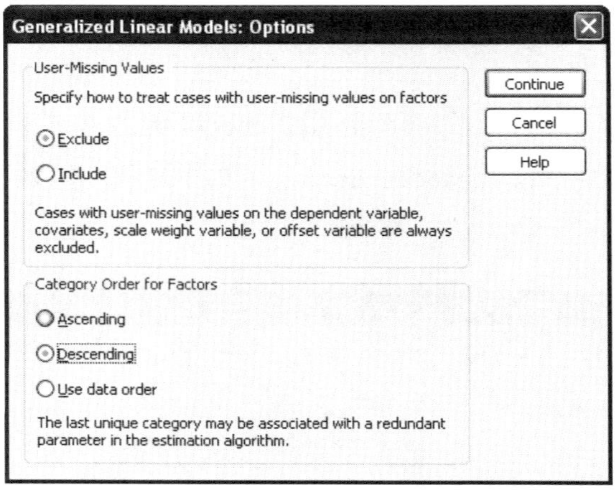

Factor에 대한 category의 순서를 내림차순으로 함으로써 각 factor의 first category가 자신의 reference category가 된다. 나중에 모수 추정값의 해석에 영향을 주게 된다.

그림 9.7에서 Model……을 선택하여 그림 9.8과 같이 지정을 한다. 주효과만 지정하였다.

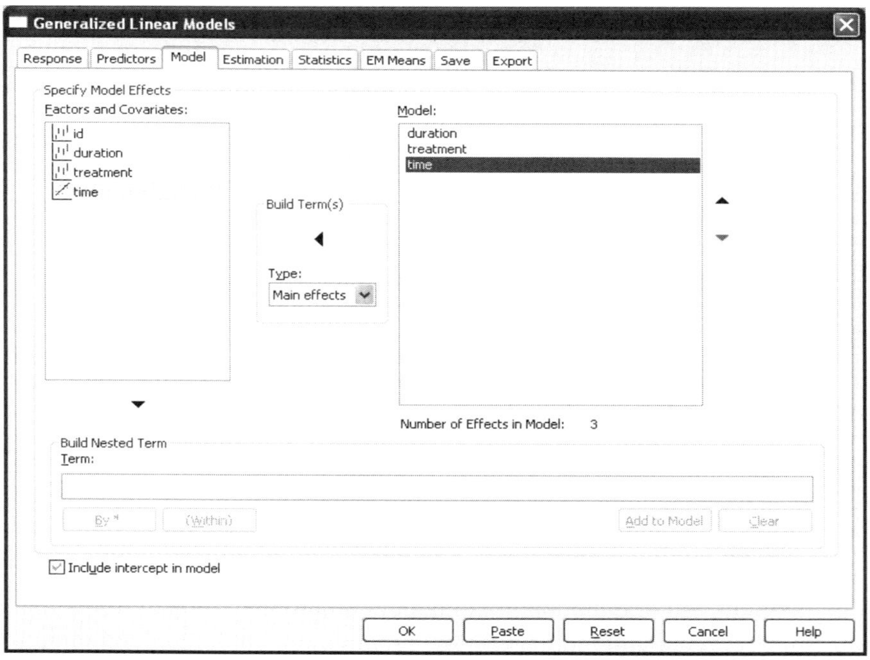

〈그림 9.8〉

나머지 Option은 default로 하고 OK를 click하면 결과는 다음과 같다.

Tests of Model Effects

Source	Type III		
	Wald Chi-Square	df	Sig.
(Intercept)	5.371	1	.020
duration	1.334	1	.248
treatment	3.349	1	.067
time	7.248	1	.007

Dependent Variable: Result
Model: (Intercept), duration, treatment, time

어떤 모형의 효과도 통계적으로 significant하지 않다. 그러나 치료효과(treatment effect) 안에서 관찰된 모든 차이는 임상적으로 관심이 있으므로 treatment 변수만 모형에 투입하여 reduced 모형을 만드는 것이 좋을 것 같다. 그림 9.8에서 Model: 에 treatment 변수만 지정하고, 그림 9.8의 선택 항목에서 Save를 선택해서 다음과 같이 지정을 한다.

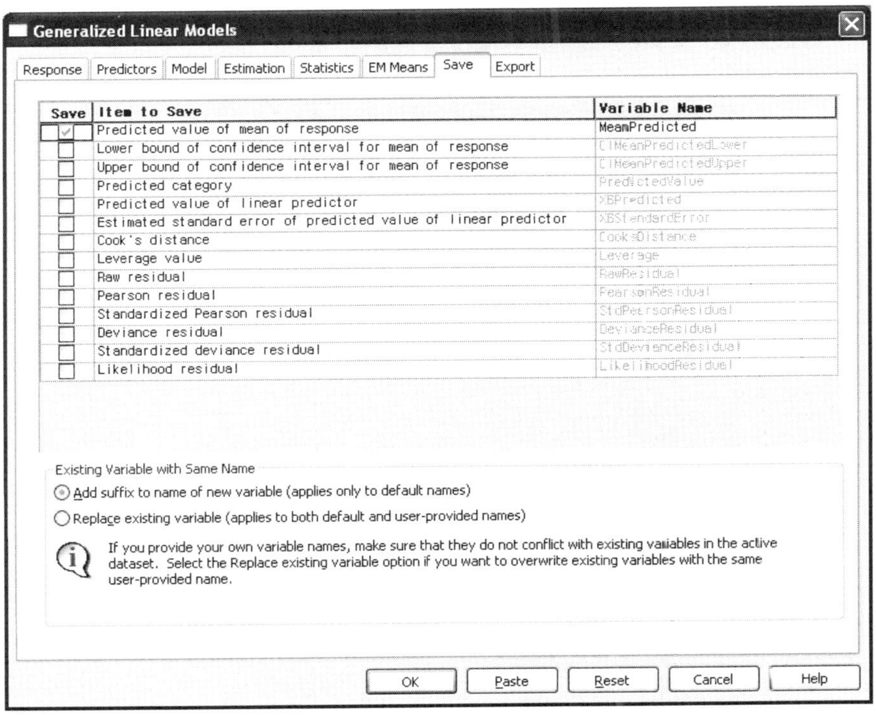

OK를 click해서 모수 추정값을 보면

Parameter Estimates

Parameter	B	Std. Error	95% Wald Confidence Interval		Hypothesis Test		
			Lower	Upper	Wald Chi-Square	df	Sig.
(Intercept)	-1.442	.5012	-2.425	-.460	8.282	1	.004
[treatment=1]	.378	.6288	-.855	1.610	.361	1	.548
[treatment=0]	0[a]	.	.	.	.	.	.
(Scale)	1[b]						

Dependent Variable: Result
Model: (Intercept), treatment

a. Set to zero because this parameter is redundant.

b. Fixed at the displayed value.

치료효과는 여전히 통계적으로 significant하지 않지만 치료방법B(= 1)에 대한 모수 추정값은 처음 12개월에서 probability of recurrence의 증가와 관계가 있으므로, 치료방법 A(= 0)가 B보다 좋다고 할 수 있다. Linear predictor(intercept + treatment effect)는 $\log[-\log(1 - P(recur_{12,\,t})]$의 추정값이고, 여기서 $P(recur_{12,\,t})$는 treatment t(=A or B)에 대한 12개월에서 재발할 확률로 active dataset로 저장된다(그림 9.9).

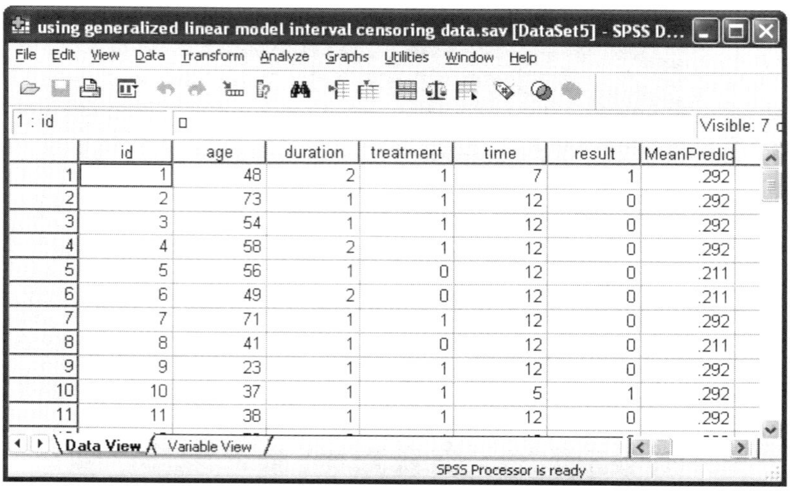

	id	age	duration	treatment	time	result	MeanPredic
1	1	48	2	1	7	1	.292
2	2	73	1	1	12	0	.292
3	3	54	1	1	12	0	.292
4	4	58	2	1	12	0	.292
5	5	56	1	0	12	0	.211
6	6	49	2	0	12	0	.211
7	7	71	1	1	12	0	.292
8	8	41	1	0	12	0	.211
9	9	23	1	1	12	0	.292
10	10	37	1	1	5	1	.292
11	11	38	1	1	12	0	.292

〈그림 9.9〉

그림 9.9에서 보면 치료방법 A에 할당된 대상자가 처음 12개월 동안 궤양 재발을 경험할 추정된 probability는 0.211이고 치료방법 B인 경우는 0.292이

다. 여기서 1 − P(recur12, t)는 결국 생존분석에서 보면 survivor probability at 12 months가 된다. 즉 본 예에서는 time to ulcer recurrence였지만, 만약 치료방법 A, B에 따른 time to death라면 치료방법 A인 경우 12개월에서의 survival probability는 1 − 0.211 = 0.789(78.9%)가 된다.

본 예제 파일의 문제점은 처음 검사할 때 수집한 정보를 무시하고 있다는 것이다. 즉 많은 대상자에서 처음 6개월 안에 궤양이 재발하지 않았다. 그러므로 6개월, 12개월 각각의 기간에서 사건이 발생했는지 발생하지 않았는지 binary 결과로 모형을 세우는 것이 더 좋을 것 같다. 그래서 위의 자료를 다시 reconstruction한 자료가 *example19.sav* file이다. 이 파일은 두 가지 추가적인 정보를 가지고 있다. Period 변수는 대상자가 처음 검사기간에 해당되는지 두 번째 검사시간에 해당되는지를 나타낸다. 그리고 result2 변수는 result by period로 주어진 기간에 궤양이 재발하였는지 혹은 재발하지 않았는지를 나타낸다. 각 original case (patient)는 각 interval에서 one case로 공헌을 한다. 그러므로 대상자는 2 cases가 된다. 즉 first examination period에서는 recurrence가 없었고 second examination period에서는 recurrence가 있었다. 반면 대상자 10번은 재발이 first period에만 있었으므로 one case가 된다. 대상자 16, 28, 그리고 34번은 6개월 이후 연구에서 dropped out되었기 때문에 one case가 된다.

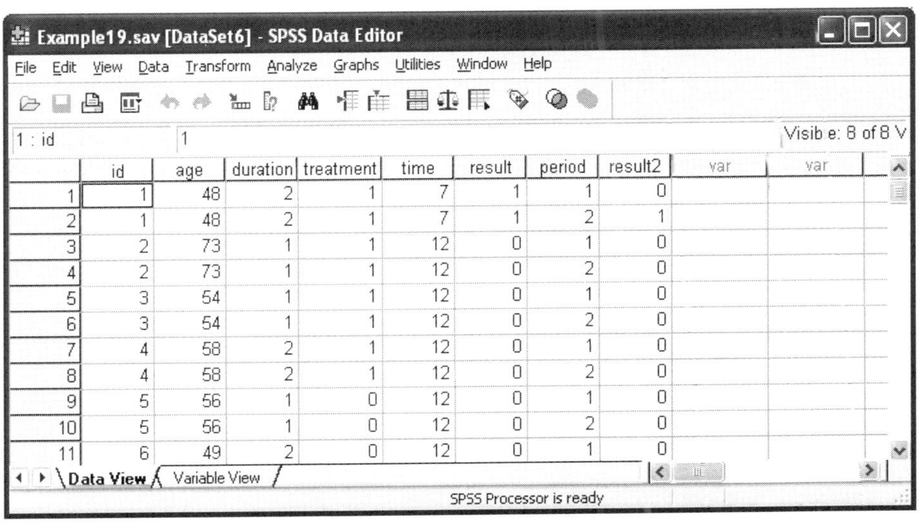

	id	age	duration	treatment	time	result	period	result2	var	var
1	1	48	2	1	7	1	1	0		
2	1	48	2	1	7	1	2	1		
3	2	73	1	1	12	0	1	0		
4	2	73	1	1	12	0	2	0		
5	3	54	1	1	12	0	1	0		
6	3	54	1	1	12	0	2	0		
7	4	58	2	1	12	0	1	0		
8	4	58	2	1	12	0	2	0		
9	5	56	1	0	12	0	1	0		
10	5	56	1	0	12	0	2	0		
11	6	49	2	0	12	0	1	0		

위의 자료를 다음과 같은 조건으로 분석해 보자. 먼저 파일을 연다.

Analyze

Generalized Linear Models ▶

Generalized Linear Models…

Response…

▶ Dependent Variable: Result2

□ Variable represents binary response or number of events: 선택

Variable Represents

◉ Binary response

Reference Category…

◉ First (lowest value)

Distribution and Link Function

Distribution: Binomial

Link function: Complementary log-log

Predictors…

▶ Factors: id duration treatment period. 이 때 period 변수가 맨 위에 오도록 먼저 선택.

▶ Covariate: age

▶ Options: Descending as the category order for factors 선택

Model…

▶ Model: duration treatment age period

□ Include intercept in model은 선택하지 않는다. Intercept를 포함하지 않고 period 변수를 처음 모형으로 하면 모든 set의 dummy 변수가 period 변수의 효과를 적합하게 된다.

다음은 결과이다.

Tests of Model Effects

Source	Type III Wald Chi-Square	df	Sig.
duration	.000	1	.988
treatment	.117	1	.732
period	.464	1	.496
age	.314	1	.575

Dependent Variable: Result by period
Model: duration, treatment, period, age

어떤 모형의 효과도 통계적으로 의미가 없다. 그러나 period와 treatment effects는 임상적으로 주된 관심이므로 이 두 가지 변수만 모형에 투입하여 다시 분석을 수행해 보자.

Model…

▶ Model: treatment period. **이 때 period 변수가 맨 위에 오도록 먼저 선택.**

Save…

□ Predicted value of mean of response: **선택**

다음은 결과로 추정된 모수의 회귀계수이다.

Parameter Estimates

Parameter	B	Std. Error	95% Wald Confidence Interval Lower	95% Wald Confidence Interval Upper	Hypothesis Test Wald Chi-Square	Hypothesis Test df	Hypothesis Test Sig.
[period=2]	-1.794	.5792	-2.929	-.659	9.597	1	.002
[period=1]	-2.206	.5912	-3.365	-1.047	13.926	1	.000
[treatment=1]	.195	.6279	-1.035	1.426	.097	1	.756
[treatment=0]	0[a]	.	.	.	.	.	.
(Scale)	1[b]						

Dependent Variable: Result by period
Model: period, treatment

a. Set to zero because this parameter is redundant.

b. Fixed at the displayed value.

Treatment effect는 여전히 통계적으로 significant 하지 않지만, 치료방법 A가 B보다 좋다고는 추측할 수 있다. 왜냐하면 치료방법 B에 대한 모수값은 처음 12개월 안에서 increased probability of recurrence와 관계가 있기 때문이다. 그리고 period values는 통계적으로 의미 있게 0과 다르다. 그러나 다른 이유는 intercept term이 적합되지 않아서(포함되지 않아서) 그런 것이다. Period effect ([period=1]와 [period=2]에 대한 linear predictor 값의 차이)는 통계적으로 significant하지 않고 tests of model effects의 결과에서도 같은 결과를 보였다.

Linear predictor, (period effect + treatment effect)는 $\log[-\log(1 - P(recur_{p,t})]$의 추정값이고 여기서 $P(recur_{p,t})$는 주어진 treatment t(= A or B)에 따른, 시간 간격 p(= 1 혹은 2로 각각 6개월 혹은 12개월을 나타냄)에서 궤양이 재발할 확률이다. 이 확률은 active dataset(Mean Predicted)로 저장되었다(그림 9.10).

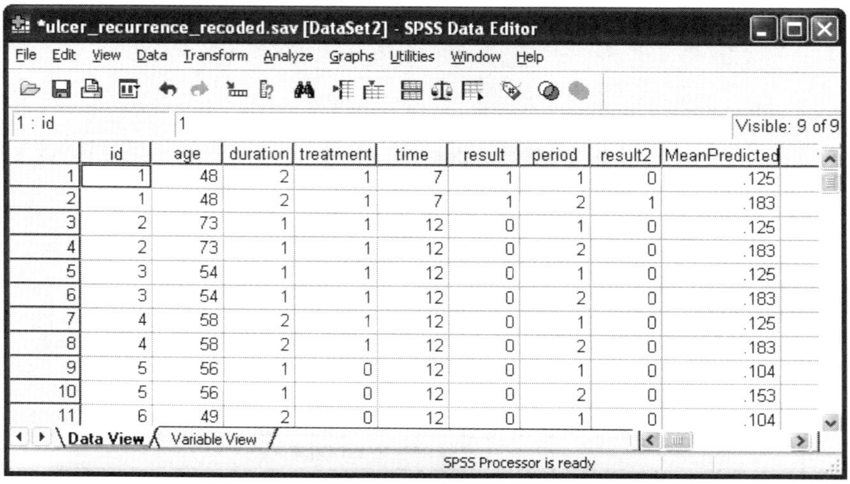

	id	age	duration	treatment	time	result	period	result2	MeanPredicted
1	1	48	2	1	7	1	1	0	.125
2	1	48	2	1	7	1	2	1	.183
3	2	73	1	1	12	0	1	0	.125
4	2	73	1	1	12	0	2	0	.183
5	3	54	1	1	12	0	1	0	.125
6	3	54	1	1	12	0	2	0	.183
7	4	58	2	1	12	0	1	0	.125
8	4	58	2	1	12	0	2	0	.183
9	5	56	1	0	12	0	1	0	.104
10	5	56	1	0	12	0	2	0	.153
11	6	49	2	0	12	0	1	0	.104

〈그림 9.10〉

그림 9.10에 새로 save된 MeanPredicted 변수의 값으로 추정된 궤양의 재발에 대한 확률은 다음과 같이 요약할 수 있다.

Treatment	Period 6 months	Period 6 months
A	0.104	0.153
B	0.125	0.183

그러므로 만약 결과변수가 궤양의 재발이 아니고 어떤 질환에 의한 '사망' 이

었다면, 관찰 12개월까지의 survival probability는 $1 - [P(recur_{1,t}) + P(recur_{2,t}) \times (1 - P(recur_{1,t})]$로 계산할 수 있다. 그러므로 각 치료방법에 따라 계산을 해보면 다음과 같다.

A: $1 - (0.104 + 0.153 * 0.896) = 0.759$

B: $1 - (0.125 + 0.183 * 0.875) = 0.715$

결과를 보면 치료방법에 따라 재발하지 않을 확률도 0.759와 0.715로 거의 차이가 없으며 통계적으로 의미가 없다는 앞의 결과와 일치한다.

9.8 Fitting a gamma distribution to survival time

만약 survival data에 censoring observation이 없는 경우 generalized linear 모형의 gamma distribution을 이용해서 생존자료를 적합시킬 수 있다(제7장 모수적 생존분석 참조). 다음의 예를(*example20.sav*) 가지고 gamma distribution에 적합시켜 보자.

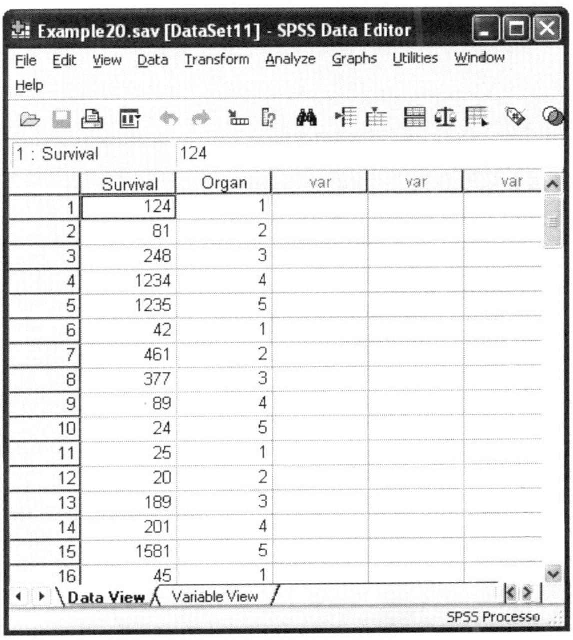

다섯 종류의 장기(organ)에 생긴 암환자의 생존시간을(survival) 日로 표시하였다. Survival은 연속변수이고 organ은 categorical 변수이다. 다음과 같이 변수를 모형에 투입하고 조건을 지정해 준다.

Analyze
    Generalized Linear Models ▶
        Generalized Linear Models…

Response…
    ▶ Dependent Variable: survival
    Distribution and Link Function
        Distribution: Gamma
        Link function: Log
Predictors…
    ▶ Factors: organ

Model…
    ▶ Model: organ

EM Means…
    ▶ Term: organ
        Contrast: Pairwise
    Scale
        ◉ Compute means for response
    Adjustment for Multiple Comparisons: Sidak

EM Means에서 다섯 종류의 암에 대한 survival time을 비교하는 것이므로 (ANOVA의 multiple comparison과 같이) contrast는 pairwise comparison을 선택한다. 그리고 multiple comparison시 p-value를 보정하기 위한 방법으로 least significant difference, Bonferroni, sequential Bonferroni, Sidak, 그리고 sequential Sidak 등이 있는데 이 중 Sidak 방법이 가장 tight하다고 알려져 있어 Sidak

을 선택하였다. 각각의 option에 대한 좀더 자세한 설명은 SPSS의 도움말에서 쉽게 확인할 수 있다. 다음은 결과이다.

Goodness of Fit [b]

	Value	df	Value/df
Deviance	66.970	59	1.135
Scaled Deviance	73.142	59	
Pearson Chi-Square	62.882	59	1.066
Scaled Pearson Chi-Square	68.678	59	
Log Likelihood [a]	-452.901		
Akaike's Information Criterion (AIC)	917.802		
Finite Sample Corrected AIC (AICC)	919.275		
Bayesian Information Criterion (BIC)	930.755		
Consistent AIC (CAIC)	936.755		

Dependent Variable: Survival
Model: (Intercept), Organ

a. The full log likelihood function is displayed and used in computing information criteria.

b. Information criteria are in small-is-better form.

Goodness of fit 통계량에서 ratio of Deviance to df(결과창에는 Value/df로 표시)와 ratio of Pearson Chi-square to df의 값이 1에 근접할수록 모형이 잘 적합된 것이다. 결과는 각각 1.135와 1.066으로 모형이 잘 적합되었다.

Omnibus Test [a]

Likelihood Ratio Chi-Square	df	Sig.
28.823	4	.000

Dependent Variable: Survival
Model: (Intercept), Organ

a. Compares the fitted model against the intercept-only model.

Organ 변수에 대한 회귀계수가 0이라는 귀무가설은 Omnibus test에서 $p < 0.05$이므로 기각할 수 있다. 즉 Organ 변수의 회귀계수는 0이 아니다.

Estimates

Organ	Mean	Std. Error	95% Wald Confidence Interval	
			Lower	Upper
1	286.00	75.901	137.24	434.76
2	211.59	49.104	115.35	307.83
3	457.41	106.154	249.35	665.47
4	884.33	345.457	207.25	1561.42
5	1395.91	402.731	606.57	2185.25

결과 Estimates에서는 Organ type에 따른 평균 생존시간을 보여 주고 있다. Organ 2가 가장 나쁘고 5가 가장 좋다. Sidak 과정을 이용해서 organ 각각을 비교한 결과가 다음과 같다.

Pairwise Comparisons

(I) Organ	(J) Organ	Mean Difference (I-J)	Std. Error	df	Sidak Sig.	95% Wald Confidence Interval for Difference	
						Lower	Upper
1	2	74.41	90.400	1	.995	-102.77	251.59
	3	-171.41	130.498	1	.877	-427.18	84.36
	4	-598.33	353.697	1	.614	-1291.57	94.90
	5	-1109.91	409.821	1	.066	-1913.14	-306.67
2	1	-74.41	90.400	1	.995	-251.59	102.77
	3	-245.82	116.961	1	.304	-475.06	-16.58
	4	-672.75	348.930	1	.425	-1356.64	11.15
	5	-1184.32[a]	405.714	1	.035	-1979.50	-389.14
3	1	171.41	130.498	1	.877	-84.36	427.18
	2	245.82	116.961	1	.304	16.58	475.06
	4	-426.92	361.399	1	.934	-1135.25	281.41
	5	-938.50	416.486	1	.218	-1754.80	-122.20
4	1	598.33	353.697	1	.614	-94.90	1291.57
	2	672.75	348.930	1	.425	-11.15	1356.64
	3	426.92	361.399	1	.934	-281.41	1135.25
	5	-511.58	530.597	1	.983	-1551.53	528.38
5	1	1109.91	409.821	1	.066	306.67	1913.14
	2	1184.32[a]	405.714	1	.035	389.14	1979.50
	3	938.50	416.486	1	.218	122.20	1754.80
	4	511.58	530.597	1	.983	-528.38	1551.53

Pairwise comparisons of estimated marginal means based on the original scale of dependent variable Survival

a. The mean difference is significant at the .05 level.

결과를 보면 5와 2 집단 사이에서만 $p = 0.035$로 유의한 차이를 보이고 있다. 즉 survival time의 평균이 가장 긴 집단과 가장 짧은 집단 사이만 차이가 있다. 다섯 집단을 비교하기 때문에 평균의 차이가 상당히 커야 통계적인 차이를 보이게 된다.

Parameter Estimates

Parameter	B	Std. Error	95% Wald Confidence Interval		Hypothesis Test		
			Lower	Upper	Wald Chi-Square	df	Sig.
(Intercept)	7.241	.2885	6.676	7.807	629.967	1	.000
[Organ=1]	-1.585	.3920	-2.354	-.817	16.355	1	.000
[Organ=2]	-1.887	.3703	-2.612	-1.161	25.963	1	.000
[Organ=3]	-1.116	.3703	-1.841	-.390	9.080	1	.003
[Organ=4]	-.456	.4856	-1.408	.495	.883	1	.347
[Organ=5]	0[a]	.	.	.	.	.	.
(Scale)	.916[b]	.1436	.673	1.245			

Dependent Variable: Survival
Model: (Intercept), Organ

a. Set to zero because this parameter is redundant.

b. Maximum likelihood estimate.

모수 추정값을 보면 기준범주는 항상 last(5)가 되므로 집단 5에 비해 집단 2의 사망 risk는 $\exp^{-1.887} = 0.15$이다. 회귀계수가 모두 음수이므로 집단 5에 비해 집단 1, 2, 3, 4의 생존확률은 높다.

9.9 Fitting logistic regression

Logistic regression도 같은 방법으로 generalized linear 모형으로 적합시킬 수 있다. 제8.1.6에서 사용되었던 *example12.sav* 예제를 generalized linear 모형의 logistic regression에 적합시키려면 다음과 같이 지정을 한다.

Analyze

Generalized Linear Models ▶

Generalized Linear Models···

Response···

▶ Dependent Variable: status

□ Variable represents binary response or number of events: 선택

Variable Represents

◉ Binary response

Reference Category···

◉ First (lowest value)

Distribution and Link Function

Distribution: Binomial

Link function: Logit

Predictors…

▶ Factors: Sex DM Modal

▶ Covariate: Age Grave

Model…

▶ Model: Sex DM Nodal Age Grave

여기서 주의할 것은 Response variable을 지정할 때이다. 우리가 제8장의 logistic regression에서 종속변수는 항상 크게 coding한 수가 기준범주로 되기 때문에 여기서는 사망을 예측하는 인자를 보는 것이므로 사망(= 1)을 생존보다 높게 coding하였다. Generalized linear 모형에서는 예측변수의 기준을 바꾸어 줄 수 있다. 그런데 본 예의 경우 예측변수의 reference category를 작은 수인 0(= 생존)으로 설정해야 큰 수로 coding한 1(= death)의 확률을 추정할 수 있는 것으로 기준 범주는 0으로 설정해 준다.

다음은 투정된 회귀계수이고 결과는 제8장 8.1.6에서 binary logistic regression menu에서 수행한 결과와 똑같다.

Parameter Estimates

			95% Wald Confidence Interval		Hypothesis Test		
Parameter	B	Std. Error	Lower	Upper	Wald Chi-Square	df	Sig.
(Intercept)	-12.771	4.2377	-21.077	-4.465	9.082	1	.003
[Sex=1]	.723	1.3343	-1.893	3.338	.293	1	.588
[Sex=0]	0[a]	.	.	.	.	.	.
[DM=1]	1.676	1.6845	-1.625	4.978	.990	1	.320
[DM=0]	0[a]	.	.	.	.	.	.
[Modal=1]	.785	1.5374	-2.228	3.798	.261	1	.610
[Modal=0]	0[a]	.	.	.	.	.	.
Age	.118	.0488	.022	.213	5.829	1	.016
Grave	.141	.0585	.027	.256	5.839	1	.016
(Scale)	1[b]						

Dependent Variable: Status
Model: (Intercept), Sex, DM, Modal, Age, Grave

a. Set to zero because this parameter is redundant.

b. Fixed at the displayed value.

Correlated Observations

10장

10.1 Correlated observation이란?

10.2 Generalized estimating equations

10.3 Mixed-effects 모형

10.4 Repeated measure analysis of variance

10.5 Conditional logistic regression

10.6 Anderson-Gill counting process for proportional hazards models

10.7 Marginal approach for proportional hazards analysis

Correlated observation에 대한 좀더 자세한 내용 및 SPSS에서의 이용방법은 『임상자료의 분석』(송경일 · 최종수 공저, 한나래출판사, 2008)을 참조하기 바란다.

10.1 Correlated observation이란?

Multiple linear regression, multiple logistic regression, 그리고 Cox proportional regression 같은 다변수분석 모형에서의 가정은 각 관찰(즉 대상)은 독립적이어야 한다는 것이다. 즉 다른 대상자의 결과의 발생은 서로 연관(correlated)되어 있으면 안 되며, 관찰은 독립적이어야 한다. 그러나 실제적으로 관찰이 다른 대상자와 서로 연관이 있는 경우가 흔히 있다. 동일 대상에서 결과가 반복적으로 발생 또는 발생하지 않은 것은 독립적이지 않다.

장기적인 연구에서 흔히 연관되어 있고 또한/혹은 반복적으로 시행된 관찰을 볼 수 있다. 즉 처음 baseline으로 관찰을 한 후 몇 개월 간격으로 반복적인 관찰을 하는 경우이다. 이것은 한 사람에 대해 여러 번 관찰하는 것이므로, 즉 같은 대상자는 다른 대상자에 비해 비슷한 반응을 나타낼 가능성이 높으므로, 반응(response)은 연관(correlated)되어 있다고 할 수 있다(표 10.1).

〈표 10.1〉 Circumstances leading to correlated observations

Multiple observations of the same subjects at different times (e.g., a longitudinal study that assesses subjects every six months).
Multiple observations of the same subjects after receiving different treatments (e.g. **Cross-over study**).
Multiple observations of different body parts of the same subjects.
Study designs where subjects have been randomized by or recruited from established groups **(cluster)** of **related individuals** (e.g., families, doctors; practices or hospitals).
Matched study designs where cases and controls have been **individual matched**.

표 10.1에서 연구계획이 본질적으로 다른 것 같이 보이지만 모두 공통적으로 가지고 있는 점은 관찰이 clustered(밀집)되어 있다는 것이다. 장기적인 연구의 경우 cluster는 객체, 즉 subject이고 subjects는 여러 번에 걸쳐 관찰을 한다.

객체가 다른 처치(treatment)를 받았거나 신체의 다른 부분에서 관찰을 했다면 이때도 cluster는 subjects가 된다. Matched design에서는 match된 case와 control이 cluster가 된다.

관찰이 cluster되어 있으면 결과의 발생은 clusters 사이(between)에서보다는 cluster 안(within)에서 좀더 비슷한 양상을 보이게 되어 있다. 환자군과 대조군을 개인으로 짝지은 경우 환자군은 다른 대조군보다는 개인으로 짝지은 환자군에서 반응이 좀더 비슷한 방법으로 나타난다.

Correlated observation을 분석하는 방법은 관찰이 독립적이었을 때 분석하는 것보다 within-cluster correlation을 고려해야 하기 때문에 복잡하다. Cluster 자료를 모으는 중요한 이유는 다음과 같다.

첫째, 같은 사람에서 반복된 관찰로 자료를 모으면 대상자의 수를 늘리지 않고도 연구의 검정력을 늘릴 수 있다. 비슷하게 우리 몸의 어떤 장기는 중복되어 있고(눈은 2개, 관절은 더 많다) 치아는 더 많이 있다. 이런 경우에 생기는 결과를 연구할 때는 대상자의 수를 늘리지 않고 모든 신체의 부분을 사용하면 표본의 크기를 늘릴 수 있다. 다른 상태에서 같은 대상자를 관찰하는 것은 표본의 크기를 증가시키지 않고 연구의 검정력을 높이는 다른 방법이다.

반복적으로 측정되어 관찰된 자료를 모으는 중요한 두 번째 이유는 이렇게 함으로써 우리가 시간의 경향(time trend)을 알 수 있다는 점이다. 마지막으로 개인적으로 짝지은 연구(= individually matched studies)를 수행하는 이유는 confounding을 줄이기 위해서이다.

왜 cluster된 자료가 발생했는지 간에 cluster 안에서 correlation을 보정해 주어야 한다. 보정을 해주지 않으면 각 관찰을 하나의 객체로 처리하기 때문에 결과의 통계적 의미가 과장되게 나타난다. 다음 표 10.2는 cluster 안에서 correlation을 보정하는 다변수분석 방법이다.

10.2 Generalized estimating equations

Generalized estimating equations(GEE)은 clustered observation을 보정하는 데 아주 탄력적인 분석방법이다. 또한 위험인자와 결과변수 사이의 linear, logistic,

〈표 10.2〉 Methods for studying correlated observations

Method	Features
Generalized estimating equations (= marginal models = population- averaged model)	Can model a variety of different relationships between risk factors and outcomes; adjustment widens confidence interval but doesn't change point estimate. Can accommodate unequal number of observations and unequal time intervals between observations.
Mixed-effects models(also called multilevel models, random effects regression models, random coefficient models, and hierarchical models)	Can model a variety of different relationships between risk factors and outcomes; adjustment affects both the point estimate and the confidence interval. Can accommodate unequal number of observations and unequal time intervals between observations
Repeated measures ANOVA	Can only be used with interval outcomes, an equal number of observations per subjects and fixed periods between observations.
Conditional logistic regression	May only be used with dichotomous outcomes, an equal number of observations per subjects, and fixed periods between observations.
Anderson-Gill counting process for proportional hazards analysis	Adaptation of proportional hazards analysis for repeated outcomes of a time to outcomes variables.
Marginal approach for proportional hazards analysis	Adaptation of proportional hazards analysis for repeated outcomes of a time to outcomes variables.

혹은 logarithmic 관계를 포함하는 다양한 분석방법을 제공하고 있다. GEE는 등간변수, 이분형 변수, 서열변수, 그리고 범주형으로 측정된 결과변수를 모두 이용해서 분석을 할 수 있다. 또한 시간에 따라 변하지 않는(fixed variable) 성별 같은 독립변수뿐 아니라 각 혈압의 측정값이 관찰마다 값이 변하는 독립변수도 분석에 포함시킬 수 있다.

GEE는 popular-average 모형이며 또한 marginal 모형이라고도 한다. 종속변수의 평균이 독립변수의 함수로 모형을 세우고 이 때 분산은 평균의 알려진 함수라고 가정한다. GEE는 다른 clusters로 구성된 다른 수의 관찰이 있을 때도 분석에 포함시킬 수 있다. 즉 한 객체에서 두 번 관찰을 하였고 다른 객체에서 네 번 관찰을 했을 때라든지, 한 병원에서 20명을 관찰하고 다른 병원에서 40명을 관찰을 했을 때 모두 분석이 가능하다. 이것이 GEE의 중요한 장점이다.

GEE는 결측이 무작위로 발생했을 때 수용되는 방법이다. 결과변수가 연속변수일 때(그러나 이분형의 결과변수는 안 된다), GEE는 또한 결측자료가 무작위로 발생하지 않았을 때도 수용할 수 있는 방법이다.

GEE의 다른 장점은 관찰 사이의 간격이 다를 때도 사용할 수 있다는 점이다. Generalized estimating equations can handle unequal intervals between observations. GEE의 효과는 cluster observations의 상관관계를 반영하므로 points estimate의 표준오차를 증가시킨다. 그러므로 신뢰구간도 커진다. 그러나 GEE는 point estimate(즉 회귀계수, odds ratio)를 변화시키지는 않는다. 단지 point estimates의 신뢰구간과 표준오차만을 변화시킨다.

GEE를 시행하려면 다음 세 가지 사항을 지정해 주어야 한다.

1) a link function(연결함수)
2) a working correlation matrix
3) a method for estimating the variance-covariance matrix

연결함수(link function)는 연구자가 자신의 자료를 적합시키기 위해 사용하는 모형의 형태를 말한다. 흔히 사용되는 모형으로는 선형(linear), 로짓(logit), 혹은 log 모형이 있다. Linear 모형은 normal distribution을 logit 혹은 log 모형은 binary distribution 혹은 Poisson distribution을 취하게 된다.

Working correlation matrix는 각 cluster가 서로 어떻게 연관성이 있는지를 나타내는 것으로 다섯 가지의 선택방법이 있다(표 10.3).

Variance-covariance structure(Covariance matrix)는 working correlation과 link function의 함수이다. Variance-covariance structure를 추정하기 위하여 흔히 사용되는 방법으로 Huber-White sandwich estimator(= robust estimator)와 mode-based estimate가 있다.

〈표 10.3〉 Types of working correlation matrices for generalized estimating equations

Type	Description	When to use
Exchangeable working correlation matrix (= compound symmetric working correlation.	Assumes that any two observations within a cluster have the same correlation.	Most common choice for analyzing data for non-independent observations.
M-dependent structure	Assume that the correlations of any 2 measurements an equal distance apart within a cluster are the same.	May use when correlations between repeated observations are known to decrease as the distance between them increase.
First-order autoregressive correlation model (= the exponential correlation model)	Assume that the correlation within a cluster decreases (in an exponential fashion) as the distance between observations increase.	May use when correlations between repeated observations are known to decrease over time (e.g., longitudinal studies).
Independent correlation model	Assume that the repeated observations within a cluster are independent (are not correlated).	May be used for studies where the number of observations per cluster is small relative to the number of clusters.
Unstructured correlation model	Makes no assumption about the correlation of observations within a cluster.	May use when the number of observations within a cluster is small and balanced. Otherwise computationally difficulty.

일단 link function, a working correlation matrix 그리고 method for estimating the variance-covariance matrix를 결정했으면 GEE를 할 수 있다. 결과는 linear regression, logistic regression 또는 Poisson regression과 비슷한 각 위험인자에 대한 회귀계수, 표준오차, p-값이 나오지만 표준오차는 cluster 안에서 correlation을 보정한 값으로 나온다.

SPSS에서 GEE를 하려면 주화면에서 Analyze ▶ Generalized Linear Models ▶ Generalized Estimating Equations……을 선택한다. 분석이 사용될 파일은 *example21.sav* file로 공기 오염이 어린이의 건강에 미치는 영향을, 어린이의 어머니가 연구초기에 흡연을 하는 경우와 하지 않은 경우로 나누어서, 어린이에게서 천식발작(wheeze)이라는 사건을 7살, 8살, 9살 그리고 10살에 고정된 시간에 연속적으로 4번 측정한 장기적인 연구이다.

변수의 종류는 ID는 어린이의 ID를, age는 1 = 7세 2 = 8세 3 = 9세 4 = 10세를, wheeze는 각 age 때 천식발작이 없었으면 0, 있었으면 1로 coding하였고 smoker는 어린이 어머니의 연구시작시 흡연상태로 nonsmoker = 0, smoker = 1로 coding하였다. 이 자료를 GEE로 repeated measures logistic regression에 적합시켜 보자. 자료에서 보면 한 어린이에게서 나이에 따라 네 번 천식발생 한 것을 관찰한 것이므로, 한 어린이마다 4명의 대상자로 ID만 같게 다시 coding을 한 것이다. 여기서 cluster되어 있는 것은 '어린이'라는 subject이다. 또한 within- subject variables은 age가 된다.

Analyze

Generalized Linear Models ▶

Generalized Estimating Equation…

Repeated…

▶ Subjected Variables: ID

▶ Within-subject Variables: Age

▶ Covariance Matrix: Robust estimator

Working Correlation Matrix

Unstructured

Response…

▶ Dependent Variable: wheeze

□ Variable represents binary response or number of events: 선택

Variable Represents

◉ Binary response

Reference Category…

◉ First (lowest value)

Distribution and Link Function

Distribution: Binomial

Link function: Logit

Predictors…

▶ Factors: age smoke

Model…

▶ Model: age smoke

다음은 결과이다.

Model Information

Dependent Variable	Wheeze[a]
Probability Distribution	Binomial
Link Function	Logit
Subject Effect 1	Child ID
Within-Subject Effect 1	Age
Working Correlation Matrix Structure	Unstructured

a. The procedure models Yes as the response, treating No as the refere category.

전체 모형에 관한 설명으로 종속변수는 Wheeze이고 reference는 No로 반응한 대상자이다. 종속변수의 확률분포로는 이항분포를, 연결함수로는 logit를 subject effect는 ID 변수가, within-subject effect는 age 변수가 working correlation matrix는 unstructured를 이용하였다.

Case Processing Summary

	N	Percent
Included	2148	100.0%
Excluded	0	.0%
Total	2148	100.0%

모든 대상자가 분석에 포함되어 2148명이다. 실제로는 한 대상자에 따라 4번씩 측정하였기 때문에 2148 ÷ 4 = 537명이다.

Correlated Data Summary

Number of Le\	Subject Effect	Child ID	537
	Within-Subject	Age	4
Number of Subjects			537
Number of Measurements	Minimum		4
	Maximum		4
Correlation Matrix Dimension			4

대상자를(subjects) 구분하는 변수가 하나이므로 대상자의 수는 subject effect의 수와 같은 537이다. 또한 반복적으로 측정된 것을 나타내는 변수도 하나이다. 각 대상자마다 최소 그리고 최대 측정할 수 있는 횟수는 within subject effect의 수준(level)과 동일하므로 위의 표는 각 대상자들에 대해 완전한 정보가 아니라는 것을 알 수 있다(즉 각 대상자에 대한 천식 발작 유무에 대한 자료가 각각의 나이에 따라 기록되었다는 의미이다).

다음은 범주형 변수에 대한 정보이다. 각 factor별로 종속변수와 나누어서 반응을 보인 대상자들의 수와 %를 보여 주고 있다.

Categorical Variable Information

			N	Percent
Dependent Variable	Wheeze	No	1822	84.8%
		Yes	326	15.2%
		Total	2148	100.0%
Factor	Age	7 years	537	25.0%
		8 years	537	25.0%
		9 years	537	25.0%
		10 years	537	25.0%
		Total	2148	100.0%
	Mother a smoker	No	1400	65.2%
		Yes	748	34.8%
		Total	2148	100.0%

다음은 goodness of fit, 즉 모형의 적합성에 대한 결과이다. 일반적인 likelihood function의 개념은 GEE에는 적용할 수 없다. 그러므로 보통의 goodness of fit에 대한 통계량은 계산할 수 없다. 대신 likelihood를 일반화한 것을 기초로 information criteria가 계산된다. Quasi-likelihood under Independence Model Criterion(QIC)를 두 개의 correlation structures 사이에서 선택하는 데 사용할 수 있다. 작은 QIC를 얻는 structure가 좋은 것이다. Corrected Quasi-likelihood under Independence Model Criterion(QICC)도 주어진 correlation structure로 두 개의 model terms 사이에서 선택하는 것에 도움을 줄 수 있다. 역시 작은 QIC를 얻는 structure가 좋은 것이다.

Goodness of Fit [a]

	Value
Quasi Likelihood under Independence Model Criterion (QIC)	1829.275
Corrected Quasi Likelihood under Independence Model Criterion (QICC)	1827.127

Dependent Variable: Wheeze
Model: (Intercept), age, smoker

a. Information criteria are in small-is-better form.

다음은 모형의 효과에 대한 검정이다. Type I과 Type III test가 있으며 Type III를 흔히 이용한다. 결과는 age 변수만 통계적으로 significant하다. 이 결과는 다음의 parameter estimation의 결과와 같다.

Tests of Model Effects

Source	Type III Wald Chi-Square	Type III df	Type III Sig.
(Intercept)	357.687	1	.000
age	10.022	3	.018
smoker	2.151	1	.143

Dependent Variable: Wheeze
Model: (Intercept), age, smoker

다음은 모수 추정값이다. 해석은 GEE를 logistic regression에 fitting시켰으므로 logistic regression에서와 똑같다.

Parameter Estimates

Parameter	B	Std. Error	95% Wald Confidence Interval		Hypothesis Test		
			Lower	Upper	Wald Chi-Square	df	Sig.
(Intercept)	-1.854	.1735	-2.194	-1.514	114.235	1	.000
[age=1]	.375	.1467	.088	.663	6.552	1	.010
[age=2]	.429	.1454	.144	.715	8.719	1	.003
[age=3]	.348	.1413	.071	.625	6.058	1	.014
[age=4]	0[a]	.	.	.	.	.	.
[smoker=0]	-.261	.1780	-.610	.088	2.151	1	.143
[smoker=1]	0[a]	.	.	.	.	.	.
(Scale)	1						

Dependent Variable: Wheeze
Model: (Intercept), age, smoker
a. Set to zero because this parameter is redundant.

어머니의 흡연 유무에 따른 천식 발생에 대한 $p = 0.143$으로 어머니의 흡연은 천식 발생에 대해서 통계적으로 insignificant하다고 할 수 있다. 반면 나이의 수준에 따른 천식의 발생에 sig.는 모두 $p < 0.05$이고 age = 4인 대상자에 비해 age = 1, 2, 3, 즉 나이가 어렸을 때 천식의 발생확률이 높았다. 또한 age = 1, 2, 3에 대한 신뢰구간을 보면 서로 겹친 부분이 많은 것으로 보아 세 집단이 모두 같이 천식의 발생확률이 높은 것을 알 수 있다.

Working Correlation Matrix

Measurement	Measurement			
	[age = 1]	[age = 2]	[age = 3]	[age = 4]
[age = 1]	1.000	.355	.309	.327
[age = 2]	.355	1.000	.441	.328
[age = 3]	.309	.441	1.000	.382
[age = 4]	.327	.328	.382	1.000

Dependent Variable: Wheeze
Model: (Intercept), age, smoker

Working correlation matrix 표는 within-subject measurement에 대한 estimated correlations을 나타내고 있다. 이 결과로 각 측정 사이에는 충분한 correlation이 존재한다고 할 수 있다. 첫 번째와 세 번째 측정 사이에는 0.309, 두 번째와 세 번째 측정 사이에는 0.441의 상관관계가 있다.

다음은 working correlation matrix를 다른 것으로(여기서는 unstructured에서 independent로) 바꾸어서 다시 GEE를 하면 결과는 어떻게 될까? 다른 회귀계수의 값이 나올까? 의미 있는 예측변수는 바뀔까? 모형의 적합성은 어떻게 변할까? Independent로 바꾸어서 다른 것은 같은 조건으로 GEE를 하면 다음과 같은 결과를 얻을 수 있다.

Goodness of Fit [a]

	Value
Quasi Likelihood under Independence Model Criterion (QIC)	1829.280
Corrected Quasi Likelihood under Independence Model Criterion (QICC)	1827.119

Dependent Variable: Wheeze
Model: (Intercept), age, smoker
a. Information criteria are in small-is-better form.

먼저 모형의 적합성은 independent correlation matrix를 이용해서 계산된 QIC는 1829.280이다. 이 값은 unstructured를 이용해서 구한 QIC값인 1829.275보다 0.05 크다. 결국 두 값의 차이가 거의 없으나 그래도 QIC값이 조금이라도 작은 unstructured를 이용하는 것이 모형이 가장 적합하다고 할 수 있다. GEE에서 working correlation matrix는 어떤 것을 선택하여도 parameter의 estimates의 값은 변하지만 예측변수에 의미 있는 significant한 예측변수는 바뀌지 않고 같은 결과를 얻는다.

다음에는 working correlation은 unstructured로 하고 interaction term을 포함하는 모형을 세워보자. 다음과 같이 age * smoker의 interaction을 포함시킨다.

Model…

▶ Model: age * smoke

먼저 모형의 적합성인 goodness of fit을 보면 main effect인 age와 smoker만을 모형에 투입했을 때보다 QIC값이 1831.805로 1827.127보다 크다. 그러므로 main effect만 보는 것이 interaction을 포함하는 것보다 모형의 적합성에는 좋다고 할 수 있다.

Goodness of Fit [a]

	Value
Quasi Likelihood under Independence Model Criterion (QIC)	1831.805
Corrected Quasi Likelihood under Independence Model Criterion (QICC)	1831.805

Dependent Variable: Wheeze
Model: (Intercept), age, smoker, age * smoker
a. Information criteria are in small-is-better form.

모수의 추정값은 다음과 같다. Interaction term의 통계적인 유의성은 없다.

Parameter Estimates

Parameter	B	Std. Error	95% Wald Confidence Interval		Hypothesis Test		
			Lower	Upper	Wald Chi-Square	df	Sig.
(Intercept)	-1.823	.2114	-2.238	-1.409	74.418	1	.000
[age=1]	.207	.2309	-.245	.660	.807	1	.369
[age=2]	.490	.2286	.042	.938	4.589	1	.032
[age=3]	.355	.2261	-.088	.798	2.461	1	.117
[age=4]	0[a]	.	.	.	.	.	.
[smoker=0]	-.312	.2737	-.848	.224	1.300	1	.254
[smoker=1]	0[a]	.	.	.	.	.	.
[age=1] * [smoker=0]	.270	.2988	-.316	.855	.814	1	.367
[age=1] * [smoker=1]	0[a]	.	.	.	.	.	.
[age=2] * [smoker=0]	-.100	.2966	-.682	.481	.114	1	.735
[age=2] * [smoker=1]	0[a]	.	.	.	.	.	.
[age=3] * [smoker=0]	-.011	.2897	-.579	.557	.002	1	.969
[age=3] * [smoker=1]	0[a]	.	.	.	.	.	.
[age=4] * [smoker=0]	0[a]	.	.	.	.	.	.
[age=4] * [smoker=1]	0[a]	.	.	.	.	.	.
(Scale)	1						

Dependent Variable: Wheeze
Model: (Intercept), age, smoker, age * smoker
a. Set to zero because this parameter is redundant.

이상으로 GEE를 이용하여 longitudinal binary data를 repeated measures logistic regression으로 적합시켜 보았으며 그 외에도 다양하게 Poisson 모형, loglinear 모형 등에 적합시킬 수 있다.

10.3 Mixed-effects 모형

Mixed-effect 모형은 mixed models, random effect regression models, random coefficients models, random regression models, multilevel models 그리고

hierarchical models로 불리는 다양한 이름이 있다.

Mixed란 이름은 fixed와 random effect를 모두 포함하기 때문에 붙여진 이름이다. 이 모형에서의 가정은 개인들은(individuals) average (fixed) response에서 random하게 벗어나(deviate) 있다는 것이다. Mixed-effects 모형의 근본인 fixed 모형은 linear, logistic 혹은 Poisson 모형이다. Random effect 때문에 각 individual subject의 slope과 intercept는 다를 수 있다.

Mixed-effects 모형은 multilevel 혹은 hierarchical 모형이라고도 불린다. 한 수준(one level)이 다른 수준보다 높은 곳에서 'random' variation의 2개 이상의 '수준(level)'을 포함할 수 있다. Mixed-effects 모형은 같은 대상자에서 반복적인 관찰을 했을 때도 사용될 수 있다. 반복된 관찰들은(level 1) 개체(subjects)의 'higher' level에서(level 2) correlated 되어 있는 것이다. 같은 맥락으로 동일인 신체의 두 부분에서의(level 1) 관찰은, 대상자의 level(level 2)에서 또한 cluster되어 있는 것이다.

Mixed-effect 모형이 generalized estimating equations 모형에 비해 좋은 점은 특정 집단에서 최소한의 표본의 크기에 대한 가정이 없다는 점이다. 또한 연구의 초점이 population의 평균을 예측하는 것보다는 각 개인에 대한 값을 예측하는 것이라면 mixed-effect 모형이 generalized estimating equations 모형보다 좋다. 예를 들면 흡연과 알코올 섭취의 과거력이 있는 65세 이상 Caucasian 여성의 bone mineral density를 예측하는 경우 mixed-effect 모형을 사용하는 것이 좋고, 지역사회 노인들의 표본에서 평균 bone mineral density에 나이, 흡연, 알코올 섭취가 미치는 영향을 추정할 때는 generalized estimating equations 모형을 이용하는 것이 좋다.

SPSS에서 mixed-effect 모형을 이용하려면 Analyze ▶ Mixed Models ▶ Linear……에서 이용할 수 있다.

10.4 Repeated measure analysis of variance

Repeated measures analysis of variance는 analysis of variance(ANOVA)를 확장한 것이다. ANOVA는 실험이나 어떤 특징(예를 들면 종족)에 의해 정의된 두 개 이상의 집단이 있을 때 interval로 측정된 outcome의 평균을 비교하는 데 사용된다. 또한 추가적으로 categorical 독립변수를 ANOVA 분석에 포함시킬 수 있다.

Generalized estimating equations이나 mixed-effects 모형과 달리 repeated measure of ANOVA는 고정된, 즉 연구기간 동안 변하지 않는 독립변수와 interval outcome variable만 수용할 수 있다. 또 다른 단점으로 각 대상자에 대해서 같은 수의 관찰이 있어야 하며 관찰은 같은 시간에, 즉 동시에 이루어져야 한다. 그러므로 repeated measure of ANOVA는 대규모의 관찰연구(observational studies)보다는 소규모의 실험실에서 동물이나 식물을 대상으로 하는 시험에 사용되고 있다. 이런 한계에도 불구하고 repeated measure of ANOVA는 각 cluster에서 같은 시간 간격으로 관찰이 이루어진 같은 수의 관찰을 할 수 있는 작은 규모의 실험실 연구를 분석하는 데 완벽한 모형이라고 할 수 있다.

일반적으로 표 10.4에서 보듯이 repeated measure of ANOVA는 generalized estimating equations이나 mixed-effects 모형보다는 탄력적이지 못하다. 그러므로 repeated measure of ANOVA의 사용은 점차 감소되고 있는 실정이다.

〈표 10.4〉 Comparison of generalized estimating equations, mixed-effects model and repeated measure analysis of variance

Characteristics	Generalized estimating equations	Mixed-effects models	Repeated measures ANOVA
Types of outcome variables accommodated	Interval, ordinal, dichotomous, categorical	Interval, ordinal, dichotomous, categorical	Interval only
Accommodate covariates that change value during study	Yes	Yes	No
Accommodate unequal number of observations?	Yes	Yes	No
Accommodate missing observations?	Yes, when data are missing randomly	Yes, when data are missing randomly	No
Accommodate unequally spaced observations?	Yes	Yes	No

10.5 Conditional logistic regression

8.3을 참조하기 바란다. 표준적인 logistic regression을 unconditional logistic regression이라고 한다. 두 방법의 차이는 conditional logistic regression에서는 observations 사이의 correlation을 고려한다는 점이다.

표준적인 logistic regression과 마찬가지로 conditional logistic regression에서도 연구기간 중 변하는 변수에 대한 효과는 분석을 할 수 없다. GEE나 mixed-effects 모형과 달리 conditional logistic regression은 한 개 이상의 원인에 의한 correlated outcome(즉 matching and clustering by sites)을 보정할 수 없다. 그러나 dichotomous outcome과 observations이 한 개의 원인으로 correlated 되어 있다면, conditional logistic regression이 GEE나 mixed-effects 모형보다는 설명하기도 쉽고 수행하기도 쉽다.

10.6 Anderson-Gill counting process for proportional hazards models

6.6장을 참조하기 바란다.

10.7 Marginal approach for proportional hazards analysis

시간이 지남에 따라 개인에게 한 번 이상 발생하는 결과와 함께 중도절단된 자료를 분석하는 다른 방법은 관찰결과에 대한 각 시간의 marginal distribution을 비례위험 분석에 대해 모형을 구성하는 방법이다. 이 방법의 장점은 correlated observations의 독립성에 대한 본질이 특정화 되지 않는 것이다.

생존분석에서 표본수의 계산

(Statistical Power Analysis)

11장

11.1 서 론

표본의 크기를 결정하는 것은 연구결과를 의미 있게 도출하기 위해 중요한 일이다. 연구대상의 수가 많으면, 자료가 정규분포를 할 가능성도 많고, 또한 많은 수의 대상자를 상대로 연구를 하였으므로 연구결과도 그만큼 신뢰성이 높을 것이다. 그러나 거기에는 많은 노력과 시간 그리고 경제적 부담이 따르므로 우리는 연구를 시행하기 전에 통계적으로 의미 있는 결과를 얻기 위해서 필요한 표본의 수를 미리 계산하여 연구대상의 크기를 결정하고 연구계획을 세우는 것이 바람직하다.

어떤 경우 표본의 수를 계산하는 power analysis는 연구자료의 분석 후에 연구의 정당성을 보여 주기 위해 하는 수도 있다. 특히 기대한 정도의 차이가 통계분석에서 발견되지 않았을 경우에는 표본의 수가 작아서 그럴 수도 있으므로 이때는 power analysis가 필요할 수도 있다. 표본의 크기를 정할 때는 미리 연구시작 전에 고정된 수를 할당하여 연구를 설계하는 fixed design과 연구시행 중 나타나는 결과에 따라 표본의 수가 결정되는 sequential design에 따라 다르다.

통계분석에서 표본의 크기는 통계적 의미의 유무에 대해 가설검정시 중요한 역할을 한다. 간단한 예를 가지고 표본의 크기에 따라 어떻게 통계적 가설 검정에 차이가 있는지 알아보자. 다음은 치료법 A와 B에 따라 치료효과의 차이를 2 × 2 표로 나타낸 것이다.

반응	A	B	합계
(−)	52	48	100
(+)	48	52	100
합계	100	100	200

반응	A	B	합계
(−)	5,200	4,800	10,000
(+)	4,800	5,200	10,000
합계	10,000	10,000	20,000

왼쪽 표는 표본의 크기가 200명이고 오른쪽 표는 표본의 크기가 20,000명으로 100배가 많다. Chi-square 검정은 치료 A와 치료 B 사이에 차이가 있는지 알아보자. 위의 자료를 다음과 같이 coding하고 Count 변수에 가중치를 준 후 Analyze ▶ Descriptive Statistics ▶ Crosstabs를 선택하고 Statistics에서 Chi-square를 선택한다.

RESPONSE	DRUGTYPE	COUNT
0	0	52
0	1	48
1	0	48
1	1	52

결과는 다음과 같다.

Chi-Square Tests

	Value	df	Asymp. Sig. (2-sided)	Exact Sig. (2-sided)	Exact Sig. (1-sided)
Pearson Chi-Square	.320[b]	1	.572		
Continuity Correction[a]	.180	1	.671		
Likelihood Ratio	.320	1	.572		
Fisher's Exact Test				.671	.336
Linear-by-Linear Association	.318	1	.573		
N of Valid Cases	200				

a. Computed only for a 2x2 table

b. 0 cells (.0%) have expected count less than 5. The minimum expected count is 50.00.

Pearson Chi-square의 sig = 0.572이고 p 〉 0.05로 통계적인 차이가 없다. 다음은 오른쪽 표에 대한 Chi-square 결과이다.

Chi-Square Tests

	Value	df	Asymp. Sig. (2-sided)	Exact Sig. (2-sided)	Exact Sig. (1-sided)
Pearson Chi-Square	32.000[b]	1	.000		
Continuity Correction[a]	31.840	1	.000		
Likelihood Ratio	32.009	1	.000		
Fisher's Exact Test				.000	.000
Linear-by-Linear Association	31.998	1	.000		
N of Valid Cases	20000				

a. Computed only for a 2x2 table

b. 0 cells (.0%) have expected count less than 5. The minimum expected count i 5000.00.

Pearson Chi-square의 sig = 0.000으로 p 〈 0.05로 통계적인 의미가 있다. 이것이 의미하는 것은 통계학적으로 유의한 결과를 얻기 위해서는 표본의 수를 크게 잡으면 된다는 것이다. 그러나 이 경우에 "20,000명이나 되는 표본을 대상으로 할 만큼 이 연구가 가치나 효율이 있는 연구인가?"하는 의문과 더불어 설혹 연구비 지원이 충분해서 연구의 타당성과 가치가 인정된다 하더라도 "200명 정도를 관찰해서는 차이를 보이지 않고 20,000명이나 되는 많은 숫자의 연구대상을 관찰해야만 차이가 인정되는 이 치료법이 과연 임상적으로 적용할만한 가치가 있다고 판단되는가?" 하는 의문이 생긴다.

임상연구에서는 완벽하고 정확한 방법으로 연구를 해도 표본의 크기가 너무 작으면 연구의 가설을 증명하기 힘들게 된다. 반면에 표본의 크기가 너무 크면 연구의 수행이 어렵고 경제적인 어려움이 따르게 되므로 적당한 크기의 표본수를 산정하는 것은 통계적으로 유의한 연구결과의 도출을 위해서, 그리고 연구수행의 효율적인 비용을 산출하기 위해서 중요한 일이라고 할 수 있다. 다음은 표본수 계산에 필요한 용어에 대해 알아보자.

11.2 통계적 추론

모집단에서 추출된 표본을 가지고 계산된 통계량으로 모집단의 모수를 추정하는 과정이 모수추정(parameter estimation)이다. 이 때 연구자가 주장하는 가설을 채택(accept)할 것인가 혹은 기각(reject)할 것인가를 검정하는 것을 가설검정(testing hypothesis)이라고 하며 이러한 과정을 통계적 추론(statistical inference)이라고 한다.

11.2.1 가설의 종류

가설검정은 모집단에 대해 어떤 가설을 설정한 후 표본 관찰을 통하여 가설의 채택 여부를 결정하는 것이다. 가설검정에서 가장 기본적인 사항은 검정하고자 하는 모집단의 모수에 대하여 가설을 설정하는 것이고, 가설의 종류에는 귀무가설(H_0: null hypothesis = 영가설)과 대립가설(H_1: alternative hypothesis = 대체가설 = 연구가설) 두 가지가 있다.

11.2.1.1 귀무가설과 대립가설

가설검정은 표본의 관찰 또는 실험을 통하여 귀무가설과 대립가설 중에 하나를 선택하는 과정이다. 모수에 대한 가설 중에서 '항상 간단하고 구체적인 표현'을 귀무가설로 설정한다. 대립가설이란 연구자가 입증하고자 혹은 주장하고자 하는 내용이다. 귀무가설은 이에 반대되는 가설이며 서로 배반적이다.

즉 귀무가설은 "모수가 어떤 특정한 값이다" 또는 "두 모수의 값이 같다"와 같이 간단하고 구체적인 경우를 지정한다. 반면 대립가설은 "모수가 특정한 값이 아니다" 또는 "한 모수의 값이 다른 모수의 값보다 크다" 또는 "두 모수의 값이 다르다" 등과 같이 귀무가설로 지정되지 않은 모든 경우를 말한다. 보통 연구자는 귀무가설을 기각하고 대립가설을 채택하려고 연구를 한다. 즉 새로운 약물이 혈압을 낮추는지 보려면 연구자는 "위약에 비해 새로운 약물이 혈압의 강하 정도가 두 집단 사이 혈압의 평균에 차이가 있다"라는 대립가설을 채택하고 "두 집단 간에 혈압의 차이가 없다," 즉 "혈압을 낮추는 차이가 같다"라는 귀무가설을 기각하려고 한다.

가설검정에서는 귀무가설이 옳다는 가정하에 표본에서 구한 검정통계량의 값이 나타날 가능성이 크면 귀무가설을 채택하고(accept), 가능성이 작으면 대립가설을 기각하게(reject) 되는데, '가능성이 크다' 또는 '가능성이 작다'의 판단 기준이 유의수준이다(significance level).

11.2.1.2 단측검정과 양측검정

대립가설의 형태는 가설검정의 목적에 의하여 결정되는데 가설검정은 대립가설의 형태에 따라 양측검정과 단측검정으로 나누어지고, 단측검정은 다시 왼쪽 단측검정과 오른쪽 단측검정으로 분류된다.

단측 대립가설(one-tailed alternative hypothesis)은 독립변수와 결과변수와의 관련성을 검정하고자 설정된 대립가설에서 그 방향이 미리 결정되어 있는 경우를 말한다. 예를 들면 새로 개발된 수술방법이 기존의 수술방법에 비해 침습의 정도와 부작용은 기존의 치료법에 비해 어쩔 수 없는 현상이지만, 새로 개발된 수술법은 "기존의 방법에 비해 부작용이 적은 방법임에는 틀림이 없으며 다만 그 정도가 통계적으로 유효한가?"에 관심이 있을 때 연구자는 '단측 대립가설'을 설정하게 된다.

반면에 양측 대립가설(two-tailed alternative hypothesis)은 "독립변수와 종속변수 간에 관련성 혹은 차이가 존재하는지?"에 대해서만 관심을 가지며 그 방향은 언급하지 않는 가설이다. 예를 들면 "기존의 고혈압 치료법인 약물요법과 여기에 생활습관요법(운동과 식이요법을 병용하는 새로운 치료법) 간에는 치료효과에 차이가 없다"라는 가설은 두 집단 사이에 차이가 있느냐, 없느냐 하는 존재 여부에만 관심을 갖고 있지 방향은 언급하지 않은 가설이다.

단측가설은 양측가설보다 통계적 검정에 비해 적은 표본의 수를 필요로 한다. 하지만 단측가설이 항상 적당한 것은 아니다. 단측가설은 특정 방향의 관련성 혹은 차이가 명확하다거나 생물학적으로 의미가 있을 때는 적합하게 사용될 수 있다. 그러나 안전하고 완전한 연구결과를 위해서는 "치료효과의 차이가 특정방향으로 나타날 것이 확연히 예측되는 아주 특수한 경우를 제외하고는 대부분의 임상연구에 있어서 양측가설을 설정하는 것이 좋다.

11.2.2 제1종 오류와 제2종 오류

자료수집이 완료되면 일반적으로 연구자는 귀무가설을 기각하고 대립가설을 채택하여 유의한 차이를 보고자 통계적 가설검정을 한다. 가설-검정 과정에서 "귀무가설이 사실인지 아니면 거짓인지?" 그리고 관찰자료의 결과가 "귀무가설을 지지하는지 아니면 그렇지 않은지?"에 따라 다음과 같은 네 가지 경우의 판정이 내려지게 된다.

표본의 관찰결과	귀무가설	
	사 실	거 짓
귀무가설 기각	1종 오류(= α)	옳은 결정(= $1-\beta$)
귀무가설 채택	옳은 결정(= $1-\alpha$)	2종 오류(= β)

가설검정에서 귀무가설이 사실임에도 불구하고 잘못하여 귀무가설을 기각하고 대립가설을 채택하는 것을 1종 오류(α), 즉 차이가 없는데도 불구하고 차이가 있다고 주장하는 경우로 이런 경우를 false positive이라고 한다. 반면 귀무가설이 거짓임에도 불구하고 귀무가설을 채택하고 대립가설을 기각하는 경우, 즉 차이가 있는데도 차이가 없다고 주장하는 경우를 2종 오류(β)라고 하고 이러한 경우는 false negative가 된다. 그러므로 α는 significance level이 되고 $1-\beta$는 power이다.

11.2.3 Statistical Significance (p-value = Significance Probability)

가설검정의 결과는 p-value로 요약되는데 그냥 probability가 아니고 significance probability이다. 이는 귀무가설이 사실인 경우 연구결과가 우연에 의해 얻어질 확률을 말한다. 통계학적인 용어로 설명하면 p-value는 귀무가설을 기각하는 경우에 제1종 오류를 범할 확률이라고 할 수 있다. 만약 p-value가 미리 정한 통계적 유의수준인 α보다 작으면($p < \alpha$) 귀무가설은 기각되어 "모집단에서의 유의한 차이를 인정하는 대립가설"을 지지하게 된다. 그러나 p-value가 유의수준인 α보다 큰 경우는($p \geq \alpha$) 귀무가설을 채택하여 "통계적으로 유의하지 않은 결과, statistically insignificance test"라 판정하게 된다. 그러나 "유의하지 않은 차이가 곧 모집단에서 차이가 없음"을 의미하지는 않는다. 이는 단지 "표본에서 관찰된 차이가 우연에 의해 일어날 수 있는 차이에 비해 확률적으로 작다는 것"을 의미할 뿐이다.

예를 들면 "두 집단의 혈압에 유의한 차이가 있다($p < 0.05$)"의 뜻은 이 판단이 잘못될 가능성(probability)은 5% 이하이고 나는 "이 판단이 맞다"라고 적어도 95%정도는 자신 있다는 주장을 하는 것이다. 반면 새로운 약제의 치료효과가 2배 높았고 $p = 0.09$이었다고 하자. 이것은 모집단에서 이 새로운 치료방법이 기존의 치료법에 비해 차이가 없다고 하더라도, 표본에서 임의로 발생되는 무작위 오류에 의해 그러한 차이가 발견될 확률이 9%라는 뜻이다. 이 때 유의수준을 0.05로 설정했다면 표본에서의 차이가 "통계적으로 의미 없다"고 결론지었을 것이지만 연구자가 유의수준을 높여(cut-off value를 90%로 하면) "결과는 통계적으로 유의하였다($p < 0.10$)"라고 보고할 수도 있다. 이러한 경우 "비록 차이가 있을 수 있음을 암시하고 있긴 하지만 연구의 결과는 통계적 유의수준에 미치지는 못하였다($p = 0.09$)"라고 기술하는 것이 보다 좋다. 또한 연구자는 논문에 p-value를 $p < 0.05$ 또는 $p < 0.01$와 같이 부등호를 이용하는 것보다는 프로그램에서 계산되어 나온 값을 그대로, $p = 0.000001$ 또는 $p = 0.002$, 이런 식으로 등호를 사용하는 것이 좋다. 왜냐하면 $p < 0.05$보다 $p = 0.003$이 보다 informative하기 때문이다.

SPSS의 출력된 결과를 보면 sig = 0.000라고 나오는 경우가 있다. 이 값은 sig level이 0이라는 의미가 아니다. 이 결과를 $p = 0$으로 보고하는 연구자는 없을 것이다. Sig level이 0이라는 의미는 영가설이 참일 때 연구자의 결과를 얻기는 불가능하다는 것을 의미한다. 이 sig의 값 0.000이 의미하는 것은 sig level이 〈 0.0005를 의미한다. 정확한 sig level을 보려면 결과창에서 pivot table editor로 들어가서 column의 폭을 조절하면 정확한 scientific notation의 값을 얻을 수 있다.

대립가설이 양측인 경우 가설을 검정하기 위한 통계적 검정을 수행하면 1종 오류는 분포의 양쪽 날개 각각에서 일어날 확률을 모두 포함하여 p-value로 표시되는데, 그 결과는 단측에서 발생하는 1종 오류 확률의 2배가 된다. 따라서 단측검정에 대한 p-value가 0.05일 경우 양측검정의 p-value은 2배인 0.1이 된다. 만약 연구자가 단측검정에만 관심을 가지고 있다면 표본수를 산정하는 과정에서도 이를 고려하여 1종 오류 및 2종 오류를 양측의 경우와는 달리 적용해야 한다. 단측가설을 검정하려 하는데 양측가설의 1종 혹은 2종 오값을 사용하는 것은 불필요하게 표본의 크기를 증가시키게 된다. 그러나 단측가설을 사용한 표본수 산정은 양측가설로 산정한 경우보다 power가 떨어짐을 명심해야 한다.

11.2.4 유의수준(Significance level, sig)

일반적으로 제1종 오류는 연구자가 조절할 수 있는 오류이고 제2종 오류는 연구자가 조절하기 어려운 오류이다. 그러므로 통계에서는 먼저 1종 오류를 범하는 확률 α를 설정하고 2종 오류인 β를 최소화시키는 과정을 갖게 되기 때문에 먼저 1종 오류를 일으킬 확률인 α의 정도의 범위를 정하는데 이를 유의수준이라고 한다. 달리 말하면 귀무가설이 사실임에도 불구하고 이를 기각하고 대립가설을 채택하는 오류를 범할 확률의 최대 허용치를 의미한다. 이 때 흔히 사용하는 α값은 0.05(5%), 0.01(1%), 0.10(10%)이다

유의수준은 문제의 심각성과 검정방식에 따라 달라진다. 문제의 심각성이란 1종 오류를 범했을 때 그 결과의 심각성이 어떠한가를 가지고 유의수준이 결정된다. 심각성이 적다면 유의수준은 낮아지고, 즉 α는 커지고 심각성이 높다면 유의수준은 높아(α는 작아지고)질 것이다.

예를 들어 $\alpha = 0.05$ 이하에서 대립가설을 채택한다면 이러한 경우 오류를 범할 확률은 5%를 넘지 않는다는 의미이다. 즉 최소한 95%는 자신의 결정이 옳다고 확신하는 것이다. 보통 0.05가 많이 사용되나 심각성이 높으면 0.01로

할 수도 있고 심각성이 낮으면 0.10으로도 할 수 있다. 그러나 0.01 이상은 보통 허용되지 않는다.

통계적 유의성과 임상적 유의성

통계적 유의성이 있다고 그것이 바로 임상적 유의성이 있다는 것은 아니다. 그러므로 통계적 유의성을 해석하는 데는 주의가 필요한데 그 이유는 일반적으로 연구자들은 통계적 유의성에 의미를 더 두는 경향이 있기 때문이다. 첫째, 통계적 유의성이 있다고 하더라도 실제적인, 즉 임상적 유의성이 없는 경우도 많이 있다.

예를 들면 두 변수 간의 상관계수가 0이라는 것을 증명하고자 할 때 표본의 크기가 너무 큰 경우는 표본의 상관계수값이 작아도(0.08이라고 하자) 유의수준 1% 이하에서 통계적 유의성을 가질 수 있다. 이 경우 모집단의 상관계수는 0.08에 매우 가까울 것으로 생각되므로 임상적 유의성에도 불구하고 우리는 실제로 두 변수 간의 상관성은 실제로 무시할 수 있다고 생각한다.

둘째로는 연구자들은 significance가 없는 연구논문의 결과는 외부로 공개하지 않고 사장시켜 버리는 경우가 많은데 유의성이 검출되지 않았어도 그 자체로 매우 훌륭한 의미를 지닐 수 있다는 점과 유의성 검출의 실패와 같은 연구결과가 발표되어야만 나중의 불필요한 연구를 막을 수 있다는 점이 있다. 따라서 연구자는 통계적 유의성과 임상적 유의성을 동일시하지 않아야 한다. 또한 의학연구논문의 결과를 확대해석 해서는 더욱더 곤란하다. 즉 연구결과를 실제 연구에서 사용되지 않은 투약용량으로 확대 적용하여 언급을 하거나 연구대상 환자집단과 속성이 다른 집단의 환자들에게 일반적으로 적용하여 해석해서는 안 된다.

11.2.5 신뢰도(Reliability)와 신뢰구간(Confidence Interval)

흔히 방송에서 이런 언급이 있다. "이번 출구조사는 신뢰구간 95%에 오차범위가 ± 5% 이다." 이것의 의미는 무엇일까?

신뢰도란 측정을 통해 어떤 결과를 얻었을 때 다시 측정해도 같은 결과를 얻을 수 있는 확률이다. 예를 들어 측정값 3 ± 1의 신뢰도가 95%라고 하면 다시 같은 측정을 했을 경우 2에서 4 사이의 값을 얻을 확률이 95%라는 의미이다. 그러므로 95% 신뢰구간이란 말의 뜻은 신뢰도가 95%인 구간을 말한다. 그러므로 '신뢰구간 95%'란 표현은 정확하지 않으며 옳은 표현은 '95% 신뢰구간'이다. 즉 모집단의 95%를 포함하는 구간을 말한다.

그럼 95% 신뢰구간에 오차범위가 ± 5%의 의미는? 이는 측정값 A의 95% 신뢰구간이 A − A * 0.05에서 A + A * 0.05 사이라는 뜻이다. 즉 다시 같은 측정을 해도 A에서 5% 이상 벗어날 확률은 5% 이하라는 뜻이다. 모집단이 정규분포를 한다면 95%의 신뢰구간은 mean ± 2 * standard deviation이다. 자연의 대부분의 분포에서는 평균값 ± 2 * standard deviation의 구간이 95%의 신뢰도를 나타낸다. 즉 95% 신뢰구간이 ± 2 * standard deviation이다.

예를 들어 막대의 길이를 여러 번 측정시 평균이 80cm, 표준편차가 1cm라고 가정하고 또한 정규분포에 따른다고 가정하면 95% 신뢰구간은 80 − 2 * 1에서 80 + 2 * 1이 되므로 측정결과는 80 ± 2 cm가 되고 이 측정결과는 95%의 신뢰도를 갖게 된다. 이 경우 2cm는 80cm의 2.5%이므로 95% 신뢰구간에 오차범위 ± 2.5%라고 말할 수 있다. 만약 측정결과를 80 ± 1cm라고 주장한다면 신뢰도는 낮아진다. 즉 다시 측정했을 때 측정값이 그 범위에 들어올 확률은 낮아진다. 구간이 좁아졌으니 당연하다. 이 경우 오차를 표준편차의 한 배만을 사용했으므로 신뢰도는 68%가 된다. 이것도 정규분포의 특성이다. 정규분포는 ± 1의 표준편차의 신뢰도가 68%이다. 이 경우는 68% 신뢰구간에 오차범위 ± 1.25%(1cm는 80cm의 1.25%이므로)가 된다.

신뢰구간은 모집단의 평균이 있을 것으로 추측되는 구간으로 극단적으로 표본이 모집단 전체라면 표본의 평균과 모집단의 평균이 같으므로 신뢰구간의 길이는 0이 된다. 표본의 수가 많을수록 표본의 평균은 모집단의 평균에 가까워지므로 신뢰구간의 길이는 점점 좁아지게 된다. 신뢰도가 100%일 경우에는 모집단의 평균이 존재할 수 있는 곳은 표본공간이 정의된 구간 전체가 된다. 즉 모집단의 평균이 구간 전체 중 어딘가에 있다는 것은 100% 확실하게 말할 수 있게 된다. 따라서 신뢰도를 증가시키면 신뢰구간의 폭은 증가하게 된다.

연구자가 95%의 신뢰구간을 설정했다면 모집단의 평균이 이 구간 내에 포함될 수 있는 가능성이 95%정도임을 의미한다. 그러므로 모집단의 평균을 추정할 때의 신뢰도는 높을수록 신뢰구간의 폭은 짧을수록 좋다. 신뢰구간은 보통 90%, 95%, 99%의 신뢰수준에서 선택한다. 95%의 신뢰구간은 장기적으로 실험을 되풀이할 때 만약 100번을 되풀이할 때 이 신뢰구간에서 95번은 true value를 가지고 나머지가 false value를 가진다는 뜻이다.

보통 연구에서 95%의 신뢰구간이 사용되는데 그 이유는 다음과 같다. 만약 어떤 측정값이 95%의 신뢰구간에 100 ~ 110이라고 할 때 이 100 ~ 110이 틀릴 확률은 5%이다. 즉 맞을 확률은 95%이다. 신뢰구간을 좁혀 90%의 신뢰구간에 103 ~ 108이라고 하면 물론 신뢰구간의 폭이 좁아지면 측정값의 수치는 103 ~ 108로 구간이 좁아지므로 틀릴 확률은 더 높아진다. 만약 신뢰구간의 폭을 늘리면 측정치의 폭은 넓어진다. 그럼 100% 신뢰구간에 측정값 = (0 – ∞) 이렇게 표현할 수도 있을 것이다. 그러나 이런 표현은 아무런 의미가 없다. 반면에 10% 신뢰구간에 '105.2311' 이렇게 표시할 수도 있으나 소수점 네 자리까지 맞추기에는 틀릴 것이 확실하므로 두 가지를 만족하는 것으로 많이 사용되는 것이 95% 신뢰구간이다. 99% 신뢰구간을 사용하면 신뢰도는 높지단 폭이 넓어지고, 90% 신뢰구간을 사용하면 폭이 좁아지지만 신뢰도가 낮아진다. 결국 표본의 수를(n) 많이 확보하는 것이 두 가지를 모두 만족시키는 비결이다.

11.3 표본수 결정시 고려해야 할 사항

11.3.1 Alpha(α), beta(β) 그리고 power

연구자는 연구를 시작하기 전, 1종 오류 및 2종 오류의 발생 가능성을 최대한으로 잡아 놓는다. 제1종 오류를 범하게 될 확률을 α라 한다. 한편 "원래는 차이가 있는데 잘못해서 차이가 없다"고 판정을 내리게 되는 제2종 오류를 범할 확률을 β라 하며, 여기서 특히 $(1-\beta)$는 "원래 모집단에서 치료법 간에 어느 정도 이상의 차이가 존재하고 있을 때 귀무가설을 기각해서 차이가 있음을 표본에서 관찰하게 될 확률"을 의미한다는 뜻에서 power of the study라고 한다. 만약 $\beta = 0.2$라면 연구자는 "원래 존재하는 차이를 잘못해서 받아들이지 못할 확률을 20% 정도는 인정한다"는 의미로, 다시 말하면 이러한 연구계획하에서 진정한 차이를 표본에서 관찰하게 될 확률을 80%로 하겠다는 연구자의 의지인 셈이다.

α와 β 모두가 위양성과 위음성이 발생되지 않도록 0이 되면 가장 이상적인 연구가 된다. 연구자는 α와 β가 모두 가능한 한 작게 되도록 연구를 계획하게 되는데, 이는 실제로는 표본의 수를 늘려야 가능해진다. 즉 표본수 결정에

있어서의 궁극적인 목표는 불필요하게 과다한 비용이 연구수행에 소요된다거나 아니면 과다한 대상자 수 때문에 연구수행이 불가능하게 되지만 않는다면 가능한 α와 β가 낮아지도록 충분한 수의 연구대상을 확보하는 데 있다.

대부분의 연구에 있어서 $\alpha = 0.05$, $\beta = 0.20$(power = 0.80)를 일반적인 기준으로 삼고 있다. 이는 연구의 목적과 여건에 따라 임의로 정할 수 있는 것이지만 일반적으로는 α는 0.01 ~ 0.10 사이에서, 그리고 β는 0.05 ~ 0.20 사이에서 결정한다. 연구의 목적상 1종 오류를 피하는 것이 중요한 경우에는 α 값을 낮게 정하게 되며, 반대로 2종 오류를 피하는 것이 중요한 경우에는 β 값을 낮게 정하면 된다.

11.3.2 예상되는 차이의 크기

연구자가 연구 가설상의 차이를 실증적으로 증명할 수 있는 가능성은 대상집단에 존재하는 진정한 차이 혹은 관련성의 실제 크기에 달려있다. 즉 모집단에서의 진정한 차이가 매우 크다면, 그러한 차이는 표본에서도 발견하기가 쉬울 것이다. 반대로 관련성이 매우 적다면 한정된 수의 표본을 관찰해서는 차이가 있다는 증거를 찾아내기가 매우 힘들 것이다. 그러나 불행하게도 연구자는 모집단에 있어서의 진정한 차이 혹은 관련성의 정도를 모르고 있다. 물론 그 관련성을 평가하는 것이 연구목적의 하나이므로 모르는 것은 당연하다. 그 대신 연구자는 표본을 관찰할 때 측정될 것으로 예상되는 차이 혹은 관련성의 정도를 미리 스스로 정해야만 한다.

연구자가 미리 자기 연구의 결과로 예측되는 적당한 크기의 차이를 정해야 한다는 것은 표본수를 결정하는 데 가장 어려운 점의 하나이다. 연구자는 이를 위해 자신의 과거 경험, 다른 연구자의 실험결과 혹은 유사한 연구의 결과를 이용하여 합리적인 차이의 크기를 결정해야 한다. 자료를 구할 수 없는 경우에는 임상적으로 의미 있는 가장 작은 차이를 선택할 수밖에 없다.

11.3.3 측정의 신뢰도

표본수 계산에서 예상되는 차이의 크기뿐 아니라 치료효과로서의 혈압이나 5년 후 생존여부와 같은 종속변수 측정상의 신뢰도, 정밀도(precision), 혹은 변동량(variability) 역시 문제가 된다. 일반적으로 통계학적 검정의 결과는 비교하고자 하는 집단 간의 차이에 의해 일차적으로 좌우되지만, 아무리 두 치료법간의 평균치에 큰 차이가 존재한다 해도 측정의 신뢰도가 낮아 변이의 폭이 크면 두 집단의 분포에 중복되는 부분이 많아 그들 사이의 차이를 증명하기 어렵게 된다는 뜻이다.

11.3.4 탈락의 정도

임상시험은 치료법을 적용한 후 일정 기간 동안 연구대상을 추적해야 하므로 추적기간 도중에 탈락되는 예가 불가피하게 발생된다. 이러한 문제는 특히 생존분석에서 문제가 된다.

따라서 연구계획을 수립하는 과정에서 표본의 수를 아무리 적당한 통계학적 방법을 적용하여 산출하였다 해도 탈락된 예가 많으면 그 결과는 통계학적 유의성을 보장하지 못하는 상태로 나타나게 된다. 표본수 산출단계에서 예상되는 탈락의 정도를 예측할 수 있으면 이를 사전에 보정해 주어야 한다.

11.3.5 교란변수

교란변수의 존재시 교란변수의 영향을 통제하는 통계학적 방법을 이용하여야만 적당한 표본수를 산출할 수 있게 된다. 일반적으로 교란변수의 영향을 통제하는 통계적 분석법을 고려하면 고려하지 않은 경우에 비해 필요한 표본의 크기가 증가된다.

11.4 표본수의 계산

표본수를 계산할 때는 위에서 언급한대로 가설의 형태, 분석하는 통계적 방법, 예상되는 차이의 크기, 측정의 신뢰도, α, β, power 등을 고려하여 주어진 공식으로 계산하거나 통계 프로그램을 이용하여 계산하게 된다. 표본수를 구하는 공식도 각 통계방식에 따라 약간씩 다르다. 그러므로 여기서는 생존자료를 공식에 적용해서 계산해 보기로 한다.

현재 표본수를 구하는 통계 프로그램은 많이 있다. SPSS의 본 프로그램에는 포함되어 있지 않지만 SPSS에서 나오는 표본수 계산 프로그램인 SamplePower 2.0은 사용하기 쉽고 거의 모든 통계적인 방법에 따라 사용자가 α, β power 같은 표본수 결정에 영향을 주는 요인만을 지정해 주면 쉽게 표본수를 계산할 수 있다. 먼저 공식을 이용해서 표본수를 계산해 보도록 하고 이때는 계산을 하는 데 다음의 표 11.1을 이용한다.

〈표 11.1〉 유의수준(α) 과 power (1− β) 에 따른 표준화 정규분포의 $Z\alpha$, $Z\beta$의 값

	양측(Z_α)	단측(Z_α)		양측(Z_β)
α = 0.01	2.576	2.326	$1-\beta$ = 0.80	0.840
α = 0.05	1.960	1.645	$1-\beta$ = 0.90	1.282
α = 0.10	1.645	1.282	$1-\beta$ = 0.95	1.645
			$1-\beta$ = 0.99	2.326

일반적으로 생존자료의 분석시 귀무가설은 "치료법 간의 평균생존율에 차이가 없다"이고 대립가설은 "새로운 약제의 평균생존율이 더 길다(단측검정)"이다. 그러므로 독립변수는 이분형 자료인 치료약제의 종류이고 결과변수는 평균생존율이 된다. 이 때 예상되는 크기의 차이(Φ), 즉 새로운 약제가 기존약제에 비해 1.5배 효과가 좋다고 예측한다면 α(단측검정) = 0.05로 할 때 표에서 Z_α =1.645가 된다. 그리고 power를 0.8로 한다면 $1-\beta$ =0.8일 때 Z_β = 1.840이 되고 표본수 산출공식은

$$N = \frac{2(Z_\alpha + Z_\beta)^2}{[\ln(\Phi)]^2} = \frac{2(1.645+1.840)^2}{[\ln(1.5)^2]} = 151.875$$

즉 한 집단에 151명 합해서 300명 정도의 표본의 수가 필요하다.

이 방법은 사건의 발생여부에는 관심이 없고 사건 발생까지의 시간에만 관심이 있다. 따라서 치료종류에 따른 length of survival을 비교하는 경우에 이 방법을 이용하며 중도절단이 없어야 한다. 이 공식은 표본수 산출공식을 근사적으로 접근한 것이지만, 비교집단이 두 개인 경우에는 매우 정확하다. 그러나 실제로 생존분석 자료에 중도절단이 없는 경우는 없다.

11.5 SamplePower 2.0

SamplePower는 표본수를 계산하는 software이다. SamplePower을 이용하면 다음과 같은 분석을 할 때 표본수를 계산할 수 있다. SamplePower 설치 후 File ▶ New를 선택하면 다음의 Procedures screen이 나온다(그림 11.1).

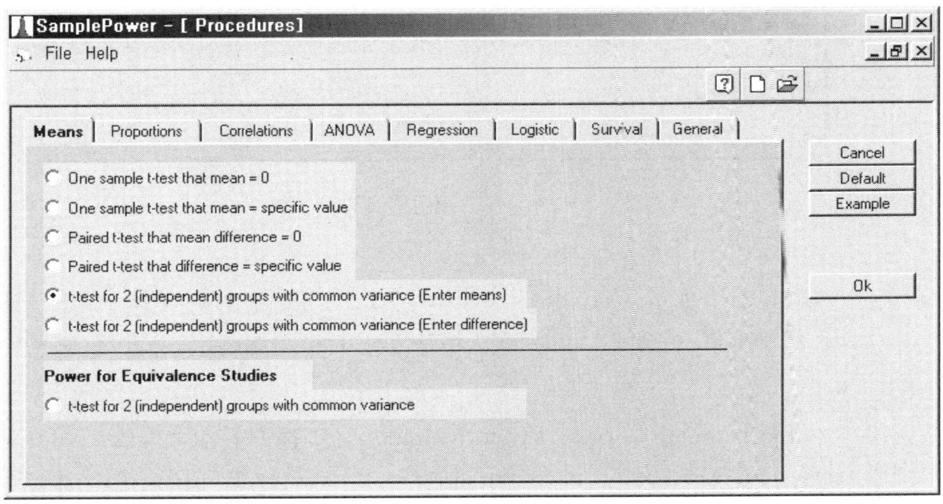

〈그림 11.1〉

그림 11.1에서 보듯이 SamplePower는 평균을 비교할 때, Proportions을 비교할 때, Correlations, ANOVA, Regression, Logistic 그리고 Survival 분석의 주메뉴에서 각각의 분석방법에 따라 선택하여 표본수를 계산한다. 여기서는 생존분석이 중요 관심사항이므로 Survival을 선택한다(그림 11.2).

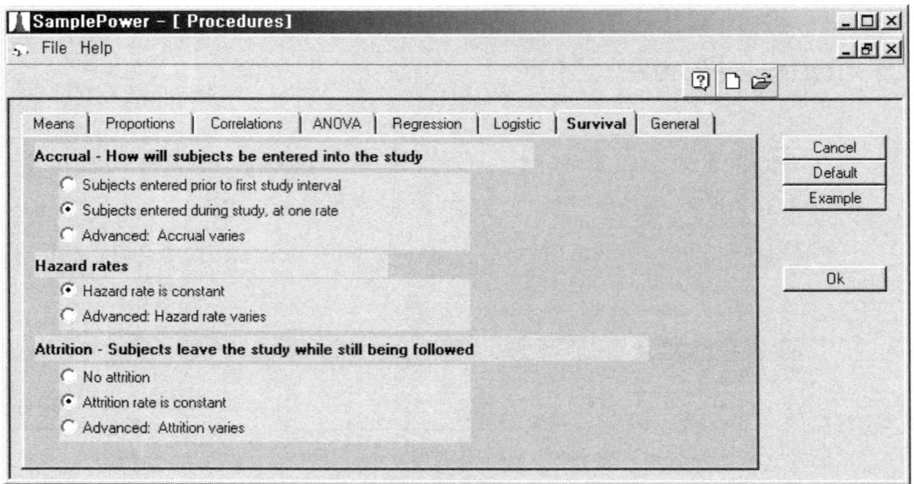

〈그림 11.2〉

그림 11.2에서 accrual의 사전적 의미는 자연증가를 말한다. 여기서는 연구에 대상자를 어떻게 등록하여, 연구대상자가 늘어나는 방법을 결정하는 것이다.

Subjects entered prior to study interval은 연구가 실제적으로 시작되기 전에 모든 대상자가 accrued되고 기다리는 것을 의미한다. 사실 모든 대상자는 연구 시작 첫째 날에 enter된다. 만약 추적기간이 24개월이고 모든 대상자에서 사건이 발생하지 않았거나 다른 이유로 추적에서 탈락되지 않았다면 각 대상자는 24개월을 전부 추적 관찰한 것이다.

Subjects entered during study, at one rate는 accrual rate가 일정한 상수인 경우이다. 대상자는 시간이 지남에 따라 연구에 참여하고 연구는 계속 진행을 한다. 예를 들면 6개월에 걸쳐 연구대상자를 enroll 하기로 계획을 세운 후, 마지막 대상자가 연구에 참여한 이후 추가로 18개월을 추적 조사하였다면, 이것은 처음 환자는 24(6 + 18)개월을 추적 조사한 것이고, 마지막 대상자는 18개월만 추적 조사했다는 것을 의미한다. 이 항목을 선택하면 대상자가 참여한 시간 간격을 지정할 수 있고 entry rate는 연구기간에 걸쳐 일정하다고 가정한다.

Advanced: Accrual varies 는 accrual rate가 변하는 경우이다. 예를 들면 한 달에 적은 수의 대상자를 3개월에 걸쳐 enroll 하기로 계획했을 때, 새로 연구에 참여시키려는 대상자를 늘리기 위해 연구자는 노력을 하게 된다. 또는 연구

시작 전에 어떤 대상자는 연구에 포함시키려고 계획을 세우기도 하고 연구가 끝나고 추가로 대상자를 연구에 포함시키려고 계획 중일 수도 있다. 이 항목을 선택하면 변수로 accrual time을 표와 graph에 포함시킬 수 없다.

대부분의 연구는 주어진 시간의 시점에서 끝나고 그 시점까지 사건 발생이 없는 대상자는 그 시점에서 censored된다. 그러나 어떤 경우에는 연구의 종료 시점을 연기해서 모든 대상자를 같은 시간의 간격으로 추적하는 경우도 있다. 예를 들면 2000년 1월 1일부터 2000년 3월 31일까지 3개월에 걸쳐 대상자를 연구에 포함시키기로 하였다고 하고 원하는 추적기간은 12개월이라고 가정하자. 2000년 1월 1일에 연구에 참여한 대상자가 2000년 1월 1일에 연구에서 탈락되어 중도절단 될 수 있고, 2001년 2월 1일 연구에 참여한 대상자가 2001년 2월 1일에 drop out될 수 있다. 이런 경우 대상자가 연구기간에 걸쳐 accrued 되었어도 net effect는 모든 대상자가 12개월 전체를 추적 조사한 것이다. 그러므로 이런 경우는 Subjects entered prior to study interval을 선택해야 한다. 이 방법은 모든 대상자가 12개월에 중도절단 된 것으로 처리한다.

Hazard rate는 모든 시간의 시점에서 사건이 발생할 순간위험률이다. 이상적으로 시간 간격이 작다면 hazard rate는 구간 안에서 사건이 발생할 risk와 같게 된다. Hazard rate is constant는 hazard rate가 시간이 지나도 일정한 경우에 선택한다. 예를 들면 연구기간 중 한 집단의 hazard rate가 5%이고 다른 집단에서는 10%로 일정할 때 선택한다.

Hazard rate varies는 hazard rate가 one time period에서 next time period까지 변할 때 선택한다. 예를 들면 두 집단의 초기 hazard rate가 2%: 4% 이었는데 나중에 5%: 10%로 변한 경우에 선택한다. 두 집단의 hazard rate는 비례할 수 있지만 꼭 그럴 필요는 없다.

Attrition은 연구기간 중에 연구에서 떠나는 대상자를 말한다. 더 정확하게는 사건이 발생했거나 혹은 연구종료시까지 사건이 발생하지 않은 대상자를 attrition이라고 한다. No attrition은, 예를 들면 처음 intervention(surgery vs. no surgery)을 하고 아주 짧은 기간을 연구하는 경우에 발생할 수 있다.

Attrition is constant는 연구기간 중 두 집단의 attrition rate가 일정한 경우 선택한다. 예를 들면 연구에서 떠나는 이유가 지리적인 이유로 다른 지역으로 이사 가는 이유만으로 attrition이 발생한 경우이다. 즉 일반적으로 censoring의 가정이 만족되는 경우이다. Attrition option을 선택하면 attrition이 변수로 표와 graph에 포함이 된다.

Accrual, Hazard rate 그리고 attrition에서 각각의 조건을 선택한 후 OK를 click하면 다음의 interactive screen이 나온다(그림 11.3).

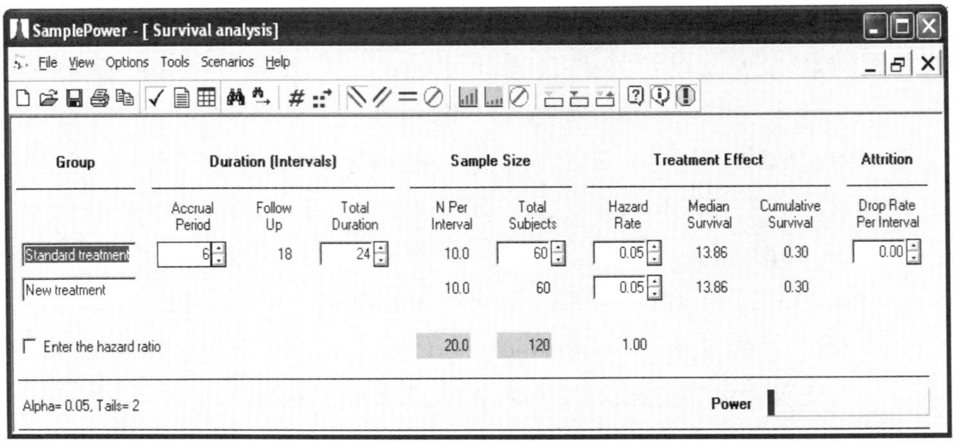

〈그림 11.3〉

Group에 비교하려는 집단의 label을 임의로 입력한다. 본 예제에서는 Standard treatment와 New treatment 사이의 time to event에 대한 표본수를 계산하기로 한다. Default로 interval label은 interval로 subjects label은 subject로 프로그램에서 출력이 된다. 그림 11.3의 interactive screen에서 Options → Customized screen에서 interval을 months나 year로, subject를 patient 등으로 바꿀 수 있다. 바꾸어도 결과의 차이는 없다.

Duration(Intervals): 연구 전체기간은 accrual 기간과 추적기간을 합한 기간이다. 예를 들면 6개월 간 accrual했고 18개월간 추적했으면 total study period는 24개월이 된다. Accrual period와 추적기간을 입력하면 program은 전체기간을 출력해 주고, 전체기간과 accrual period를 입력하면 추적기간을 출력해 준다. 그림 11.3에서 Duration(Intervals)을 mouse로 double click하면 다음의 그림 11.4가 나온다.

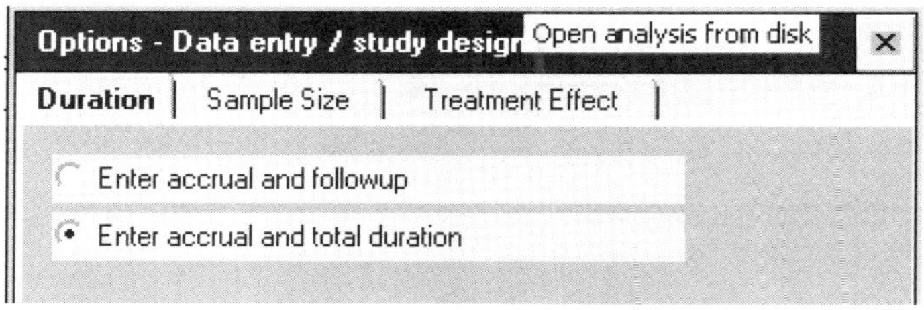

〈그림 11.4〉

그림 11.4에서 accrual period와 추적기간을 지정할지, accrual과 전체기간을 지정할지 결정해 준다. 그럼 연구기간과 accrual과 power의 관계는 어떻게 될까? 일반적으로 연구기간이 길면 사건의 발생이 많으므로 연구의 power는 높아진다. 대상자가 연구기간 동안에 enroll될 때 보다는 연구시작 전에 enroll될 때, accrual period가 길 때보다는 짧을 때 power는 높아진다. 또한 accrual period가 같을 때는 초기에 accrual rate가 높을 때가 연구기간이 지남에 따라 accrual rate가 높을 때보다 power가 높다.

Treatment effects: treatment effects는 hazard rate에 따라 달라진다.

1) hazard rate가 일정한 constant일 때

Hazard rate가 일정할 때 그림 11.3에서 Treatment Effect button을 mouse로 double click하면 그림 11.5의 dialogue box가 보인다.

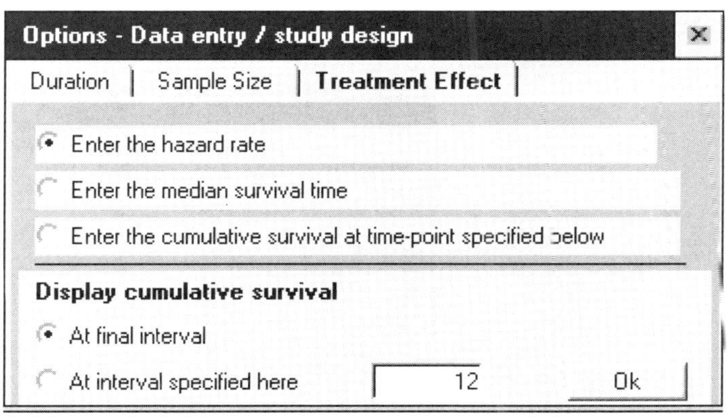

〈그림 11.5〉

Hazard rate, Median Survival and Cumulative Survival 중 한 가지를 입력해 주어야 한다. Hazard rate를 비교하려는 집단 모두에서 지정해 주면 program은 두 집단 사이의 hazard ratio를 계산해 주고, 한 집단에서만 hazard rate를 입력하고 그리고 hazard ratio를 지정해 주면 다른 집단의 hazard rate를 계산해 준다.

2) Hazard rate가 변할 때

그림 11.2에서 Advanced: Hazard rate is varies를 선택하면 Treatment Effect의 화면에 다음과 같이 약간 변화가 생긴다.

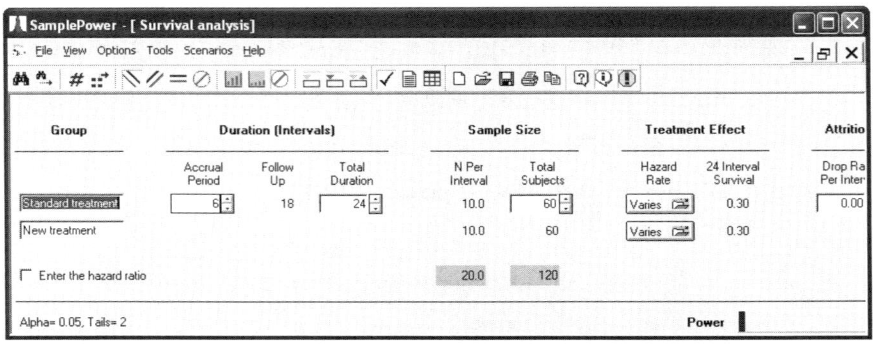

Hazard rate가 두 집단에서 서로 변하므로 각각 집단에 따라서 Varies를 click하면 다음의 화면을 볼 수 있다. 여기에 두 집단의 interval에 의한 hazard rate를 연구자가 직접 지정해 주어야 한다.

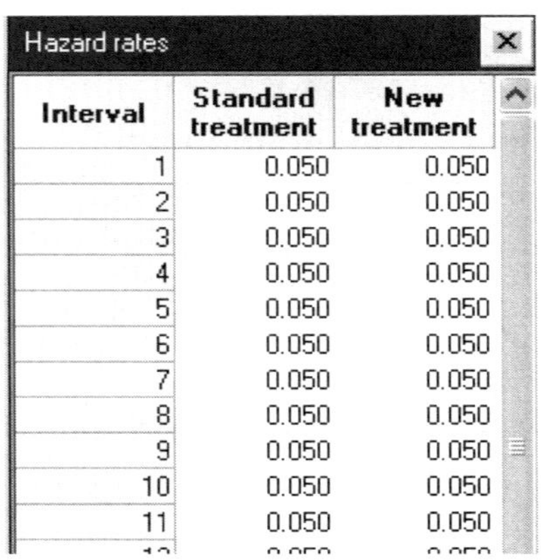

Power는 사건이 발생한 숫자에 영향을 받으므로 hazard rate는 두 집단에서 event rate를 비교할 수 있을 정도로 충분히 커야 한다. 그러므로 hazard rate가 매우 낮으면 power는 낮아지게 된다.

Attrition: 사건이 발생했거나 연구종료 때까지 사건이 발생하지 않아 censoring된 경우는 자동으로 계산이 된다. 즉 사건이 발생한 숫자는 hazard rate에 의해서, 연구종료 때까지 사건이 발생하지 않아 censoring된 경우의 숫자는 accrual and follow up의 자료로 자동적으로 계산이 된다. 그러나 연구종료 때까지 사건이 발생하지 않아 censoring된 경우를 제외한 다른 이유로 censoring된 경우는 다른 수치로부터 결정될 수 없고 연구자에 의해 결정되며 이런 경우를 drop out 혹은 attrition이라고 한다. Attrition은 실제적으로 연구에서 대상자의 수에 영향을 준다. Attrition rate가 낮으면 당연히 power는 커진다. Attrition이 없으면 가장 좋으나 이런 경우는 임상자료에서는 없다.

Sample size 화면은 Procedures screen에서 accrual type을 어떻게 지정했는지에 따라서 나누어진다.

1) Sample size when accrual is prior to study
   이때는 모든 대상자가 연구시작 전에 accrual되므로 전체 연구대상자를 알고 있으므로 연구자는 전체 대상자를 입력해 주어야 한다.
2) Sample size when accrual is during study, at constant rate
   전체 연구대상자의 수를 입력하면 program은 number per interval을 계산해 준다. 혹은 number per interval을 입력하면 program은 전체 대상자의 수를 계산해 준다. 어떻게 입력을 할 것인지는 Option의 Customized screen에서 정할 수 있다.
3) Sample size when accrual varies
   이때는 interactive screen의 sample size button 밑에 varies가 나오므로 여기에 accrual period(6개월 같이)와 전체 표본의 수를 지정해 주어야 한다.

지금까지 설명한 내용을 실제 예를 가지고 sample size를 계산해 보자. 연구자는 cancer 환자를 무작위로 두 집단으로 할당하고 수술치료와 수술치료 + 방사선치료의 효과를 보고자 하며, 여기서 outcome은 cancer의 재발이다. Accrual rate, hazard rate 그리고 attrition rate는 constant하다고 가정한다. 그림 11.2와 같이 지정을 하고 OK를 click한다. Option의 Customized screen에서 interval label은 month로 subject label은 patient로 바꾼다. 그리고 다음과 같이 지정해 준다.

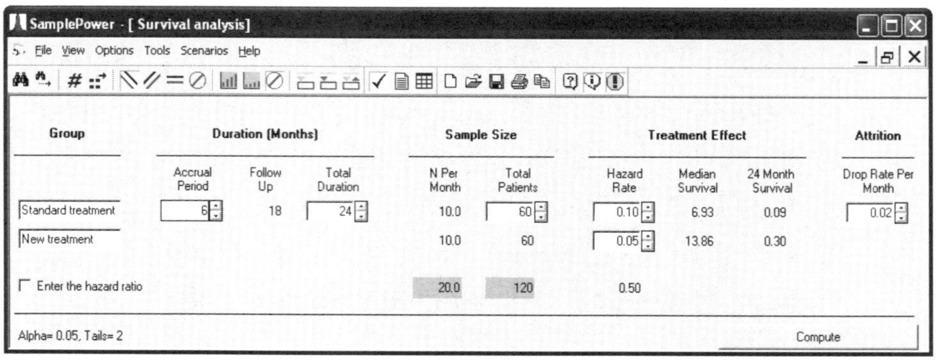

〈그림 11.6〉

즉 accrual period = 6개월 동안 accrual했고 18개월 follow up하기로 했다(accrual period와 total duration은 연구자가 결정). 이것의 의미는 처음 연구시작 1st days에 enroll된 대상자는 24개월은 추적하여야 한다는 의미이고, accrual period 마지막 날에 entry된 대상자는 18개월은 추적하여야 한다는 의미이다. Treatment Effect에서 Standard treatment 집단의 hazard rate = 0.1로 New treatment 집단의 hazard rate는 0.05로 지정했는데, 이는 연구자는 새로운 치료방법이 표준치료보다 50%정도 hazard rate를 줄일 수 있을 것(다른 연구나 경험으로)으로 생각해서 정한 것이다. 그리고 attrition은 2% per month = 0.02정도로 예측해서 지정하였다. 이렇게 지정한 상태에서 Treatment Effect 밑에 보면 median survival은 standard vs. new가 6.93 vs.13.86이고 24개월 연구종료시 survival rate는 각각 0.09 vs. 0.30으로 계산이 된다. 다음 Compute를 click하면 다음의 cumulative survival 곡선이 그려진다. 원래는 색으로 구분해서 나오므로 쉽게 구분이 된다. 곡선 위가 standard treat이고 아래가 new treatment이다.

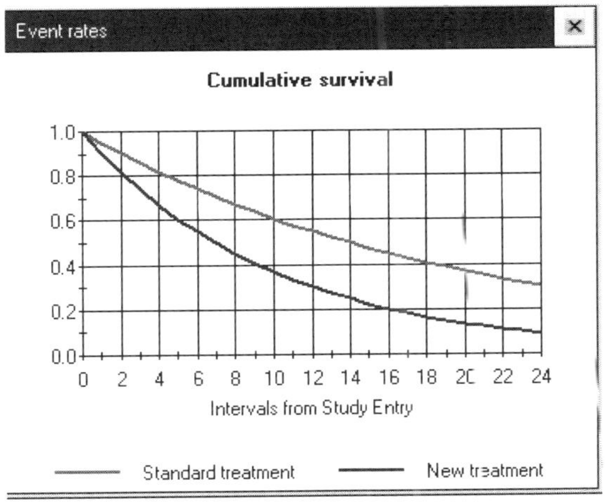

다음 그림 11.6의 왼쪽 밑의 alpha = 0.05, Tales = 2를 click하면 그림 11.7이 나온다. Alpha값과, 양측검정인지 단측검정인지를 지정해 준다. 흔히 사용되는 alpha = 0.05이다.

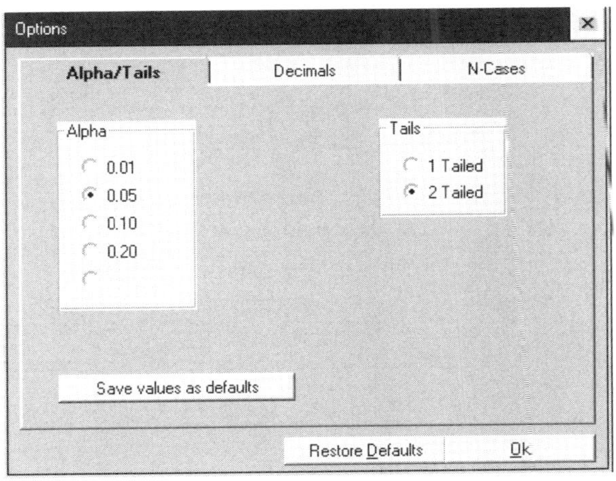

〈그림 11.7〉

그림 11.6 화면의 도구 모음에서 망원경 밑에 화살표가 있는 icon을 click해 보면 다음 그림 11.8이 나온다. Power값에 따라 필요한 대상자의 수 N을 선택할 수 있다. 즉 power를 0.80을 선택하고 Find N을 click하면 interactive screen에서 N의 숫자가 변경되는 것을 볼 수 있다.

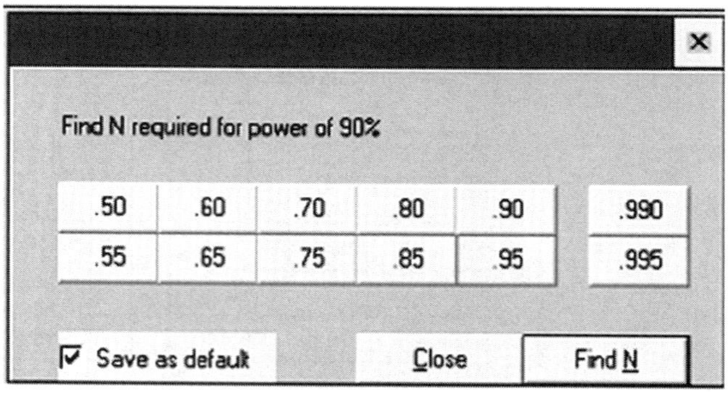

〈그림 11.8〉

그림 11.6에서 N-Cases를 click하면 두 비교집단의 대상자수를 다르게 지정할 수도 있다(그림 11.9).

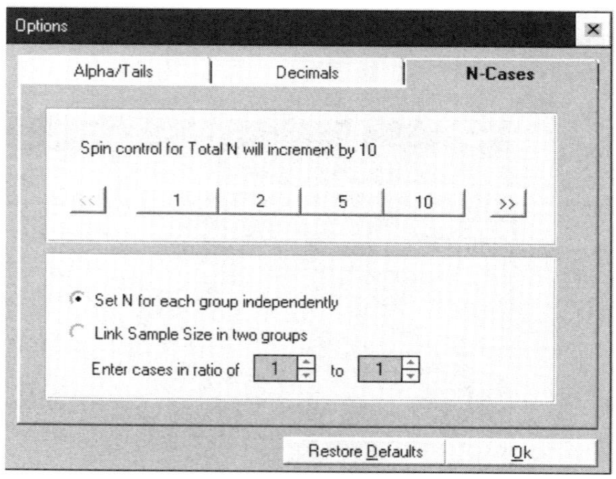

〈그림 11.9〉

이상의 조건을 전부 지정하고 Compute를 click하면 power가 그림 11.6의 오른쪽 밑에 계산되어 나온다(87%). 조건을 바꾸면 power값은 바뀐다.

지금까지 조건을 지정해서 계산한 모든 결과를 출력할 수 있다. 그림 11.6의 interactive screen의 tool bar에서 다음 그림과 같이 서류를 접은 모양을 선택한다. 혹은 메뉴에 있는 View에서 Text report를 선택한다.

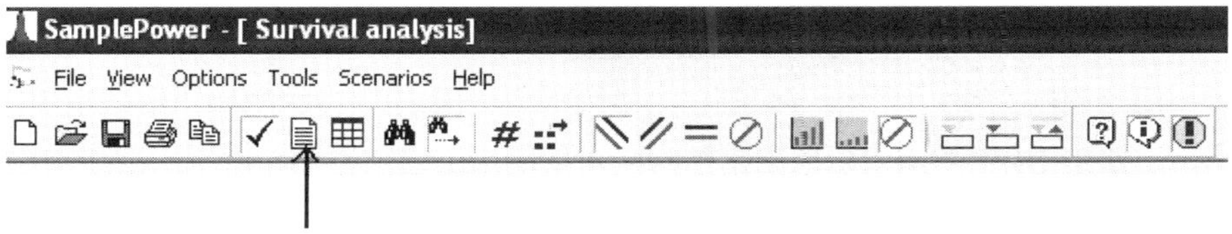

다음의 결과에 지금까지 지정해 준 모든 조건에 따라서 계산된 보고서를 작성해 준다. 보고서를 보면 effect size를 hazard rate 2배로 예상하고, alpha = 0.05, 2 sided test 그리고 power를 80%로 나오게 하기 위해 필요한 sample size를 계산하면 위의 report에 의하면 standard group은 accrual period 6개월 동안 8.5명/month로 enroll이 되면 전체 51명이 enroll되는 것이고, new treatment group은 accrual period 6개월 동안 8.5명/month로 enroll되면 51명이 enroll되는 것이다. 즉 통계적으로 의미 있는 결과를 얻기 위해 필요한 최소한의 대상자 수는, 양쪽 집단에 enroll되는 숫자를 같게 하면 각각 51명, 즉 102명의 전체 대상자가 필요하다. 그러나 실제적으로 censoring은 여러 가지 이유로 발생하기 때문에 여기에서 계산한 숫자보다는 더 많은 대상자가 필요하다.

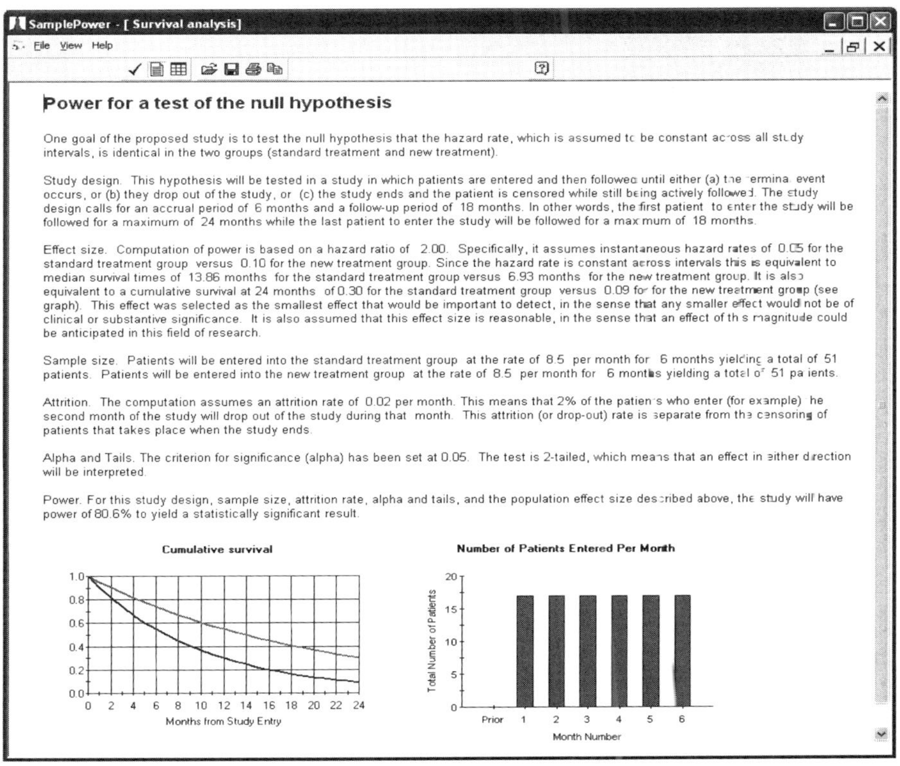
SamplePower - [Survival analysis]

File View Help

Power for a test of the null hypothesis

One goal of the proposed study is to test the null hypothesis that the hazard rate, which is assumed to be constant across all study intervals, is identical in the two groups (standard treatment and new treatment).

Study design. This hypothesis will be tested in a study in which patients are entered and then followed until either (a) the terminal event occurs, or (b) they drop out of the study, or (c) the study ends and the patient is censored while still being actively followed. The study design calls for an accrual period of 6 months and a follow-up period of 18 months. In other words, the first patient to enter the study will be followed for a maximum of 24 months while the last patient to enter the study will be followed for a maximum of 18 months.

Effect size. Computation of power is based on a hazard ratio of 2.00. Specifically, it assumes instantaneous hazard rates of 0.05 for the standard treatment group versus 0.10 for the new treatment group. Since the hazard rate is constant across intervals this is equivalent to median survival times of 13.86 months for the standard treatment group versus 6.93 months for the new treatment group. It is also equivalent to a cumulative survival at 24 months of 0.30 for the standard treatment group versus 0.09 for for the new treatment group (see graph). This effect was selected as the smallest effect that would be important to detect, in the sense that any smaller effect would not be of clinical or substantive significance. It is also assumed that this effect size is reasonable, in the sense that an effect of this magnitude could be anticipated in this field of research.

Sample size. Patients will be entered into the standard treatment group at the rate of 8.5 per month for 6 months yielding a total of 51 patients. Patients will be entered into the new treatment group at the rate of 8.5 per month for 6 months yielding a total of 51 patients.

Attrition. The computation assumes an attrition rate of 0.02 per month. This means that 2% of the patients who enter (for example) the second month of the study will drop out of the study during that month. This attrition (or drop-out) rate is separate from the censoring of patients that takes place when the study ends.

Alpha and Tails. The criterion for significance (alpha) has been set at 0.05. The test is 2-tailed, which means that an effect in either direction will be interpreted.

Power. For this study design, sample size, attrition rate, alpha and tails, and the population effect size described above, the study will have power of 80.6% to yield a statistically significant result.

다음은 power가 연구기간에 따라 어떻게 영향을 주는가에 대한 문제이다. 즉 지금 연구기간을 24개월로 했는데 12개월이나 36개월로 변경을 하면 power가 어떻게 변할까? 그림 11.6의 interactive screen의 tool bar에서 sheet 모양을 선택하거나, View에서 Tables and graph를 선택한다. 다음 Modify table을 click하여 Duration을 선택하고 12개월 입력 후(+), 24개월 입력 후(+) 그리고 36개월 입력 후(+)를 click한다. 다음의 결과를 볼 수 있다.

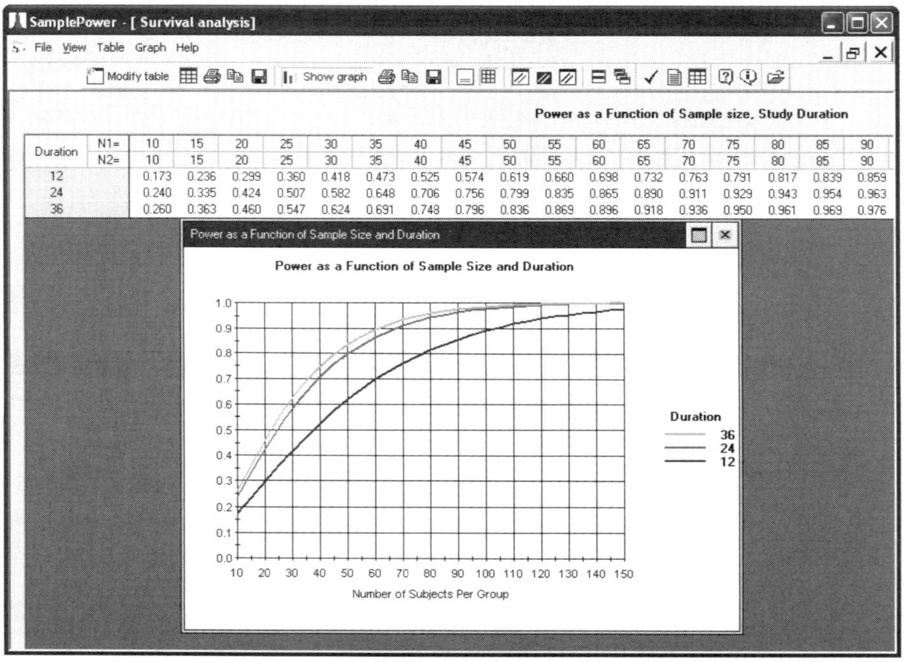

Duration	N1=	10	15	20	25	30	35	40	45	50	55	60	65	70	75	80	85	90
	N2=	10	15	20	25	30	35	40	45	50	55	60	65	70	75	80	85	90
12		0.173	0.236	0.299	0.360	0.418	0.473	0.525	0.574	0.619	0.660	0.698	0.732	0.763	0.791	0.817	0.839	0.859
24		0.240	0.335	0.424	0.507	0.582	0.648	0.706	0.756	0.799	0.835	0.865	0.890	0.911	0.929	0.943	0.954	0.963
36		0.260	0.363	0.460	0.547	0.624	0.691	0.748	0.796	0.836	0.869	0.896	0.918	0.936	0.950	0.961	0.969	0.976

위에는 table, 밑에는 graph가 각 집단별로 duration에 따라서 power를 보여준다. Graph에서 맨 위가 36개월 맨 밑이 12개월이고 중간이 24개월이다. Graph를 보면 36개월을 연구기간으로 한다고 power가 많이 증가하지는 않는 것을 알 수 있다. 그러나 12개월로 하면 power는 상대적으로 많이 떨어진다. 연구기간을 오래 잡는다고 sample size를 save할 수는 없다(즉 연구기간을 늘린다고 적은 표본수가 필요한 것은 아니다)는 의미이다. 또한 12개월에서 연구를 종료한다면 연구기간 동안 계속 같은 power를 얻기 위해서는 각 집단마다 30명의 대상자가 더 필요하다는 것을 알 수 있다. 그러나 hazard rate가 다르고 attrition rate가 다르다면 이 곡선은 변화무쌍하게 바뀐다는 사실을 알아야 한다.

참고문헌

1. 생존분석, 송경일, 1999
2. Multivariable Analysis: A Practical Guide for Clinicians, second edition, Mitchell Katz, 2006.
3. Statistical Methods for Survival Data Analysis (Third Edition), Elisa T. Lee, John Wenyu Wang, 2003.
4. Survival Analysis using the SAS system: A practical guide, Paul D. Allison 1995.
5. SPSS 15.0 Advanced Statistical Procedures Companion, Marija Norusis 2007.
6. SamplePower2 manual.

찾아보기

INDEX

A

B

C

D

M

N

O

P

Q

R

S

T

U

V

W